Autores:

José Luis Ortega Osuna

Pilar Vázquez Fernández

Colaboradores:

Gloria Ibáñez González

Fernando Sánchez Velasco

COMPETENCIAS BÁSICAS: DESARROLLO Y EVALUACIÓN EN EDUCACIÓN PRIMARIA

PROYECTO AZAHARA

© José Luis Ortega Osuna y Pilar Vázquez Fernández

© Wolters Kluwer España, S.A.
c/ Collado Mediano, 9
28230 Las Rozas (Madrid)

1ª edición: Diciembre 2010
1ª reimpresión: Septiembre 2011
2ª reimpresión: Enero 2012

ISBN Edición Gráfica: 978-84-7197-974-2
ISBN Edición Digital: 978-84-7197-975-9

Depósito Legal: M 4043-2012
Impreso por Wolters Kluwer España, S.A.

Índice

CARPETA DE DOCUMENTOS

PRÓLOGO

En el proceso de humanización que está imbuido el género humano a través de los tiempos de forma inacabable y continua, la educación ha sido y es uno de los factores principales que ha contribuido a ello. No obstante, los objetivos de la educación no siempre han sido los mismos, ni se han proyectado siempre para un mismo colectivo.

'Educación', del latín *educare*, tiene entre sus significados el de dirigir, encaminar, adoctrinar. La historia nos dice que los fines de la educación y la acción educativa han sido cambiantes en función de los intereses sociales que los motivaban y orientaban. Así se puede observar que la educación espartana, por ejemplo, era diferente a la romana o la correspondiente a la época industrial o postindustrial. Son, en consecuencia, los intereses sociales y políticos –y con frecuencia grupos reducidos de poder– quienes orientan hacia dónde conducir la educación, que es lo mismo que decir el modelo de hombre y mujer que se pretende en un futuro más o menos inmediato.

Igualmente, bueno es recordar que no todos los humanos han sido sujetos de educación. Se podrá decir, así, que unos han sido más humanos que otros. Solo hasta tiempos recientísimos, en términos históricos, todos los ciudadanos y ciudadanas son sujetos de educación. Una conquista de dimensiones extraordinarias cuyos efectos están aún por observarse en su completa plenitud.

Así pues, en el presente y en el marco de la Unión Europea, nos encontramos cómo en el año 2000 **el Consejo Europeo de Lisboa adoptó un importante** objetivo estratégico: **antes de que concluyera 2010** la Unión Europea **tenía que** *"convertirse en la economía basada en el conocimiento más competitiva y dinámica del mundo, capaz de crecer económicamente de manera sostenible con más y mejores empleos y con mayor cohesión social"*.

Ello supuso una apuesta por modernizar el modelo social europeo gracias a la inversión en los recursos humanos y a la lucha contra la exclusión social; por lo que se instó a los Estados miembros a que invirtieran en educación y formación.

A partir de esta fecha se marca un nuevo hito, tanto en los objetivos de la educación como de sus propios sujetos. La estrategia global adoptada por los Estados se ha orientado hacia la mejora de la calidad del aprendizaje en Europa, el acceso al aprendizaje a cualquier edad, la actualización de la definición de las capacidades básicas de acuerdo con la sociedad del conocimiento, la apertura de la educación y la formación al entorno local, a Europa y al mundo, y el aprovechamiento al máximo de los recursos disponibles.

La funcionalidad del aprendizaje es, en consecuencia, una característica esencial. En la enseñanza obligatoria, sobre todo, no vale sin más aprender por aprender, que no es lo mismo que aprender a aprender. El tiempo escaso y las exigencias personales y ciudadanas son muy fuertes en el mundo en que vivimos. El alumnado no puede consumir su tiempo escolar en aprender contenidos poco relevantes e impregnados de una marcada contingencia. Los contenidos son ilimitados y cada vez se muestran menos abarcables. Muchos de ellos están sometidos a revisión o reflexión continua, por lo que se hace difícil marcar su estabilidad. Los ejemplos son múltiples en cualquier área de conocimiento.

En este marasmo imposible de dominar, sin embargo, la institución escolar tiene que abrirse camino y definir con claridad meridiana aquellos aprendizajes que se perciben como permanentes en un futuro más o menos inmediato y que se caracterizan por su aplicabilidad y proyección en la vida ordinaria. El perfil de persona que se construye con la adquisición de las ocho competencias reconocidas en el sistema educativo responde a una nota esencial de todo aprendizaje, como es su funcionalidad.

Esa es la razón por la que los Estados están haciendo un esfuerzo de aproximación y definición de un currículum por competencias básicas o donde éstas tengan un papel predominante.

Esto no es fácil llevarlo a la práctica por cuanto, en general, no se tiene experiencia en diseños de estas características, donde las competencias básicas sean el eje en donde roten los aprendizajes.

La experiencia y la realidad de los centros nos están indicando que hay una serie de cuestiones o aspectos clave que se hacen imprescindibles para poder abordar con éxito este tema desde la perspectiva de la práctica docente.

Es preciso llevar a una contextualización compartida respecto a qué son las competencias básicas, cuáles son sus características, su finalidad y fundamentación, su relevancia e implicación, entre otros aspectos.

Es preciso saber planificar la actividad docente por competencias. Para ello, las competencias básicas han de estar integradas en el currículo ordinario, en los proyectos curriculares, en las programaciones largas y cortas de aula. O al revés. Y para todas estas cuestiones se han de tener presentes unas orientaciones que organicen, desarrollen y evalúen un currículum basado en las competencias.

Es preciso que el espacio, el tiempo, los recursos didácticos y las actividades o tareas se organicen en el aula de forma tal que posibiliten un aprendizaje enraizado en las competencias básicas, en coherencia con lo planificado.

Este libro trata justamente de posibilitar lo que encierran los párrafos anteriores. La educación que se ha de impartir en el siglo XXI se ha de orientar hacia la formación de individuos –personas– que viven en una realidad acelerada, donde el futuro inmediato es sólo previsible y donde lo único claro es que las personas (puesto que el término de alumno y alumna es un reduccionismo del sujeto de educación) tienen que aprender a sobrevivir y adaptarse en un mundo complejo y cambiante donde los procesos encadenados de innovación, aplicación y generalización construyen una dinámica continua en la que hay que aprender a vivir y a crecer como humanos.

En el capítulo I se definen las competencias básicas como *"el conjunto de destrezas, conocimientos y actitudes adecuadas al contexto que todo el alumnado (persona) que cursa las enseñanzas obligatorias debe alcanzar para su realización y desarrollo personal, así como para la ciudadanía activa y la integración social y el empleo"*.

Parece, pues, que el discurso de las competencias tan en boga actualmente, sobre todo desde la aplicación de las pruebas de evaluación diagnóstico en los centros escolares, puede ser una buena herramienta para colaborar en el encauzamiento de lo dicho anteriormente. En efecto, se puede aventurar que cualquier sujeto que adquiriese las ocho competencias básicas establecidas por la Administración Educativa estaría en condiciones de abordar con garantías de éxito su vida personal, laboral y ciudadana.

El libro tiene, por consiguiente, un sentido de utilidad para quien esté interesado en los temas relacionados con la educación, especialmente educadores, orientadores, asesores e inspectores; por cuanto puede servir como modelo o punto de referencia para entender y para abordar de forma práctica y sencilla la integración de las competencias básicas en los documentos planificadores de centro, en el currículum escolar, en las programaciones, y su objetivación en la realidad de las aulas, que es lo verdaderamente importante.

Una muy clara introducción explica los objetivos del libro y destaca los contenidos más relevantes de todos y cada uno de los capítulos que lo componen. A su vez, cada capítulo, en general, se inicia con una fundamentación, explicación o base conceptual que deriva en concreciones, supuestos prácticos y orientaciones.

Una mención especial merece el capítulo IX, donde los autores realizan una propuesta concreta, a modo de modelo de referencia, para integrar las competencias básicas en el currículo escolar del centro. Esta iniciativa tiene un valor extraordinario por cuanto hace visible y de forma operativa todo lo que se expone en los diferentes capítulos del libro. Es una suerte de guía, que se podrá alterar y siempre contextualizar, desde la realidad de cada centro escolar, que pretende rentabilizar el trabajo sin que eso obstaculice o bloquee la necesaria reflexión de quienes tienen que llevar las competencias básicas a la práctica en el marco de la autonomía de centro, pero también desde su responsabilidad.

El proyecto multiprofesional "Azahara" es una iniciativa de un grupo independiente de profesionales altamente cualificados dedicados a la docencia, a la dirección escolar, a la orientación y a la inspección educativa. La validez de su propuesta viene sustentada en la solidez científica de sus componentes, en la aplicación empírica en diversos centros y en la profunda convicción de sus autores de que todas las personas escolarizadas en la educación obligatoria pueden y deben obtener éxito escolar. Medido éste en la adquisición objetiva de las competencias básicas para la vida y en su correspondiente traducción académica.

A esta noble empresa le han dedicado ilusión, esfuerzo, ciencia y vocación profesional, palabra hermosa que habría que recuperar en su justa medida.

Con seguridad, todos los interesados e interesadas en temas relacionados con la educación, al término de la lectura de este libro, sabrán no sólo sobre competencias básicas sino, y es lo más importante, cómo llevarlas con éxito a la realidad de las aulas y de las aulas a la VIDA.

Francisco A. Gomera López
Inspector de Educación

INTRODUCCIÓN

Con la entrada en vigor de la Ley Orgánica de Educación (en adelante, LOE) y de los Reales Decretos, que establecen las enseñanzas mínimas, y de la normativa que regula la ordenación, las enseñanzas y los currículos de la educación primaria en las comunidades autónomas, se abren **nuevos retos y tareas para los centros educativos** y para el profesorado en lo referido al desarrollo y concreción del currículo escolar y a la integración de las competencias básicas. Ante este nuevo marco normativo surgen también nuevas exigencias y expectativas que **obligan a una reorientación de la intervención docente en las aulas** e implica la mejora de los rendimientos escolares del alumnado.

La integración de las competencias básicas en el currículo escolar de los centros o, dicho de otro modo, **la necesidad de un currículo integrado en torno a la consecución de las competencias básicas** es una de las grandes preocupaciones de los equipos docentes en el momento actual, dadas la complejidad y la dificultad que presenta la comprensión del desarrollo de las tareas que han de abordar en una situación de carencia de pautas, modelos y ejemplificaciones que orienten esta labor profesional.

La inclusión de las competencias básicas de forma integrada en el currículo escolar ha de suponer un factor de mejora de los currículos reales de los centros educativos. Esta posibilidad depende de que los centros desarrollen un enfoque y un planteamiento consensuado y compartido sobre las competencias básicas, y de que asuman la necesidad de que sus órganos de coordinación docente tienen que establecer estrategias y pautas de intervención comunes.

Las competencias básicas deben ser tratadas como eje de articulación de las decisiones adoptadas en la mejora de la práctica docente. Por tanto, este tratamiento debe permitir la posibilidad de orientar la mejora hacia la planificación y el desarrollo de **tareas escolares en contextos diversos** que respondan a problemas de la vida real, y demanda del profesorado el conocimiento y aplicación de nuevas destrezas y saberes profesionales.

La apuesta por un currículo escolar que integre las competencias básicas requiere de un espacio profesional que promueva la convergencia entre el discurso normativo, el contexto escolar diverso, la realidad del alumnado y los objetivos y principios educativos que se plantean para la educación primaria.

El Proyecto "Azahara" es una plataforma de trabajo constituida por un grupo de profesionales de la educación que ejercen en el Servicio de Inspección Educativa, en el Servicio de Orientación Educativa y en los Centros Educativos. Este Proyecto aglutina sensibilidades y preocupaciones comunes, orientadas a dar respuesta al gran reto que se le plantea a los centros educativos y al profesorado con la integración de las competencias básicas en el currículo escolar.

En esta línea de investigación e innovación educativa, mediante la reflexión sobre la práctica docente y la elaboración y propuesta de modelos para su desarrollo y concreción en contextos educativos determinados, el Proyecto "Azahara" ha ido generando un espacio interprofesional de reflexión teórico-práctica sobre las nuevas tareas que los docentes han de afrontar en el tratamiento y operatividad de las competencias básicas en el currículo escolar de los centros educativos. Así como sobre la delimitación de la intervención de los Servicios Educativos que desarrollan su trabajo en los centros, con el objeto de que existan pautas de actuación y modelos de referencia que faciliten tanto la labor docente como la labor de asesoramiento e información. Todo ello en el marco de los cometidos que los Servicios tienen encomendados por las respectivas Administraciones Educativas con respecto a la mejora de las estrategias e instrumentos de planificación de la práctica docente en su relación con las competencias básicas.

Desde la propia experiencia de sus componentes, surgida de la participación activa en la organización e impartición de diversos itinerarios formativos con el profesorado y de la implicación directa en el asesoramiento sobre proyectos e iniciativas de centros, el Proyecto "Azahara" mantiene su apuesta por responder a la realidad educativa actual y por orientar la enseñanza hacia la mejora de los resultados escolares del alumnado, a través de la adquisición de aprendizajes básicos e imprescindibles para la vida. Centrándose en la elaboración de propuestas, instrumentos y ejemplificaciones sobre las cuestiones que considera claves y necesarias para los propios centros educativos.

En este sentido, durante los últimos cursos ha estado trabajando en el planteamiento y en el desarrollo de las programaciones didácticas en clave de competencias básicas, ha perseguido cómo hacer operativas las competencias básicas con el enunciado de descriptores de etapa articulados en torno a unos organizadores que responden a los conocimientos, habilidades y destrezas, actitudes y emociones que el alumnado dispone para resolver satisfactoriamente problemas o tareas de la vida cotidiana; ha investigado sobre la evaluación de las competencias a partir de la formulación de indicadores de logro o de dominio en cada ciclo educativo, utilizando como referencia los criterios de evaluación de las áreas; y ha hecho aportaciones sobre la planificación y el desarrollo de la práctica docente y el diseño de modelos de intervención en el aula a través de la elaboración y aplicación de tareas integradas.

Desde los principios y pautas de actuación establecidos, se considera indispensable que las competencias básicas sustenten el proyecto educativo y lo aúnen con la estructura organizativa y funcional de los centros, al mismo tiempo que inspiren la definición de los objetivos propios y de las líneas generales de actuación pedagógica de dichos centros, y guíen la coordinación y la concreción de los contenidos curriculares y el tratamiento transversal en las áreas de la educación en valores y otras enseñanzas.

Con la convicción de que aún es necesaria la participación y la implicación del profesorado en la toma de decisiones sobre las formas de integración de las competencias básicas en el desarrollo del currículo de sus respectivos centros, el Proyecto "Azahara" propone como premisas de trabajo el propio marco normativo, para hacer operativas las competencias básicas en las herramientas de planificación y de desarrollo de la práctica docente y en la toma de decisiones sobre la evaluación y la promoción del alumnado. Plantea la conveniencia de que los centros reflexionen a nivel teórico-práctico sobre la mejora de la práctica docente, y ofrece pautas e instrumentos para la elaboración y el desarrollo del proyecto educativo, de las programaciones didácticas y de las programaciones de aula en clave de competencias básicas.

El planteamiento del Proyecto "Azahara" se presenta en este libro organizado en diferentes capítulos, conforme a las cuestiones descritas. Cuestiones que están basadas en las prescripciones establecidas en el actual marco normativo estatal y autonómico, en reflexiones teóricas que fundamentan la concreción práctica y en formulaciones e instrumentos determinados, extraídos de la experiencia acumulada por su intervención y por su colaboración en diferentes escenarios formativos.

En el **Capítulo I, "Tratamiento de las competencias básicas en el marco normativo"**, se exponen el concepto y la finalidad que tienen el currículo y las competencias básicas en la ordenación de las enseñanzas del sistema educativo. En él se presentan a nivel teórico los diferentes modelos de currículo escolar y se comparan con las características del currículo establecido en el marco normativo. Se aborda el aporte de las enseñanzas mínimas al impulso de las competencias básicas, dedicando una especial atención a la contribución de las áreas al desarrollo de las mismas a través de los aprendizajes imprescindibles para la vida. Y, finalmente, se hace mención a la aportación de las enseñanzas propias de las comunidades autónomas en el desarrollo de las competencias.

El **Capítulo II, "Diagnóstico del contexto y del centro educativo"**, constituye una reflexión sobre la importancia e influencia de los elementos y notas comunes del contexto socio-cultural y educativo en el desarrollo de las competencias básicas a través de los procesos de enseñanza-aprendizaje. Se plantea la prioridad de la evaluación inicial del alumnado para conocer el grado de dominio en el que se encuentra con respecto a las competencias básicas, y de la evaluación de diagnóstico para la mejora del desarrollo del currículo y de los rendimientos escolares. Y se dedica, sobre todo, un espacio al análisis y a la valoración de los resultados y de la tendencia de las Pruebas de Evaluación de Diagnóstico para la detección de los problemas, las dificultades y las expectativas que presenta el alumnado en la adquisición de las competencias básicas, así como a la estimación de las repercusiones del propio diagnóstico en el diseño y en el desarrollo de la intervención docente.

En el **Capítulo III, "Planteamiento operativo de las competencias básicas en el currículo escolar, a través de la formulación de descriptores de etapa"**, se parte de una reflexión teórica sobre la integración de las competencias básicas en el currículo escolar y se establece las pautas a seguir para hacerlas operativas, una vez consensuadas y compartidas por el profesorado. En primer lugar, se propone la utilización de **organizadores internos** coherentes con las características y contenidos del currículo y con la finalidad de las competencias básicas, para hacer explícitas las vinculaciones de los aspectos distintivos que promueven las competencias básicas, contemplados en el marco normativo vigente, con los aprendizajes imprescindibles que aportan las áreas curriculares en función de su propia realidad educativa.

A continuación, se expone la necesidad de elaborar conjuntamente **descriptores de etapa** que concreten las vinculaciones establecidas, definiendo los aspectos o elementos de la competencia que se pretenden alcanzar al término de la etapa educativa. Estos descriptores servirán de referencia común para la toma de decisiones del profesorado en la planificación y en el desarrollo de la práctica docente. Con base en el planteamiento señalado y a título orientativo o de ejemplo, se ofrece una propuesta de descriptores para cada competencia básica en la educación primaria, con la finalidad de que los centros que lo consideren oportuno la reelaboren o ajusten a las necesidades y a las expectativas educativas de su contexto y de su alumnado.

En cuanto al **Capítulo IV, "La evaluación de las competencias básicas en el currículo escolar a través del establecimiento de indicadores de logro o dominio"**, se describe un recorrido por la regulación normativa relacionada con la función de las competencias básicas en la evaluación del alumnado y se presenta una reflexión teórica sobre la evaluación de las competencias: se apuesta por la exigencia de establecer **indicadores de logro o dominio** para facilitar la tarea profesional de la evaluación del alumnado por competencias básicas. De igual modo, se presenta también una propuesta de indicadores de logro o dominio sobre los descriptores de etapa para cada competencia básica, secuenciada por ciclos, conforme a criterios de continuidad y de progresión en el desarrollo y en la adquisición de los aspectos o elementos de la competencia a lo largo de la educación primaria. Para ello, en este capítulo también se ofrecen instrumentos de trabajo y ejemplificaciones con la finalidad de facilitar, tanto a profesorado como a orientadores/as, la búsqueda de respuestas eficaces a situaciones específicas de evaluación, tales como evaluaciones iniciales, evaluaciones psicopedagógicas, etc. Sin abandonar la premisa de que la evaluación de competencias indiscutiblemente ha de tener un carácter procesual y continuado, y estar fundamentada en el empleo de instrumentos y procedimientos diversos, para que el profesorado resuelva otras situaciones grupales o individuales de evaluación puntuales o específicas como las señaladas.

Para el **Capítulo V, "Organización de las programaciones didácticas en torno a las competencias básicas"**, se opta por un análisis del tratamiento y del enfoque de las mismas en el marco normativo actual. Se explica la importancia de establecer como elemento de articulación de las programaciones las competencias básicas y se propone una diversidad de opciones en la organización del currículo sobre las mismas. También se hace especial hincapié en el tratamiento de las enseñanzas propias de las comunidades autónomas en las programaciones didácticas y se analiza la repercusión de las decisiones organizativas adoptadas en la planificación de la práctica docente.

El **Capítulo VI** recibe el título **"Integración de las competencias básicas en la práctica docente: establecimiento de un marco operativo y conceptual común".** Este marco se considera imprescindible para que en un centro educativo se planifique una práctica docente que facilite un desarrollo secuenciado e integrado de las competencias básicas. Dicho **"marco conceptual común"** permite al profesorado el diseño de una propuesta práctica única, de carácter integrador y multidisciplinar, bajo la referencia de la secuencia de los indicadores de logro de las competencias básicas establecida en la programación didáctica. Para ello, se ofrecen orientaciones en cuanto a los "acuerdos o referentes conceptuales" previos que el claustro y/o los órganos de coordinación docente han de tener en consideración para diseñar una adecuada práctica docente.

En el planteamiento del marco conceptual se hace una larga reflexión sobre la entidad de las competencias básicas y su relación con el resto de elementos curriculares: el establecimiento de una secuencia de indicadores y niveles de logro que permitan al profesorado y al alumnado compartir una visión y unos objetivos comunes; las aportaciones de los currículos no formales e informales al desarrollo de las competencias básicas; la toma de conciencia del tipo de aprendizaje que el alumnado adquiere en función de la propuesta de trabajo que se le ofrezca; el análisis de las "tareas" como propuestas imprescindibles de trabajo en el aula para el desarrollo y la evaluación de las competencias básicas; los elementos para el análisis de la práctica docente actual, y algunas de las estrategias de mejora que se pueden emplear.

En el **Capítulo VII, "Incorporación de las competencias básicas en la programación de aula: las tareas integradas"**, se muestra que el diseño de una adecuada práctica docente supone encontrar la manera de conseguir que los aprendizajes resulten de utilidad para la vida: se capacita y se aporta competencia al alumnado para planificar y guiar la solución de los problemas que se le plantean en su realidad, y se le prepara para su participación en un mundo cambiante y diverso. Y se aborda la incidencia de los modelos de enseñanza en los planteamientos y desarrollo del currículo escolar. En consecuencia, el Proyecto ofrece a los centros educativos instrumentos prácticos para la elaboración de unidades didácticas o de unidades de trabajo integradas que propician el desarrollo y la consecución de las capacidades y de las competencias básicas (cc.bb.) a través de propuestas de trabajo coherentes con la secuencia establecida de los indicadores de logro o dominio de cada una de las etapas educativas.

En este sentido, se encontrarán orientaciones para la toma de decisiones en cuanto a la planificación de la práctica docente en las áreas participantes con base en los aprendizajes imprescindibles para el desarrollo de las competencias básicas; orientaciones para la elección, planificación y contextualización de las tareas intermedias –facilitadoras o conductoras– y de la tarea final de referencia, con las que diseñar las unidades didácticas y las secuencias de enseñanza-aprendizaje; para la selección de los contenidos que se desarrollan y se ponen en uso a través de las competencias básicas; se hacen sugerencias para confeccionar propuestas de refuerzo y/o ampliación que respondan a la diversidad del alumnado, y se exponen propuestas metodológicas y pautas para la evaluación –y/o autoevaluación– de capacidades y competencias básicas adquiridas.

El **Capítulo VIII, "El proyecto educativo y las normas de organización y funcionamiento de los centros desde la perspectiva de las competencias básicas"**, es una presentación de las competencias básicas como uno de los referentes básicos de los documentos de planificación de los centros y, en concreto, del proyecto educativo y de las normas de organización y funcionamiento.

Se afrontan los aspectos del proyecto educativo que están más estrechamente ligados al desarrollo de las competencias básicas en el alumnado, tales como las líneas generales de actuación pedagógica y los objetivos propios para la mejora del rendimiento escolar y la continuidad del alumnado en el sistema educativo; la coordinación y concreción de los contenidos curriculares y el tratamiento de aspectos transversales en las áreas, materias o módulos aportados por las enseñanzas propias de las comunidades autónomas, y la organización y distribución del tiempo escolar.

De igual modo, se marcan pautas orientativas para el planteamiento y el desarrollo de planes y programas educativos que fomentan la adquisición de las competencias básicas: programas de atención a la diversidad, plan de orientación y acción tutorial y plan de convivencia. Finalmente, el capítulo acomete los aspectos de organización y funcionamiento de los centros que se consideran directamente relacionados con el desarrollo de las competencias y propone que estas normas se orienten hacia el fomento y afianzamiento de las mismas.

En el **Capítulo IX, "Propuesta estratégica para la integración de las competencias básicas en el currículo escolar de centro"**, se trazan de forma esquemática las fases del proceso de integración que han de seguir los centros para hacer operativas las competencias básicas y se explicitan las tareas y los instrumentos que se requieren para su realización. Estas fases se corresponden sucintamente con las cuestiones planteadas en los capítulos anteriores.

Se sugiere como metodología de trabajo partir de propuestas modelo que posteriormente se contextualicen y se implementen en función de los factores externos e internos que definen la realidad del centro. O bien desarrollar un proceso propio de elaboración de pautas y de criterios comunes, siguiendo la estrategia planteada, que conduzca a la toma de decisiones sobre el tratamiento e integración de las competencias en los instrumentos de planificación del centro.

Para el desarrollo de estas tareas se proponen una serie de instrumentos que responden al diagnóstico realizado, a la toma de decisiones sobre la organización del currículo por competencias básicas, al diseño y desarrollo de las programaciones didácticas, a la planificación de la práctica docente y al tratamiento de la evaluación de las competencias básicas.

También se ofrecen una serie de instrumentos para la creación de un banco de tareas de centro, la realización de un "cofre del descubrimiento a través de la lectura", un guión para la elaboración de unidades didácticas y diferentes ejemplificaciones para el diseño de tareas integradas.

La **Carpeta de documentos** pretende facilitar la labor del profesorado de planificación y desarrollo de su práctica docente, ofreciendo como referencia la **propuesta**

modelo del Proyecto "Azahara" sobre el desarrollo de cada competencia básica en el currículo de la educación primaria y varias **ejemplificaciones de tareas** para su aplicación en el aula.

En la **Carpeta nº 1 "Implementación de las competencias básicas en la educación primaria"** se explicitan detalladamente los aspectos distintivos, la contribución que reciben las competencias básicas de áreas, la formulación de descriptores de etapa sobre las expectativas de desarrollo de la mismas, la escala graduada de logro o dominio por ciclos educativos y un ejemplo de registro del desarrollo de cada competencia a través de las tareas y actividades de aprendizaje que realice el alumnado como consecuencia de su participación e implicación en los procesos de enseñanza/aprendizaje.

En la **Carpeta nº 2 "Instrumentos de trabajo y ejemplificaciones"** se ofrecen una serie de instrumentos para la creación de un "catálogo de tareas de centro", de un "banco de recursos de lectura"; así como una propuesta de actuaciones para el desarrollo de competencias básicas vinculadas con los niveles de concreción curricular, y varias ejemplificaciones: 1) Actividades y tareas; 2) Tipos de aprendizajes vinculados a las diferentes propuestas de trabajo; 3) Tarea integrada de área; 4) Tarea integrada multidisciplinar.

Capítulo I
Tratamiento de las competencias básicas en el marco normativo

1. CONCEPTO Y FINALIDAD DEL CURRÍCULO. LAS COMPETENCIAS BÁSICAS EN LA ORDENACIÓN DE LAS ENSEÑANZAS DEL SISTEMA EDUCATIVO

El currículo expresa las finalidades y los contenidos de la educación que el alumnado debe y tiene derecho a adquirir y que se plasmará en aprendizajes relevantes, significativos y motivadores. Pretende que el alumnado vaya adquiriendo los aprendizajes esenciales para entender la sociedad en la que vive, para actuar en ella y para comprender la evolución de la humanidad a lo largo de su historia. Para ello, hace especial énfasis en la adquisición de las competencias básicas.

Las **competencias básicas** se entienden como el conjunto de **destrezas, conocimientos y actitudes adecuadas al contexto** que todo el alumnado que cursa las enseñanzas obligatorias debe alcanzar para su plena realización y desarrollo personal, para el desempeño de la ciudadanía activa y para la integración social y el empleo.

La adquisición de las competencias básicas permite al alumnado tener una visión ordenada de los fenómenos naturales, sociales y culturales, y disponer de los elementos de juicio suficientes para poder argumentar ante situaciones complejas de la realidad.

El currículo de las enseñanzas obligatorias incluye las siguientes competencias básicas:

- **Competencia en comunicación lingüística**
- **Competencia matemática**
- **Competencia en el conocimiento y la interacción con el mundo físico**
- **Tratamiento de la información y competencia digital**

- **Competencia social y ciudadana**
- **Competencia cultural y artística**
- **Competencia para aprender a aprender**
- **Competencia para la autonomía e iniciativa personal**

En el currículo escolar, estas competencias básicas tienen que integrarse de forma horizontal en todas las áreas o materias. Y en la misma medida la metodología didáctica ha de recoger en todas las áreas referencias a la vida cotidiana y al entorno inmediato del alumnado.

El proyecto educativo y las programaciones didácticas deben expresar claramente las estrategias que desarrollará el profesorado para que el alumnado adquiera las competencias básicas. Los centros docentes podrán integrar las áreas que se establecen en ámbitos de conocimiento y experiencia.

Una competencia es la forma en que una persona utiliza sus múltiples recursos personales (habilidades, actitudes, conocimientos, experiencias...) para resolver con éxito una tarea en un contexto definido. Se considera básica si el aprendizaje está dirigido para actuar de manera activa y responsable en la construcción del proyecto de vida personal y social.

Así, las competencias básicas atienden a los aprendizajes considerados imprescindibles para la vida, incardinadas en el currículo y entendido éste con carácter integrador y orientado a la aplicación de los saberes adquiridos por los alumnos. No deben interpretarse como aprendizajes básicos comunes, sino como uno de los elementos primordiales del currículo escolar.

De esta forma, sirven de referencia en las evaluaciones de diagnóstico y en todos los niveles de decisión sobre el currículo, forman parte de las enseñanzas mínimas establecidas a nivel estatal y constituyen un referente para la promoción de ciclo en la educación primaria.

2. MODELOS DE CURRÍCULO ESCOLAR

El conjunto de decisiones y de actuaciones que conforman la actividad docente se sustentan en el marco curricular. De ahí la necesidad de conocer no sólo la compleja noción de currículo, sino también su fundamento y su estructura. Este hecho establece un nexo entre las prescripciones generales que organizan el sistema educativo y el papel protagonista del profesorado que desarrolla las normas establecidas por las correspondientes instituciones educativas, impregnando su práctica docente del significado de éstas.

Por tanto, hay que realizar una aproximación al concepto de currículo desde diferentes enfoques teóricos, para conocer la enorme influencia de estos enfoques sobre el desarrollo concreto del proceso de enseñanza-aprendizaje.

Desde una **perspectiva curricular**, se presentan a continuación aquellos modelos que hoy día están teniendo una mayor trascendencia e incidencia en la organización del currículo escolar y en el desarrollo de la práctica docente. En el ámbito de los órganos de coordinación pedagógica de los centros educativos se ha de reflexionar sobre ellos y proceder a la toma de decisiones:

- *El currículo como sistema tecnológico de producción (modelos conductuales de enseñanza)*. Esta concepción del currículo se basa en una estructura de objetivos de aprendizaje formulados en términos de *"comportamiento"*. Establece un itinerario didáctico cuya meta es adquirir habilidades complejas a través de tareas específicas y competencias concretas, su progresión se valora en términos de conductas externamente observables.

- *El currículo como cuerpo organizado de conocimientos*. Subraya los aspectos transmisivos del cuerpo de contenidos social y científicamente relevantes, planteando el currículo como *"conjunto organizado de conocimientos que se transmiten sistemáticamente desde el centro escolar"*.

- *El currículo como planificación de factores educativos.* Se entiende el currículo como *"planificación del proceso de enseñanza y aprendizaje e incluye objetivos, contenidos, actividades y criterios de evaluación"*. Estima que el currículo debe ser elaborado por técnicos y expertos, mientras que los docentes se limitan a aplicar las decisiones adoptadas, en una estructura curricular centralizada.

- *El currículo como conjunto de experiencias de enseñanza-aprendizaje.* Considera que la escuela –y por tanto el currículo– debe basarse en fomentar, organizar y dar sentido a la interacción del alumno con su contexto social y natural, dado que esta interacción es la que proporciona las experiencias de enseñanza y aprendizaje. Define el currículo como *"el conjunto de experiencias de aprendizaje que el alumno adquiere bajo la tutela de la escuela"*.

- *El currículo como proyecto educativo basado en la resolución de problemas.* Se presenta como una *"especificación para comunicar características y principios esenciales de una práctica educativa, de forma que se encuentre abierto a escrutinio público y es susceptible de traslación a la práctica docente"*. Se basa en la "investigación-acción" y ha influido sin duda en los rasgos otorgados al currículo tanto en la Ley Orgánica General del Sistema Educativo (en adelante, LOGSE) como en la LOE. Se sustenta en la planificación, la evaluación y la justificación de sus intenciones educativas. Esta concepción implica la participación del profesorado en la construcción del currículo, quien incorpora sus propios significados, su concepción de las materias de aprendizaje y su conocimiento de las señas de identidad y de los rasgos esenciales del socio-contexto. Parte al mismo tiempo de las disposiciones establecidas por la Administración educativa, pero las desarrolla y las concreta en contextos educativos determinados[1].

3. CARACTERÍSTICAS Y CONSIDERACIONES SOBRE EL CURRÍCULO ESTABLECIDO EN EL MARCO NORMATIVO

La definición y la organización del currículo constituye uno de los elementos centrales del sistema educativo (*Ley Orgánica 2/2006, de 3 de mayo, de Educación, LOE*). Especial interés reviste la inclusión de las competencias básicas entre los componentes del currículo, por cuanto permite caracterizar de manera precisa la formación que debe recibir el alumnado.

El concepto de "currículo" establecido en la LOE y en los posteriores desarrollos normativos, se define como el conjunto de objetivos, competencias básicas, contenidos, métodos pedagógicos y criterios de evaluación de cada etapa educativa.

Corresponde a las administraciones educativas contribuir al desarrollo del currículo, favoreciendo la elaboración de modelos abiertos de programación docente y de materiales didácticos que atiendan a las distintas necesidades del alumnado y del profesorado.

Los centros docentes juegan un papel activo en la determinación del currículo. Les concierne desarrollar y completar, en su caso, el currículo establecido por las administraciones educativas. Esta intervención en el currículo escolar responde al principio de autonomía pedagógica, de organización y de gestión que la LOE atribuye a los centros educativos, con el fin de que el currículo constituya un instrumento válido para dar respuesta a las características y a la realidad educativa de cada centro.

---

1. Naranjo Cordobés, L.J. (2008). El diseño del currículo y la programación educativa como ejes de la actividad docente. En Varios, *Bases psicopedagógicas de la educación secundaria*, Córdoba: UCO.

Los currículos establecidos por las administraciones educativas y la concreción de los mismos que los centros realicen en sus proyectos educativos tienen que orientarse a facilitar la adquisición de las competencias básicas.

El **Real Decreto 1513/2006,** de 7 de diciembre, por el que se establecen las enseñanzas mínimas de la educación primaria, fija los aspectos básicos del currículo que constituyen las enseñanzas mínimas de la referida etapa educativa y determina que las administraciones educativas establecerán el currículo de esta etapa del cual formarán parte, en todo caso, las enseñanzas mínimas.

Por su parte, los centros docentes han de desarrollar y completar el currículo establecido por las administraciones educativas, no sólo adaptándolo a las características del alumnado y a la realidad educativa de éste, sino también atendiendo a todo el alumnado, tanto al que tiene mayores dificultades de aprendizaje como al que tiene mayor capacidad o motivación para aprender.

En el mismo se fijan las competencias básicas que el alumnado debe adquirir en la enseñanza básica. También se fijan los objetivos de las diferentes áreas y la contribución de las mismas al desarrollo de las competencias básicas. Establece que las enseñanzas mínimas contribuyen, a su vez, a garantizar el desarrollo de las competencias básicas, y que la organización y funcionamiento de los centros, las actividades docentes, las formas de relación que se establezcan entre los integrantes de la comunidad educativa y las actividades complementarias y extraescolares pueden facilitar también el desarrollo de las competencias básicas. En este sentido, destaca que la lectura constituye un factor primordial para el desarrollo de las competencias básicas, por lo que los centros deberán garantizar en la práctica docente de todas las áreas un tiempo dedicado a la misma en todos los cursos de la etapa.

El proyecto educativo de los centros integrará, entre otros aspectos, la concreción del currículo, así como el tratamiento transversal de la educación en valores y otras enseñanzas.

En consecuencia, el currículo tiene que orientarse por tanto al desarrollo de las aptitudes y de las capacidades del alumnado, a la adquisición de aprendizajes y saberes esenciales, actualizados y coherentes desde una concepción interdisciplinar de los contenidos. Debe permitir una organización flexible, variada e individualizada de la ordenación de los contenidos y de su enseñanza, facilitando la atención a la diversidad y la atención de las necesidades educativas especiales y de sobredotación intelectual.

Debe orientarse al fortalecimiento del respeto de los derechos humanos y de las libertades fundamentales, al conocimiento y al respeto a los valores recogidos en la

Constitución Española y en los Estatutos de Autonomía de las comunidades autónomas, y tiene que integrar en todas las áreas referencias a la vida cotidiana y al entorno inmediato del alumnado.

Por tanto, el currículo ha de considerarse como un instrumento válido para responder a las características y a la realidad educativa de cada centro y encaminarse a la mejora de los rendimientos y resultados escolares del alumnado.

4. ENSEÑANZAS MÍNIMAS: CONTRIBUCIÓN AL DESARROLLO DE LAS COMPETENCIAS BÁSICAS

Las enseñanzas mínimas son los aspectos básicos del currículo en relación con los objetivos, las competencias básicas, los contenidos y los criterios de evaluación. En la regulación de las enseñanzas mínimas tiene especial relevancia la definición de las competencias básicas que el alumnado deberá desarrollar en la educación primaria y alcanzar en la Educación Secundaria obligatoria.

Las competencias básicas, que se incorporan por primera vez a las enseñanzas mínimas, permiten identificar aquellos aprendizajes que se consideran imprescindibles en un planteamiento integrador y orientado a la aplicación de los saberes adquiridos para la vida diaria.

En la regulación que realizan las administraciones educativas se incluyen las competencias básicas. Esta inclusión de las competencias básicas en el currículo tiene varias finalidades:

a) Integrar los diferentes aprendizajes, tanto los formales, incorporados a las diferentes áreas o materias, como los informales y no formales.

b) Permitir a todos los estudiantes integrar sus aprendizajes, ponerlos en relación con distintos tipos de contenidos y utilizarlos de manera efectiva cuando les resulten necesarios en diferentes situaciones y contextos.

c) Orientar la enseñanza, al permitir identificar los contenidos y los criterios de evaluación que se consideran imprescindibles.

d) Inspirar las distintas decisiones relativas al proceso de enseñanza y de aprendizaje.

Se entiende por currículo de la educación primaria el conjunto de objetivos, competencias básicas, contenidos, métodos pedagógicos y criterios de evaluación de esta etapa educativa. Si bien las competencias básicas están formuladas en términos de consecución al final de la etapa de la educación obligatoria, es preciso que su desarrollo se inicie desde el comienzo de la escolarización, de manera que **su adquisición se realice de forma progresiva y coherente con el desarrollo del currículo**.

En el currículo escolar se establecen la "finalidad" y los "aspectos distintivos" de las competencias y se pone de manifiesto en cada una de ellas el nivel considerado básico que debe alcanzar todo el alumnado. Aunque hay aspectos en la caracterización de las competencias cuya adquisición no es específica de una etapa determinada, conviene conocerlos para sentar unas bases que permitan su desarrollo posterior con éxito por parte del alumnado.

El currículo se estructura en torno a áreas de conocimiento y es en ellas en las que han de buscarse los referentes que permitan el desarrollo de las competencias en cada etapa educativa. En cada área del currículo de la educación primaria se incluyen referencias explícitas acerca de su contribución a aquellas competencias básicas a las que se orienta en mayor medida.

Tanto los objetivos como la propia selección de los contenidos persiguen asegurar el desarrollo de todas ellas y los criterios de evaluación están enunciados para servir de referencia en la valoración del progreso realizado por el alumnado en su adquisición tras los procesos de enseñanza-aprendizaje que se realizan en las aulas.

De esta forma, con las áreas curriculares se pretende que todos los alumnos y alumnas alcancen los objetivos educativos y, en consecuencia, que desarrollen también las competencias básicas. En la selección de los contenidos se deben priorizar aquellos que contribuyen a la consecución de los objetivos de la educación primaria y al desarrollo de las competencias básicas.

El trabajo en las áreas para contribuir al desarrollo de las competencias básicas debe complementarse con diversas medidas organizativas y funcionales, imprescindibles para su desarrollo, y con la planificación de las actividades complementarias y extraescolares para reforzar el desarrollo del conjunto de las competencias básicas.

Los criterios de evaluación, además de permitir la valoración del tipo y del grado de aprendizaje adquirido, se convierten en referente fundamental para valorar el desarrollo de las competencias básicas.

5. CONTRIBUCIÓN DE LAS ÁREAS AL DESARROLLO DE LAS COMPETENCIAS BÁSICAS: APRENDIZAJES IMPRESCINDIBLES PARA LA VIDA

Cada una de las áreas contribuye al desarrollo de diferentes competencias. En cada área se incluyen referencias explícitas acerca de su contribución a aquellas competencias básicas a las que se orienta en mayor medida. Cada una de las competencias básicas se alcanza como consecuencia del trabajo en varias áreas.

No existe una relación unívoca entre la enseñanza de determinadas áreas y el desarrollo de ciertas competencias. **Cada una de las áreas contribuye al desarrollo de diferentes competencias y, a su vez, cada una de las competencias básicas se alcanzará como consecuencia del trabajo en varias áreas o materias.**

Al estructurarse el currículo en torno a áreas de conocimiento y experiencia, es en ellas donde han de encontrarse los referentes que permitan el desarrollo de las competencias en cada etapa educativa de la educación básica.

Las referencias explícitas acerca de la contribución de las áreas al desarrollo de aquellas competencias básicas a las que se orienta en mayor medida hacen mención expresa a los aprendizajes que se consideran imprescindibles que el alumnado adquiera para desenvolverse con éxito en la vida. Pero esta contribución no está reflejada con el rigor y la fundamentación que se requiere, dada la importancia y la relevancia que adquieren las competencias básicas en las decisiones sobre la organización y el desarrollo del currículo escolar en los centros escolares.

Se puede constatar que la contribución de las áreas es insuficiente y no se corresponde con la aportación real de las mismas en el currículo escolar. Por ello, uno de los cometidos de los centros educativos y del profesorado es completar y concretar la contribución de las áreas al desarrollo de las competencias básicas. Y todo ello se hace a través del establecimiento de un **marco común de referencia** sobre el grado de logro o de dominio que ha de alcanzar el alumnado, tomando como referencia los criterios de evaluación, que son más explícitos para determinar qué aprendizajes de la correspondiente área son imprescindibles para la resolución de problemas o tareas en la vida del alumnado.

El Proyecto "Azahara" recoge, de una manera sucinta, la contribución de cada una de las áreas del currículo de la educación primaria y expresa la necesidad de hacer operativas las competencias básicas por la importancia que tienen las áreas en el desarrollo de aquéllas.

El trabajo en las áreas del currículo para contribuir al desarrollo de las competencias básicas debe complementarse con diversas medidas organizativas y de funcionamiento, imprescindibles para su desarrollo. Así, la organización y el funcionamiento de los centros y las aulas, la participación del alumnado, las normas de régimen interno, el uso de determinadas metodologías y recursos didácticos o la concepción, organización y funcionamiento de la biblioteca escolar, entre otros aspectos, pueden favorecer o dificultar el desarrollo de competencias asociadas a la comunicación, al análisis del medio físico, a la creación artística, a la convivencia y la ciudadanía, o a la alfabetización digital.

El Real Decreto de enseñanzas mínimas para la educación primaria, recoge en los respectivos Anexos el currículo de cada área, en el que contempla un apartado a la contribución de éstas a la adquisición de las competencias básicas. Hace una referencia expresa sobre la incidencia directa de los contenidos que desarrollan y el dominio de las mismas sobre los aprendizajes esenciales para la vida que ha de adquirir el alumnado a lo largo de la educación básica.

6. APORTACIÓN DE LAS ENSEÑANZAS PROPIAS DE LAS COMUNIDADES AUTÓNOMAS AL DESARROLLO DE LAS COMPETENCIAS BÁSICAS EN EL CURRÍCULO ESCOLAR

La propuesta de **contenidos propios** de las comunidades autónomas para completar las enseñanzas mínimas supone la opción específica de las mismas, en el ámbito de sus competencias, para incluir en el currículo aspectos necesarios para la formación del alumnado y para el logro de los objetivos educativos referidos a su propio contexto.

Los contenidos propios aportados en las diferentes áreas que configuran el currículo de la educación primaria permiten al profesorado su concreción en las programaciones didácticas y de aula y la adaptación a las peculiaridades de su entorno y del alumnado. Estos contenidos están seleccionados por su relevancia social y cultural y por el sentido educativo de los mismos, contribuyendo al desarrollo de las competencias básicas.

En la propuesta de cada comunidad autónoma es importante contemplar las orientaciones metodológicas y los criterios de evaluación que aportan en cada área con objeto de determinar su contribución a la consecución de las finalidades educativas de la etapa.

Capítulo II
Diagnóstico del contexto y del centro educativo

1. DIAGNÓSTICO DE PARTIDA PARA LA INTEGRACIÓN DE LAS COMPETENCIAS BÁSICAS EN EL CURRÍCULO Y EN EL PROYECTO EDUCATIVO DEL CENTRO

El desarrollo y adquisición de las competencias básicas por el alumnado requiere de la contextualización del currículo escolar a partir del análisis y de la valoración de los factores clave que intervienen en la planificación de la práctica docente y en los procesos de enseñanza y aprendizaje. Este diagnóstico se ha centrar en la detección de las debilidades o áreas de mejora, en los factores externos e internos que el centro educativo considere que son primordiales para definir las características del contexto socio-cultural y educativo y que influyen, determinan o condicionan los procesos y resultados educativos.

Por consiguiente, los centros han de plantearse la realización de una autoevaluación que sirva para obtener evidencias que constaten las dimensiones y los factores que permiten caracterizar la realidad social y educativa en la que se insertan. Esta autoevaluación tiene el objeto de trazar propuestas e iniciativas que mejoren las expectativas del alumnado sobre los rendimientos escolares que obtienen.

Es pues de máxima importancia que los centros, para su currículo formal e informal, recojan y analicen cuantas informaciones y datos dispongan con indicadores sobre las necesidades e intereses de la comunidad educativa hacia al éxito escolar del alumnado, y sobre la tendencia de los resultados escolares en cuanto a adquisición de conocimientos, a superación de los estudios y a desarrollo de las competencias básicas. En este sentido, los centros deben tener presente tanto las evaluaciones externas realizadas por distintos Servicios de la Administración Educativa, como instrumentos que le faciliten la tarea de autoevaluación a lo largo de cada curso escolar.

La necesidad de esta práctica profesional, como fundamento de la acción educativa que se ha de llevar a cabo en los centros escolares, viene avalada por el propio marco normativo vigente. En esta línea, la LOE considera fundamental la autoevaluación de los centros como herramienta básica para la mejora del sistema educativo: en ella se tendrá en cuenta la situación socioeconómica y cultural de las familias y del alumnado, el entorno propio del centro y los recursos humanos y materiales disponibles para poder caracterizar de manera precisa la formación que debe recibir el alumnado y para fomentar el aprendizaje a lo largo de toda la vida.

Por otro lado, este diagnóstico es fundamental para que los centros afronten la elaboración y la puesta en marcha del proyecto educativo, en el que juegan un papel prioritario la visión que se tenga y la misión que se otorgue a las competencias básicas en la definición de las señas de identidad del centro docente y en la expresión de la educación que se propugna. De igual modo, la necesidad del autodiagnóstico, relacionada con la orientación y el contenido del proyecto educativo, viene justificada ante la importante tarea del centro de establecer los objetivos propios a partir del conocimiento y de la aceptación de su propia realidad, que marcará las líneas prioritarias de actuación pedagógica, en las que debe de incluirse la concreción del currículo y la integración de las competencias básicas.

2. INDICADORES PARA EL ANÁLISIS DEL CONTEXTO SOCIOCULTURAL Y EDUCATIVO

El análisis de diagnóstico del contexto sociocultural y educativo en el que se ubica el centro tiene que ser, como se ha hecho explícito, el punto de partida y la referencia permanente en el proceso de integración de las competencias básicas en el currículo escolar. Para realizar el diagnóstico, se propone que los equipos docentes, junto a los órganos de gobierno y de coordinación pedagógica, apliquen los instrumentos de recogida y análisis de información que sirven para detectar los elementos y las notas comunes del contexto y de la realidad del centro, que inciden a su vez directamente en el desarrollo del currículo y en consecuencia en los resultados escolares del alumnado.

Para ello, se hace necesario que la **evaluación inicial de alumnado** se realice utilizando como referencia el grado o nivel alcanzado en el desarrollo de las competencias básicas y se usen como fuentes de información el informe personal de evaluación, los resultados de las Pruebas de Evaluación Diagnóstico y su evolución, la memoria de autoevaluación y, llegado el caso, los resultados de la aplicación de otras pruebas, como por ejemplo las PISA.

Es muy importante que se detecten los **problemas y dificultades** de aprendizaje del alumnado en cuanto a la adquisición de las **competencias básicas**, al nivel medio de logro alcanzado en cada competencia y al hecho de que se hagan explícitas las dificultades o déficit comunes que presenta el alumnado del centro por ciclo, cursos y grupos de alumnado.

Las valoraciones que se realicen, después de la recogida de información sobre los diversos aspectos de la memoria de autoevaluación y relacionadas con los procesos y resultados de aprendizaje del alumnado en relación con el desarrollo de las competencias básicas, han de servir para establecer las líneas de actuación para la mejora de los procesos de enseñanza y aprendizaje y para la mejora de los resultados del alumnado, al igual que para establecer las medidas dirigidas a la prevención de dificultades de aprendizaje.

Los centros pueden tener en consideración como indicadores para el diagnóstico del contexto datos referidos a la población en edad de escolarización o su situación escolar: el nivel de estudios de la población adulta, las expectativas de la comunidad sobre el nivel máximo de estudios por alcanzar, el acceso a la enseñanza superior por parte de la población adulta, la oferta de actividades extraescolares por organismos e instituciones presentes en el entorno, el acceso de la población escolar a las tecnologías de la información y comunicación, etc.

Con respecto a los procesos educativos, es conveniente que se analicen los criterios seguidos en múltiples aspectos: el agrupamiento del alumnado; los cauces establecidos para la participación de los padres en la vida del centro; el trabajo en equipo que realizan los maestros y las maestras y los estilos de docencia que desarrollan; las actividades extraescolares y complementarias que se organizan en el centro; el desarrollo de la tutoría y de la orientación educativa y el planteamiento de la formación del profesorado en relación con sus cometidos profesionales. Todo ello con la intención de extraer conclusiones sobre las condiciones más favorables que generen contextos más adecuados para el aprendizaje por competencias básicas.

En referencia a los resultados educativos que se obtienen, es preciso analizar las calificaciones finales en las áreas instrumentales, las actitudes y conductas que manifiesta el alumnado ante el éxito escolar, los niveles de fracaso y/o abandono escolar prematuro y los porcentajes de promoción y titulación que se obtienen a la finalización del curso escolar. Todo ello con el fin de determinar el grado de influencia que tienen estos factores sobre el alumnado en la generación de expectativas y de motivación hacia el estudio.

De conformidad con la LOE y como se ha mencionado anteriormente, los centros educativos deberán realizar una autoevaluación de su propio funcionamiento:

de los programas que desarrollan, de los procesos de enseñanza y aprendizaje y de los resultados de su alumnado, así como de las medidas y actuaciones dirigidas a la prevención de las dificultades de aprendizaje. Esta autoevaluación será supervisada por la inspección educativa. El resultado de este proceso de evaluación interna será recogido en una **memoria de autoevaluación**, que será también una referencia clara sobre la realidad educativa del centro y que permitirá el planteamiento de propuestas de mejora.

3. FACTORES CLAVE PARA EL ANÁLISIS Y VALORACIÓN DE LA REALIDAD EDUCATIVA DEL CENTRO

Disponer de información avalada con evidencias sobre el estado del centro, en cuanto a sus cometidos y en cuanto a los efectos de dicho estado en los rendimientos escolares del alumnado, es fundamental para tomar decisiones sobre la forma de plantear la integración de las competencias básicas en los instrumentos de planificación de dicho centro.

Desde esta perspectiva, la incorporación de la cultura de la evaluación es necesaria para identificar los factores internos y externos que más inciden en el aprendizaje escolar. Estos factores reflejarán los diferentes ámbitos o dimensiones en los que se organiza el centro y la actividad educativa y profesional que se desarrolla en el mismo.

En esta línea de análisis es necesario que se reflexione sobre las enseñanzas impartidas y sobre los rendimientos que obtiene el alumnado, también sobre las pautas metodologías que se siguen, el nivel de participación e implicación del alumnado y de los padres y madres en la vida del centro, las normas de convivencia y las relaciones que se establecen entre los diferentes sectores y miembros de la comunidad educativa, los mecanismos de resolución de conflictos, los modelos de convivencia basados en la diversidad y en el respeto de la igualdad de mujeres y hombres y la apertura del centro al entorno.

La identificación de los factores clave, la valoración objetiva de la incidencia de éstos en los procesos de enseñanza y la puesta en marcha de procedimientos internos que regulen la participación en la toma de decisiones es fundamental para garantizar la adopción y aplicación de medidas dirigidas a favorecer aprendizajes fundamentales para la vida del alumnado.

También deben ser objeto de reflexión, en cuanto a la orientación de sus cometidos para la mejora de la práctica docente y de los rendimientos escolares, el funcionamiento de los órganos de coordinación docente y las tareas que éstos tienen encomendadas en torno a diferentes dimensiones y factores clave:

Dimensión 1. Organización y funcionamiento de los centros educativos.

1. El ejercicio eficaz de la función directiva en función de las competencias asignadas y del proyecto de dirección.
2. El funcionamiento y cometido de los órganos de coordinación docente dirigidos a la mejora de la práctica docente y de los resultados escolares.
3. La organización y revisión de la jornada escolar y del horario del alumnado y del profesorado, en función de criterios pedagógicos que respondan a las necesidades de todos y cada uno de los alumnos y alumnas del centro.
4. La dinamización y fortalecimiento de las estructuras organizativas y participativas del centro.

Dimensión 2. Planificación y desarrollo de la práctica docente en relación con el currículo escolar y la atención a la diversidad del alumnado.

1. La organización del currículo escolar: áreas, ámbitos, proyectos integrados, etc.
2. El diseño y desarrollo de la programación didáctica y de aula en torno a las competencias básicas para la mejora de los rendimientos escolares del alumnado.
3. La aplicación de diversas metodologías y recursos didácticos en el aula adaptados a los distintos ritmos de aprendizaje del alumnado.
4. La incorporación de tareas integradas en los procesos de aprendizaje del alumnado que respondan a situaciones o problemas de la vida real.
5. La estimulación de la lectura y el uso de las tecnologías de la información y de la comunicación en las aulas.
6. Los criterios comunes de evaluación de las competencias básicas.
7. La evaluación de la práctica docente y de los resultados de los procesos de enseñanza-aprendizaje.
8. La aplicación de medidas organizativas y curriculares que atiendan a la diversidad de necesidades específicas de apoyo educativo del alumnado.

Dimensión 3. Convivencia escolar, acción tutorial y orientación educativa del alumnado.

1. La dirección, gestión y control del aula y el clima y dinámica de trabajo necesaria para favorecer el aprendizaje personal y cooperativo entre el alumnado.

2. La utilización de la mediación y el diálogo en la resolución de conflictos entre iguales y entre el alumnado, las familias y el profesorado.

3. La detección y prevención de conductas contrarias a las normas o gravemente perjudiciales para la convivencia, y la aplicación de medidas educativas.

4. El fomento de la igualdad real y efectiva entre hombres y mujeres en los diferentes espacios de aprendizaje y convivencia.

5. Los procedimientos de comunicación e interrelación con las familias y las estrategias de colaboración con el centro educativo: compromisos educativos y de convivencia.

6. Los programas de transición y acogida del alumnado y de coordinación con los centros adscritos.

4. APORTACIONES DE LA EVALUACIÓN INICIAL PARA EL CONOCIMIENTO DEL GRADO DE DOMINIO DE LAS COMPETENCIAS BÁSICAS DEL ALUMNADO

La evaluación inicial debe ser la herramienta profesional de partida que utilicen los centros para obtener información sobre el grado de desarrollo de las competencias básicas por parte del alumnado. En el apartado segundo de este capítulo, sobre los indicadores del contexto sociocultural y educativo, ya se han establecido algunas consideraciones sobre la evaluación inicial que no deben perderse de vista.

Al comienzo de cada ciclo los tutores y las tutoras de educación primaria deben realizar una evaluación inicial del alumnado, teniendo en consideración los informes personales y los datos obtenidos de diferentes pruebas y actividades, para determinar el punto de partida en el que se encuentran para el inicio de nuevos aprendizajes. Dicha evaluación inicial es el punto de referencia del equipo docente para tomar decisiones relativas al desarrollo del currículo y para adecuar éste a las características y conocimientos del alumnado.

El equipo docente, como consecuencia del resultado de la evaluación inicial, deberá adoptar las medidas pertinentes de apoyo, refuerzo y recuperación para el alumnado que lo precise o de adaptación curricular para el alumnado con necesidad específica de apoyo educativo.

Para la elaboración de instrumentos que configuren la evaluación inicial del alumnado se propone, en clave de competencias básicas, que los equipos docentes utilicen como marco de referencia los indicadores de logro o dominio consensuados previamente, que sirvan de base para el desarrollo de las programaciones didácticas a lo largo del curso escolar; el empleo de los aspectos básicos distintivos de cada competencia, que se consideran claves en el desarrollo de las mismas y, en su caso, los elementos de la competencia que sean considerados más significativos empleados en las Pruebas de Evaluación Diagnóstico.

Los centros han de establecer pues criterios comunes que seguir en el diseño de la evaluación inicial del alumnado, las áreas que van a centrar la evaluación, así como las competencias básicas que van a medir las pruebas, definiendo previamente las dimensiones y elementos u aspectos de la competencia que se van a contemplar con objeto de determinar el grado de dominio alcanzado y los déficit existentes.

5. LA EVALUACIÓN DE DIAGNÓSTICO EN LA MEJORA DEL DESARROLLO DEL CURRÍCULO Y DE LOS RENDIMIENTOS ESCOLARES

5.1. Finalidad y sentido de las Pruebas de Evaluación Diagnóstico en relación con el desarrollo del currículo escolar

Una de las novedades que presenta la LOE es la realización de una evaluación de diagnóstico de las competencias básicas alcanzadas por el alumnado al finalizar el segundo ciclo de la educación primaria. Esta evaluación tiene carácter formativo y orientador. La información recogida sobre la situación del alumnado y de los centros permite a éstos la adopción de medidas para mejorar las posibles deficiencias y, al mismo tiempo, disponer de datos sobre la tendencia de los resultados de las pruebas realizadas en los últimos cursos, con objeto de extraer las dimensiones y elementos de la competencia que pueden ser mejorables en el desarrollo del currículo por competencias.

Las pruebas permiten obtener información objetiva y rigurosa sobre el desarrollo alcanzado por el alumnado en competencias básicas en los distintos ámbitos del currículo, con el fin de que los agentes educativos puedan reflexionar sobre los resultados y establecer propuestas para la mejora. Sirven además para proporcionar información a los centros y al profesorado sobre el nivel de consecución de las competencias básicas con la suficiente antelación, a la finalización de la etapa correspondiente, como para que puedan ser puestas en marcha en el proceso educativo mejoras que conduzcan a la consecución de los objetivos generales de aquélla.

La finalidad de las pruebas de evaluación de diagnóstico no es medir tasas brutas de adquisición de contenidos, sino establecer una secuencia de niveles de consecución o dominio que permitan ir ajustando los rendimientos del alumnado a las exigencias actuales, buscando un nivel óptimo de desarrollo de competencias para su aplicación a contextos diferentes al educativo.

El proceso evaluador se dirige a la obtención de un conocimiento mayor y más claro sobre el rendimiento conseguido por el alumnado, e implica a todos los sectores educativos en la reflexión y en la mejora. Por otra parte, el nivel que alcancen los alumnos y las alumnas en este tipo de pruebas puede estar condicionado en mayor o menor medida por el contexto escolar y social. Por este motivo, deben ser analizados los factores de contexto asociados a los rendimientos del alumnado.

Los resultados de las evaluaciones de diagnóstico tienen que ofrecer a los centros educativos la suficiente información sobre el nivel de dominio que desarrolla el alumnado en las dimensiones y en los elementos de competencia que han sido considerados y han de ser una de las bases de partida para la configuración de una imagen próxima a la realidad educativa del centro. Esta base permite afrontar la toma de decisiones sobre las propuestas de mejora que implementar para responder a las dificultades y a los déficits que presenta el alumnado participante, y para adoptar medidas preventivas con el alumnado de cursos inferiores.

Las pruebas tienen un carácter eminentemente orientador, por cuanto permiten conocer la evolución del rendimiento del alumnado a lo largo de los siguientes años y valorar el efecto que sobre el mismo puedan tener las propuestas de mejora introducidas. El sentido diagnóstico de las pruebas permite asimismo, una vez aplicadas, que los centros puedan obtener información para posteriores decisiones de carácter formativo sobre la planificación educativa del centro. El proceso de evaluación continua de cada uno de los alumnos y alumnas no se ve modificado por los resultados que se alcancen en las pruebas de la evaluación de diagnóstico.

Las pruebas versan sobre las competencias básicas, aunque aún no se han incorporado todas, para el desarrollo personal, social y laboral del alumnado a lo largo de toda la vida:

1) Competencia en comunicación lingüística.
2) Competencia matemática.
3) Competencia en el conocimiento y la interacción en el mundo físico.
4) Tratamiento de la información y de la competencia digital.
5) Competencia social y ciudadana.
6) Competencia cultural y artística.
7) Competencia para aprender a aprender.
8) Autonomía e iniciativa personal.

5.2. Incidencia de los cuestionarios de contexto en los resultados de las pruebas y en la estimación de los rendimientos escolares

Los cuestionarios de contexto facilitan una serie de datos, cuyo análisis puede obtenerse información relevante para decisiones sobre la planificación de los procesos de enseñanza y aprendizaje. El fin de estos cuestionarios es doble: por una parte, analizar el contexto del alumnado y, por otra, elaborar un índice socioeconómico y cultural de los centros que ayude en el análisis de la relación entre el rendimiento obtenido en las pruebas y la situación socioeconómica y cultural del alumnado y el centro. La cumplimentación de los cuestionarios de contexto se realiza cada curso escolar, debido a que el alumnado es diferente y, en consecuencia, presenta distintas características en las variables consideradas. Es necesario conocer estas variables con el objeto de correlacionar los niveles de competencia alcanzados por el alumnado con los datos del contexto.

Los cuestionarios recogen información y opiniones de la familia, del alumnado y del propio centro sobre aspectos educativos del alumnado en los ámbitos escolar y familiar y sobre los niveles de estudio y de ocupación profesional del padre, madre o tutores legales.

Capítulo III
Planteamiento operativo de las competencias básicas en el currículo escolar

1. LAS COMPETENCIAS BÁSICAS EN EL CURRÍCULO ESCOLAR

Como ya se ha descrito, el Real Decreto por el que se establecen las enseñanzas mínimas fija las competencias básicas que el alumnado ha de adquirir en la educación primaria y especifican la contribución de las áreas o materias curriculares al desarrollo de las mismas. De cada área o materia recogen la descripción, finalidad y aspectos distintivos de estas competencias y ponen de manifiesto en cada una de ellas el nivel considerado básico que debe alcanzar todo el alumnado.

Tal y como se ha citado en el capítulo I, el currículo se estructura en torno a áreas de conocimiento y experiencia y es en ellas donde han de buscarse las referencias que permitan la planificación y el desarrollo de las competencias en esta etapa educativa. En cada área se expresan indicaciones precisas sobre su aportación a determinadas competencias básicas a las que se orienta.

Los currículos establecidos por las administraciones educativas, y la concreción de los mismos por los centros en sus proyectos educativos, deben tener una orientación: promover el desarrollo y la adquisición de las competencias básicas por parte del alumnado. El tratamiento que se da en la normativa a las competencias básicas requiere de un proceso de planificación que permita hacerlas operativas, vincularlas con los elementos básicos del currículo de cada área. Corresponde desarrollar esta tarea a los equipos docentes de cada ciclo educativo.

Tanto la propia selección y aprendizaje de los contenidos, como la consecución de los objetivos, pretenden asegurar el desarrollo de todas las competencias básicas, siendo los criterios de evaluación el referente para valorar el progreso en su adquisición.

Si se analiza la propia denominación de las competencias básicas y la finalidad que se les otorga, queda patente el carácter transversal al currículo de todas ellas, al pretender la integración de los alumnos y de las alumnas en la sociedad del conocimiento. No obstante, algunas de ellas se caracterizan también por su valor instrumental, tales como la competencia en comunicación lingüística, la matemática y la de conocimiento e interacción con el mundo físico.

2. INTEGRACIÓN DE LAS COMPETENCIAS BÁSICAS EN EL CURRÍCULO ESCOLAR

La integración de las competencias básicas precisa de una formulación operativa en el diseño y en el desarrollo del currículo escolar, dado que van unidas a la práctica y están orientadas a la aplicación de los saberes adquiridos en la vida real del alumnado. La apuesta por un currículo escolar basado en el desarrollo de las competencias básicas parte de un diálogo abierto entre el contexto del centro, la realidad del alumnado y el marco normativo –estatal y autonómico-, que regula los objetivos y principios pedagógicos y de organización configuradores de la etapa educativa.

Así, se puede conseguir una visión de conjunto del tratamiento de cada competencia en el currículo escolar a través de las áreas o ámbitos. En ellas han de buscarse los referentes para el desarrollo de las competencias a partir de la contribución que realizan al desarrollo de las mismas. La articulación de las competencias básicas con el conjunto de las áreas es una cuestión por plantear en el marco del proyecto educativo y de las programaciones didácticas de los centros educativos.

En este sentido, y con un enfoque multiprofesional y multidisciplinar, el proyecto "Azahara" esgrime como premisas el propio marco normativo, para que se hagan presentes las competencias básicas en los instrumentos de planificación de la práctica docente. La intervención docente ha de basarse en la reflexión colegiada y en la toma de decisiones con consenso, de forma que el profesorado de un mismo equipo docente pueda llevar a cabo en las aulas experiencias conjuntas sobre la realización de tareas integradas con el alumnado. Y estas tareas deben responder a los aprendizajes adquiridos en el desarrollo de las programaciones didácticas de las correspondientes áreas.

3. ASPECTOS DISTINTIVOS DE LAS COMPETENCIAS BÁSICAS

Las competencias básicas se incorporan por primera vez a las enseñanzas mínimas. Con un planteamiento integrador, permiten identificar aquellos aprendizajes que se consideran necesarios y relevantes, orientados a la aplicación de los saberes adquiridos a la resolución de problemas y cuestiones significativas de la vida diaria del alumnado.

Si bien las competencias básicas están expresadas en términos de grado de consecución al final de la educación básica y obligatoria, es preciso que su desarrollo se inicie desde el comienzo de la escolarización. De manera que su adquisición se produzca de forma progresiva y coherente con el desarrollo del currículo y pueda determinarse el grado de desarrollo y adquisición a lo largo y a la finalización de la educación primaria.

En el currículo escolar se establecen la "finalidad" y los "aspectos distintivos" de las competencias y en cada una de ellas se manifiesta el nivel considerado básico que debe alcanzar todo el alumnado. Los aspectos distintivos se refieren a los aprendizajes necesarios de carácter formal, informal y no formal que capacitan a los alumnos y a las alumnas para su realización personal, el ejercicio de la ciudadanía activa, la incorporación a la vida adulta de manera satisfactoria y el desarrollo de un aprendizaje permanente a lo largo de la vida.

Los aspectos distintivos de cada una de las competencias básicas, junto a la contribución de las áreas al desarrollo de las mismas –es decir, los aprendizajes imprescindibles para la vida del alumnado–, constituyen el punto de partida para establecer el nivel básico que debe alcanzar todo el alumnado en cada competencia básica durante las sucesivas etapas educativas de la educación básica.

En el proceso de hacer operativas las competencias básicas, los aspectos distintivos facilitan la selección, la interrelación y la concreción de los contenidos curriculares, así como el tratamiento transversal de la educación en valores y otras enseñanzas. Partir de los aspectos distintivos de las competencias básicas, reseñados en el Real Decreto de enseñanzas mínimas, no es tarea fácil ni está exenta de dificultades. Los aspectos distintivos sirven para definir el cometido y la funcionalidad de las competencias básicas en el currículo y ayudan a esclarecer los elementos que las identifican y diferencian entre sí.

Sin embargo, dada su importancia e interés educativo, no están lo suficientemente desarrollados para que los equipos docentes los puedan apreciar como el referente fundamental para las decisiones en torno a la organización del currículo escolar por competencias básicas.

4. VINCULACIÓN DE LOS ASPECTOS DISTINTIVOS DE LAS COMPETENCIAS BÁSICAS CON LOS APRENDIZAJES IMPRESCINDIBLES DE LAS ÁREAS DEL CURRÍCULO

La apuesta del Ministerio de Educación por establecer un discurso sobre las competencias básicas, relacionándolas estrechamente con el propio currículo escolar, facilita la interrelación de los aspectos que distinguen y diferencian a unas competencias de otras con los aprendizajes imprescindibles de las áreas de conocimiento y experiencia. La propia ordenación de las competencias en torno al currículo escolar, en detrimento de otros planteamientos favorecidos por instancias internacionales, favorece la vinculación más estrecha de las competencias con determinadas áreas.

En este sentido, y entre las competencias que promueven los aprendizajes más instrumentales para la vida, la **competencia en comunicación lingüística** promueve el lenguaje como instrumento de comunicación oral y escrita, de representación, interpretación y comprensión de la realidad, de construcción y comunicación del conocimiento y de organización, y de autorregulación del pensamiento, las emociones y la conducta.

La **competencia matemática** se dirige a la utilización de los números, sus operaciones básicas y las formas de expresión y razonamiento matemático, para producir e interpretar distintos tipos de información, ampliar el conocimiento sobre aspectos cuantitativos y espaciales de la realidad, y para resolver problemas relacionados con la vida cotidiana y con el mundo laboral.

La **competencia de conocimiento e interacción con el mundo físico** plantea que los sujetos interactúen con el mundo físico en sus aspectos naturales y en los generados por la acción humana, para posibilitar la comprensión de sucesos, la predicción de consecuencias y la actividad dirigida a la mejora y preservación de las condiciones de vida propia, de las demás personas y del resto de los seres vivos.

Entre las competencias básicas que favorecen la integración social de los educandos, la **competencia social y ciudadana** está diseñada para que el alumnado vaya progresivamente comprendiendo la realidad social en que vive y aprenda a cooperar, convivir y ejercer la ciudadanía democrática en una sociedad plural, y a comprometerse a contribuir a su mejora.

La **competencia cultural y artística** pretende que los alumnos y las alumnas conozcan, comprendan, aprecien y valoren críticamente diferentes manifestaciones culturales y artísticas, y que utilicen éstas como fuente de enriquecimiento y disfrute del patrimonio de los pueblos.

Entre las competencias que dotan a los sujetos de los habilidades y destrezas básicas para afrontar con éxito y a lo largo de la vida los retos que le plantea la sociedad del conocimiento, la competencia sobre el **tratamiento de la información y la competencia digital** promueve la disposición de habilidades para buscar, obtener, procesar y comunicar información, y para transformarla en conocimiento.

La **competencia en autonomía e iniciativa personal** está enfocada a la adquisición de la conciencia y a la aplicación de un conjunto de valores y actitudes personales interrelacionadas necesarios en una sociedad democrática.

Y la **competencia de aprender a aprender** favorece la adquisición y utilización de habilidades para iniciarse en el aprendizaje y ser capaz de continuar aprendiendo de manera cada vez más eficaz y autónoma a lo largo de la vida.

5. CONCEPTO Y CARACTERÍSTICAS DE LOS DESCRIPTORES EN RELACIÓN CON EL DESARROLLO DE LAS COMPETENCIAS BÁSICAS Y EL CURRÍCULO ESCOLAR

La formulación de "descriptores" son claves para organizar y evaluar el desarrollo del currículo escolar basado en las competencias básicas. Este proyecto propone la formulación de unos descriptores en cada etapa educativa, que tienen su origen en la conjunción entre los aspectos distintivos que definen cada competencia básica y los aprendizajes considerados imprescindibles, aportados por cada una de las áreas curriculares.

Las fuentes de información que permiten la tarea de elaboración de descriptores de etapa a los equipos docentes pueden ser muy diversas. El propio currículo de las áreas origina una serie de referencias explícitas acerca de su contribución a aquellas competencias básicas a las que se orienta, a través de los objetivos y a través de la propia selección de los contenidos y de los criterios de evaluación que sirven para valorar el progreso en su adquisición.

Por otro lado, las dimensiones, elementos e indicadores de los niveles de competencia definidos en las Pruebas de Evaluación Diagnóstica que han sido objeto de aplicación en cada comunidad autónoma pueden facilitar la tarea de elaboración de descriptores, al igual que los utilizados en otras pruebas de carácter nacional e internacionales (PISA).

La dinámica que han de seguir los centros educativos para hacer operativas las competencias básicas se ha de sustentar en la contextualización y en la concreción del currículo a partir de la valoración de los ámbitos de mejora detectados en los rendimientos escolares de los últimos cursos académicos, en las evaluaciones iniciales realizadas en clave de competencias y en la tendencia de los resultados de las pruebas de evaluación diagnóstica, una vez considerados los efectos del índice sociocultural.

La estimación de necesidades y la realización de propuestas de mejora se constituyen como los referentes fundamentales para la vinculación y la interrelación de los aspectos distintivos de las competencias básicas con los aprendizajes imprescindibles aportados por las áreas de conocimiento.

El centro educativo tiene que establecer una estrecha correlación entre la realidad escolar y las expectativas de éxito del alumnado con la finalidad educativa y formadora asignada a las competencias básicas y a las áreas del currículo.

A su vez, los órganos de coordinación docente han de mostrar la iniciativa e implicación suficientes para plantearse la elaboración de unos descriptores de etapa, que permitan determinar con la mayor claridad y precisión posible el nivel de desarrollo que se estima necesario y que deben alcanzar los alumnos y las alumnas al término de la misma en cuanto a las competencias básicas. Los descriptores de etapa se convierten en el marco de referencia común de todo el profesorado de un centro escolar y son el punto de partida para establecer un mayor nivel de concreción en los instrumentos de planificación curricular en cada uno de los ciclos educativos de la etapa.

6. ORGANIZADORES INTERNOS PARA ELABORAR DESCRIPTORES E INDICADORES DE LOGRO O DOMINIO DE LAS COMPETENCIAS BÁSICAS EN EL CURRÍCULO ESCOLAR

Una de las tareas más difíciles de abordar, por parte del profesorado en los centros educativos, es la de hacer operativas las competencias básicas, a pesar de que el marco normativo establece que el referente para evaluarlas son los propios criterios de evaluación de cada una de las áreas que conforman el currículo escolar.

El planteamiento estratégico por el que apuesta el proyecto "Azahara" tampoco está exento de dificultades a la hora de llevarse a la práctica. Ello debido a que la pretendida vinculación que ha de establecerse entre los aspectos distintivos de las competencias básicas con la contribución que éstas reciben de las respectivas áreas no es suficiente, ni garantiza el establecimiento de unas formulaciones o unas referencias comunes que permitan a los equipos docentes determinar con precisión y objetividad el grado y el nivel de logro o dominio que el alumnado puede ir alcanzando conforme se planifican y desarrollan los procesos de enseñanza y aprendizaje en las aulas.

Las experiencias formativas desarrolladas con el profesorado en la elaboración de descriptores para hacer operativas las competencias básicas en el desarrollo del currículo escolar han puesto de manifiesto que se requiere de unos criterios u organizadores que vinculen los aspectos distintivos que se pretende desarrollar de cada competencia básica con los objetivos y contenidos que aportan las áreas para que el alumnado adquiera aprendizajes imprescindibles para la vida.

Ante la falta de un escenario y de un tiempo profesional que promueva la innovación y la mejora educativas en los centros escolares, que aborde esta situación compleja y difícil de resolver, el proyecto "Azahara" plantea la necesidad de partir de unos **"organizadores internos"**, que actúen de andamiaje en la organización del currículo y que permitan la elaboración de formulaciones adecuadas y precisas para determinar el nivel de desarrollo básico que ha de alcanzar el alumnado al término de la etapa educativa.

En la concepción tanto del currículo, como de las competencias básicas entran en juego conocimientos, saberes, destrezas, habilidades, valores y actitudes adecuadas al contexto que el alumnado ha de alcanzar para su realización y desarrollo personal y que ha de conocer, adquirir y aplicar en la resolución de problemas y tareas relacionados con la ciudadanía activa, la integración social y el acceso al empleo, por lo que han de tenerse en consideración a la hora de identificar y definir los organizadores.

Por tanto, esta propuesta se basa en la determinación inicial de unos organizadores previos que hagan operativas las competencias básicas en el diseño y en el desarrollo del currículo escolar. Los organizadores seleccionados están estrechamente relacionados con la estructura y con el contenido del currículo escolar y con la concepción y la finalidad de las competencias básicas:

a) Los conocimientos, saberes y experiencias adquiridos a través de las áreas o materias para que sean aplicados en la resolución de tareas y problemas.
b) Las habilidades cognitivas y prácticas utilizadas en la resolución de tareas y problemas.
c) Los valores, actitudes y sentimientos que están presentes en la resolución de problemas y tareas y en la toma de decisiones.
d) La resolución de tareas en un contexto determinado.

Desde este planteamiento orientativo, los descriptores de etapa formulados sobre los tres primeros organizadores son básicos para tomar decisiones en torno a la organización y al desarrollo del currículo de las áreas. Asimismo, los descriptores de etapa para la resolución de tareas propias de los diferentes contextos permiten desarrollar la práctica docente a partir de la realización de las mismas y facilitan al profesorado de cada área la incorporación en la programación de aula de tareas y actividades integradas, confeccionadas por los propios equipos docentes.

7. PLANIFICACIÓN DE LAS COMPETENCIAS BÁSICAS EN LA ETAPA EDUCATIVA

Una vez planteada la necesidad de hacer operativas las competencias básicas a través de descriptores de etapa, la planificación de las competencias básicas en torno al desarrollo del currículo escolar conlleva establecer una serie de tareas o actuaciones que los centros educativos han de realizar para dicho fin.

Estas tareas se dirigen a la selección y concreción de los aspectos distintivos de cada competencia básica que mejor respondan al diagnóstico realizado por los equipos docentes sobre el contexto sociocultural y educativo, a la valoración del histórico de las evaluaciones iniciales realizadas con el alumnado del centro y de la tendencia de los resultados de las Pruebas de Evaluación Diagnóstico llevadas a cabo, y al establecimiento de los objetivos propios de cada centro educativo para la mejora del rendimiento escolar.

Fijados los aspectos distintivos de cada competencia básica, la siguiente tarea ha de centrarse en la vinculación de éstos con los aprendizajes imprescindibles aportados por las áreas o materias y que contribuyen al desarrollo y a la adquisición de las competencias básicas por parte del alumnado.

La siguiente tarea es la más compleja y difícil de realizar, en cuanto que cada centro ha de concretar y establecer unos descriptores de etapa educativa a partir de los organizadores internos preestablecidos. Éstos le permitirán delimitar qué aspectos y aprendizajes imprescindibles quedan interrelacionados y facilitarán la toma de decisiones sobre la programación didáctica y el desarrollo de la práctica docente en el aula.

Por último, una vez establecidos los descriptores de etapa para cada competencia básica, se debe proceder a relacionarlos con los criterios de evaluación de cada área, con objeto de formular los indicadores de logro o dominio que debe ir alcanzando el alumnado en los procesos de enseñanza y aprendizaje en cada ciclo educativo.

La elaboración de descriptores de etapa y de indicadores de logro de ciclos, por parte de los equipos docentes, supone la construcción colectiva de una herramienta de planificación y mejora de la práctica docente que es fundamental para la integración de las competencias básicas en el currículo escolar, ya que conlleva el establecimiento de unos criterios y unos referentes comunes de intervención en el aula.

8. PROPUESTA DE DESCRIPTORES DE ETAPA PARA LA EDUCACIÓN PRIMARIA

El proyecto "Azahara" apuesta por elaborar **propuestas intermedias** entre el marco normativo curricular y la práctica docente, de forma que los equipos docentes puedan tomar decisiones sobre la integración de las competencias básicas en el currículo escolar.

Considera necesario que los centros docentes dispongan de **modelos e instrumentos** para que los órganos de coordinación docente aborden la tarea de programación y de ejercicio de la práctica docente en torno a la concreción del currículo por competencias básicas y en relación con el diseño, la aplicación y la evaluación de propuestas de trabajo integradas.

En la **carpeta de documentos** se presenta un cuadernillo para cada competencia básica, con el título genérico *"Implementación de la competencia básica en el currículo escolar de la educación primaria"*. En cada uno de ellos se exponen los aspectos distintivos y la contribución de las áreas al desarrollo de la respectiva competencia básica y se formulan los descriptores de etapa para el desarrollo de la misma, distribuidos en torno a los cuatro organizadores internos anteriormente establecidos.

De igual modo, en el capítulo IX se expresa detalladamente el planteamiento estratégico del proyecto "Azahara" para la formulación de los descriptores de etapa y los instrumentos que se precisan para las tareas de planificación de la práctica docente.

COMPETENCIAS BÁSICAS	ORGANIZADORES	DESCRIPTORES DE ETAPA
COMUNICACIÓN LINGÜÍSTICA	Conocimientos, saberes y experiencias aplicadas en la resolución de problemas y tareas.	❏ Expresa y comprende el sentido de los mensajes orales y escritos en diferentes contextos, de forma clara, concisa y ordenada, y capta las ideas generales y concretas de un texto escrito.
	Habilidades prácticas y cognitivas utilizadas en la resolución de problemas y tareas.	❏ Adquiere y utiliza el código escrito y sus convenciones para acceder a diversas fuentes de información y comunicación para adquirir aprendizajes e intercambiarlos en diferentes contextos comunicativos, de forma oral y escrita.
	Valores, actitudes, sentimientos y emociones, que se disponen en la resolución de problemas y tareas.	❏ Expresa pensamientos, emociones, vivencias y opiniones relacionadas con los aprendizajes, utiliza un lenguaje no discriminatorio y no sexista para resolver conflictos y controlar la propia conducta, y desarrolla el espíritu crítico ante situaciones de desigualdad entre hombres y mujeres.
	Resolución de problemas en un contexto determinado.	❏ Se comunica y desenvuelve en diferentes contextos de la vida cotidiana y escolar, utilizando la escucha y la argumentación como vías de encuentro y de resolución de problemas de forma pacífica.
COMPETENCIA MATEMÁTICA	Conocimientos, saberes y experiencias aplicadas en la resolución de problemas y tareas.	❏ Reconoce y describe los elementos matemáticos y las formas geométricas en situaciones reales o simuladas de la vida cotidiana
	Habilidades prácticas y cognitivas utilizadas en la resolución de problemas y tareas.	❏ Utiliza y relaciona los números, sus operaciones básicas, los símbolos y las formas de expresión y razonamiento matemático para interpretar, producir y expresar con claridad informaciones, datos y argumentaciones en contextos significativos.
	Valores, actitudes, sentimientos y emociones, que se disponen en la resolución de problemas y tareas.	❏ Desarrolla la comprensión y el espíritu crítico sobre la información y situaciones que contienen elementos y soportes matemáticos, valorando los procesos seguidos y los resultados obtenidos en el planteamiento y resolución de situaciones y problemas de la vida cotidiana.
	Resolución de problemas en un contexto determinado.	❏ Pone en práctica procesos de razonamiento y utiliza los conocimientos adquiridos para resolver problemas relacionados con la vida cotidiana, tomando las decisiones más adecuadas.

COMPETENCIAS BÁSICAS	ORGANIZADORES	DESCRIPTORES DE ETAPA
CONOCIMIEN-TO E INTERAC-CIÓN CON EL MUNDO FÍSICO	Conocimientos, saberes y experiencias aplicadas en la resolución de problemas y tareas.	❑ Conoce el espacio físico en el que vive, y describe la influencia de los asentamientos y de las actividades de las personas en la transformación de los paisajes.
	Habilidades prácticas y cognitivas utilizadas en la resolución de problemas y tareas.	❑ Analiza y compara las formas de vida más representativas de nuestros paisajes más peculiares. ❑ Aplica las nociones y conceptos científicos y técnicos aprendidos para definir problemas, elaborar estrategias, analizar y comunicar resultados y tomar decisiones sobre el entorno en el que vive.
	Valores, actitudes, sentimientos y emociones, que se disponen en la resolución de problemas y tareas.	❑ Conoce los modos de vida humana y adopta una disposición positiva hacia el cuidado y conservación del entorno natural y social, desarrollando hábitos de vida saludable.
	Resolución de problemas en un contexto determinado.	❑ Plantea soluciones ante los problemas y necesidades básicas de la vida cotidiana y de la actividad humana en relación con el medio, y apoya un consumo responsable de los recursos naturales.
APRENDER A APRENDER	Conocimientos, saberes y experiencias aplicadas en la resolución de problemas y tareas.	❑ Es consciente de lo que sabe y de cómo se aprende, por sí mismo o con ayuda de los demás, y se muestra motivado y con deseo de aprender.
	Habilidades prácticas y cognitivas utilizadas en la resolución de problemas y tareas.	❑ Promueve iniciativas, personales o grupales, por aprender y seguir aprendiendo de forma autónoma, utilizando las estrategias y herramientas más adecuadas para adquirir, organizar y comunicar sus propios conocimientos.
	Valores, actitudes, sentimientos y emociones, que se disponen en la resolución de problemas y tareas.	❑ Reflexiona sobre lo aprendido y cómo lo ha aprendido, analizando las dificultades encontradas, y ante problemas y nuevas situaciones de creciente complejidad, se plantea interrogantes para la búsqueda de soluciones diversas, valorando el esfuerzo realizado y los resultados obtenidos.
	Resolución de problemas en un contexto determinado.	❑ Elabora planes de mejora alcanzables, basados en el trabajo y la superación personal, y toma las decisiones más adecuadas para llevarlos a cabo.

COMPETENCIAS BÁSICAS	ORGANIZADORES	DESCRIPTORES DE ETAPA
AUTONOMÍA E INICIATIVA PERSONAL	Conocimientos, saberes y experiencias aplicadas a la resolución de problemas y tareas.	❑ Se plantea iniciativas y toma decisiones con criterio propio para desarrollar propuestas y planes de trabajo personales, que repercuten en la transformación y mejora de los contextos en los que se desenvuelve como persona.
	Habilidades prácticas y cognitivas utilizadas en la resolución de problemas.	❑ Desarrolla iniciativas de planificación de tareas, formulando los objetivos y las acciones necesarias y asumiendo las responsabilidades que le corresponden.
	Valores, actitudes, sentimientos y emociones, que se disponen en la resolución de problemas y tareas.	❑ Participa responsablemente en la vida del aula, cooperando en el trabajo de equipo y dialogando y negociando sobre las ideas propias y las de los demás en la toma de decisiones sobre las tareas o proyectos de trabajo a realizar.
	Resolución de problemas en un contexto determinado.	❑ Se muestra confiado en su propia capacidad y espíritu de superación, y promueve iniciativas en la resolución de problemas relacionados con la vida cotidiana, barajando posibilidades y soluciones diversas y valorando los resultados obtenidos. ❑ Toma decisiones y afronta los problemas que afectan a su desarrollo y madurez personal, tomando en consideración valores y actitudes de la sociedad en que vive.
TRATAMIENTO DE LA INFORMACIÓN Y COMPETENCIA DIGITAL	Conocimientos, saberes y experiencias aplicadas en la resolución de problemas y tareas.	❑ Presenta y comprende información en diferentes códigos, formatos y lenguajes a través de las TIC.
	Habilidades prácticas y cognitivas utilizadas en la resolución de problemas y tareas.	❑ Accede a las TIC para buscar, obtener, procesar y comunicar información, presentándola en diferentes soportes: textual, numérico, icónico, visual, gráfico y sonoro.
	Valores, actitudes, sentimientos y emociones, que se disponen en la resolución de problemas y tareas.	❑ Muestra una actitud crítica y reflexiva sobre la información obtenida a través de las TIC.
	Resolución de problemas en un contexto determinado.	❑ Aplica habitualmente los recursos tecnológicos disponibles, a través de los lenguajes y soportes más frecuentes, para resolver situaciones o problemas relacionados con contextos reales o simulados de la vida cotidiana.

COMPETENCIAS BÁSICAS	ORGANIZADORES	DESCRIPTORES DE ETAPA
SOCIAL Y CIUDADANA	Conocimientos, saberes y experiencias aplicadas en la resolución de problemas y tareas.	❏ Conoce y comprende la evolución histórica y el momento actual de la realidad social en la que vive: los modos de organización, sus logros y sus problemas, sus rasgos y valores para ejercer la ciudadanía democrática.
	Habilidades prácticas y cognitivas utilizadas en la resolución de problemas y tareas.	❏ Hace uso de sus habilidades sociales, actúa con asertividad y emplea el diálogo y la negociación en el ejercicio responsable de sus derechos y obligaciones como ciudadano y miembro de la comunidad y de la escuela para elegir y tomar decisiones democráticamente.
	Valores, actitudes, sentimientos y emociones, que se disponen en la resolución de problemas y tareas.	❏ Es consciente de los valores en los que se sustenta la sociedad democrática: la cooperación, la solidaridad, el compromiso y la participación y desarrolla su propio sistema de valores, reforzando la autonomía, la autoestima y la identidad personal.
	Resolución de problemas en un contexto determinado.	❏ Se siente identificado con la comunidad, colaborando activamente en la resolución de los conflictos de convivencia y asumiendo progresivamente responsabilidades como ciudadano en la construcción de un proyecto social solidario.
CULTURAL Y ARTÍSTICA	Conocimientos, saberes y experiencias aplicadas en la resolución de problemas y tareas.	❏ Conoce, comprende y valora las manifestaciones artísticas y culturas de nuestro patrimonio y las principales técnicas y recursos que emplean.
	Habilidades prácticas y cognitivas utilizadas en la resolución de problemas y tareas.	❏ Describe y aprecia el hecho cultural y artístico y desarrolla iniciativas para expresarse de forma imaginativa y creativa mediante los códigos artísticos.
	Valores, actitudes, sentimientos y emociones, que se disponen en la resolución de problemas y tareas.	❏ Expresa abiertamente de forma respetuosa y crítica opiniones sobre las manifestaciones culturales y artísticas y respeta otras formas de pensamiento y opinión.
	Resolución de problemas en un contexto determinado.	❏ Desarrolla actitudes de sensibilidad, compromiso y disfrute del patrimonio cultural y artístico y participa en iniciativas para la mejora y conservación del patrimonio.

Capítulo IV
Evaluación de las competencias básicas en el currículo escolar: indicadores de logro o dominio alcanzado

1. MARCO NORMATIVO QUE REGULA LA EVALUACIÓN DE LAS COMPETENCIAS BÁSICAS EN EL CURRÍCULO ESCOLAR

1.1. Ley Orgánica de Educación (LOE)

La LOE encomienda al Gobierno fijar los objetivos, las competencias básicas, los contenidos y los criterios de evaluación de los aspectos básicos del currículo que constituyen las enseñanzas mínimas, y a las administraciones educativas el establecimiento del currículo de las distintas enseñanzas. Al finalizar el cuarto curso de educación primaria todos los centros educativos realizarán una evaluación de diagnóstico de las competencias básicas alcanzadas por sus alumnos. Esta evaluación es responsabilidad de las administraciones educativas, tiene carácter formativo y orientador para los centros e informativo para las familias y para el conjunto de la comunidad educativa. También dispone como marco de referencia las evaluaciones generales de diagnóstico.

Corresponde a las administraciones educativas desarrollar y controlar las evaluaciones de diagnóstico en las que participen los centros dependientes de ellas y proporcionar los modelos y apoyos pertinentes, a fin de que todos los centros puedan realizar de modo adecuado estas evaluaciones, que tienen carácter formativo e interno. También corresponde a las administraciones educativas regular la forma en que se conocen los resultados de estas evaluaciones de diagnóstico, así como los planes de actuación que se deriven de ellas, para que los centros los pongan en conocimiento de su respectiva comunidad educativa. En ningún caso los resultados de estas evaluaciones pueden ser utilizados para el establecimiento de clasificaciones de los centros.

1.2. Real Decreto de enseñanzas mínimas

El Real Decreto 1513/2006, de 7 de diciembre de enseñanzas mínimas para la educación primaria, explicita los objetivos de cada área y describe el modo en que contribuyen al desarrollo de las competencias básicas. De igual modo, presenta los contenidos y los criterios de evaluación de cada ciclo de la educación primaria.

Tanto los objetivos, como la propia selección de los contenidos, buscan asegurar el desarrollo de todas las competencias básicas, mientras que los criterios de evaluación sirven de referencia para valorar el progresivo grado de adquisición de las mismas. Por tanto, los criterios de evaluación, además de permitir la valoración del tipo y del grado de aprendizaje adquirido, se convierten en el referente fundamental para valorar el desarrollo de las competencias básicas.

En la regulación que realizan las administraciones educativas deben ser incluidas las competencias básicas, los objetivos, los contenidos y los criterios de evaluación.

2. Planteamientos de la evaluación de las competencias básicas en el desarrollo del currículo escolar

La propuesta que se desarrolla en este capítulo sobre la evaluación de las competencias se sustenta en el modo de entender las competencias básicas como una tipología de aprendizaje que supone seleccionar y poner en uso los aprendizajes imprescindibles aportados por las áreas, con el fin de dar respuesta a diferentes situaciones y problemas del contexto habitual del alumnado.

En este sentido, sirven de apoyo los textos extraídos del planteamiento desarrollado por el profesor Antonio Bolívar[2], catedrático de Didáctica y Organización Escolar de la Facultad de Ciencias de la Educación de la Universidad de Granada, en su libro *"Ciudadanía y competencias básicas"*:

"El aprendizaje y el desarrollo de las competencias básicas conlleva la necesidad de plantear enfoques innovadores de la evaluación, dado que las competencias no se pueden medir u observar directamente, sino que se tienen que inferir a partir del

---

2. Bolívar Botia, A. (2008). *Ciudadanía y competencias básicas*. Sevilla: Fundación Ecoem.

rendimiento observado destinado a satisfacer o resolver una situación. La evaluación de las competencias es procesual y evolutiva, comparando los grados sucesivos conseguidos por el alumnado en relación con un referente.

Evaluamos, de hecho, competencias cuando lo que importa son los conocimientos utilizables, buscando la capacidad de utilizarlos en situaciones dadas para transferirlos y movilizarlos. Se trata de evaluar los conocimientos escolares por la capacidad de los escolares para emplearlos fuera del contexto escolar, en otras situaciones que requieren para su resolución la movilización de conocimientos y capacidades adquiridas.

La evaluación ha de ser variada, de modo que permita recoger múltiples evidencias que permitan valorar el grado de adquisición. Como la competencia se manifiesta en una situación real, deberán plantearse situaciones que ejemplifiquen o simulen cuestiones o problemas relacionados con la vida real del alumnado.

Las competencias se desarrollan progresivamente a lo largo del tiempo, por lo cual se debe evaluar el grado de desarrollo de las mismas a través de las "escalas de descriptores". Las escalas describen la progresión de los alumnos y alumnas y permiten situar el nivel de desarrollo de las competencias con el fin de orientar los aprendizajes o establecer un balance de lo conseguido. Para cada una de las competencias se deben explicitar diferentes niveles de desarrollo o logro sobre un continuo.

Una competencia tiene diversos grados de realización porque la evaluación ha de consistir en determinar en qué nivel de logro o desempeño se sitúa cada alumno/a. En la medida en que las competencias se adquieren en diferentes grados, se requieren escalas de competencias, definidas para cada etapa, ciclo y nivel educativo".

3. LA EVALUACIÓN DE LAS COMPETENCIAS BÁSICAS A TRAVÉS DE LOS INDICADORES DE LOGRO O DE DOMINIO

Los centros educativos han de afrontar como tarea prioritaria el establecimiento de unos "indicadores de logro o dominio" de cada competencia básica. Una vez elaborados y consensuados los descriptores de etapa por competencias básicas, debe procederse al diseño y a la concreción de los diferentes indicadores de logro o dominio que se pretende que el alumnado vaya desarrollando y alcanzando en cada ciclo educativo.

Los indicadores de logro o dominio, establecidos desde el inicio de la educación básica hasta su finalización, deben garantizar a lo largo de los distintos ciclos de la educación primaria un desarrollo continuado y progresivo en la adquisición de las competencias básicas y han de ser el referente compartido de los equipos docentes para la acreditación de los estudios del alumnado, vinculada a las decisiones sobre su promoción.

Los indicadores han de fijarse teniendo en consideración los descriptores de etapa establecidos y los criterios de evaluación de las áreas, por lo que se precisa determinar cuáles de ellos son el referente más claro y preciso para que sean estimados a través de los procesos de enseñanza-aprendizaje y han de hacerse visibles en la planificación docente del trabajo en el aula, con la implementación de tareas vinculadas a los escenarios en los que se desarrolla y promueve la vida del alumnado.

En la educación primaria estos indicadores de logro o dominio han de fijarse a la finalización de cada ciclo educativo. Su diseño debe partir de los descriptores establecidos para la etapa educativa y en su elaboración se ha de garantizar un tratamiento gradual y progresivo, desde una formulación básica y elemental, de las dimensiones y elementos de la competencia que mejor responden a las necesidades detectadas en el alumnado, hasta otras más complejas que supongan un grado de desarrollo más avanzado en su desarrollo y adquisición.

El planteamiento estratégico que el Proyecto "Azahara" dispone para la elaboración y aplicación de los indicadores se sustenta en el propio referente que establece el marco normativo para la evaluación de las competencias básicas, es decir, en los criterios de evaluación que aportan las áreas curriculares. Sin embargo, la mayor dificultad para su elaboración se encuentra en los propios criterios de evaluación. En la mayor parte de los casos están expresados en términos de consecución de objetivos de etapa y de área y referidos a la adquisición de conocimientos de carácter conceptual, procedimental y actitudinal: muchos de ellos no hacen referencia explícita a las dimensiones, elementos o aspectos de las competencias que supuestamente pretenden evaluar.

No obstante, en múltiples casos, los criterios de evaluación complementan o concretan la contribución de sus respectivas áreas al desarrollo de las competencias básicas y cubren las lagunas u omisiones detectadas en la normativa vigente en relación con la aportación de aprendizajes imprescindibles de las áreas.

El establecimiento de los indicadores, siguiendo el mismo proceso mantenido con los descriptores de etapa (partir de los organizadores internos para seleccionarlos y reordenarlos en función de cada competencia básica), ha de conjugar el descriptor fijado para la etapa educativa con los criterios de evaluación de las áreas vinculados a aquél y establecidos por normativa para cada ciclo educativo.

Asimismo, los criterios de evaluación de las áreas, en función de su carácter transversal e instrumental, serán la referencia para determinar el grado de logro o dominio que se pretende que el alumnado vaya alcanzando en los procesos de enseñanza-aprendizaje y, sobre todo, al término del ciclo educativo.

Por consiguiente, los indicadores de logro o dominio que se formulen han de estar estrechamente vinculados con los criterios de evaluación aportados por las áreas y, en función de la unidad didáctica integrada que se trabaje en el aula, la valoración del grado de desarrollo alcanzado del correspondiente indicador deberá realizarse a través de la consecución de los criterios de evaluación establecidos.

4. EVALUACIÓN DE LAS COMPETENCIAS BÁSICAS A PARTIR DE LAS ÁREAS CURRICULARES

La evaluación del desarrollo de las competencias básicas en los procesos de aprendizaje del alumnado ha de situarse en el marco normativo que regula la ordenación de las enseñanzas en las diferentes etapas educativas que conforman la educación básica del ciudadano. La normativa abre la posibilidad de que los centros educativos conformen proyectos educativos innovadores con base en las competencias básicas.

Los criterios de evaluación que aportan las áreas son básicos para evaluar los aprendizajes imprescindibles para la vida del alumnado, ya que ofrecen las formas de proceder que los alumnos y alumnas han de poner en juego en la resolución de una tarea, que les permite adquirir experiencias útiles y aplicables a otras situaciones de la vida cotidiana.

La evaluación de las competencias a través del currículo de las áreas ha de hacerse operativa a través de los objetivos y criterios de evaluación de las mismas. Los criterios de evaluación facilitan al profesorado la formulación de unos "indicadores y niveles de logro" a través de los procesos de enseñanza-aprendizaje. Por tanto, el tratamiento de la evaluación de las competencias básicas se inserta en los propios procesos de enseñanza-aprendizaje que se generan en los espacios de aprendizaje que determinan los docentes, con el objeto de alcanzar los objetivos que se persiguen en cada una de las etapas educativas.

El escenario profesional más adecuado para el establecimiento de unas pautas y criterios comunes en torno a la evaluación, incluidas las competencias básicas, en la educación primaria, reside en el equipo docente de cada uno de los ciclos educativos. Este enfoque requiere un planteamiento estratégico compartido por todo el profesorado del ciclo educativo, para el diseño y el desarrollo de la programación didáctica de las áreas y su concreción en unidades didácticas o proyectos integrados de carácter interdisciplinar y transversal que se sustenten en la realización de tareas referidas a una o varias competencias básicas.

Este planteamiento tiene que generar una reflexión y una toma de decisiones colegiada entre los componentes del equipo docente sobre los aspectos distintivos de las competencias básicas que se han seleccionado y los aprendizajes imprescindibles que respondan a las necesidades y demandas educativas del alumnado.

Por otro lado, la reflexión sobre los criterios de evaluación elegidos entre las áreas de conocimiento y experiencia que mejor contribuyen al desarrollo de las competencias básicas ha de conducir al equipo docente a establecer los indicadores de logro o dominio. De manera que el proceso y los resultados de la evaluación continua del alumnado, a través de las situaciones de aprendizaje que se generen en el entorno escolar, sea único e integrado.

A nivel de etapa, se precisa el fortalecimiento de otro escenario de coordinación pedagógica del profesorado, el equipo docente de nivel o grupo, puesto que en este espacio profesional es donde se han de adoptar las decisiones precisas que comprometen a todo el profesorado en cuanto a los grados y niveles de logro en la adquisición de las competencias básicas. Así, ha de trabajarse en colaboración y coordinación en todas las áreas que conforman el currículo escolar de un determinado grupo de alumnos y alumnas.

Por todo esto, tal y como establece el marco normativo, son los criterios de evaluación de las áreas el referente básico y esencial para valorar los aprendizajes considerados imprescindibles. De forma que se pueda ir conociendo el grado de desarrollo y progresión que el alumnado va alcanzado en el desarrollo de las competencias básicas.

Tras establecer criterios y pautas comunes en el seno de los equipos de ciclo y de los equipos de nivel acerca de la evaluación de las competencias básicas, procede plantear su concreción en la práctica docente a través del planteamiento y de la aplicación de unidades didácticas de carácter integrado. En este contexto, es el maestro o maestra quien hace explícita, en su preparación de la intervención en el aula con un grupo de alumnos y alumnas, la secuencia de aprendizaje que pretende desarrollar en torno a un objeto de estudio determinado y en relación con una tarea contextualizada. Así como las actividades de evaluación que permiten determinar si el alumno está adquiriendo los aprendizajes considerados imprescindibles para la vida, vinculados a los contenidos de enseñanza programados.

La puesta en uso de las competencias básicas, y principalmente aquellas que poseen un carácter eminentemente "instrumental", supone poner en uso aquellos aprendizajes imprescindibles de las áreas con las que dichas competencias están vinculadas. Es por ello que la incorporación de propuestas de trabajo destinadas al desarrollo de competencias básicas, "resolución de tareas o problemas", requiere que el maestro/a correspondiente tenga confirmación previa por parte del profesorado de las restantes áreas de que el alumnado ha adquirido aquellos aprendizajes imprescindibles que se van a utilizar a través de las competencias básicas asociadas a cada tarea.

El maestro/a ha de concretar, a partir de los criterios de evaluación que forman parte de la mencionada unidad didáctica, los niveles de logro que se pueden alcanzar en determinados elementos o aspectos de las competencias básicas implicadas en el proceso de enseñanza-aprendizaje. Al mismo tiempo, tiene que prever la tipología de actividades o tareas que mejor se adecuen a los procesos de enseñanza-aprendizaje diseñados, para facilitar la evaluación del alumnado y extraer conclusiones en torno a los logros y dificultades que se van presentando en la adquisición de las competencias básicas.

En relación a la evaluación de competencias, que indiscutiblemente ha de tener un carácter procesual y continuado y estar fundamentada en el empleo de instrumentos y procedimientos diversos, el profesorado también ha de resolver otras situaciones grupales o individuales de evaluación específicas. Así, por ejemplo, para responder con eficacia a evaluaciones iniciales del alumnado al comienzo de cada ciclo; o bien para colaborar con el Equipo de Orientación Educativa en el establecimiento de los niveles de logro curricular, como parte del proceso de Evaluación Psicopedagógica del alumnado.

En el caso de que los órganos de coordinación pedagógica hayan adoptado la decisión de organizar los contenidos de enseñanza en "ámbitos de conocimiento", el procedimiento que debe seguir ha de ser similar, aunque los criterios de evaluación han de referirse en su conjunto a las distintas áreas que los configuran.

5. LA EVALUACIÓN DE LAS COMPETENCIAS BÁSICAS EN LOS PROCESOS DE ENSEÑANZA-APRENDIZAJE A TRAVÉS DE TAREAS INTEGRADAS

Una de las apuestas más innovadoras que ofrece la incorporación de las competencias básicas en el currículo escolar es la posibilidad de que los equipos docentes diseñen tareas de trabajo integradas o tareas integradas multidisciplinares, que permiten organizar los objetivos y contenidos de enseñanza en torno a dichas competencias. Estas tareas han de estar orientadas a la aplicación de los saberes adquiridos en el tratamiento y en la resolución de cuestiones o problemas relacionados con la vida y con los diferentes contextos en los que se desarrolla el alumnado.

El equipo docente puede definir con claridad tanto las operaciones mentales (razonar, argumentar, crear, interpretar, relacionar,…) que entran en juego, en tanto que elemento esencial de todo "aprendizaje en acción o competencia", como el contexto en el que esa tarea o tareas se han de aplicar, para así determinar las situaciones de aprendizaje y la secuencia de actividades que se precisan.

La relación entre la/s tarea/s (resolución de problemas para obtener un resultado o producto útil para la vida) y el resto de los componentes (contenidos, contexto e indicadores de logro de las competencias) constituyen el marco generativo de referencia para elaborar tareas de aprendizaje, que siempre deberán tener una utilidad real o auténtica para la vida. Con la resolución de las tareas, se han de producir en el alumnado aprendizajes esenciales que permitan combinar y aplicar un conjunto de conocimientos y de destrezas cognitivas en un contexto definido.

Para la evaluación de las competencias básicas que entran en juego en un determinado proyecto de trabajo integrado, o tarea integrada multidisciplinar, es preciso que los maestros y maestras del equipo docente, comprometidos en esta práctica profesional innovadora, aporten el soporte curricular del área que imparten para conformar las situaciones de aprendizaje que se generan y van a ser evaluadas. En esta misma línea, la secuencia lógica a seguir será similar a la descrita anteriormente: establecimiento de las acciones o actividades que conforman la tarea planteada, vinculación con los indicadores de logro de las competencias básicas y valoración posterior del grado de desarrollo de las competencias que intervienen tras los procesos y resultados del aprendizaje promovido.

6. TOMA DE DECISIONES DE LOS EQUIPOS SOBRE LA PROMOCIÓN DEL ALUMNADO EN RELACIÓN CON LAS COMPETENCIAS BÁSICAS

Desde el enfoque que se viene realizando en estas líneas, y de conformidad con los criterios y procedimientos establecidos en el ordenamiento legal sobre la toma de decisiones en cuanto a la promoción del alumnado, la estimación del nivel de desarrollo alcanzado de las competencias básicas es cometido del equipo docente.

El planteamiento expresado con anterioridad sobre el tratamiento de la evaluación de las competencias básicas en las programaciones didácticas y de aula permite a cada componente del equipo docente disponer de la suficiente información y evidencias a lo largo del ciclo, a través de los registros planteados, como para ejercer y decidir, con un criterio objetivo y fundamentado, sobre el grado de adquisición de las competencias por parte de su alumnado. Por lo que no se precisa determinar cuantitativamente el peso en la contribución de cada área en la determinación del grado de adquisición de la competencia.

Esta apreciación ha de ser fruto del conjunto de conformidades expuestas entre los componentes del equipo docente y de la valoración colegiada que se realice en la sesión de evaluación final. En ningún caso esta valoración debe estar sujeta ni condicionada al supuesto peso específico que una determinada área considere que le corresponde por el contenido curricular que ha desarrollado.

7. PROPUESTA DE INDICADORES DE LOGRO O DE DOMINIO DE LAS COMPETENCIAS BÁSICAS PARA LA EDUCACIÓN PRIMARIA

En la carpeta de documentos se presenta un anexo de cada competencia que recoge las cuestiones ya mencionadas en el capítulo anterior y la concreción de los indicadores de logro o dominio en cada ciclo educativo. Asimismo, se muestra la escala graduada por ciclos y un registro de nivel de dominio o logro alcanzado por el alumnado durante el ciclo escolar en los procesos de enseñanza/aprendizaje.

COMPETENCIA EN COMUNICACIÓN LINGÜÍSTICA

DESCRIPTOR DE ETAPA	1. Expresa y comprende el sentido de los mensajes orales y escritos en diferentes contextos, de forma clara, concisa y ordenada, y capta las ideas generales y concretas de un texto escrito.	
INDICADORES DE LOGRO 1º CICLO	**INDICADORES DE LOGRO 2º CICLO**	**INDICADORES DE LOGRO 3º CICLO**
❏ Describe experiencias, vivencias e ideas y capta el sentido global de textos orales y escritos, identificando la información más relevante. ❏ Utiliza la terminología gramatical y lingüística para comparar hechos o situaciones del entorno próximo.	❏ Capta el sentido global de textos orales y escritos de uso habitual, reconociendo las ideas principales y secundarias, e interpreta e integra las ideas propias con la información contenida en los mismos. ❏ Utiliza la terminología gramatical y lingüística adecuada para la realización de actividades de producción y comprensión de textos orales y escritos, de uso habitual en los diversos contextos.	❏ Capta el sentido global e identifica informaciones de textos orales y escritos, emitidos en diferentes situaciones de comunicación, distinguiendo las ideas principales de las secundarias, las ideas de las opiniones y valores no explícitos, comparando y contrastando informaciones diversas e interpretando e integrando las ideas propias en las contenidas en los textos. ❏ Comprende y utiliza la terminología gramatical y lingüística básica para la realización de actividades de producción y comprensión de textos orales y escritos, e introduce cambios en las palabras, los enunciados y los textos para mejorar la comprensión y la expresión oral y escrita.
DESCRIPTOR DE ETAPA	2. Adquiere y utiliza el código escrito y sus convenciones para acceder a diversas fuentes de información y comunicación y para adquirir aprendizajes e intercambiarlos en diferentes contextos comunicativos, de forma oral y escrita.	
INDICADORES DE LOGRO 1º CICLO	**INDICADORES DE LOGRO 2º CICLO**	**INDICADORES DE LOGRO 3º CICLO**
❏ Localiza información concreta en textos escritos y la utiliza para redactar experiencias propias ateniéndose a modelos claros y cuidando las normas gramaticales y ortográficas más sencillas.	❏ Localiza y recupera información explícita en un texto y la utiliza para redactar, reescribir y resumir diferentes textos significativos de situaciones cotidianas y escolares, de forma ordenada y adecuada, cuidando las normas	❏ Localiza, recupera e interpreta información para narrar, explicar, describir, resumir y exponer opiniones e informaciones en textos escritos relacionados con situaciones cotidianas y escolares, de forma ordenada

❑ Describe e intercambia información en diferentes contextos comunicativos, de forma oral y escrita, sobre objetos, animales y plantas observadas en el espacio próximo, u obtenidas por diversas fuentes.	gramaticales y ortográficas y los aspectos formales, tanto en soporte papel como digital. ❑ Obtiene, describe e intercambia información en diferentes contextos comunicativos, de forma oral y escrita, sobre objetos familiares, el medio físico y las formas de vida y actuaciones de las personas.	y adecuada, reflexionando y relacionando los enunciados entre sí, en el contenido y la forma; y usando de forma habitual los procedimientos de planificación y revisión de los textos así como las normas gramaticales y ortográficas, y cuidando los aspectos formales tanto en soporte papel como digital. ❑ Elabora textos escritos atendiendo al destinatario, al tipo de texto y a la finalidad, tanto en soporte papel como digital, y planifica y realiza sencillas investigaciones exponiendo por escrito los resultados obtenidos.
DESCRIPTOR DE ETAPA	3. Expresa pensamientos, emociones, vivencias y opiniones relacionadas con los aprendizajes, utiliza un lenguaje no discriminatorio y no sexista para resolver conflictos y controlar la propia conducta, y desarrolla el espíritu crítico ante situaciones de desigualdad entre hombres y mujeres.	
INDICADORES DE LOGRO 1º CICLO	**INDICADORES DE LOGRO 2º CICLO**	**INDICADORES DE LOGRO 3º CICLO**
❑ Expresa de forma oral y escrita y de manera organizada pensamientos y emociones referidos a hechos y vivencias propias y de personajes conocidos de textos literarios. ❑ Participa en las situaciones de comunicación del aula, respetando las normas de intercambio –turno de palabra, atención, escucha y exposición– empleando un lenguaje no discriminatorio y no sexista.	❑ Expresa de forma oral y escrita y de manera organizada conocimientos, ideas, hechos y vivencias y utiliza textos literarios de la tradición oral y de la literatura infantil para mejorar la lectura y la escritura y la comunicación de ideas y sentimientos. ❑ Participa en situaciones de comunicación del aula, respetando las normas de intercambio –turno de palabra, atención, mirar y escuchar a quien habla, exposición, argumentación y entonación adecuada–, empleando un lenguaje no discriminatorio y no sexista y manteniendo una actitud crítica ante situaciones de desigualdad entre niños y niñas.	❑ Expresa de forma oral y escrita y de manera organizada conocimientos, ideas, hechos y opiniones, argumentando y defendiendo las propias opiniones, escuchando y valorando críticamente las opiniones de los demás y mostrando una actitud de respeto hacia las opiniones de las demás personas. ❑ Participa en las situaciones de comunicación del aula, respetando las normas de intercambio –turno de palabra, mirar y escuchar a quien habla, organizar el discurso e incorporar las intervenciones de los demás– empleando un lenguaje no discriminatorio y no sexista para resolver conflictos y controlar la propia conducta y manteniendo una actitud crítica ante situaciones de desigualdad entre niños y niñas.

DESCRIPTOR DE ETAPA	4. Se comunica y desenvuelve en diferentes contextos de la vida cotidiana y escolar, utilizando la escucha y la argumentación como vías de encuentro y de resolución de problemas de forma pacífica.	
INDICADORES DE LOGRO 1° CICLO	**INDICADORES DE LOGRO 2° CICLO**	**INDICADORES DE LOGRO 3° CICLO**
❑ Formula y resuelve sencillos problemas relacionados con objetos y situaciones de la vida cotidiana, ordenando las operaciones a realizar y explicando, de forma oral y escrita, el proceso seguido para resolverlos. ❑ Utiliza la escucha y la argumentación para resolver pacíficamente los problemas del aula.	❑ Planifica de forma oral y por escrito y de forma ordenada las acciones que corresponden realizar en el tratamiento y resolución de un problema de la vida cotidiana, reflexionando posteriormente sobre las ventajas e inconvenientes de las acciones desarrolladas. ❑ Utiliza la escucha y la argumentación para dialogar y negociar con los demás la resolución pacífica de los problemas de la vida cotidiana.	❑ Reconoce los problemas más significativos que afectan a la sociedad en la que vive, manifestando argumentos propios, de forma razonada y dialogada, y proponiendo vías de solución pacífica de los mismos. ❑ Reconoce y rechaza situaciones de discriminación, marginación e injusticia; toma decisiones de mejora y propone vías de encuentro y resolución a través la escucha y la argumentación y el respeto a las opiniones de los demás.

COMPETENCIA MATEMÁTICA

DESCRIPTOR DE ETAPA	1. Reconoce y describe los elementos matemáticos y las formas geométricas en situaciones reales o simuladas de la vida cotidiana.	
INDICADORES DE LOGRO 1° CICLO	**INDICADORES DE LOGRO 2° CICLO**	**INDICADORES DE LOGRO 3° CICLO**
❑ Describe y clasifica los aspectos cuantitativos y espaciales de materiales y objetos, presentes en el entorno próximo. ❑ Reconoce formas y cuerpos geométricos en objetos materiales utilizados en la vida real y describe su situación en el entorno inmediato.	❑ Reconoce, describe, clasifica y contrasta formas y cuerpos geométrico (polígonos, círculos, cubos, prismas, cilindros, esferas) del espacio próximo. ❑ Reconoce, describe, clasifica y contrasta los aspectos cuantitativos y espaciales de materiales y objetos, presentes en el entorno.	❑ Lee, escribe, clasifica y emplea distintas clases de números para el reconocimiento y explicación de situaciones que se producen en la vida diaria de los ciudadanos. ❑ Utiliza las nociones geométricas adquiridas para reconocer, describir, clasificar, comprender y contrastar diversas situaciones de la vida cotidiana.

DESCRIPTOR DE ETAPA	2. Utiliza y relaciona los números, sus operaciones básicas, los símbolos y las formas de expresión y razonamiento matemático para interpretar, producir y expresar con claridad informaciones, datos y argumentaciones en contextos significativos.		
INDICADORES DE LOGRO 1° CICLO	**INDICADORES DE LOGRO 2° CICLO**	**INDICADORES DE LOGRO 3° CICLO**	
❑ Compara y mide objetos, espacios y tiempos, utilizando las unidades de medida convencionales y no convencionales conocidas en su entorno próximo. ❑ Realiza cálculos numéricos básicos para responder a situaciones de la vida cotidiana, señala los pasos básicos que ha seguido y expresa con claridad los resultados obtenidos.	❑ Describe y compara representaciones espaciales de objetos y situaciones de la vida cotidiana empleando diferentes unidades de medida. ❑ Resuelve, razona y demuestra situaciones de la vida ordinaria, empleando las cuatro operaciones básicas de cálculo.	❑ Emplea los instrumentos y unidades de medida más usuales para interpretar, clasificar, relacionar y comparar representaciones espaciales de objetos o situaciones familiares. ❑ Utiliza las distintas clases de números para interpretar, intercambiar, relacionar y comparar información, y realiza con ellos operaciones y cálculos numéricos sencillos, mediante diferentes procedimientos, para solucionar cuestiones propias de los contextos de la vida cotidiana.	
DESCRIPTOR DE ETAPA	3. Desarrolla la comprensión y el espíritu crítico sobre la información y situaciones que contienen elementos y soportes matemáticos, valorando los procesos seguidos y los resultados obtenidos en el planteamiento y resolución de situaciones y problemas de la vida cotidiana.		
INDICADORES DE LOGRO 1° CICLO	**INDICADORES DE LOGRO 2° CICLO**	**INDICADORES DE LOGRO 3° CICLO**	
❑ Realiza interpretaciones orales y escritas de datos de la realidad cotidiana representados en gráficas y expresa por escrito el valor de la información obtenida. ❑ Expresa las dificultades que ha tenido en la resolución de una situación o un problema de la vida cotidiana y explica con sentido o justifica el resultado obtenido.	❑ Compara, ordena, relaciona y justifica datos numéricos sobre pagos y cobros realizados en el entorno familiar, en función del valor numérico de las cantidades. ❑ Analiza críticamente datos sobre la realidad cotidiana expresados en diferentes soportes matemáticos.	❑ Analiza datos e informaciones sobre situaciones de la vida cotidiana y escolar expresados en diferentes soportes matemáticos; establece relaciones, realiza estimaciones y toma decisiones de mejora. ❑ Valora críticamente las estrategias seguidas en la búsqueda de datos y de soluciones en la resolución de problemas de la vida cotidiana.	

DESCRIPTOR DE ETAPA	4. Pone en práctica procesos de razonamiento y utiliza los conocimientos adquiridos para resolver problemas relacionados con la vida cotidiana, tomando las decisiones más adecuadas.	
INDICADORES DE LOGRO 1º CICLO	**INDICADORES DE LOGRO 2º CICLO**	**INDICADORES DE LOGRO 3º CICLO**
❑ Formula enunciados de problemas de la vida cotidiana y los resuelve aplicando las operaciones aprendidas. ❑ Demuestra y representa mediante números, formas geométricas y colores los avances que va teniendo en los aprendizajes básicos y las responsabilidades que asume en la vida del aula.	❑ Propone y resuelve estimaciones y mediciones sobre situaciones de la vida real, empleando las unidades e instrumentos de medidas más usuales. ❑ Se plantea preguntas y resuelve problemas sobre la utilización de recursos naturales en la vida cotidiana, utilizando varias operaciones de cálculo y los conocimientos básicos matemáticos adquiridos.	❑ Expresa de forma ordenada y lógica el proceso seguido y las decisiones adoptadas en la elección de los procedimientos más adecuados para abordar la resolución de problemas de la vida cotidiana. ❑ Formula y propone soluciones a problemas de carácter social, y produce información en función de la consulta e interpretación de datos expresados en diferentes códigos de representación.

COMPETENCIA EN EL CONOCIMIENTO Y LA INTERACCIÓN CON EL MUNDO FÍSICO

DESCRIPTOR DE ETAPA	1. Conoce el espacio físico en el que vive, y describe la influencia de los asentamientos y de las actividades de las persona en la transformación de los paisajes.	
INDICADORES DE LOGRO 1º CICLO	**INDICADORES DE LOGRO 2º CICLO**	**INDICADORES DE LOGRO 3º CICLO**
❑ Describe, de forma oral y escrita, el paisaje de su entorno y reconoce las actividades que realizan las personas en el mantenimiento y cuidado del mismo.	❑ Describe con precisión los cambios que la actividad humana está produciendo en el entorno en el que vive, y propone soluciones.	❑ Identifica los agentes físicos y humanos que conforman los diferentes paisajes de nuestro territorio y elabora textos escritos estableciendo relaciones entre variables que perjudican o benefician la conservación del mismo.

| DESCRIPTORES DE ETAPA | 2. Analiza y compara las formas de vida más representativas de nuestros paisajes más peculiares. |
| | 3. Aplica las nociones y conceptos científicos y técnicos aprendidos para definir problemas, elaborar estrategias, analizar y comunicar resultados y tomar decisiones sobre el entorno en el que vive. |

INDICADORES DE LOGRO 1º CICLO	INDICADORES DE LOGRO 2º CICLO	INDICADORES DE LOGRO 3º CICLO
❑ Realiza observaciones de los animales y las plantas más conocidas e su entorno y las clasifica en función de los rasgos que les son comunes. ❑ Utiliza dibujos y esquemas con la terminología adecuada para ordenar y representar hechos relevantes de la vida familiar o del entorno próximo.	❑ Busca y selecciona información en varias fuentes sobre los paisajes más representativos de la Comunidad Autónoma y hace propuestas para su conservación. ❑ Relaciona las características del paisaje (relieve, suelo, clima, vegetación...) con las distintas formas de vivir de las personas y las representa con símbolos en planos, dibujos y esquemas.	❑ Estudia e investiga sobre las diferentes formas de vida y el comportamiento de los cuerpos ante diferentes fenómenos naturales generados por la acción humana sobre un paisaje determinado, aportando analogías y ejemplificaciones. ❑ Planifica y realiza sencillas investigaciones sobre problemas del entorno, empleando estrategias básicas del método científico, y utiliza diferentes recursos (dibujos, esquemas, presentaciones, etc.) y soportes para interpretar y representar la información obtenida.

| DESCRIPTOR DE ETAPA | 4. Conoce los modos de vida humana y adopta una disposición positiva hacia el cuidado y conservación del entorno natural y social, desarrollando hábitos de vida saludable. |

INDICADORES DE LOGRO 1º CICLO	INDICADORES DE LOGRO 2º CICLO	INDICADORES DE LOGRO 3º CICLO
❑ Desarrolla hábitos de higiene y de alimentación que favorecen la salud y el bienestar personal en el entorno familiar y escolar.	❑ Indaga sobre las formas de vida sedentaria de los niños y de los adultos y argumenta y plantea cambios en los hábitos de alimentación, higiene, ejercicio físico y descanso para mejorar la calidad y expectativas de vida de las personas.	❑ Analiza y valora críticamente los efectos de la contaminación sobre las personas, animales, plantas y sus entornos, y propone iniciativas para mejorar la calidad de vida de los seres vivos.

| DESCRIPTOR DE ETAPA | 5. Plantea soluciones ante los problemas y necesidades básicas de la vida cotidiana y de la actividad humana en relación con el medio, y apoya un consumo responsable de los recursos naturales. |

INDICADORES DE LOGRO 1º CICLO	INDICADORES DE LOGRO 2º CICLO	INDICADORES DE LOGRO 3º CICLO
❏ Se muestra sensible hacia un uso responsable de los recursos naturales que se utilizan en el entorno familiar y escolar y presenta ejemplos prácticos de usos responsables.	❏ Valora y demuestra la importancia de las fuentes de energía para la vida humana y propone pautas de comportamiento personales y colectivas en el uso responsable de las mismas.	❏ Plantea e investiga sobre problemas o situaciones reales sobre los impactos que la actividad humana ocasiona en el medioambiente, recoge y selecciona información de diferentes fuentes (directas, libros, Internet), expresa y justifica las conclusiones obtenidas y propone compromisos en la conservación y mejora del mismo.

TRATAMIENTO DE LA INFORMACIÓN Y COMPETENCIA DIGITAL

DESCRIPTOR DE ETAPA	1. Presenta y comprende información en diferentes códigos, formatos y lenguajes a través de las TIC.	
INDICADORES DE LOGRO 1º CICLO	**INDICADORES DE LOGRO 2º CICLO**	**INDICADORES DE LOGRO 3º CICLO**
❏ Redacta textos sencillos sobre la vida cotidiana, utilizando informaciones extraídas de soportes digitales.	❏ Explica con varios soportes (textual, numérico, gráfico…) determinados aspectos relevantes de la vida cotidiana y la evolución que han experimentado en los últimos años.	❏ Comprende y produce textos e informaciones en diferentes códigos y formatos digitales, relacionados con la actividad académica y social.

DESCRIPTOR DE ETAPA	2. Accede a las TIC para buscar, obtener, procesar y comunicar información, presentándola en diferentes soportes: textual, numérico, icónico, visual, gráfico y sonoro.	
INDICADORES DE LOGRO 1º CICLO	**INDICADORES DE LOGRO 2º CICLO**	**INDICADORES DE LOGRO 3º CICLO**
❏ Accede al ordenador para buscar información básica, textual e icónica, sobre el medio físico próximo y la actividad humana que se desarrolla	❏ Accede a las TIC para obtener y comunicar información sobre hechos o fenómenos naturales y sociales que están afectando o teniendo actualidad en la comunidad.	❏ Busca, selecciona y organiza informaciones procedentes de diferentes medios relacionados con situaciones cotidianas y escolares, usando de forma habitual los procedimientos de planificación y revisión de los textos y empleando diferentes modelos y ejemplificaciones, y las representa en diferentes soportes: textual, icónico, visual y gráfico.

DESCRIPTOR DE ETAPA	3. Muestra una actitud crítica y reflexiva sobre la información obtenida a través de las TIC.	
INDICADORES DE LOGRO 1º CICLO	**INDICADORES DE LOGRO 2º CICLO**	**INDICADORES DE LOGRO 3º CICLO**
❏ Expone el uso que hace en el entorno familiar de medios y juegos electrónicos y estima si son beneficiosas o perjudiciales para la salud y el bienestar personal.	❏ Valora el uso responsable de distintos soportes y recursos digitales para el acceso a la información y el desarrollo de actividades de ocio personal.	❏ Valora la desigualdad existente entre las personas y determinados grupos sociales en relación con el acceso y uso de las nuevas tecnologías de la información y de la comunicación, analiza las consecuencias de su utilización inadecuada y ofrece propuestas de un empleo adecuado de las nuevas tecnologías.
DESCRIPTOR DE ETAPA	4. Aplica habitualmente los recursos tecnológicos disponibles, a través de los lenguajes y soportes más frecuentes, para resolver situaciones o problemas relacionados con contextos reales o simulados de la vida cotidiana.	
INDICADORES DE LOGRO 1º CICLO	**INDICADORES DE LOGRO 2º CICLO**	**INDICADORES DE LOGRO 3º CICLO**
❏ Plantea problemas o cuestiones relacionadas con las necesidades básicas de los ciudadanos y propone soluciones utilizando formas de presentación en soporte digital.	❏ Utiliza soportes tecnológicos para plantear y resolver situaciones o problemas relacionados con el uso de los recursos naturales, los bienes y servicios y valora el papel activo y responsable que ha de tener como consumidor.	❏ Elabora y presenta informes o documentos, en diferentes lenguajes y soportes electrónicos, sobre situaciones o problemas de la vida cotidiana, haciendo uso de recursos tecnológicos relacionados con la información y la comunicación. ❏ Valora críticamente el papel activo y responsable que ha de tener en el acceso y el uso de las nuevas tecnologías.

COMPETENCIA SOCIAL Y CIUDADANA

DESCRIPTOR DE ETAPA	1. Conoce y comprende la evolución histórica y el momento actual de la realidad social en la que vive: los modos de organización, sus logros y sus problemas, sus rasgos y valores para ejercer la ciudadanía democrática.	
INDICADORES DE LOGRO 1º CICLO	**INDICADORES DE LOGRO 2º CICLO**	**INDICADORES DE LOGRO 3º CICLO**
❏ Conoce las instituciones y organizaciones que operan en su entorno y las actividades profesionales que se desempeñan en beneficio de la comunidad.	❏ Conoce las instituciones públicas del entorno, a sus responsables y las funciones y tareas que desarrollan en beneficio de la comunidad, busca ejemplos prácticos de diferentes funciones y examina sus beneficios.	❏ Conoce y explica el funcionamiento de los principales órganos de gobierno, en los diferentes espacios territoriales, y el papel de los servicios públicos que gestionan, y expone ejemplos prácticos de la importancia de sus funciones y de los beneficios que reportan a la comunidad.
DESCRIPTOR DE ETAPA	2. Hace uso de sus habilidades sociales, actúa con asertividad y emplea el diálogo y la negociación en el ejercicio responsable de sus derechos y obligaciones como ciudadano y miembro de la comunidad y de la escuela para elegir y tomar decisiones democráticamente.	
INDICADORES DE LOGRO 1º CICLO	**INDICADORES DE LOGRO 2º CICLO**	**INDICADORES DE LOGRO 3º CICLO**
❏ Dialoga y colabora con sus compañeros y sus compañeras de clase en la resolución de los problemas de convivencia y el planteamiento de tareas y actividades colectivas. ❏ En situaciones escolares y de su vida cotidiana hace uso de las habilidades sociales básicas (da las gracias, pide un favor, escucha y se disculpa).	❏ Indaga sobre conflictos relacionados con la convivencia, a nivel escolar y comunitario, consultando diferentes fuentes de información y haciendo propuestas para su resolución y mejora. ❏ En situaciones escolares y de su vida cotidiana hace uso de las habilidades sociales (da las gracias, pide un favor, escucha, se disculpa y participa de manera constructiva en la resolución de las mismas).	❏ Argumenta y defiende las propias opiniones y valora críticamente la de los demás en la toma de decisiones colectivas y emplea el diálogo y la negociación en la resolución de conflictos y en la asunción de responsabilidades. ❏ Ante las diversas situaciones escolares y de su vida cotidiana actúa con asertividad y maneja las habilidades sociales trabajadas (da las gracias, pide un favor, escucha, se disculpa, se pone en el lugar del otro y participa de manera constructiva en la resolución de las mismas).

DESCRIPTOR DE ETAPA	3. Es consciente de los valores en los que se sustenta la sociedad democrática: la cooperación, la solidaridad, el compromiso y la participación y desarrolla su propio sistema de valores, reforzando la autonomía, la autoestima y la identidad personal.	
INDICADORES DE LOGRO 1º CICLO	**INDICADORES DE LOGRO 2º CICLO**	**INDICADORES DE LOGRO 3º CICLO**
❑ Participa en asambleas de aula para el establecimiento de normas de convivencia y de mantenimiento y conservación del material escolar y de los utensilios del aula y asume las responsabilidades que le corresponden	❑ Desarrolla hábitos de vida saludable relacionados con la alimentación, la higiene, el ejercicio y el descanso y se siente sensible hacia un uso responsable y solidario de los recursos disponibles por la comunidad, y hace propuestas de mejora de aplicación práctica en su entorno.	❑ Demuestra que es sensible a las desigualdades provocadas por las diferencias en el acceso a bienes y servicios, y su comportamiento muestra respeto por las diferencias personales y por las convenciones y normas asumidas socialmente.
DESCRIPTOR DE ETAPA	4. Se siente identificado con la comunidad, colaborando activamente en la resolución de los conflictos de convivencia y asumiendo progresivamente responsabilidades como ciudadano en la construcción de un proyecto social solidario.	
INDICADORES DE LOGRO 1º CICLO	**INDICADORES DE LOGRO 2º CICLO**	**INDICADORES DE LOGRO 3º CICLO**
❑ Participa y se siente miembro de la comunidad y es sensible a las diferencias en el acceso a determinados bienes y servicios de los ciudadanos procedentes de otras etnias y culturas.	❑ Participa personalmente en la asunción de responsabilidades colectivas para la mediación en los conflictos y colabora con las organizaciones e instituciones que operan en la comunidad para ayudar a los ciudadanos y ciudadanas que viven en situación desfavorecida.	❑ Analiza, reflexiona y se posiciona en contra de las situaciones de discriminación, marginación e injusticia que sufren determinados colectivos de su entorno social y cultural; y realiza propuestas solidarias para mejorar su calidad de vida, demostrando sus beneficios.

COMPETENCIA CULTURAL Y ARTÍSTICA

DESCRIPTOR DE ETAPA	1. Conoce, comprende y valora las manifestaciones artísticas y culturas de nuestro patrimonio y las principales técnicas y recursos que emplean.	
INDICADORES DE LOGRO 1º CICLO	**INDICADORES DE LOGRO 2º CICLO**	**INDICADORES DE LOGRO 3º CICLO**
❑ Reconoce las obras de arte más relevantes del entorno próximo y describe con términos sencillos las manifestaciones culturales más significativas de su entorno próximo.	❑ Explica con precisión terminológica y lingüística las manifestaciones artísticas y culturales a nivel local y autonómico, así como las técnicas que se han utilizado en su creación.	❑ Conoce y describe con precisión terminológica las manifestaciones artísticas y culturales de nuestro patrimonio y explica con precisión las técnicas empleadas en su creación.
DESCRIPTOR DE ETAPA	2. Describe y aprecia el hecho cultural y artístico y desarrolla iniciativas para expresarse de forma imaginativa y creativa mediante los códigos artísticos.	
INDICADORES DE LOGRO 1º CICLO	**INDICADORES DE LOGRO 2º CICLO**	**INDICADORES DE LOGRO 3º CICLO**
❑ Realiza producciones plásticas vinculadas a su mundo afectivo y social, experimentando con las formas, texturas y colores de los materiales utilizados.	❑ Representa ideas o imágenes del entorno, utilizando los instrumentos, técnicas y materiales más adecuados y expresa de forma oral el proceso seguido ante sus compañeros y compañeras de clase.	❑ Busca, selecciona y organiza informaciones sobre manifestaciones artísticas actuales y realiza representaciones plásticas y visuales de forma individual y cooperativa.
DESCRIPTOR DE ETAPA	3. Expresa abiertamente de forma respetuosa y crítica opiniones sobre las manifestaciones culturales y artísticas y respeta otras formas de pensamiento y opinión.	
INDICADORES DE LOGRO 1º CICLO	**INDICADORES DE LOGRO 2º CICLO**	**INDICADORES DE LOGRO 3º CICLO**
❑ Comenta las obras plásticas y musicales observadas y escuchadas y expresa oralmente las sensaciones que le producen.	❑ Expresa, de forma oral y escrita, las sensaciones y emociones que le producen las obras artísticas y las manifestaciones culturales de su entorno, manifestando de forma argumentada sus preferencias y gustos.	❑ Expone opiniones personales fundamentadas sobre las manifestaciones artísticas, respetando otras formas de pensamiento y expresión.

DESCRIPTOR DE ETAPA	4. Desarrolla actitudes de sensibilidad, compromiso y disfrute del patrimonio cultural y artístico y participa en iniciativas para la mejora y conservación del patrimonio.	
INDICADORES DE LOGRO 1° CICLO	**INDICADORES DE LOGRO 2° CICLO**	**INDICADORES DE LOGRO 3° CICLO**
❏ Participa y disfruta de las manifestaciones culturales y artísticas del entorno más inmediato.	❏ Participa activamente en las manifestaciones culturales del entorno y se muestra sensible en la necesidad de proteger y conservar las obras artísticas y culturales.	❏ Realiza individual y grupalmente informes sobre el estado de conservación de las obras culturales y artísticas de su comunidad y se siente satisfecho por el interés y disfrute que le producen las obras artísticas y culturales. ❏ Aporta soluciones vinculadas a la acción humana para la mejora de su conservación del patrimonio.

COMPETENCIA APRENDER A APRENDER

DESCRIPTOR DE ETAPA	1. Es consciente de lo que sabe, de lo que debe aprender y de cómo se aprende, por sí mismo o con ayuda de los demás, y se muestra motivado y con deseo por aprender.	
INDICADORES DE LOGRO 1° CICLO	**INDICADORES DE LOGRO 2° CICLO**	**INDICADORES DE LOGRO 3° CICLO**
❏ Muestra deseo por aprender por sí mismo o con ayuda del profesor y se manifiesta satisfecho con lo aprendido.	❏ Se muestra motivado y con deseo de aprender por sí mismo, manifestando oralmente o por escrito lo que está aprendiendo.	❏ Valora y hace uso de lo que sabe y de cómo aprende; y se muestra seguro de sí mismo y con deseo por seguir aprendiendo en las diversas situaciones o contextos.

DESCRIPTOR DE ETAPA	2. Promueve iniciativas, personales o grupales, por aprender y seguir aprendiendo de forma autónoma, utilizando las estrategias y herramientas más adecuadas para adquirir, organizar y comunicar sus propios conocimientos.	
INDICADORES DE LOGRO 1º CICLO	**INDICADORES DE LOGRO 2º CICLO**	**INDICADORES DE LOGRO 3º CICLO**
❏ Usa estrategias básicas para aprender a aprender: pedir ayuda al maestro/a, hablar entre compañeros del trabajo planteado, expresar lo aprendido, consultar materiales, etc., y reconoce algunos aspectos personales que le ayudan a aprender mejor.	❏ Utiliza estrategias y herramientas adecuadas para obtener, seleccionar e interpretar información y construir su propio conocimiento, comunicando y justificando los resultados obtenidos a los demás compañeros/as.	❏ Planifica y realiza sencillas investigaciones, construcciones, creaciones, etc. individuales o grupales, aplicando las estrategias necesarias para obtener, interpretar, elaborar y comunicar información y las aplica, de forma autónoma o en grupo, en la adquisición y comunicación de nuevos conocimientos. ❏ Formula y argumenta su opinión, y muestra respeto por las opiniones de los demás, en las diferentes situaciones o contextos educativos o sociales.
DESCRIPTOR DE ETAPA	3. Reflexiona sobre lo aprendido y cómo lo ha aprendido, analizando las dificultades encontradas, y ante problemas y nuevas situaciones de creciente complejidad se plantea interrogantes para la búsqueda de soluciones diversas, valorando el esfuerzo realizado y los resultados obtenidos.	
INDICADORES DE LOGRO 1º CICLO	**INDICADORES DE LOGRO 2º CICLO**	**INDICADORES DE LOGRO 3º CICLO**
❏ Explica oralmente y por escrito cómo realiza por sí mismo las tareas y actividades que le plantea el maestro/a, así como el proceso que sigue en la realización de las mismas.	❏ Explicita de forma sintética el proceso seguido en la adquisición de aprendizajes, analiza los interrogantes planteados y las dificultades encontradas, establece sencillas relaciones de correspondencia y causalidad valorando los logros alcanzados y el esfuerzo realizado.	❏ Expresa con rigor y precisión el proceso seguido en la adquisición de aprendizajes, estableciendo relaciones de correspondencia y causalidad y valorando críticamente el esfuerzo realizado y los logros alcanzados ante los nuevos retos y situaciones de complejidad.

DESCRIPTOR DE ETAPA	4. Elabora planes de mejora alcanzables, basados en el trabajo y la superación personal, y toma las decisiones más adecuadas para llevarlos a cabo.

INDICADORES DE LOGRO 1º CICLO	INDICADORES DE LOGRO 2º CICLO	INDICADORES DE LOGRO 3º CICLO
❏ Se plantea interrogantes y curiosidades por aprender por sí mismos sobre cuestiones de interés personal relacionadas con el entorno en el que vive.	❏ Se plantea nuevos aprendizajes que conlleven cubrir sus expectativas por aprender, adoptando diferentes vías y tomando las decisiones más adecuadas sobre el trabajo que ha de realizar.	❏ Se plantea nuevos retos y proyectos para la adquisición de conocimientos que respondan a sus intereses y expectativas personales y académicas; adoptando diferentes vías, tomando decisiones pertinentes y llegando a conclusiones que demuestran responsabilidad y superación personal para conseguir los objetivos propuestos.

COMPETENCIA AUTONOMÍA E INICIATIVA PERSONAL

DESCRIPTOR DE ETAPA	1. Se plantea iniciativas y toma decisiones con criterio propio para desarrollar propuestas y planes de trabajo personales, que repercuten en la transformación y mejora de los contextos en los que se desenvuelve como persona.

INDICADORES DE LOGRO 1º CICLO	INDICADORES DE LOGRO 2º CICLO	INDICADORES DE LOGRO 3º CICLO
❏ Atiende a las indicaciones del maestro/a y desarrolla sin ayuda el trabajo que le propone realizar.	❏ Organiza y desarrolla su propio trabajo, atendiendo a las instrucciones del maestro/a.	❏ Organiza y desarrolla con autonomía el trabajo del aula y el estudio personal conforme a las instrucciones del profesorado y muestra iniciativas en la superación de dificultades.

DESCRIPTOR DE ETAPA	2. Desarrolla iniciativas de planificación de tareas, formulando los objetivos y las acciones necesarias, y asumiendo las responsabilidades que le corresponden.	
INDICADORES DE LOGRO 1º CICLO	**INDICADORES DE LOGRO 2º CICLO**	**INDICADORES DE LOGRO 3º CICLO**
❏ Formula preguntas adecuadas para obtener información y redacta textos claros y precisos, aplicando las instrucciones dadas por el maestro/a para la realización y revisión de la actividad o tarea planteada.	❏ Elabora y desarrolla propuestas de trabajo, por sí mismo, para recoger datos e informaciones, utilizando diversas técnicas para ordenar y clasificar la información y expresar los resultados obtenidos. ❏ Planifica y desarrolla sencillos proyectos con sus compañeros y compañeras siguiendo indicaciones del maestro o maestra.	❏ Elabora planes y emprende procesos de decisión en torno a la planificación de tareas, asumiendo las responsabilidades que le corresponden y empleando inventiva e imaginación. ❏ Conoce y sigue las fases de desarrollo de un proyecto de trabajo: planifica, toma decisiones, interviene y extrae conclusiones y valora las posibilidades de mejora.
DESCRIPTOR DE ETAPA	3. Participa responsablemente en la vida del aula, cooperando en el trabajo de equipo y dialogando y negociando sobre las ideas propias y las de los demás en la toma de decisiones sobre las tareas o proyectos de trabajo cooperativo a realizar.	
INDICADORES DE LOGRO 1º CICLO	**INDICADORES DE LOGRO 2º CICLO**	**INDICADORES DE LOGRO 3º CICLO**
❏ Participa de forma responsable en la vida del aula, coopera con los compañeros y compañeras de grupo en la realización de actividades colectivas y expresa sus opiniones y vivencias personales en los temas que se tratan de la vida cotidiana y escolar.	❏ Participa de forma autónoma y con iniciativa en la vida del aula, cooperando en los grupos de trabajo y aportando ideas propias en la toma de decisiones sobre temas o proyectos cooperativos.	❏ Participa en situaciones de comunicación y negociación en el aula respetando las normas de intercambio y mostrando actitudes de respeto hacia los demás. ❏ Coopera activamente en el trabajo en equipo, expresando las ideas propias y valora críticamente las aportaciones de sus compañeros y compañeras.

DESCRIPTOR DE ETAPA	4. Se muestra confiando en su propia capacidad y espíritu de superación, y promueve iniciativas en la resolución de problemas relacionados con la vida cotidiana, barajando posibilidades y soluciones diversas y valorando los resultados obtenidos.
	5. Toma decisiones y afronta los problemas que le afectan en su desarrollo y madurez personal, tomando en consideración valores y actitudes propios de la sociedad en la que vive.

INDICADORES DE LOGRO 1º CICLO	INDICADORES DE LOGRO 2º CICLO	INDICADORES DE LOGRO 3º CICLO
❏ Plantea cuestiones o problemas relacionados con la vida cotidiana y escolar y realiza propuestas de mejora sobre las formas de trabajar y de relacionarse entre iguales. ❏ Comparte con los iguales los problemas de la vida escolar y familiar que le preocupan y se muestra dispuesto a colaborar en su resolución.	❏ Muestra confianza ante las tareas propuestas y plantea cuestiones problemáticas relacionadas con la vida del aula y del entorno social y actúa de forma creativa y confiada en la búsqueda de soluciones y en la asunción de responsabilidades en torno a los resultados obtenidos. ❏ Aborda pequeños proyectos y actúa de forma creativa y confiada en la búsqueda de soluciones y en la asunción de responsabilidades en torno a los resultados obtenidos.	❏ Muestra un espíritu de superación ante las tareas planteadas y actúa de forma autónoma en la resolución de problemas relacionados con la vida cotidiana. ❏ Reconoce y asume sus errores y hace una valoración realista del esfuerzo realizado y los resultados obtenidos. ❏ Afronta con responsabilidad la resolución de problemas de los contextos escolar, familiar y social, asumiendo el desarrollo de acciones que inciden en su mejora.

Capítulo V
Organización de las programaciones didácticas en torno a las competencias básicas

1. PLANTEAMIENTO DE LA PROGRAMACIÓN DIDÁCTICA EN EL MARCO NORMATIVO

1.1. Ley Orgánica de Educación (LOE)

La actividad primordial de los centros docentes recae en el profesorado, en los procesos de enseñanza y aprendizaje que tienen lugar en el aula. Los centros educativos y el profesorado deben esforzarse por construir entornos de aprendizajes ricos, motivadores y exigentes.

Uno de los principios en los que se basa esta ley es la consideración de la función docente como factor esencial de la calidad de la educación. Entre las funciones que tiene asignadas el profesorado está la de realizar la programación y organizar la enseñanza de las áreas que tenga encomendados, así como la evaluación del proceso de aprendizaje del alumnado y la evaluación de los procesos de enseñanza.

La ley regula las competencias del claustro de profesores, estableciendo entre ellas las relacionadas con el currículo escolar: *"Aprobar y evaluar la concreción del currículo y todos los aspectos educativos de los proyectos y de la programación general anual"* y *"promover iniciativas en el ámbito de la experimentación y de la investigación pedagógica y en la formación del profesorado del centro"*.

Dispone además que corresponde a las administraciones educativas establecer el marco general que permita a los centros públicos y privados concertados elaborar sus proyectos educativos, que deberán hacerse públicos, con objeto de facilitar su conocimiento por el conjunto de la comunidad educativa. Y, por otra parte, contribuir al desarrollo del currículo, favoreciendo la elaboración de modelos abiertos de programación docente y de materiales didácticos que atiendan a las distintas necesidades de los alumnos y del profesorado.

1.2. Real Decreto de enseñanzas mínimas de la Educación Primaria

El Real Decreto que regula las enseñanzas mínimas de la educación primaria de conformidad con la LOE dicta que las administraciones educativas, al establecer el currículo, fomentarán la autonomía pedagógica y organizativa de los centros, favorecerán el trabajo en equipo del profesorado y estimularán la actividad investigadora a partir de su práctica docente.

De igual modo, los centros docentes desarrollarán y completarán el currículo y las medidas de atención a la diversidad establecidas por las administraciones educativas, adaptándolas a las características del alumnado y a su realidad educativa, con el fin de atender a todo el alumnado, tanto el que tiene mayores dificultades de aprendizaje como el que tiene mayor capacidad o motivación para aprender.

Los equipos de ciclo tendrán en cuenta las necesidades y características del alumnado, la secuenciación coherente de los contenidos y su integración coordinada en el conjunto de las áreas del curso, del ciclo y de la etapa. Así como la incorporación de los aspectos transversales previstos para aquélla, y desarrollarán las programaciones didácticas de las áreas que les correspondan, incluyendo las distintas medidas de atención a la diversidad que pudieran llevarse a cabo.

En definitiva, lo más importante es que el profesorado desarrollará su actividad docente de acuerdo con las programaciones didácticas establecidas por los correspondientes equipos de ciclo. En la educación primaria los equipos de ciclo prepararán las programaciones didácticas de las áreas que les correspondan mediante la concreción de los objetivos, la ordenación de los contenidos, el establecimiento de la metodología y de los procedimientos y criterios de evaluación, e incluyendo, como se ha expresado, las distintas medidas de atención a la diversidad que pudieran llevarse a cabo de acuerdo con las necesidades del alumnado.

La normativa abre la puerta para que los equipos docentes puedan decidir la organización de las áreas que componen el currículo de la educación primaria a partir de ámbitos de conocimiento y experiencia, de forma que se facilite un planteamiento integrado y relevante del proceso de enseñanza y aprendizaje del alumnado.

El profesorado de los respectivos equipos de ciclo debe desarrollar su actividad docente de acuerdo con las programaciones didácticas. Tanto en el proyecto educativo, como en las programaciones didácticas, se han de plasmar las estrategias que utilizará el profesorado para alcanzar los objetivos previstos en cada ámbito y materia, así como para que el alumnado adquiera las competencias básicas.

Los centros docentes establecerán en su proyecto educativo los criterios generales para la elaboración de las programaciones didácticas de cada una de las áreas o ámbitos en su caso que compongan la etapa.

2. CONCEPTO Y ENFOQUE DE LAS PROGRAMACIONES DIDÁCTICAS

El proyecto educativo del centro ha de iniciarse con la reflexión teórico-práctica realizada por los órganos de coordinación didáctica sobre la coordinación y la concreción de los contenidos curriculares, así como al tratamiento transversal en las áreas de la educación en valores y otras enseñanzas. De manera que se dé respuesta a las necesidades y expectativas de la comunidad educativa en cuanto a sus connotaciones socioculturales y a las notas de identidad del propio contexto.

Las programaciones didácticas, como proyecto de trabajo que requiere su implementación, han de ser entendidas como una herramienta profesional con la que los equipos de ciclo han de establecer las correspondientes interrelaciones entre los elementos curriculares de las áreas o ámbitos, mediante los descriptores que se han establecido en la etapa para cada una de las competencias básicas.

Las áreas curriculares se consideran el instrumento de trabajo que permite el desarrollo y el dominio de las competencias básicas a lo largo de la educación básica obligatoria, por lo que las programaciones didácticas deben incluir su contribución a la adquisición de las competencias básicas. Se constituyen así en el vehículo de transmisión de conocimientos y de adquisición de las competencias básicas a través de la programación y del desarrollo de unidades didácticas que facilitan el tratamiento integrado de diferentes competencias.

La programación didáctica ha de partir de la concreción del conjunto de objetivos, contenidos, orientaciones metodológicas y criterios de evaluación fijados por las administraciones educativas en los diseños curriculares. Los elementos de las programaciones didácticas han de sustentarse y orientarse hacia el desarrollo de las competencias básicas en los ciclos educativos que configuran la etapa de la educación primaria.

Así, en las programaciones tienen que contextualizarse y concretarse los aspectos imprescindibles y éstos han de vincularse con los criterios de evaluación establecidos en cada unidad didáctica. Las programaciones didácticas se planifican a partir de *"un conjunto de unidades didácticas ordenadas y secuenciadas para las áreas de cada ciclo o curso educativo"*. En su diseño, elaboración, aplicación y validación han de hacerse operativas las competencias básicas, de manera que cobren sentido las reflexiones y las decisiones sobre el establecimiento de unas pautas metodológicas comunes.

La preparación de la actividad docente con el alumnado, conforme a lo establecido en la programación didáctica de ciclo, es primordial para mejorar la práctica docente en el aula. El profesor ha de diseñar y concretar el proceso de enseñanza-aprendizaje a través de la creación de una secuencia de aprendizaje que permita el desarrollo de las competencias básicas en un grupo determinado de alumnos o alumnas. Se puede considerar la unidad didáctica como la estructura básica de organización del currículo escolar que desarrolla determinados procesos de enseñanza/aprendizaje, y que articula y da sentido al conjunto de la programación didáctica.

Las unidades didácticas hacen referencia a un conjunto de actividades y saberes que promueven la formación intelectual a través de la instrucción formativa. Estos dos aspectos –instrucción y formación– constituyen la esencia de la unidad didáctica. En un sentido funcional, la unidad didáctica se entiende como una unidad de trabajo relativa a un proceso de enseñanza-aprendizaje, articulado y completo. En ella se deben precisar, por tanto, los contenidos, los objetivos, las actividades de enseñanza-aprendizaje y las actividades para la evaluación (Luis Naranjo)[3].

En toda unidad didáctica hay que diferenciar dos aspectos o fases:

- El "diseño" de la unidad didáctica, que contempla la expresión de las intenciones educativas y el modo de llevarlas a la práctica docente. Comprendiendo indicaciones sobre la organización del escenario de aprendizaje, objetivos, contenidos y recursos materiales y humanos.

- La aplicación de la unidad en el aula vinculada al desarrollo de la práctica docente, incluyendo las actividades fundamentales de enseñanza-aprendizaje y de evaluación.

---

3. Naranjo Cordobés, L.G. (2008). El diseño del currículo y la programación educativa como ejes de la actividad docente. En Varios, *Bases psicopedagógicas de la educación secundaria*. Córdoba: UCO, citado anteriormente.

De esta forma, las programaciones didácticas se entienden a modo de proyecto de trabajo y como una herramienta profesional con la que los equipos de ciclo han de establecer las correspondientes interrelaciones entre los elementos curriculares de las áreas o ámbitos con los descriptores de etapa para cada una de las competencias básicas.

En conclusión, podemos definir las programaciones didácticas como un conjunto de unidades didácticas ordenadas y secuenciadas que desarrollan el currículo de las áreas o ámbitos de cada ciclo educativo, en las que se hacen operativas las competencias básicas y cobran sentido las reflexiones y las decisiones adoptadas sobre el marco de referencia común que sigue el profesorado en la planificación y en el desarrollo de la labor docente con el alumnado.

3. PLANTEAMIENTO DE LAS COMPETENCIAS BÁSICAS EN LAS PROGRAMACIONES DIDÁCTICAS

El punto de partida para el diseño y la concreción de las propuestas curriculares en un centro determinado ha de centrarse fundamentalmente en la detección de necesidades y de dificultades de aprendizaje del alumnado, a través de la evaluación inicial y del análisis de los resultados de las Pruebas de Evaluación Diagnóstico.

Además, la organización del currículo escolar por competencias básicas requiere el esclarecimiento previo de las tareas que los órganos de coordinación pedagógica han de asumir, a corto y medio plazo, para favorecer así la construcción compartida y consensuada de los elementos programáticos del proyecto educativo de cada centro.

El currículo también ha de ser entendido como una herramienta profesional: en este caso los equipos de ciclo han de establecer las correspondientes interrelaciones entre los elementos curriculares de las áreas o ámbitos con los aspectos que desarrollan una determinada competencia.

La secuencia de tareas que han de abordar los equipos de ciclo, previamente al diseño de las programaciones didácticas por ciclos, cursos y áreas, conforme a la actual regulación normativa, son las que a continuación se enumeran:

1) La organización del currículo escolar en torno a áreas, o ámbitos de conocimiento y experiencia o por competencias básicas.
2) La vinculación de las competencias básicas y los aspectos imprescindibles que las desarrollan con las áreas o ámbitos.

3) La contribución de cada una de las áreas o ámbitos, sobre todo las instrumentales, al desarrollo de las competencias básicas.

4) Los objetivos de la etapa que favorecen el desarrollo de las competencias básicas con las que se vinculan.

5) La selección y concreción de los objetivos del área, los contenidos mínimos y propios de cada comunidad autónoma, y los criterios de evaluación relacionados con el desarrollo de la competencia.

6) La interrelación y complementariedad de los contenidos mínimos y los contenidos propios imprescindibles de cada comunidad.

7) La articulación de los objetivos, contenidos y criterios de evaluación en torno a las competencias básicas.

8) El tipo de tareas relevantes que van a contribuir en la adquisición y evaluación de las competencias básicas a lo largo del tramo educativo respectivo.

9) Los compromisos que se pueden establecer entre la institución escolar y la familia para colaborar conjuntamente en el desarrollo de las competencias básicas del alumnado.

10) Los criterios que deben seguirse en el planteamiento de las actividades extraescolares en las que se puedan implicar otros organismos y entidades, para facilitar la adquisición de las competencias básicas en el contexto socio-cultural en el que se desenvuelve el alumnado.

En las enseñanzas propias establecidas por cada comunidad autónoma, la organización y selección de los contenidos propuestos muestra la perspectiva específica del currículo que incorpora, y permite al profesorado concretarlos en sus programaciones didácticas y de aula, haciendo éste uso de su autonomía para adaptarlos a las peculiaridades de su contexto y su alumnado.

4. PROPUESTAS DE ORGANIZACIÓN DEL CURRÍCULO ESCOLAR EN TORNO A LAS COMPETENCIAS BÁSICAS

Los órganos de coordinación docente han de contemplar las diferentes opciones que pueden adoptar en la organización del currículo: áreas, ámbitos, proyectos multidisciplinares, etc. O bien hacerlo desde un planteamiento exclusivo por competencias básicas, procedimiento aún distante de la trayectoria e iniciativa pedagógica del profesorado y de los centros educativos.

Una vez realizada la importante tarea de planificación de las competencias básicas en la etapa educativa, a través de la formulación de los correspondientes descriptores e indicadores, debe procederse a abrir una reflexión en los equipos de ciclo sobre el modelo a seguir en la organización del currículo escolar por competencias básicas, en función del abanico de opciones que se le presentan:

- Opción "A": **Diseño de las programaciones didácticas por áreas**, articulando y concretando los elementos del currículo en función de las competencias básicas a través de los aspectos que las desarrollan y de la contribución específica de la correspondiente área.

- Opción "B": **Elaboración de las programaciones didácticas basadas en ámbitos de conocimiento y experiencia**, integrando varias áreas en función del establecimiento de interrelaciones entre sus elementos curriculares y de la capacidad de articulación de los mismos en torno a las competencias básicas.

- Opción "C": **Confección de las programaciones didácticas por competencias básicas**, vinculando los elementos curriculares de las áreas con los descriptores de etapa y los indicadores de logro o dominio que se han establecido para cada competencia básica. La programación didáctica podrá diseñarse a través de un conjunto ordenado de macro-tareas integradas y secuenciadas a lo largo de todo el curso escolar que promuevan el desarrollo de una o varias competencias.

En cualquiera de las opciones adoptadas es fundamental la relación que se establezca entre los elementos básicos del currículo y el planteamiento asumido sobre la función de las competencias básicas en el diseño y en el desarrollo de las programaciones didácticas. Se necesita que quede definida la función articuladora de las competencias básicas con el resto de los elementos de la programación didáctica. Así como la vinculación de los objetivos de etapa y área con los descriptores de etapa y el carácter de referencia de los criterios de evaluación con respecto a la determinación del nivel de logro o dominio alcanzado por el alumnado.

En consecuencia, el órgano de coordinación pedagógica competente en el centro ha de tomar decisiones sobre los criterios y pautas a seguir en relación con las opciones de organización del currículo escolar que mejor respondan a las necesidades educativas del alumnado, respetando la trayectoria pedagógica asentada en el centro y planteando la necesidad de que los docentes asuman compromisos para realizar innovaciones y mejoras en su práctica.

Una vez organizado el currículo de cada área en torno a las competencias básicas, en función de la opción adoptada y utilizando como organizadores internos de los restantes elementos del currículo las propias competencias básicas, procede la concreción del desarrollo de las competencias en cada ciclo educativo, mediante la convergencia de las distintas líneas de planificación de la práctica docente que se desarrolla en el centro:

1) **A partir de las programaciones didácticas.** Si los equipos de ciclo ya han elaborado o están elaborando las correspondientes programaciones de área, se trataría de determinar el nivel de contribución que realizan en el desarrollo de cada una de las competencias básicas, estableciendo unas formulaciones comunes de lo que se pretende conseguir en relación con determinados elementos de las competencias, seleccionados previamente en razón de las necesidades educativas detectadas en el alumnado.

2) **A través de la formulación de descriptores y/o indicadores de logro o dominio de las competencias básicas.** Se propone que, una vez seleccionados los aspectos distintivos de cada competencia y los aprendizajes imprescindibles aportados por las áreas, se enuncien descriptores de etapa educativa, de manera que se facilite la reorganización del currículo de cada área en torno a las competencias básicas. Asimismo, se plantea que una vez establecido por los equipos de ciclo los descriptores de etapa, se elabore la secuencia de logro o dominio en función de los criterios de evaluación, referencia que ha de servir para articular los elementos del currículo fijados y concretados para cada ciclo educativo.

3) **A raíz de las propuestas de mejora sobre los resultados de las Pruebas de Evaluación de Diagnóstico y/o de la evaluación inicial del alumnado.** Como consecuencia de los resultados de la aplicación de las Pruebas de Evaluación de Diagnóstico y de la evaluación inicial que ha de realizarse a inicios de curso, las medidas de mejora que se aprueben por los órganos de coordinación pedagógica servirán de base para la retroalimentación y el ajuste anual de las programaciones didácticas de las áreas del currículo escolar. Estas propuestas han de responder al desarrollo de las competencias básicas y han de ser concretadas en las programaciones didácticas de cada ciclo por los correspondientes equipos docentes.

En estas líneas de trabajo, los equipos de ciclo tienen que plantearse la reorganización del currículo de cada área, a partir de las competencias básicas y de las formulaciones elaboradas para hacerlas operativas. Han de conjugar las tareas de planificación del currículo que se desarrollan con las propuestas de mejora establecidas por los órganos de coordinación pedagógica, tras los resultados de las Pruebas de Evaluación Inicial y de Evaluación Diagnóstico.

PROGRAMACIONES DE ETAPA / CICLO/ NIVEL: ÁREAS / ÁMBITOS				
COMPETENCIAS BÁSICAS	**Objetivos**		**Contenidos**		**Evaluación**
	Etapa	Área	Mínimos	Propios (CC.AA.)	Criterios de evaluación

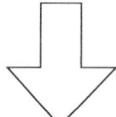 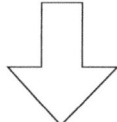 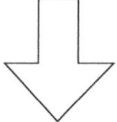

PLANIFICACIÓN DE LA PRÁCTICA DOCENTE EN EL AULA			
P. Áreas	P. Ámbitos		P. Competencias
Unidades didácticas			
Concreción de los objetivos	Secuencia de contenidos	Estrategias metodológicas	Criterios de evaluación

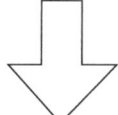 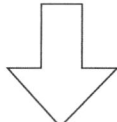 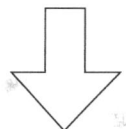

Planteamiento de las tareas y actividades			
Competencias básicas	Conocimientos previos	Recursos	Contexto o situación real

Capítulo VI
Incorporación de las competencias básicas en la práctica docente.
Establecimiento de un marco conceptual y operativo común

1. CONSIDERACIONES EN TORNO A LA PLANIFICACIÓN DE LA PRÁCTICA DOCENTE DESDE LA PERSPECTIVA DE LAS COMPETENCIAS BÁSICAS

Es esencial partir de una consideración: la **práctica docente** es el nexo de unión entre el proyecto educativo de centro y el mundo que nos rodea, cada vez más complejo, diverso y cambiante. La adecuada integración y participación de nuestro alumnado en la sociedad actual (multicultural, tecnológica, plural, acelerada, cambiante, etc.) requiere la selección, combinación y puesta en uso de aprendizajes imprescindibles que le permitan dar respuesta a situaciones y exigencias nuevas y muy diversas.

En la actualidad, nuestro alumnado es otro muy distinto a aquel que integraba las aulas hace varias décadas. Ahora no están pobladas del grupo de alumnos/as "seleccionados" por razones diversas (económicas, familiares, motivacionales, sujetas a capacidades personales o ligadas al sexo, entre otras), como ocurría entonces. En nuestras aulas convive toda nuestra sociedad, y no solo una muestra poco representativa de la misma.

En estos momentos, a lo largo de la formación básica obligatoria que establece la LOE, **"la población escolar y la población social son una misma"**. Una población heterogénea, plural y variada en todos los rasgos que definen a una sociedad democrática como la nuestra. Ello supone contar con ventajas e inconvenientes. Por supuesto puede resultar más complejo el desempeño de la función docente al contar con una población escolar muy diversa a la que atender, apoyar y conducir pero, por contra y a tenor de esa diversidad, se puede propiciar y generar un aprendizaje más enriquecedor, más auténtico.

Y si nos preguntamos, ¿qué formación le interesa ofrecer a toda su población un país como el nuestro? Estaremos de acuerdo en que esa formación ha de ser **de calidad y común**, ha de permitir a cada persona una integración y participación en la sociedad democrática de la que forma parte, le ha de facilitar un desarrollo autónomo y personal que le prepare para seguir aprendiendo a lo largo de su vida y le ha de aportar una formación básica o imprescindible que le facilite el acceso al mundo laboral. Por supuesto, esta formación básica también le ha de permitir el acceso a una formación específica, cuando sea este el camino que voluntariamente el alumno decide seguir a través de una formación postobligatoria.

Esta formación, contextualizada o adaptada a las características de cada centro educativo, quedará plasmada de modo sencillo, y con el carácter integrado que precisamos para el desarrollo de las competencias básicas, en el proyecto educativo de centro y más concretamente en las programaciones didácticas. Sirviendo estas competencias básicas de guía "facilitadora" (a modo de "recetario de cocina", si empleamos como símil el mundo de la gastronomía) para la adecuada planificación de la práctica docente, encaminada al desarrollo de ocho competencias básicas (a modo de "ocho platos básicos" en el menú de cada persona) y de las capacidades imprescindibles que sustentan estas competencias básicas. .

Los capítulos previos se han dedicado a ofrecer reflexiones y orientaciones que nos permitan el diseño de un currículo orientado a la consecución de las citadas competencias básicas. Un diseño que ha de ofrecernos una visión integrada que visualice claramente cómo la adquisición de cada una de las competencias básicas precisa de la participación de las distintas áreas o ámbitos curriculares; o bien, dicho de otra forma, cómo cada área/ámbito contribuye al desarrollo de cada una de las ocho competencias básicas.

El capítulo que ahora nos ocupa tiene como objeto ofrecer orientaciones e instrumentos que nos permitan elaborar un adecuado diseño de una práctica docente o programación de aula orientada a la consecución de las citadas competencias por parte de todo nuestro alumnado al finalizar la formación básica obligatoria. El diseño de dicha práctica educativa ha de ofrecernos la misma visión integrada que el diseño del currículo. Y es a través del desarrollo efectivo del currículo, en las propuestas de trabajo diario ofrecido a nuestro alumnado, donde se propiciará un aprendizaje que ponga en uso los recursos o aprendizajes adquiridos por cada alumno y alumna, de modo que pueda resolver con éxito problemas/tareas que seguro tendrán que abordar en los diferentes contextos que conforman el mundo que les rodea.

Hemos de lograr un abordaje integrado de las competencias básicas en la programación didáctica, a modo de guía imprescindible para el tratamiento igualmente integrado de dichas competencias en la práctica docente en el aula (unidades didácticas integradas o tareas integradas).

Es indudable que un currículo orientado a la consecución de las competencias básicas supone un gran reto para la práctica docente. Pero, al mismo tiempo, dicho currículo nos ofrece la oportunidad de introducir cambios que garanticen la utilidad y el uso efectivo de los aprendizajes adquiridos en un currículo formal para resolver problemas "reales, auténticos, del mundo que nos rodea" y "comunes" a todo nuestro alumnado. Nosotros proponemos entender el trabajo por competencias como **la oportunidad de mejora de nuestra práctica docente**, para garantizar la utilidad del aprendizaje en los diferentes contextos en los que nuestro alumnado se desenvuelve.

Nuestro proyecto propone el establecimiento, en una primera parte, de "un marco conceptual común" que permita a los centros educativos el diseño de una propuesta única de carácter integrador y multidisciplinar en la concreción del currículo; para trabajar, en el capítulo siguiente, un planteamiento de la programación de aula desde "el diseño de unidades de trabajo o tareas integradas".

A lo largo de este capítulo analizaremos, como una de las reflexiones iniciales a plantear por los órganos de coordinación docentes –equipos docentes, equipos de ciclo––, la definición de **un marco conceptual común** en el que sustentar las decisiones de centro en torno a las competencias básicas. Realizar un análisis-reflexión acerca del papel y cometido de los elementos del currículo en la práctica docente, dado que los objetivos establecen capacidades, los contenidos son recursos-herramientas que contribuyen al desarrollo de dichas capacidades y los criterios de evaluación son "indicadores de progreso y logro" en la adquisición, por parte del alumnado, de los contenidos necesarios para el desarrollo de las capacidades establecidas en los objetivos. Se debe tomar en consideración que las competencias básicas no tienen un "cuerpo propio, y que su desarrollo se basa en el "uso integrado" del conjunto de los elementos que conforman el currículo de las diferentes áreas.

Otra de las cuestiones clave, sobre la que los centros educativos han de reflexionar, está referida a los aprendizajes adquiridos en otros currículos y su contribución al desarrollo de las competencias básicas, con objeto de promover experiencias conjuntas entre los centros educativos, las familias y la comunidad educativa.

Sin embargo, la reflexión más significativa que han de afrontar ha de situarse en torno a la planificación y desarrollo de la práctica docente en el aula. Para ello, han de establecer muy claramente los diferentes "tipos de aprendizaje" que puede adquirir el alumnado y la interrelación que existe entre ellos. Es esta distinción la que permitirá al docente diseñar una secuencia de aprendizaje que conduzca al alumnado, partiendo de la adquisición de aprendizajes muy simples, llegar el desarrollo de capacidades y al uso de las mismas para resolver con éxito diferentes problemas-tareas, utilizando competencias o aprendizajes complejos.

El planteamiento del aprendizaje del alumnado a través de tareas integradas es otra de las cuestiones relevantes que han de abordar los equipos docentes. Tareas que han de entenderse como propuestas imprescindibles de trabajo en el aula que permiten el desarrollo y la evaluación de las competencias básicas. La resolución de la tarea integrada es lo que hace que una persona utilice adecuadamente todos los recursos o aprendizajes de los que dispone, por lo que se requiere de un enfoque común e integrado para una adecuada formulación y selección de las mismas en los procesos de enseñanza/aprendizaje. La búsqueda de las mejores tareas para lograr que el mayor número de alumnos y alumnas adquieran las competencias básicas constituye el núcleo esencial de cualquier transformación de un diseño curricular en una "buena práctica educativa".

> **"La finalidad no está exclusivamente en los SABERES o aprendizajes que se adquieren, el acento hay que ponerlo en EL USO adecuado de los mismos para afrontar con éxito las diversas situaciones de nuestra vida".**

> **"Del SABER al USO ADECUADO DEL SABER"**

2. CONSTRUCCIÓN MULTIDISCIPLINAR O DISEÑO INTEGRADO DE LAS COMPETENCIAS BÁSICAS

El "currículo", establecido en el artículo 6 de la LOE y en posteriores desarrollos normativos, se define como el conjunto de objetivos, competencias básicas, contenidos, métodos pedagógicos y criterios de evaluación de cada etapa educativa. Los currículos establecidos por las administraciones educativas y la concreción de los mismos que los centros realicen en sus proyectos educativos se orientarán, asimismo, a facilitar la adquisición tanto de las **capacidades** establecidas en los objetivos, como de las **competencias básicas**.

Como se ha mencionado en capítulos anteriores, el proyecto educativo del centro debe recoger la reflexión teórico-práctica realizada por el equipo docente acerca de los aspectos que considera imprescindibles desarrollar en la etapa educativa y enseñanzas que se imparten, para responder desde el mismo a sus connotaciones socioculturales y a las características que identifican a la población escolar del propio centro.

En ambos instrumentos básicos de centro, tanto en el proyecto educativo como en las programaciones didácticas, se plasmarán las estrategias que desarrollará el profesorado para alcanzar los objetivos previstos en cada área, así como la adquisición por el alumnado de las competencias básicas.

Así, en la educación primaria, los equipos de ciclo desarrollarán las programaciones didácticas de las áreas que correspondan al mismo, mediante la concreción de los objetivos, ordenación de los contenidos, establecimiento de la metodología y de los procedimientos y criterios de evaluación. Incluyendo las distintas medidas de atención a la diversidad que pudieran llevarse a cabo, de acuerdo con las necesidades del alumnado.

Este modelo permite tener una visión de conjunto, "visión integrada", del tratamiento de cada competencia en el currículo escolar, a través de las áreas o ámbitos. En ellas, han de buscarse los referentes para el desarrollo de las competencias, dado que las competencias básicas no tienen "un cuerpo o conjunto de elementos propios".

Por tanto, las competencias son un "nuevo componente" y "un nuevo enfoque" del currículo establecido en la LOE. Y hemos de considerar que su desarrollo se basa en el "uso integrado" del resto de los elementos que conforman dicho currículo (objetivos, contenidos y criterios de evaluación) de las diferentes áreas. ¿Y estos elementos prescriptivos en nuestros currículos cuáles son y en qué consisten?:

- **Los objetivos** de etapa, y los objetivos de las diferentes áreas curriculares, nos permiten establecer las capacidades que debe adquirir nuestro alumnado a lo largo de la etapa educativa.
- **Los contenidos** de las diferentes áreas son los "medios–recursos–herramientas" que permiten al alumnado una adquisición progresiva de los aprendizajes que conforman las capacidades propias de la etapa.
- **Los criterios de evaluación** son los "indicadores del progreso y logro" en la adquisición de los contenidos necesarios para el desarrollo de las capacidades establecidas en los objetivos.
- **¿Y qué son las competencias básicas?** Las competencias son la aplicación, *"el uso práctico de los conocimientos adquiridos a través de las diferentes áreas/ámbitos curriculares, para la resolución de problemas complejos, reales y propios de los diferentes contextos del mundo que nos rodea"*.

Es recomendable que nos detengamos en los criterios de evaluación y hagamos una reflexión: ¿son los criterios de evaluación una buena forma de acceder a las competencias básicas? La respuesta es sí. Porque contienen, en cada área, dimensiones o elementos de referencia a las competencias, con lo cual nos aportan información sobre el grado de adquisición de las mismas en cada uno de nuestro alumnado con referencia explícita a cada ciclo. Y esto nos ayudará a establecer los "indicadores de logro" de cada competencia básica a lo largo de la etapa educativa.

El Proyecto "Azahara", tal y como se ha tratado en capítulos anteriores, propone un **plan estratégico** para el establecimiento de unos **descriptores** de cada una de las competencias básicas para cada etapa educativa. Este plan estratégico nos permitirá el establecimiento de unos indicadores de logro que nos permitan determinar el grado de desarrollo que cada alumno/a ha alcanzado en relación a cada una de las competencias.

La elaboración de descriptores de etapa supone la construcción colectiva de una herramienta de planificación y mejora de la práctica docente fundamental para la integración de las competencias básicas en el currículo escolar, ya que conlleva el establecimiento de unos criterios y referentes comunes de intervención en el aula.

Por último, se propone que, una vez fijados los descriptores de etapa para cada competencia básica, se proceda a relacionarlos con los criterios de evaluación de cada área/materia, a nivel de ciclo, para formular los **indicadores de logro o dominio** que debe alcanzar el alumnado en los procesos de enseñanza-aprendizaje. Determinando cinco niveles de consecución de cada uno de los indicadores establecidos. Para ello, se recomienda leer los criterios de evaluación detenidamente desde la perspectiva de las competencias básicas.

Como venimos diciendo, para el adecuado desarrollo de las competencias básicas en nuestro alumnado hemos de planificar un uso integrado tanto de los objetivos (de etapa y de área), como de los contenidos y los criterios de evaluación.

Las competencias se sustentan en nuestras capacidades. En este sentido, los objetivos de cada área deben ser entendidos de modo que:

- Otorguen un peso considerable al desarrollo personal y social del alumnado en el contexto de un currículo que contempla las competencias básicas como un elemento integrador del resto de componentes del mismo.
- Favorezcan la coherencia de las prácticas educativas en el centro, en la medida en que el profesorado sea capaz de llegar a acuerdos para favorecer la conexión y, en su caso, agrupación curricular entre las distintas áreas.

- Orienten la selección, organización y secuenciación de los contenidos imprescindibles para el desarrollo de competencias, incluyendo tanto aquellos de carácter conceptual como los relativos a destrezas, valores, actitudes y aspectos emocionales. Los cuales nos permiten, junto con el resto de elementos curriculares, establecer una secuencia en los niveles de logro de las competencias a lo largo de las etapas educativas.
- Nos guíen hacia la aplicación de los conocimientos aprendidos en distintos contextos cotidianos de nuestra vida. Tengan en cuenta el carácter auténtico del aprendizaje, dado que el alumnado aprende en contextos formales, pero también en otros contextos de carácter no formal e informal

Las competencias básicas suponen una selección y un uso adecuado de nuestros conocimientos. ¿Y cómo favorecer una buena planificación de los contenidos? Estos deben ser abordados con un planteamiento orientado a la integración y uso combinado de los conocimientos aportados por las diferentes áreas y a su constante contextualización. Es decir, deben servir para dar respuesta a los problemas y situaciones reales o auténticas que se presentan en sistemas complejos y cambiantes del mundo que nos rodea. Por ello, lo contenidos imprescindibles deben ser:

- Transferibles y, por tanto, aplicables en muchas situaciones y contextos heterogéneos y cambiantes.
- Es necesario adquirir un conocimiento que sea duradero y útil. Es decir, que ese conocimiento sirva al alumnado para entender la realidad y transformarla.
- Contenidos que contribuyan a desarrollar diferentes competencias básicas y, a su vez, una misma competencia básica pueda servir para ser aplicada en base al uso de contenidos de diferentes áreas.

De lo expresado anteriormente se deriva que **el aprendizaje de los contenidos** debe dirigirse, como queda establecido en nuestro marco normativo, hacia:

- La realización de tareas/problemas, enmarcadas en diferentes contextos de aprendizaje, vinculados con la realidad y con situaciones auténticas de aprendizaje.
- La disposición y habilidad para enfrentarse y dar respuesta a una situación "problema" determinada mediante la adecuada selección, organización y/o aplicación de una estrategia de acción que ponga en uso nuestros aprendizajes.
- El fomento de la autonomía, entendida como la capacidad de realizar una tarea de forma independiente, llevándola a cabo desde el principio hasta el final, con el mínimo apoyo o ayuda posible. Esta capacidad de trabajar de forma autónoma ha de permitir, sin embargo, que el alumno/a pueda ser asesorado por el profesorado en la realización de determinadas tareas. Y, por supuesto, en una

primera fase y en función de las características del alumnado, sería conveniente el empleo de estrategias metodológicas, tales como el modelado metacognitivo, que favorezcan un abordaje adecuado de "tareas o problemas".

- El refuerzo de la capacidad de relación interpersonal y fomento de la convivencia. Por este término entendemos la disposición y habilidad para comunicarse con los otros con el trato adecuado y de manera satisfactoria.

- La integración de los recursos multimedia y las TIC en la actividad diaria.

Las competencias básicas son el hilo conductor de nuestro progreso a lo largo de la formación básica obligatoria, y los criterios de evaluación son elementos curriculares imprescindibles para establecer los indicadores y niveles de logro de referencia para cada ciclo educativo. Por tanto, en cuanto a los criterios de evaluación se requiere que se cumplan unas condiciones esenciales:

- Por un lado, los criterios de evaluación son el referente de aquello que hay que evaluar (capacidades y competencias). Para la evaluación de competencias básicas, y tomando como referencia los criterios de evaluación de las diferentes áreas vinculados con una misma competencia, se establecerán los niveles de logro de la misma, que estarán siempre referidos a la resolución de "tareas o problemas auténticos".

- Como hemos visto en los capítulos anteriores, tanto los criterios de evaluación, como los indicadores y niveles de logro de las competencias básicas, deben ser tenidos en cuenta de manera integrada en los procesos de enseñanza aprendizaje y desde una visión global e interrelacionada de los diferentes elementos del currículo.

3. ESTABLECIMIENTO DE UN MARCO CONCEPTUAL Y OPERATIVO COMÚN

Los centros deben partir de una definición de competencia compartida por todo el equipo docente:

> *"Competencia es la forma en que una persona selecciona y aplica los saberes-recursos personales que posee (conocimientos, habilidades, actitudes, experiencias…) para resolver adecuadamente los problemas-tareas que se le presentan en las diferentes situaciones o contextos de su vida".*

Esta definición no es más que una síntesis de la propuesta por el proyecto de la OCDE (Organización para la Cooperación y el Desarrollo Económico), denominado Definición y Selección de Competencias (DeSeCo), que define la competencia como: *"...la capacidad de responder a demandas complejas y llevar a cabo tareas diversas de forma adecuada. Supone una combinación de habilidades prácticas, conocimientos, motivación, valores éticos, actitudes, emociones y otros componentes sociales y de comportamiento que se movilizan conjuntamente para lograr una acción eficaz".*

En el currículo formal de aprendizaje propio de nuestro ámbito escolar, los **saberes-recursos** (conocimientos, habilidades, actitudes...) que requiere nuestro alumnado para el desarrollo de las competencias básicas son los aportados por las diferentes áreas, recogidos en el Anexo II del Real Decreto 1513 (educación primaria), donde se establece *"la contribución de cada una de las áreas curriculares al desarrollo de cada una de las competencias básicas".*

Los diseños curriculares son los documentos en los que un país establece los recursos culturales básicos o mínimos que van a necesitar sus ciudadanos para desenvolverse adecuadamente en la sociedad que les rodea. Y es en la programación didáctica de las áreas curriculares donde se seleccionan los "saberes-recursos" necesarios e imprescindibles para el desarrollo de cada una de las competencias establecidas como básicas.

Además, la programación didáctica debe establecer el orden de prioridad que hemos de seguir en la secuencia de los contenidos programados, en función de su mayor o menor contribución al desarrollo de las competencias. Es decir, las ocho competencias básicas han de ayudar a establecer los "aprendizajes considerados imprescindibles" para la adquisición de las mismas, de modo que permitan a nuestro alumnado un desarrollo personal adecuado, que además le permitan formar parte activa de la sociedad en la que vive y que le proporcionen una formación de base para el acceso al mundo laboral.

> *"Las* **competencias básicas** *nos sirven de guía para establecer qué es lo importante: son indicadores de los recursos personales (contenidos) que será necesario movilizar (adquirir, saber y querer aplicar) para adquirirlas. Estos saberes o aprendizajes imprescindibles quedarán recogidos y secuenciados en la programación".*

La programación debe ser **un instrumento-guía facilitador de la práctica docente en el aula**. Por ello, tanto en la programación didáctica como en el desarrollo de la práctica docente en el aula, las competencias básicas han de tener un diseño y una aplicación integrada multidisciplinar, esto quiere decir que:

- Para el desarrollo de cada una de las competencias precisamos hacer un uso integrado o combinado de los recursos aportados por las diferentes áreas (objetivos, contenidos y criterios de evaluación).
- Para resolver con éxito los diferentes problemas-tareas que se nos presentan en las diferentes situaciones o contextos de nuestra vida habitualmente precisamos de la aplicación integrada o combinada de diferentes competencias básicas.

Por tanto, el profesorado de los respectivos equipos de ciclo desarrollará su actividad docente en el aula de acuerdo con las programaciones didácticas a que se refiere el apartado anterior. Y por supuesto, como veremos en la segunda parte:

> *"El carácter integrado e integrador de las competencias básicas ha de hacerse visible y patente tanto en la programación didáctica como en la práctica docente en el aula. Puesto que todas las áreas contribuyen al desarrollo integrado de cada una de las ocho competencias básicas y teniendo presente que la resolución de problemas auténticos requiere habitualmente del uso integrado-combinado de varias competencias básicas al mismo tiempo".*

Cada área por sí sola no podrá desarrollar íntegramente ninguna de las competencias establecidas, por ello destacamos como fundamental el enfoque multidisciplinar. Para poder operativizar la contribución de cada área al desarrollo de cada una de las competencias debemos partir del marco legal que se establece en el Real Decreto, de modo que nos permita el diseño adecuado tanto de la programación didáctica como del desarrollo de la práctica docente en el aula.

Pero, además, en el Preámbulo de la LOE se recoge: *"El segundo principio consiste en la necesidad de que todos los componentes de la comunidad educativa colaboren [...] Pero la responsabilidad del éxito escolar de todo el alumnado no sólo recae sobre el alumnado individualmente considerado, sino también sobre sus familias, el profesorado, los centros docentes, las administraciones educativas, y en última instancia sobre la sociedad en su conjunto, responsable última de la calidad del sistema educativo."*

"El principio del esfuerzo, que resulta indispensable para lograr una educación de calidad, debe aplicarse a todos los miembros de la comunidad educativa. Cada uno de ellos tendrá que realizar una contribución específica. Las familias habrán de colaborar estrechamente y deberán comprometerse con el trabajo cotidiano de sus hijos y con la vida de los centros docentes [...].

En el Artículo 121 (proyecto educativo), se establece: *"Para ello, los centros promoverán compromisos educativos entre las familias o tutores legales y el propio cen-*

tro en los que se consignen las actividades que padres, profesores y alumnos se comprometen a desarrollar para mejorar el rendimiento académico del alumnado."

La LOE apuesta por un trabajo educativo corresponsable: uno de nuestros retos es promover experiencias conjuntas de escuela-familia-comunidad. ¿Qué implica esto para los centros educativos? Definir los compromisos y las actividades que familias y centros van a compartir. Ejemplos:

- Elaborar carpetas de trabajo con actividades que el alumnado desarrolle de modo coordinado en clase y en casa.
- Talleres, actividades, visitas, etc. que cuenten con la participación de la familia.
- Escuela de padres con propuestas que orienten a los padres en el desarrollo de cc.bb. desde el ámbito familiar.
- Etc.

El enfoque "integrador" de las competencias se pone de manifiesto no sólo en la definición y selección de las competencias básicas, sino también en su posterior desarrollo, como queda evidenciado en la siguiente cita:

> "La inclusión de las competencias básicas en el currículo tiene varias finalidades. En primer lugar, integrar los diferentes aprendizajes, tanto los formales, incorporados a las diferentes áreas o materias, como los informales y no formales. En segundo lugar, permitir a todos los estudiantes integrar sus aprendizajes, ponerlos en relación con distintos tipos de contenidos y utilizarlos de manera efectiva cuando les resulten necesarios en diferentes situaciones y contextos. Y, por último, orientar la enseñanza, al permitir identificar los contenidos y los criterios de evaluación que tienen carácter imprescindible y, en general, inspirar las distintas decisiones relativas al proceso de enseñanza y de aprendizaje"[4].

De acuerdo con Neve (2003), la obra de Dewey (en particular, el texto *Experiencia y educación,* 1938/1997), es la raíz intelectual de muchas propuestas actuales de cognición situada. Recuérdese que para Dewey **toda auténtica educación se efectúa mediante la experiencia** (p. 22) y que una situación educativa es resultado

---

4. El movimiento orientado a facilitar la integración del currículum cuenta con una amplia tradición en los países anglosajones. Data de los años sesenta y aparece vinculado a las primeras propuestas para la construcción de un currículum centrado en grandes núcleos (*core* currículo). El currículo integrado se caracteriza por: combinación de temáticas, unidades en un solo proyecto, pluralidad de tareas y fuentes documentales, trabajo en equipo y agrupamientos flexibles (Lake, 1994).

de la interacción entre las condiciones objetivas del medio social y las características internas del que aprende, con énfasis en una educación que desarrolle las capacidades reflexivas y el pensamiento, el deseo de seguir aprendiendo y los ideales democrático y humanitario. Para Dewey, el aprendizaje experiencial es activo y genera cambios en la persona y en su entorno, no sólo va "al interior del cuerpo y alma" del que aprende, sino que utiliza y transforma los ambientes físicos y sociales para extraer lo que contribuya a experiencias valiosas y establecer un fuerte vínculo entre el aula y la comunidad (Díaz Barriga, 2003: 7).

Educación formal, informal y no formal:

La educación formal está referida al aprendizaje ofrecido normalmente por un centro de educación o formación, con carácter estructurado (según objetivos didácticos, duración o soporte) y que concluye con una certificación. El aprendizaje formal es intencional desde la perspectiva del alumno:

- Cada área específica.
- Aspectos transversales (Derechos humanos individuo y sociedad, Educación para la salud, etc.).)

La educación informal está referida al aprendizaje que se obtiene en las actividades de la vida cotidiana relacionadas con el trabajo, la familia o el ocio. No está estructurado (en objetivos didácticos, duración ni soporte) y normalmente no conduce a una certificación. El aprendizaje informal puede ser intencional pero, en la mayoría de los casos no lo es, es fortuito o aleatorio:

- Currículum oculto: aprendizaje entre compañeros, relaciones afectivas, ocio, vida social, familia.
- Medios de comunicación (imitación de ídolos, mitos, estereotipos, publicidad, actuación de políticos).

Educación no formal: está referida a un aprendizaje que normalmente no conduce a una certificación. No obstante, tiene carácter estructurado (en objetivos didácticos, duración o soporte):

- Actividades extraescolares (proyectos, visitas, intercambios, campañas, trabajo voluntario).
- Características del centro escolar (ambiente escolar, cultura organizativa, liderazgo informal, relaciones).
- Participación en toma de decisiones (consejos escolares, asociaciones, etc.).

Estas actividades complementarias, que tanto las familias como los municipios, como otras organizaciones, aportan a los centros educativos pueden suponer un apoyo importantísimo para lograr ampliar y aumentar las oportunidades educativas.

En este sentido, es muy importante poner en marcha iniciativas que desarrollen compromisos educativos escuela-familia, y además que a estos se le pudieran sumar un compromiso de desarrollo comunitario para lograr experiencias educativas que mejoren el éxito escolar.

Por tanto, en sus proyectos educativos *"los centros promoverán compromisos educativos entre las familias o tutores legales y el propio centro en los que se consignen las actividades que padres, profesores y alumnos se comprometen a desarrollar para mejorar el rendimiento académico del alumnado"*.

4. TIPOS DE APRENDIZAJES ADQUIRIDOS EN UN CURRÍCULO FORMAL

Para el abordaje de las competencias básicas, desarrollo y evaluación de las mismas a través de la práctica docente en los centros educativos, la función docente es un factor esencial de calidad de la educación. La preparación de la actividad docente con el alumnado, conforme a lo establecido en la programación didáctica de ciclo, es clave para mejorar la práctica docente en el aula.

El profesor/a ha de diseñar y concretar el proceso de enseñanza-aprendizaje a través del establecimiento de **una secuencia de aprendizaje funcional y significativo** que "conduzca" y que propicie el desarrollo de las capacidades establecidas en los objetivos y de las competencias básicas en un grupo determinado de alumnos y alumnas.

El logro de la funcionalidad del aprendizaje implica seleccionar los objetivos teniendo en cuenta lo que toda persona necesita para vivir en sociedad, para insertarse laboralmente como trabajador/a y ciudadano/a (capacidad para comunicarse, relacionarse, valorar, juzgar, planificar, interpretar la realidad, construir su propio conocimiento, resolver problemas, dar satisfacción a sus necesidades, etc.). Y, por tanto, el reto de los educadores/as es encontrar la manera de conseguir que los aprendizajes resulten de utilidad para la vida, capacitando al alumnado para planificar y guiar la solución de los problemas que se le plantean en su realidad y prepararle para su participación en un mundo cambiante.

Para ello, la práctica docente ha de establecer muy claramente los diferentes "tipos de aprendizaje" que puede adquirir el alumnado y la relación de dependencia que existe entre dichos aprendizajes. Es esta distinción la que permitirá al docente establecer la secuencia de aprendizaje que conduzca al alumnado desde la adquisición de aprendizajes muy simples, hasta el desarrollo de capacidades y el uso de las mismas para resolver con éxito diferentes problemas-tareas. Por tanto, a lo largo de la etapa educativa el alumnado ha de ir adquiriendo, con las aportaciones de las diferentes áreas, diferentes tipos de aprendizajes:

- Aprendizajes intermedios: tanto simples como elaborados.
- Capacidades.
- Competencias o aprendizajes aplicados.

Una competencia representa un tipo de aprendizaje distinto a un aprendizaje simple, a un aprendizaje elaborado o a una capacidad. Todos estos **tipos de aprendizaje** son complementarios y mutuamente dependientes, pero se manifiestan y se adquieren de forma diferente.

➢ **Los aprendizajes intermedios:** Nuestro alumnado, a través del currículo real que desarrolla en su centro, adquiere muchos aprendizajes simples, que le supone una aplicación "mecánica" de los mismos sin necesidad de actuar u operar mentalmente para emplearlos. Por ejemplo: "levantar la mano antes de hablar", "pedir permiso para salir de clase", "relacionar que un sonido concreto de timbre coincide con la salida al patio de recreo", "colocar la chaqueta en su percha al entrar", "asociar palabra escrita-con palabra oída" (adquirir la herramienta de la escritura), "resolver cinco sumas y cinco restas" (adquirir herramientas de cálculo), etc. También, a través de la secuencia de actividades propuestas al alumnado desde las distintas áreas, se le conduce a la adquisición de aprendizajes más elaborados, que se apoyan en las operaciones mentales que permiten al alumnado adquirirlos y aplicarlos. Como por ejemplo: "buscar información en Internet sobre una temática concreta, extraer datos de un documento escrito, plantear una duda en relación a una temática determinada, emplear "la escritura" como herramienta para realizar la descripción de un paisaje, seleccionar y aplicar adecuadamente las operaciones de suma y resta que precisa para resolver una actividad, etc.". Actividades que pueden requerir al alumno/a, por ejemplo, buscar vocabulario adecuado, plantear ideas de manera ordenada, búsqueda de información específica, etc., es decir, requiere aplicar "operaciones mentales" y empleo de aprendizajes previos que conducen al alumno a la adquisición de conocimientos nuevos.

➢ **Las capacidades** son aquellos aprendizajes globales que se van conformando de forma graduada con la suma de muchos aprendizajes intermedios, tanto simples como elaborados (conocimientos, destrezas, actitudes, experiencias, etc.) que el alumnado adquiere con actividades que el profesorado diseña para la adquisición de los contenidos de las áreas curriculares, y que va obteniendo a través de la etapa educativa, tal y como queda establecido en los diferentes Objetivos de Etapa y a través de los diferentes Objetivos de las áreas.

> **Las competencias** son aprendizajes complejos, que suponen la adecuada selección y el uso o aplicación integrada de las diferentes capacidades, para la adecuada resolución de problemas comunes que se le van a plantear a la mayor parte de nuestro alumnado en los diferentes contextos de uso en los que habitualmente se desenvuelven en el mundo que les rodea y que siempre requiere que el alumnado aporte una solución al problema planteado.

Dado que la finalidad educativa está referida al desarrollo de competencias, y puesto que hemos de planificar prácticas docentes que permitan al alumnado la adquisición de estos aprendizajes, se hace imprescindible para el docente la identificación de los mismos, al mismo tiempo que la diferenciación con otros aprendizajes y la fácil identificación de la interdependencia que existe entre los mismos. Nuestra proyecto recomienda, de cara a que el abordaje de la práctica sea facilitadora, que los docentes establezcan las diferencias fundamentales entre aprendizajes intermedios, capacidades y competencias.

En la carpeta de documentos hemos incluido una ejemplificación a modo de práctica grupal en el centro educativo. Esta propuesta nos permitirá poder establecer con claridad los elementos diferenciales de cada tipo de aprendizaje, sin lo cual difícilmente podremos diseñar adecuadamente una secuencia docente que propicie un desarrollo efectivo de capacidades (establecidas en los objetivos curriculares) y de competencias básicas en el aula.

5. APRENDIZAJES QUE FACILITAN LAS DIFERENTES PROPUESTAS DE TRABAJO OFRECIDAS AL ALUMNADO

En el diseño de la práctica docente hemos de formular una propuesta de trabajo que conduzca al desarrollo de diferentes tipos de aprendizaje para nuestro alumnado. De modo tal que les permita la adquisición y aplicación competente de las capacidades determinadas, tanto en los objetivos de la etapa, como en los objetivos de cada una de las áreas curriculares. Dando con ello sentido al conjunto de la programación didáctica.

El desarrollo de cada uno de estos tipos de aprendizaje estará propiciado por las diferentes propuestas de trabajo que podemos plantear en el aula. De modo tal que:

- Las tareas conducen al desarrollo de aprendizajes esenciales y complejos: competencias. Suponen que el alumnado seleccione, combine y aplique adecuadamente un conjunto de destrezas cognitivas y de conocimientos en un contexto definido, para resolver una determinada situación o problema.

- Las actividades más elaboradas de aula persiguen conducir al alumno/a a la adquisición de algún conocimiento o aprendizaje elaborado, pero no lo hacen competente, no le conducen al desarrollo de competencias. Otras actividades más simples hacen referencia a la "preparación" (aprendizajes elementales o simples) que el alumno precisa para realizar adecuadamente una actividad o una tarea.

Como vemos, las actividades elaboradas requieren una preparación previa o la adquisición de unos aprendizajes elementales previos, a través de la propuesta de unas actividades simples o elementales. Igualmente, las tareas que permiten el desarrollo del tipo específico de aprendizaje que conforma las competencias requieren la aplicación de una serie de aprendizajes previos (simples y elaborados) adquiridos a través de las diferentes actividades. Por tanto, la propuesta de trabajo práctico en el aula, que articula y da sentido al conjunto de la programación didáctica, debe establecer una secuencia de trabajo que propicie la adquisición de capacidades y competencias básicas en nuestro alumnado. Dicha secuencia ha de incluir las diferentes propuestas de trabajo señaladas: actividades y tareas.

Siguiendo con la argumentación anterior, podemos decir que:

TAREAS INTEGRADAS $\longrightarrow$ **Actividades + Tareas Intermedias**

El desarrollo de competencias requiere, por tanto, la resolución de tareas. La programación establece la contextualización de los saberes-conocimientos que el alumnado puede adquirir desde las distintas áreas y que se consideran aprendizajes imprescindibles para el desarrollo de las competencias básicas (conocimientos, habilidades, actitudes…), *SABERES o CONOCIMIENTOS*.

La programación de la práctica docente debe incluir la propuesta de trabajo que podemos denominar problemas o tareas, que consideramos es la propuesta que permite el desarrollo y la evaluación formativa de las competencias básicas… el USO

ADECUADO DE LOS SABERES o conocimientos para resolver problemas auténticos o reales.

Por tanto, la competencia va más allá de la adquisición de unos conocimientos, pues supone la selección adecuada y puesta en uso de esos conocimientos para la resolución de un problema, supone "la demostración" de nuestros conocimientos o saberes.

6. RESOLUCIÓN DE PROBLEMAS/TAREAS INTEGRADAS Y DESARROLLO DE COMPETENCIAS BÁSICAS

La resolución de la tarea es lo que hace que una persona utilice adecuadamente todos los recursos de los que dispone. Por lo cual, se requiere una adecuada formulación y selección de las mismas. La estructura básica de una tarea es la estructura de **"problemas auténticos",** que son comunes a todo nuestro alumnado y que se le van a plantear en los diversos contextos en los que habitualmente se desenvuelven.

Las competencias y las tareas tienen una conexión esencial e imprescindible, dado que:

1) Las competencias sólo se manifiestan en la realización de acciones dirigidas a "la búsqueda de soluciones" en un contexto o situación particular. Por sí mismas, las competencias "no existen", es decir, no son independientes de la acción realizada por el sujeto en la que se manifiestan.
2) Las competencias se desarrollan a través de la acción y la interacción de diferentes aprendizajes imprescindibles.
3) Las competencias se desarrollan tanto en contextos formales (escuelas), como no formales e informales (familia, amigos, localidad, etc.).

Cuantas más acciones abordemos que pongan en uso determinadas competencias, más contribuiremos al desarrollo de las mismas. La búsqueda de las mejores tareas, para lograr que el mayor número de alumnos/as adquieran las competencias básicas, constituye el núcleo esencial de cualquier transformación de un diseño curricular en una "óptima práctica educativa" (se recomienda ver esquema de tarea incluido en la Carpeta de documentos).

El concepto de tarea, tal y como viene siendo utilizado en el análisis de la practica pedagógica y de las situaciones educativas, hace referencia al modo peculiar en que se ordenan las actividades educativas para lograr que los alumnos obtengan de ellas experiencias útiles para la vida (Doyle, 1979, y Newell y Simon, 1972, cit. Gimeno 1988: 252). En toda tarea es posible distinguir los siguientes componentes:

- Una finalidad de la tarea.
- Un producto o solución al problema planteado.
- Unos recursos.
- Unas operaciones.
- Unas construcciones o limitaciones.

Cada tarea debe concluir con la consecución de algún producto (resultado) que tenga valor de uso o de aplicación. Para ello, en el diseño de la misma tendremos que preguntarnos: ¿para qué le servirá esto al alumno/a en su vida? Así por ejemplo, aplicar razonamientos matemáticos o realizar cálculos con el fin de reconocer la cantidad de euros que necesitaré para invitar a un pastel a mis compañeros de clase en el día de mi cumpleaños, puede ser identificado como una pequeña tarea. O bien, si necesitamos distribuir la superficie del patio de recreo para la puesta en práctica de una actividad deportiva haciendo uso de conceptos sobre geometría, cálculos matemáticos, etc., puede ser identificada como una tarea. Sin embargo, esos mismos cálculos aislados de cualquier contexto, aplicados siguiendo el formato habitualmente utilizados en el contexto escolar y sin más utilidad que la aplicación de los contenidos o herramientas de aprendizajes adquiridos, no dejan de ser una simple actividad académica.

Las tareas representan situaciones-problemas que cada alumno/a debe intentar resolver haciendo un uso adecuado de los contenidos escolares (y de los recursos adquiridos en otros currículos). El éxito en la resolución de la tarea depende de la movilización (selección y aplicación adecuada) que los estudiantes hagan de todos sus recursos-aprendizajes aportados por las diversas áreas. Las competencias están referidas al uso adecuado de aquellos aprendizajes que se consideran "imprescindibles", por su común y frecuente uso por parte de todo el alumnado en las diferentes situaciones que habrán de afrontar en su vida cotidiana.

De esta forma, una formulación adecuada de la tarea se realiza cuando se definen con claridad sus componentes, prestando especial atención a los elementos que consideramos imprescindibles: contenidos curriculares necesarios para resolver la tarea, acciones u operaciones mentales (incluidos en los indicadores de logro y en la metodología de trabajo propuesta) y contextos de uso.

También tendremos que seleccionar aquellos recursos materiales, propuestas metodológicas, etc., más acordes con la tarea de trabajo que diseñemos. Y teniendo en cuenta que "la competencia es el conocimiento en acción o en uso", podemos decir que en las diferentes formas de "operar o actuar" con nuestros conocimientos el proyecto "Azahara" ha establecido **unos indicadores de cada una de las competencias, secuenciados en unos niveles de dominio o adquisición por ciclo/curso** que relacionaremos con los criterios de evaluación establecidos en nuestra programación didáctica. Así como su desarrollo tendrá un apoyo esencial en los contenidos necesarios (aprendizajes imprescindibles) que aportan las diferentes áreas curriculares.

7. ESTRUCTURA DE UNA TAREA

La interpretación que hemos realizado del concepto de tarea tiene consecuencias importantes para la práctica educativa:

- La estructura de tareas, al generar las experiencias necesarias para que el alumnado adquiera una competencia, se convierte en el centro de nuestra atención para el diseño de la programación de aula. Permite poner en uso de manera integrada aprendizajes imprescindibles adquiridos en diferentes áreas curriculares.
- El contexto en el que se desarrollan las tareas, en la medida en que resulta un elemento esencial para el éxito en la realización de la tarea y, por tanto, en la consecución de la competencia, sitúa al aprendizaje muy lejos de los ejercicios mecánicos o repetitivos propios de una escuela aislada de la realidad.
- Los indicadores de logro de las competencias representan el elemento clave, puesto que son "comunes" a todo el equipo docente, recogen las "acciones" u operaciones mentales que requiere su resolución y establecen una secuencia "graduada" de logro de cada competencia que nos permite garantizar la respuesta a la diversidad de nuestro alumnado.

Por tanto, las tareas configuran **situaciones-problemas** que cada alumno/a debe tratar de resolver haciendo un uso adecuado de los contenidos escolares. El éxito en la resolución de la tarea depende de la movilización (selección y aplicación) que los estudiantes hagan de todos sus recursos disponibles.

¿Y en qué consiste una óptima práctica docente? Como ya hemos señalado, el concepto de tarea, tal y como viene siendo utilizado en el análisis de la práctica pedagógica y de las situaciones educativas, hace referencia **al modo peculiar en que se ordenan las actividades educativas para lograr que los alumnos obtengan de ellas experiencias útiles.** En toda tarea es posible distinguir necesariamente los siguientes **componentes:**

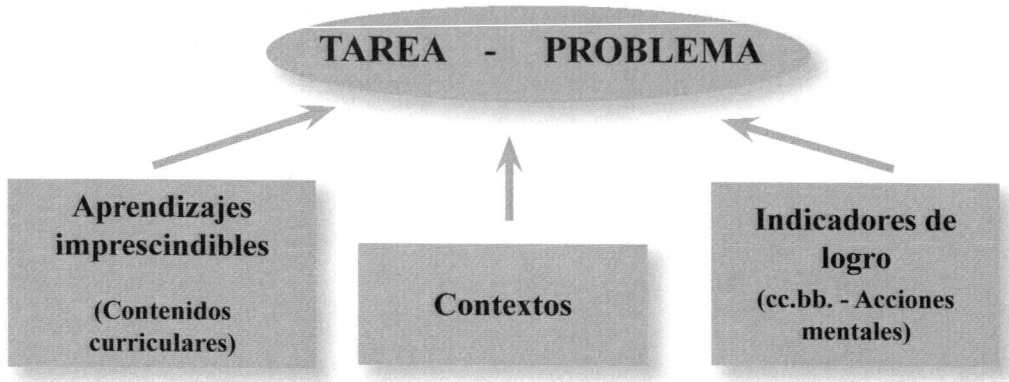

La relación entre la tarea (resolución de problemas) y el resto de los componentes (aprendizajes imprescindibles, contexto e indicadores de logro) puede constituir un modelo de referencia en el que los equipos y departamentos docentes pueden apoyarse para elaborar las tareas que constituyen el núcleo central de su práctica educativa:

- La resolución adecuada de la tarea requerirá que el alumno/a ponga en uso sus acciones-operaciones mentales (razonar, criticar, analizar, relacionar, elegir, argumentar, comparar, reflexionar, etc.) referidas tanto en los indicadores de logro, como en las metodologías de trabajo más adecuadas para el desarrollo de competencias.

- En la tarea, se han de seleccionar los aprendizajes imprescindibles aportados por el trabajo de los contenidos curriculares que el alumno tiene que haber adquirido previamente y que ha de emplear o poner en uso para comprender y realizar la tarea.

- Además, se han de definir con claridad el o los contextos en el que esta tarea se va a desarrollar: ¿en qué contexto de la vida tiene aplicación relevante esta tarea? ¿dónde y para qué le servirá al alumno/a abordarla y resolverla?

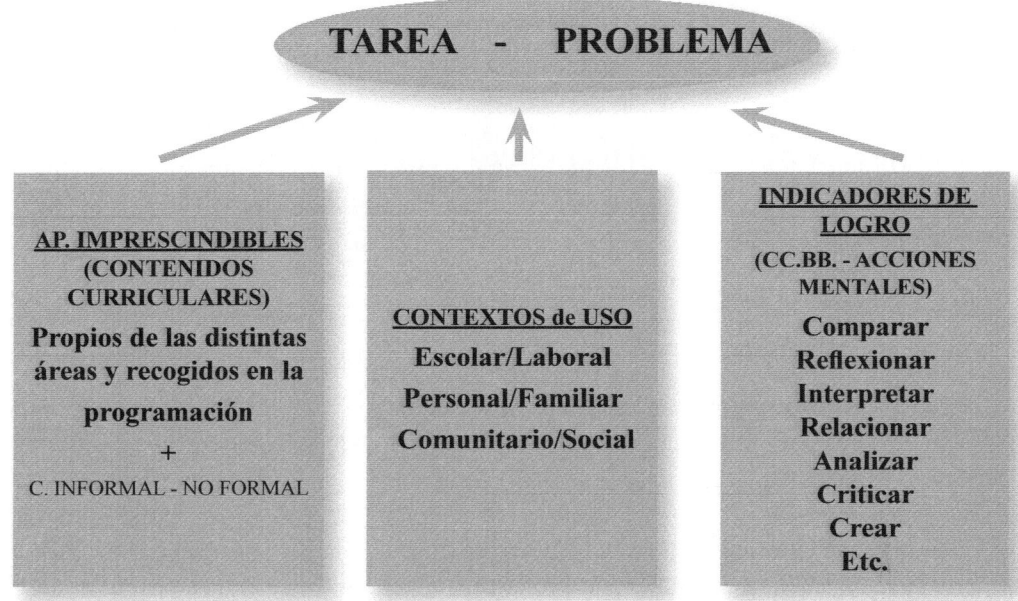

Para que se propicie un desarrollo equilibrado e integrado de las competencias básicas, es esencial que nuestro alumnado realice **tareas propias o habituales de todos los contextos** en los que han de desenvolverse. Es importante que se determinen los contextos que en un mismo centro educativo se tomarán como referencia por todo el profesorado; lo cual nos va a permitir elaborar programaciones multidisciplinares y/o crear un **banco de tareas** que podamos utilizar como vertebrador de toda la etapa educativa, con las oportunas adaptaciones en los niveles de dificultad y logro de cada curso o ciclo y de cada alumno o alumna con necesidades específicas de apoyo educativo.

"Todo aprendizaje necesita de un contexto para ser adquirido y requiere interacción y colaboración" (Lave y Wenger). Bronfenbrenner nos propone la siguiente clasificación de contextos:

- Individual/personal.
- Familiar.
- Escolar.
- Comunitario/social.

Aunque la decisión al respecto corresponde a cada centro educativo, el Proyecto "Azahara" propone una simplificación mayor agrupando:

- Personal-Familiar.
- Escolar-Laboral.
- Comunitario/social.

A modo de práctica de centro, se propone la planificación de una práctica compartida para el fomento de la lectura y del resto de las habilidades comunicativas (hablar, escuchar, escribir y leer), así como para su aplicación efectiva en la resolución de problemas relacionados con el uso adecuado de dichas habilidades. Pero indudablemente, y quizás no sería necesario volverlo a repetir, la resolución de problemas situados en diferentes contextos de uso hace necesaria habitualmente la aplicación combinada de varias competencias básicas.

Dicha práctica de centro consistiría en crear "un banco de tareas", que se podrían ir diseñando con diferentes niveles de dificultad o logro para dar respuesta a los diferentes ciclos/cursos, en torno a lecturas presentadas en diferentes formatos y asociadas a diferentes contextos. A dicha propuesta, que incluimos en la Carpeta de documentos, la hemos denominado: **"Banco de recursos de lectura", ¿qué descubriremos en esta lectura?"**. En dicho "banco" iríamos incorporando distintos materiales de lectura (prospecto de fármaco, instrucciones de funcionamiento de la lavadora, recibo de pago de agua, caja de cereales, etc.) con propuestas de tareas a resolver haciendo uso de la información recogida en dichos materiales de uso habitual y común y que contienen valiosa información escrita.

La puesta en práctica prolongada y compartida, es decir con la participación de las diversas áreas y los diferentes niveles educativos, nos permitiría ir conformando en nuestro centro un banco de tareas, que iría adquiriendo progresivamente amplitud y variedad, facilitando su uso en los sucesivos cursos.

La finalidad de esta propuesta sería dar respuesta al desarrollo de la lectura desde todas las áreas, como así viene determinado en nuestro referente normativo. Pero, como todos sabemos, conocer la grafía, el significado de las palabras, el unirlas para formar oraciones es necesario, pero no suficiente. Leer para poder resolver un problema en base a dicha lectura es "comprender". Es decir, leer es comprender textos o discursos. Como no todos los textos son iguales, leer será comprender el texto por el tipo de texto que es, por el "formato" que utiliza para darnos traslado de una información concreta. Así nos predisponemos ante él de una manera determinada.

La lectura nos permite "construir conocimiento"; y esto es así porque pensamos a partir del texto, ponemos en relación nuestra información con la que aporta el escritor. De ahí brota la comprensión del texto y por tanto es tan activa la recepción como la emisión de información.

Proponemos, para facilitar el desarrollo de esta propuesta en cada centro, establecer y dar a conocer a todo el claustro:

- Los factores que influyen en la comprensión de textos o materiales de lectura.
- Las estrategias del buen lector: ¿Qué hacer antes, durante y después de la lectura?
- Los tipos de lecturas.
- Un modelo de acción para el desarrollo de la lectura y el uso competente de la misma (temporalización, "fichas" de recogida de datos, seguimiento del progreso de cada alumno/a, construcción y gestión del "cofre de lectura", etc.).

8. UTILIDAD DE LOS APRENDIZAJES PARA LA VIDA

Como decíamos al inicio de este capítulo, la introducción de las competencias básicas como elementos de mejora del currículo real de los centros educativos responde en la actualidad a la preocupación por encontrar una respuesta adecuada desde el ámbito educativo al conjunto de problemas que generan los cambios acelerados propios de las sociedades abiertas, cambiantes, complejas. Y la búsqueda de una educación que prepare realmente para poder transferir los aprendizajes escolares a la vida cotidiana: *"Dar utilidad a los aprendizajes para la vida"*.

Cuando se habla de competencias, hay que destacar la necesidad de significación en todo aprendizaje, entendiendo la adquisición de esas competencias básicas que nos marca actualmente LOE como un proceso de aprendizaje global que integra contenidos de diferentes tipos (conocimientos, habilidades y actitudes) y diferentes disciplinas o áreas: **"Aprendizajes globales y significativos puestos en uso en situaciones reales"**.

Aprendizajes que comprenden el desarrollo de capacidades y el uso o aplicación de las mismas, más que la exclusiva adquisición de contenidos puntuales y descontextualizados.

La corriente de las competencias básicas implica la búsqueda de aquello que es esencial o imprescindible para ser aprendido. Se trata de seleccionar aquellas capacidades que, de alguna manera, se consideren realmente indispensables para facilitar la plena realización personal y social. Por tanto, nuestro reto está en:

- Propiciar la validez de los aprendizajes para la vida cotidiana de los alumnos/as.

- Introducir formatos de tareas-problemas propios de otras situaciones y contextos. No utilizar siempre "los formatos de tareas propios o habituales" del contexto escolar.
- Poner en uso de manera integrada los aprendizajes adquiridos por el alumnado en las diferentes áreas y en los diferentes currículos (escuela, familia, barrio,…).
- Cuando no sea posible realizar una contextualización real podemos hacer una simulación de dicha realidad (C. Monereo).

A partir de esta nueva perspectiva, puede valorarse el paso adelante que lleva consigo la corriente de las competencias básicas en el momento de programar nuestra práctica docente, de priorizar aprendizajes que tienen un carácter "imprescindible" o de seleccionar experiencias integradoras que preparen para la vida.

Capítulo VII
Planificación y desarrollo de la práctica docente a través de las competencias básicas

1. REFLEXIONES SOBRE EL TRATAMIENTO INTEGRADO DE LAS COMPETENCIAS BÁSICAS EN LA PLANIFICACIÓN Y DESARROLLO DE LA PROGRAMACIÓN DE AULA

El uso competente del aprendizaje implica seleccionar los objetivos teniendo en cuenta lo que toda persona necesita para vivir en sociedad, para insertarse como trabajador/a y como ciudadano/a (aplicación adecuada de la capacidad para comunicarse, relacionarse, valorar, juzgar, planificar, interpretar la realidad y modificarla, construir su propio conocimiento, resolver problemas, dar satisfacción a sus necesidades, etc.).

Por tanto, entendemos en el Proyecto "Azahara" que el diseño de una adecuada práctica docente supone un reto para los educadores/as. Un reto fundamentado en encontrar esa necesaria manera de conseguir que los aprendizajes resulten de utilidad para la vida, capacitando y aportando competencia al alumnado para planificar y guiar la solución de los problemas que se le plantean en su realidad y prepararle para seguir aprendiendo y participando en un mundo cambiante y diverso.

Para ello, nuestro objetivo es ofrecer a los centros educativos instrumentos prácticos para la elaboración de unidades didácticas integradas que propicien el desarrollo y consecución de las capacidades y de las competencias básicas, a través de propuestas de trabajo que respondan a la secuencia establecida por los "Descriptores de Etapa" y por los "Indicadores de logro o dominio" que hemos establecido para cada uno de los ciclos que conforman la etapa educativa.

El diseño o programación del currículo debe estar centrado y articulado por las competencias básicas y no sólo por la adquisición o logro de unos contenidos disciplinares. Debe traducirse en un documento simple, sencillo y facilitador de la práctica docente en el aula.

Para lograrlo, en este capítulo se plantean los aspectos más relevantes que los equipos docentes han de tener en consideración en la elaboración y desarrollo de las programaciones de aula:

1) El área o áreas implicadas en el diseño de la unidad didáctica integrada (UDI) o tarea integrada (TI), en función de los aprendizajes imprescindibles que aportan para el desarrollo de las competencias básicas.

2) La elección de la/s tarea/s para el diseño de las unidades didácticas: tarea final de referencia y tareas intermedias "facilitadoras" que conduzcan al alumno/a a la resolución de dicha tarea final propuesta.

3) Los contextos de uso para el desarrollo de la tarea final de referencia y/o de las tareas intermedias facilitadoras o conductoras.

4) La selección de los contenidos (combinación de conceptos, procedimientos, actitudes) seleccionados como "aprendizajes imprescindibles" que se van a desarrollar y poner en uso a través de las competencias básicas. Siendo referente clave la programación didáctica preestablecida con respecto a la secuenciación de contenidos de una o varias área/s, la aportación de enseñanzas propias de la comunidad autónoma en su caso y de los aspectos transversales y otras enseñanzas.

5) La evaluación del desarrollo de las competencias básicas en los procesos de enseñanza/aprendizaje. Los equipos docentes y, en su caso, el profesorado de área, han de precisar los posibles niveles de logro o dominio que se considera que debe desarrollar su alumnado.

6) El diseño de la secuencia de enseñanza-aprendizaje a través del establecimiento de actividades y tareas intermedias: actividades de preparación o iniciación, actividades de adquisición de nuevos aprendizajes y actividades y/o tareas de aplicación de los aprendizajes adquiridos.

7) Las propuestas de refuerzo y/o ampliación de los contenidos adquiridos para responder a la diversidad del alumnado presente en las aulas, y su aplicación en la resolución de tareas de diferente nivel de complejidad.

8) El establecimiento de pautas metodológicas comunes, señalando la "acción", la "cooperación" y la "autenticidad", como estrategias de aprendizaje privilegiadas para el desarrollo de las competencias básicas.

9) Los recursos e instrumentos necesarios para implementar la secuencia de aprendizaje planteada, y para valorar los niveles de desarrollo alcanzados en las competencias básicas en base a la resolución de tareas integradas, tomando como referente la "Escala graduada de indicadores de logro" establecidos para cada competencia.

En definitiva, son las competencias básicas las que deben inspirar las decisiones que cada docente ha de adoptar sobre las estrategias a seguir en la selección de los objetivos, contenidos y criterios de evaluación considerados básicos y esenciales en el tratamiento didáctico de un objeto de estudio o en el diseño de un proyecto de trabajo o tarea integrada, de cara a planificar los procesos de enseñanza y aprendizaje del alumnado.

Con carácter general, en la planificación de la práctica para su desarrollo en el aula, los docentes han de contemplar, al menos, los siguientes aspectos:

1) Concretar los elementos curriculares.
2) Planificar la secuencia de las tareas y actividades que favorezcan la atención a la diversidad del alumnado y la personalización de los procesos de aprendizaje, a partir del diagnóstico previo de necesidades realizado.
3) Poner en práctica medidas y actividades de apoyo y refuerzo para prevenir o afrontar las dificultades de aprendizaje que presenta el grupo de alumnos y alumnas.
4) Adoptar medidas y actuaciones de mejora que favorezcan la comprensión lectora, la expresión oral y escrita, la comunicación audiovisual, la utilización de las TIC y la educación en valores.
5) Diseñar tareas y situaciones de aprendizaje que permitan valorar el grado de dominio o logro alcanzado por el alumnado, tanto en capacidades como en competencias básicas.

Conforme a las decisiones adoptadas por el órgano de coordinación pedagógica competente en torno a las opciones a seguir en la organización, desarrollo y concreción del currículo escolar, la intervención docente con el alumnado de un determinado grupo, ha de ajustarse a las mismas y ha de suponer y promover el **trabajo colaborativo entre el profesorado participante**.

Si la opción adoptada fuera la referida al diseño de la programación didáctica por áreas o por ámbitos, el planteamiento de la práctica profesional docente ha de dirigirse a la elaboración de unidades didácticas en las que deberían concretarse, en torno al objeto de estudio o tarea elegida, los elementos del currículo establecidos en la programación didáctica para el ciclo/curso escolar (objetivos, contenidos y criterios de evaluación), relacionándolos con los indicadores de logro seleccionados de las competencias básicas, y han de tomarse decisiones en relación con la temporalización y los recursos didácticos que se requieren.

Con la misma visión integrada que nos permite la programación de los diferentes elementos curriculares en referencia a las competencias básicas, se ha de diseñar una propuesta de enseñanza-aprendizaje para desarrollar en el aula.

Si se persigue el establecimiento de un concepto común de las competencias en el currículo formal, es importante insistir en la secuencia de adquisición de las mismas a lo largo de la educación primaria, vinculándola a la adquisición de aprendizajes imprescindibles y a la consecución de los criterios de evaluación de cada ciclo educativo. Lo que nos permite determinar unos indicadores de logro que sigan una secuencia creciente y flexible que nos facilita la atención a la diversidad de nuestro alumnado. Si recurrimos a una analogía, esta imagen puede ser clarificadora en dicho sentido:

Establecemos "DESCRIPTORES" de cada competencia para cada etapa educativa. Es decir, establecemos el desarrollo esperado de cada competencia al finalizar cada Etapa.

También es preciso disponer de una "ESCALA GRADUADA DE INDICADORES DE LOGRO". Los indicadores de logro fijados para cada ciclo educativo han de ser el referente de logro de cara a planificar la práctica docente y la evaluación de las competencias básicas.

Además no basta con trabajar TAREAS "al azar". Si se elaboran tareas para el desarrollo de competencias sin seguir una programación previa del currículo "por competencias", ¿cómo se asegura que se está facilitando el desarrollo de todos los aprendizajes que integran o forman parte de una misma competencia (descriptores/

indicadores), teniendo en cuenta que la adquisición de los mismos está vinculada a aprendizajes imprescindibles aportados por diferentes áreas y de modo no proporcional? Lo único que nos garantiza un desarrollo integrado, equilibrado y que permite al equipo docente el diseño de una respuesta educativa a la medida de las necesidades de sus alumnos y alumnas, es tener un referente común de desarrollo de las ocho competencias que establezca un aprendizaje secuenciado de las mismas a lo largo de la etapa: "Escala Graduada de Logro".

El Proyecto "Azahara" se basa en el absoluto convencimiento de que diseñar y proponer tareas aleatoriamente no da respuesta en un centro educativo al desarrollo integrado de competencias básicas que propone el marco normativo vigente. El diseño de la práctica docente debe dar respuesta al carácter integrado de un currículo "organizado" en torno a las competencias básicas.

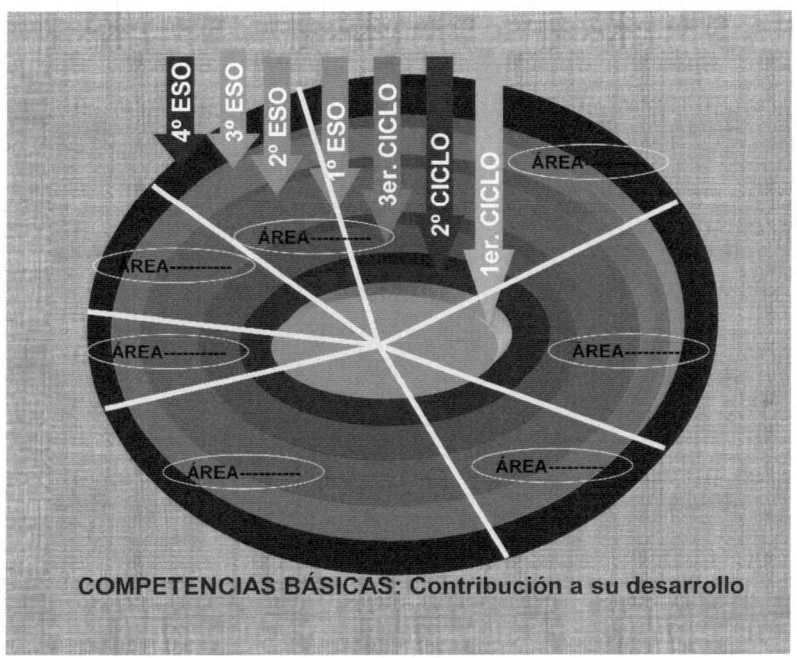

Todas las áreas contribuyen al desarrollo de cada una de las competencias básicas.

Otra cuestión ineludible: el diseño de la propuesta docente ha de responder, además de lo expresado, al nivel de aprendizaje previo de cada uno de los alumnos y alumnas, por lo que han de partir de una propuesta contextualizada de evaluación inicial/final. Por otro lado, los centros han de partir siempre de la práctica habitual del profesorado. Por ello, será precisa la realización de tareas periódicas para constatar el grado de desarrollo o dominio alcanzado por el alumnado en las competencias básicas, dando respuesta con ello a una evaluación continua y formativa, que podrá organizarse de modo que se acomode a la organización de la práctica docente de cada centro.

Si la opción adoptada fuera la de organizar el currículo exclusivamente por competencias básicas, la planificación de la práctica docente estaría enfocada hacia la confección de proyectos de trabajo o tareas integradas que permitieran la resolución de situaciones o problemas referidos a uno o varios contextos y a la evaluación del grado de desarrollo de las competencias básicas, a partir de la vinculación establecida entre los criterios de evaluación aportados por todas las áreas y los descriptores de las competencias seleccionados.

En este caso, los equipos docentes tendrán que determinar el tratamiento y desarrollo de los proyectos de trabajo integrados o tareas integradas. Indicando a quién corresponde la implementación de las tareas o situaciones-problema, conforme a los siguientes planteamientos, que no presuponemos que sean planteamientos excluyentes, sino todo lo contrario. Proponemos que su desarrollo conjunto conduzca a un desarrollo integral de las competencias básicas:

1) **Plan de trabajo integrado en torno a las competencias básicas desarrollado por todos los maestros/as que imparten docencia a un mismo grupo de alumnos/as**, en función de la carga horaria lectiva asignada para un determinado grupo de alumnos, correspondiendo al tutor del grupo la coordinación de la intervención de los docentes en el aula. También cabe el desarrollo de proyectos de trabajo integrados o tareas integradas con un carácter periódico previamente determinado (mensual–trimestral–etc.).

2) **Plan de trabajo diferenciado por áreas o ámbitos,** éste sería implementado por separado por cada maestro/a, previa coordinación, en función del reparto de la secuencia de actividades que le corresponden desarrollar. Esta modalidad de trabajo supondría la elaboración de conclusiones o "productos" finales, con una visión integradora de los enfoques realizados desde cada una de las áreas intervinientes.

2. MODELOS DE ENSEÑANZA: PROYECCIÓN EN LA PRÁCTICA DOCENTE PARA EL DESARROLLO DE LAS COMPETENCIAS BÁSICAS

Previo al diseño y tratamiento de la práctica docente, hemos considerado primordial propiciar un acercamiento a los planteamientos metodológicos, dada su elevada proyección en el desarrollo de las competencias básicas en general, y muy especialmente en aquellas competencias que aunque precisan de las aportaciones de todas las áreas, lo hacen de un modo mucho más proporcional y transversal. Es decir, en aquellas competencias que no encuentran un referente esencial en los instrumentos aportados fundamentalmente por un área curricular; y dado que, por su carácter más transversal, su desarrollo se sustenta en los aprendizajes imprescindibles aportados por todas las áreas de un modo más equilibrado.

Las propuestas metodológicas diseñadas para el uso de dichos aprendizajes en la práctica de aula, en la resolución de problemas auténticos, son esenciales para el desarrollo de dichas competencias.

En este sentido, el marco normativo vigente recoge que los centros docentes deben arbitrar métodos que tengan en cuenta los diferentes ritmos de aprendizaje del alumnado, favorezcan la capacidad de aprender por sí mismos y promuevan el trabajo en equipo. Los centros educativos fomentarán especialmente **una metodología centrada en la actividad y participación del alumnado, que favorezca el pensamiento racional y crítico, el trabajo individual y cooperativo en el aula, y las diferentes posibilidades de expresión**.

Este marco también indica que debe asegurarse el trabajo en equipo del profesorado, con objeto de proporcionar un enfoque multidisciplinar del proceso educativo. Garantizando la coordinación de todos los miembros del equipo docente que atiendan a cada alumno o alumna en su grupo.

Independientemente de que el desarrollo de competencias requiere propuestas metodológicas fundamentales **"acción-cooperación-autenticidad"**, la práctica pedagógica aconseja la utilización de varios modelos de enseñanza. Dado que prácticamente todos los alumnos y alumnas pueden aprender con la mayoría de los modelos, si bien necesitan estos adaptarse tanto a los modos de intervención en el aula del docente como a la personalidad, actitud, sentimientos y habilidades del alumnado.

El profesorado debe adaptar la estrategia docente, de manera que la mayoría del alumnado se sienta implicado en la actividad educativa. Debe estar abierto a los alumnos y alumnas y trabajar para ayudarles no sólo para que aprendan unos contenidos de enseñanza determinados, sino que desarrollen las habilidades necesarias para ser capaces de dirigir sus propias actividades, seleccionando y aplicando sus aprendizajes en situaciones diversas.

En el amplio abanico de modelos de enseñanza existentes, clasificados por diferentes criterios con respecto a su naturaleza y aplicación educativa, es importante que el profesorado se sitúe en aquellos que hoy día están teniendo una mayor incidencia en los planteamientos y desarrollo del currículo escolar. En esta línea recogemos la propuesta de modelos de enseñanza de Bruce Yoyce y Marsha Wei, por la vigencia de sus planteamientos y por su aportaciones, con objeto de facilitar la mejora de la práctica docente en el tratamiento e integración de las competencias básicas:

- **Los modelos de procesamiento de la información.** Están encaminados directamente a la capacitación intelectual. Se basan en la enseñanza directa y de métodos generales y específicos de investigación para facilitar el dominio de las áreas de aprendizaje. Se pretende como objetivos que el alumnado domine los métodos de investigación, los conceptos y hechos, y desarrolle capacidades intelectuales generales como el pensamiento lógico. Se utilizan también para investigar cuestiones personales y sociales, fomentando el desarrollo de habilidades sociales, la comprensión de valores y la comprensión personal. Desde esta perspectiva se han desarrollado distintos modelos relacionados con la enseñanza: formación de conceptos básicos, pensamiento inductivo, métodos de descubrimiento, modelos de memorización y desarrollo intelectual.

- **Los modelos personales.** Subrayan el carácter único del ser humano y su lucha para desarrollarse como una personalidad integrada y competente. Su objetivo es ayudar a los alumnos y alumnas a asumir la responsabilidad de su desarrollo y a adquirir un sentido de autoevaluación y armonía personal. Subrayan la integración del yo emocional y el yo intelectual, e insisten en la autocomprensión y la independencia del aprendizaje. Intentan ayudar a los alumnos a comprenderse a sí mismos, a descubrir sus pretensiones y expectativas, y a desarrollar los medios para educarse. Consideran que el dominio de los contenidos y habilidades académicas lo tiene el propio individuo y éste, al comprender y reflexionar sobre sus objetivos, trabaja para su desarrollo. El profesor debe aceptar a los alumnos como seres competentes para dirigirse a sí mismos. Enseñar es ayudar a enseñarse. Los objetivos prioritarios que pretenden estos modelos son el acrecentar el sentimiento de autovaloración, ayudar a comprenderse, ayudar a reconocer sus emociones y cómo influyen en el comportamiento, ayudar a formalizar objetivos de aprendizaje, ayudar a hacer planes y realizar tareas que aumenten su competencia, incrementar el sentido de la creatividad y el disfrute u aumentar la apertura a nuevas experiencias. Estiman que el alumno, con la ayuda del profesor, puede dominar los contenidos y habilidades académicas. En este grupo de modelos nos encontramos con la enseñanza no directiva, el desarrollo de la creatividad, el entrenamiento de la conciencia y el modelo del grupo aula.

- **Modelos sociales.** Se basan en la energía del grupo humano para capitalizar el potencial procedente de puntos de vista diferentes. Su objetivo básico es ayudar a trabajar conjuntamente para plantear y resolver problemas de naturaleza académica o social. Pretenden la organización del grupo, la capacidad de aislar problemas, la clarificación de problemas y el desarrollo de habilidades sociales. Los contenidos y habilidades académicas forman parte de su investigación y se centran en el estudio y tratamiento de los problemas y valores. Los objetivos prioritarios son ayudar a los alumnos y alumnas a trabajar juntos para determinar y resolver los problemas, desarrollar la capacidad de relación humana y hacerles conscientes de los valores personales y sociales. El grupo de métodos sociales adscritos a este modelo son los siguientes: el trabajo de grupo como proceso democrático, el juego de roles, el análisis de temas públicos, el aprendizaje de laboratorio, el método de simulación social y la investigación en ciencias sociales.

- **Modelos conductuales de la enseñanza.** Su enfoque se basa en que el ser humano es un sistema de procesamiento de la información que aprende cuando obtiene información sobre los efectos de su conducta. Supone la presentación de tareas, la aportación de información de retorno y el establecimiento de relaciones entre el rendimiento y los objetivos. Consideran que por acierto y por error se ven las consecuencias y se experimenta con el comportamiento hasta conseguir un nivel satisfactorio de rendimiento. Utilizan el premio al final de una serie de tareas que suponen el dominio de una habilidad o tema que permite la autogratificación. La modificación del comportamiento se basa en un calendario de refuerzos en el que se premia inmediatamente la realización correcta. Se aplican para el desarrollo de habilidades personales, sociales y académicas. Entre los modelos conductuales de la enseñanza nos encontramos con: el método de refuerzo, el autocontrol mediante el condicionamiento operante, el modelo de entrenamiento, la reducción de estrés y la desensibilización y el entrenamiento de afirmación[5].

Por otro lado, la propuesta síntesis de metodología investigativa que propone el profesor Luis G. Naranjo Cordobés, 2008), en la que confluyen determinadas tendencias y perspectivas, se fundamenta en un conjunto de principios didácticos que otorgan la necesaria coherencia y continuidad a las diferentes situaciones de enseñanza-aprendizaje. Especial relevancia adquiere **la actividad**, referida a que es el profesor quien orienta y guía, pero es el alumno el agente fundamental de su propio proceso educativo; por lo que las actividades y tareas propuestas deben estar dotadas de significado y responder a preguntas o problemas previamente establecidos. Siempre se debe partir del conocimiento directo e inmediato, de lo concreto, para llegar a formulaciones abstractas, lo que podemos llamar Inducción. Se utiliza la

---

5. Bruce, Y. y Wei, M. (1985). *Modelos de Enseñanza*, Madrid: Anaya.

"personalización" o adaptación de la tarea propuesta al nivel de competencia y de conocimientos previos de cada alumno. Al mismo tiempo, se potencia la relevancia social de los contenidos y favorece las relaciones de comunicación que desarrollen la dimensión comunitaria y cívica; es decir, se potencia la socialización.

Se trata de un modelo centrado en la investigación, en cuanto que fomenta la búsqueda, identificación, formulación y resolución de problemas o cuestiones de aprendizaje. Simultáneamente, se fundamenta en un enfoque ecológico: considera el entorno como fuente de objetos de estudio, marco para la adquisición de valores y actitudes y referente para adaptar el discurso escolar a las características del contexto.

Esta propuesta favorece el desarrollo de determinadas competencias básicas de carácter transversal, como el desarrollo de la capacidad de aprender a aprender y la comunicación lingüística al promover el establecimiento de relaciones de comunicación fluidas y multidireccionales, el intercambio de significados y desarrollo de la afectividad en el seno del grupo, así como la creatividad, al potenciar el pensamiento divergente, evitando la sujeción a rutinas y maneras mecánicas de actuar, y la "globalidad", en cuanto al uso relacionado del pensamiento analítico y sintético.

En definitiva, se trata de un modelo muy adecuado para el desarrollo de las competencias básicas, en cuanto que propone la interdisciplinariedad o superación de la visión compartimentada y fragmentada de la realidad objeto de estudio.

Tanto los principios didácticos que se adopten, como la secuencia temporal en la que se van desarrollando las diferentes fases del proceso de enseñanza-aprendizaje (partir de problemas y de las concepciones previas del alumnado, trabajar con la nueva información y elaborar y comunicar conclusiones) requieren para su plasmación efectiva en el aula la adopción, por parte del profesor, de un papel de total implicación en el proceso de aprendizaje del alumnado. Papel que debe verse correspondido por la participación activa y progresivamente consciente de los alumnos en su propia formación académica y humana.

Las notas esenciales que caracterizarían esta doble relación son la planificación y programación de la secuencia de actividades integradas en unidades didácticas. En correspondencia con los objetivos y contenidos propuestos, la adaptación de la oferta general de enseñanza contenida en la programación y la dinamización, y orientación del proceso de aprendizaje del alumnado[6].

---

6. Naranjo Cordobés, L.G. (2008). El diseño del currículo y la programación educativa como ejes de la actividad docente. En Varios. *Bases psicopedagógicas de la educación se-*

La práctica docente se ha de basar en la integración de estrategias procedentes de uno o varios modelos de enseñanza, conforme a la especificidad de la tarea o actividad educativa planteada y a las posibilidades de éxito en su desarrollo y aprendizaje por parte del alumnado participante.

Por otra parte, se requiere que los órganos pedagógicos del centro, en el ámbito de sus competencias, reflexionen y adopten decisiones en referencia a los modelos de enseñanza y su aplicación práctica, conforme a los objetivos educativos y a las líneas prioritarias de actuación establecidos en el proyecto educativo, con objeto de establecer unas **pautas metodológicas comunes y compartidas** por todo el profesorado del centro.

3. PROPUESTAS DE PLANIFICACIÓN DE LA PRÁCTICA DOCENTE

Las tareas deben ser entendidas como propuestas de trabajo diseñadas por el docente que pretenden ajustarse a la autenticidad de los problemas reales en cuanto a formatos, estructura, dificultad, etc. Deben ser concebidas como oportunidades ofrecidas a los alumnos/as para que se enfrenten a experiencias que les permitan una adquisición progresiva de las competencias básicas.

La **estructura de una tarea integrada** es igualmente válida para dar respuesta a los diferentes diseños prácticos del currículo del centro:

1) **Unidad Didáctica Integrada de Área o Tarea Integrada de Área (UDI-TI).** Aunque la UD esté programada para el desarrollo de los elementos curriculares propios de un área determinada, la incorporación de varias competencias básicas le confieren siempre un carácter integrado y multidisciplinar. En este sentido, consideramos que es importante reflexionar sobre:

- La resolución de situaciones y problemas reales que normalmente supone el uso, y con ello el desarrollo, de más de una competencia. Por tanto, podemos hablar de desarrollo "integrado" de competencias básicas desde cada una de las áreas curriculares.
- La contribución al desarrollo de cada competencia, desde un área concreta, es proporcional a la puesta en uso de dicha competencia vinculada tanto con los

---

cundaria. Córdoba: UCO.

elementos curriculares de dicha área, así como con la propuesta metodológica aplicada, como hemos afirmado en el apartado anterior. Recordemos que "cuanto más ponemos en uso una competencia más contribuimos a su desarrollo"; o, dicho de otro modo, cuanto más oportunidades tengamos de resolver adecuadamente problemas-tareas haciendo uso de una competencia, mayor nivel de dominio se adquiere en relación a dicha competencia.

- La desigual contribución de las áreas al desarrollo de cada competencia establecida en el marco curricular exige la aportación equilibrada de los equipos docentes. Aportando contextualización a cada competencia en función del peso específico, previamente establecido en los procesos de evaluación, que ha de jugar cada una de ellas en el desarrollo de las UU.DD.

- El uso de determinadas competencias, que tienen carácter más instrumental, requieren para su adecuada aplicación la adquisición previa de aprendizajes imprescindibles de determinadas áreas –por ejemplo, la competencia en Comunicación Lingüística y el área de Lengua–. Es decir, hacen que desde otras áreas se estén aplicando o haciendo uso de aprendizajes (aprendizajes simples, aprendizajes elaborados, capacidades) adquiridos en otras áreas de conocimiento y experiencia. Por ejemplo, con frecuencia precisamos hacer uso de la competencia en comunicación lingüística, y por tanto de aprendizajes imprescindibles adquiridos en el área de Lengua, para resolver problemas planteados desde el área de Conocimiento del Medio.

- En suma, la resolución de tareas-problemas requiere el uso combinado de varias competencias básicas, aunque estén planteadas desde la práctica docente de una sola área curricular.

2) **Unidad Didáctica Integrada Multidisciplinar o Tarea Integrada Multidisciplinar.** Son unidades de trabajo en torno a contenidos de interés común o compartido por varias materias curriculares, aspectos transversales o puesta en práctica de actitudes, valores, normas, etc. La intervención didáctica se diseña desde un ámbito de experiencia, desde varias áreas o desde la participación de la totalidad de las áreas curriculares. La denominamos Unidad Didáctica Integrada Multidisciplinar o Tarea Integrada Multidisciplinar (UDIM -TIM) y cuando nos situamos en un ámbito de aprendizaje, podemos denominarlas UDI de Ámbito o TI de Ámbito.

Para el desarrollo y evaluación del grado de adquisición de las competencias básicas, por parte de nuestro alumnado, es indispensable la incorporación de TAREAS que nos permitan el abordaje integrado de varias competencias (tal y como sucede en los problemas auténticos y reales de la vida); bien situándonos en el trabajo de los contenidos de un área determinada, o tomando como referencia la participación de varias o todas las áreas curriculares.

> **"Por tanto, la clave la pondremos en crear una estructura o diseño de "tarea integrada" que responda a la tipología de problemas auténticos, reales, que el alumnado debe abordar en diferentes contextos o situaciones de su vida".** (Ver capítulo VI).

El Proyecto "Azahara" sugiere que podemos incluir en cualquiera de nuestras unidades didácticas integradas la siguiente tipología de tareas:

1) **Tareas intermedias.** Son tareas "facilitadoras" o "conductoras", que van dirigiendo al alumnado hacia la adecuada puesta en uso o aplicación de los aprendizajes imprescindibles adquiridos. Se consideran "intermedias o facilitadoras" al obtenerse productos intermedios y necesarios para resolver adecuadamente una tarea final propuesta, de marcada relevancia personal o social. Por ejemplo: "elaboración de una encuesta para analizar el consumo adecuado/inadecuado de agua, de aplicación en nuestra familia y nuestro vecindario".

2) **Tarea final.** Como resultado de nuestra práctica docente en el aula, es importante la obtención de un producto final que dé respuesta a la tarea final propuesta, por ejemplo: "elaboración y divulgación, como tarea de grupo, de un código medioambiental para la concienciación y el fomento del uso responsable del agua".

Es requisito imprescindible que los productos resultantes de la resolución de tareas –como la señalada– han de ser relevantes por su aplicación social o personal, aportando al alumno o alumna "evidencias" de la utilidad real de los aprendizajes aportados por las áreas o ámbitos de conocimiento.

A la tarea final se puede llegar a través de tareas intermedias que el profesor/a y/o el equipo docente ha programado. Así como a través de las actividades diseñadas y previamente trabajadas con el alumnado, al considerarlas necesarias porque facilitan el desarrollo de conocimientos, habilidades, actitudes, motivaciones, de las que el alumnado precisa hacer uso para resolver de forma satisfactoria la tarea final propuesta.

El objetivo de la realización de tareas consiste en que el alumnado sepa seleccionar, combinar y poner en uso o aplicar esa serie de conocimientos/habilidades/actitudes, que son aprendizajes imprescindibles y han sido adquiridos a través de las diferentes áreas trabajadas en un contexto formal de aprendizaje (sin descartar los aprendizajes aportados por otros currículos); para ponerles en situación de resolver un problema o TAREA que tenga utilidad y relevancia en sus vidas.

La resolución de todo problema o tarea implica precisamente UN PRODUCTO o UN RESULTADO adecuado y útil, que aporte solución al problema planteado.

A modo ilustrativo se plantea como **tarea final** la planificación de un decálogo de acciones dirigidas a "la recepción de alumnado que se incorpora al centro". Las **tareas intermedias facilitadoras** deben contemplar elementos de varias competencias que responden a la tarea planteada, tales como: competencia en el conocimiento y la interacción con el mundo físico, social y ciudadano, autonomía e iniciativa personal, comunicación lingüística, etc. Las producciones intermedias que conduzcan al alumnado a la resolución de la tarea final propuesta, pueden ser:

a) Producto intermedio 1: confección de un mural con propuestas de "lemas o slogans" para la acogida al alumnado que se incorpora al centro.

b) Producto intermedio 2: diseño de un modelo o formato para la recogida de las opiniones y aportaciones del alumnado y personal del centro, de cara a dar título a la tarea final o decálogo de acciones de acogida.

c) Producto intermedio 3: estudio de datos del centro, por grupos, que permitan redactar un informe recogiendo las causas más frecuentes de los casos de incorporación tardía de alumnado a nuestro centro.

d) Producto intermedio 4: …

Como tarea final se ha planteado la elaboración de un decálogo con actividades de acogida y ayuda al alumnado que se incorpora tardíamente al curso en nuestro centro educativo (o bien, la tarea se puede plantear a nivel de localidad). Esta tarea, puede tener carácter horizontal y/o vertical, en cuanto que:

a) Se pueden diseñar **tareas intermedias por curso** que faciliten el desarrollo de varias competencias básicas, tomando como referencia los Indicadores de logro preestablecidos de cada una de las competencias implicadas en dichas tareas. Participación "vertical" en torno a la resolución de una misma tarea final de centro.

b) Se pueden diseñar **tareas intermedias por áreas o ámbitos,** o con carácter global, que faciliten el desarrollo de varias competencias. Participación "horizontal o transversal" en torno a la resolución de una misma tarea final de centro.

En definitiva, el soporte esencial e imprescindible para el desarrollo de las competencias básicas lo encontramos en las TAREAS INTEGRADAS. Y para que una propuesta de trabajo represente un problema o tarea que ha de resolver el alumno/a, requiere que dicho alumno/a busque la solución o producto a ese problema o tarea haciendo uso de sus aprendizajes, de sus propios pensamientos o de sus propias acciones u operaciones mentales.

TAREA: Aprendizajes Imprescindibles + Acciones Mentales – CC.BB.

= Producto relevante y útil para la vida

En definitiva, esta estructura es igualmente válida para abordar el diseño de la práctica docente por competencias, desde las propuestas docentes más concretas referidas a un área curricular, hasta las propuestas más amplias o multidisciplinares:

TAREAS INTEGRADAS INTERMEDIAS o "FACILITADORAS"

UNIDAD DIDÁCTICA INTEGRADA (U.D.I.) o TAREA INTEGRADA DE ÁREA

U. D. I. MULTIDISCIPLINAR o TAREA INTEGRADA MULTIDISCIPLINAR

La resolución apropiada de una tarea supone "operar o actuar" adecuadamente sobre los aprendizajes adquiridos (analizar, interpretar, razonar, sintetizar, criticar, etc.), para encontrar una solución o producto a dicha situación o problema.

Encontramos muchas propuestas de diferentes autores en relación a los TIPOS DE PENSAMIENTO o formas de operar con nuestra mente. Todas ellas coincidentes en que el alumno/a ha de hacer uso de sus elementos de pensamiento para resolver una situación compleja o tarea. Entre las operaciones mentales o elementos de pensamiento que se deben poner en uso para la resolución adecuada de tareas están: reflexionar, usar el razonamiento lógico, buscar analogías, aplicar pensamientos prácticos, argumentar, analizar, valorar críticamente, deliberar, posicionarse de manera argumentada, sacar conclusiones, investigar, formular hipótesis, aplicar la creatividad, comparar, interpretar, tomar decisiones, buscar relaciones o causa-efecto, evaluar y autoevaluar, etc.

El Proyecto "Azahara" ayuda a solucionar esta cuestión de dos modos:

1) Por un lado, incorporando las acciones-operaciones mentales en los propios "Indicadores de logro" de cada competencia básica. Por ejemplo:

- Utiliza estrategias y herramientas adecuadas para obtener e interpretar información y construir su propio conocimiento….
- … analizando las dificultades encontradas y valorando los logros alcanzados y el esfuerzo realizado.
- … adoptando las decisiones más adecuadas sobre el trabajo que ha de realizar.
- Expone opiniones personales fundamentadas sobre las………

- Argumenta y defiende las propias opiniones y valora críticamente la de los demás en la toma…
- Planifica y realiza sencillas investigaciones sobre problemas del entorno…
- ………. interpretar la información obtenida.
- Compara y ordena datos…
- Realiza interpretaciones orales de datos de la realidad cotidiana…
- ………. interpreta e integra las ideas propias con las contenidas en los textos, comparando y contrastando informaciones diversas.
- …… identificando la información más relevante, y describe experiencias.
- …… usando de forma habitual los procedimientos de planificación y revisión, etc.

2) Por otro lado, recomendando metodologías o modelos de enseñanza que destacan la "acción" del alumno, y por tanto suponen "operar-actuar cognitivamente". Dirigida a la resolución de tareas mediante la investigación, la creación, la planificación y desarrollo de proyectos, la toma de decisiones argumentadas, etc.

La dificultad no está en el diseño de tareas, con una preparación previa cualquier docente puede diseñar tareas integradas. La dificultad se sitúa en la necesidad de diseñar prácticas docentes que permitan al alumnado poner en uso todos aquellos aprendizajes imprescindibles para resolver los problemas cotidianos comunes. Y, además, que dicha propuesta responda a esa Escala graduada de logro o dominio, que marca una secuencia de dificultad y desarrollo creciente de cada una de las ocho competencias básicas; y que responde a la adquisición previa de unos aprendizajes imprescindibles igualmente graduados a lo largo de la etapa educativa, en cuyo uso se apoya el desarrollo de las competencias.

Esta cuestión de extraordinaria relevancia se hace evidente en el ejemplo siguiente sobre uno de los descriptores propuestos para la competencia "Aprender a Aprender": "Reflexiona sobre lo aprendido y de cómo lo ha aprendido, analizando los problemas y dificultades encontradas, y valora el esfuerzo realizado ante las nuevas situaciones de creciente complejidad".

La vinculación con los criterios de evaluación de todas las áreas curriculares que participan en el desarrollo de esta competencia, aportando aprendizajes imprescindibles para su progresiva adquisición, conducen al establecimiento de una secuencia de Indicadores de logro. Estos son un referente común a todas las áreas, tanto para el diseño de la práctica docente en torno al desarrollo de esta competencia, como para la evaluación desde las distintas áreas curriculares.

Por tanto, en torno a un mismo descriptor de la competencia, en cada ciclo se define un nivel de logro de progresiva dificultad, en cuanto que está vinculado con aprendizajes cada vez más complejos y que en dicho indicador se propone el uso de "pensamientos o recursos cognitivos o elementos de competencia" cada vez más complejos: explica el proceso (primer ciclo); explica el proceso y las dificultades encontradas, valorando la relación logros-esfuerzo realizado (segundo ciclo); explica con rigor y precisión el proceso...y valora críticamente... (tercer ciclo). En la ejemplificación que aporta el Proyecto "Azahara", esta secuencia de Indicadores de logro queda como sigue:

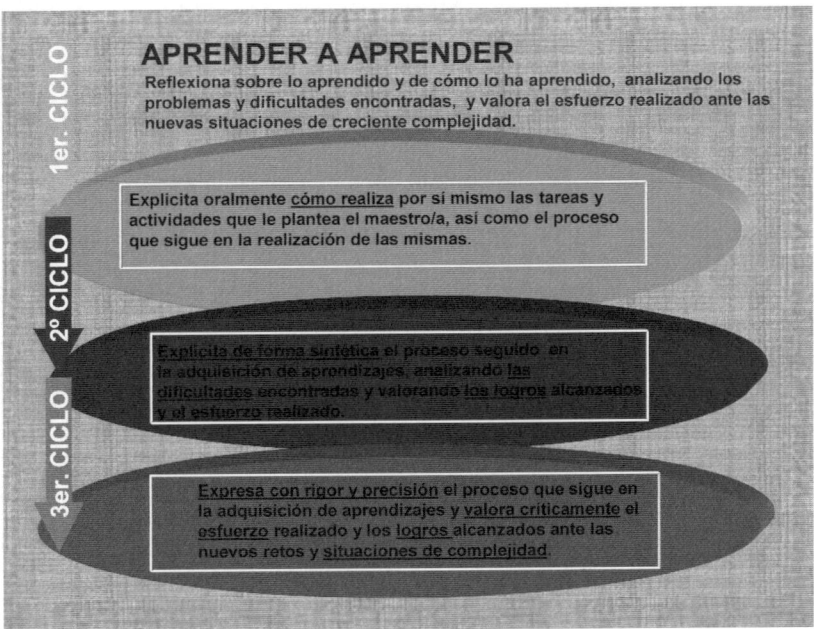

4. SECUENCIA GRADUADA DE LOGRO DE LAS COMPETENCIAS BÁSICAS Y ATENCIÓN A LA DIVERSIDAD

En las TAREAS se tomarán como referencia, para su diseño y para la evaluación del progreso del alumnado, los "Indicadores de logro" vinculados con los aprendizajes adquiridos previamente por cada alumno o alumna. Esta Escala Graduada de Logro, vinculada con la secuencia de aprendizajes imprescindibles adquiridos por el alumnado a lo largo de la etapa, nos facilita la evaluación e intervención individualizada para dar respuesta en todo momento, desde la inclusión, a la diversidad de alumnado que se agrupa en las aulas.

Tomando como referente el carácter obligatorio de la educación básica, las medidas de atención a la diversidad han de responder a las necesidades educativas concretas del alumnado, conseguir que alcance el máximo desarrollo posible de sus capacidades personales, que adquieran las competencias básicas y alcance los objetivos del currículo establecidos para la educación primaria.

El establecimiento de una "Escala Graduada de Logro o Dominio", que determina un proceso de adquisición continua de aprendizajes complejos o competencias, facilita una práctica docente y una evaluación que tiene como principio de acción educativa fundamental la atención a la diversidad del alumnado desde una práctica inclusiva. Esta escala de indicadores facilita al profesorado proponer, respecto a un mismo objeto de conocimiento, un referente personalizado y responder al nivel curricular de cada alumno/a. Posibilitando con ello la participación e implicación de todo el alumnado en la resolución de una misma propuesta de trabajo con demandas de dificultad y de logro adaptadas a sus capacidades.

Podemos apreciarlo en el ejemplo incluido en el apartado anterior, que recoge la secuencia de logro de la competencia "Aprender a Aprender". También se puede ver ejemplificado en Unidades de Trabajo o Tareas Integradas que se adjuntan en la Carpeta de Documentos.

5. ELABORACIÓN DE UNIDADES DIDÁCTICAS DESDE UN PLANTEAMIENTO INTEGRADO DE LAS COMPETENCIAS BÁSICAS

La secuencia lógica que se propone para la elaboración y desarrollo de unidades didácticas integradas (UDI) debe contemplar los siguientes componentes:

a) Concreción de los elementos del currículo del área.

b) Plan de trabajo: secuencia de actividades y tareas intermedias "facilitadoras" que preparan y conducen al alumnado a la resolución del problema/tarea planteado. Le facilitan al alumno el acceso y adquisición de aprendizajes previos, de los que el alumno/a hará uso para resolver las tareas propuestas.

c) Tarea final/tareas intermedias en torno al desarrollo y evaluación de las competencias básicas. Establecimiento de los momentos estratégicos para la incorporación de las mismas en la UDI o TI, o bien en las TDI o TI Multidisciplinar.

d) Actividades/pautas/instrumentos de evaluación y autoevaluación.

Cada UDI es un "microcurrículo" en el que se define el proceso de enseñanza y aprendizaje (los objetivos, las competencias básicas, contenidos, criterios de evaluación y métodos pedagógicos) que se va a desarrollar en una unidad de tiempo previamente establecida. En función de su contenido, las UDI o TI pueden ser:

1) **Unidad Didáctica Integrada (UDI) de Área o Tarea Integrada de Área**. Se desarrollan teniendo como referencia las competencias básicas y los elementos curriculares de dicha área (objetivos, contenidos, criterios de evaluación, propuestas metodológicas comunes y propias).

2) **Unidades Didácticas Integradas Multidisciplinares o Tareas Integradas Multidisciplinares.** Son unidades de trabajo en torno a contenidos de interés común o compartido por varias áreas curriculares, aspectos transversales o puesta en práctica de actitudes, valores, normas, etc. En estas UDI o TI la intervención se realiza desde un ámbito, varios o incluso la totalidad de las áreas curriculares.

La definición de cada UDI es competencia del profesorado. Siempre ha de partir de un enfoque integrado para el desarrollo de todas/casi todas las competencias básicas. Por ello, puede ser relevante que se establezcan "criterios generales a nivel de claustro de profesores".

En definitiva, la UDI no es más que una propuesta de trabajo que diseña el docente con la finalidad de conducir al alumno/a a la resolución de un problema o tarea integrada. Y para ello, debe:

- Seleccionar las capacidades y los contenidos que el alumno precisa adquirir para que le permitan poder solucionar un problema.
- Planificar propuestas de trabajo y situaciones de aprendizaje para la resolución de tareas intermedias que tengan aplicación en diferentes contextos, con diferentes formatos, que sean útiles para la vida.
- Decidir en qué momento/s estratégico/s de esa guía de aprendizaje que es la UDI se hace necesario el introducir tareas intermedias facilitadoras o conductoras que pongan en uso los contenidos trabajados hasta ese momento, faciliten la adquisición de los diferentes componentes de las diferentes competencias básicas que hemos establecido y que las pongan en uso en la resolución de situaciones, tareas en un contexto determinado. Estas tareas intermedias son propuestas "concretas y reducidas" que permiten al alumnado poner en uso todos aquellos aprendizajes que consideramos imprescindibles, evidenciando al profesorado la selección y uso "competente" que el alumno hace de ellos.

Esta secuencia de trabajo tiene como objetivo propiciar o guiar la "acción" del alumnado para:

- Darles la oportunidad de adquirir conocimientos, habilidades y destrezas, actitudes, motivaciones y emociones (a través del desarrollo de las capacidades y la adquisición de contenidos curriculares) que son necesarios e imprescindibles para actuar de manera adecuada en la vida (en cada nivel de edad y desarrollo curricular).
- Aprender a ponerlos en uso de manera integrada. Es decir, saber buscar, seleccionar, combinar, etc. aquellos aprendizajes que me resulten más adecuados para resolver satisfactoriamente la problemática o tarea planteada.
- Solucionar problemas complejos y autoevaluar el resultado o producto obtenido.

6. DESARROLLO DE UNA UNIDAD DIDÁCTICA INTEGRADA MULTIDISCIPLINAR

a) Concreción de los elementos del currículo de las áreas o ámbitos.
b) Plan de trabajo: secuencia de actividades que preparan y conducen al alumnado a la resolución del problema/tarea final planteado (en su caso).
c) Planteamiento de tareas intermedias preparatorias para la resolución de las cuestiones o problemas planteados.
d) Evaluación del grado de desarrollo de las competencias básicas.

Indudablemente, el contenido hasta ahora abordado en el presente apartado presenta la misma validez de cara tanto al diseño de UDI como de UDI Multidisciplinares. La siguiente propuesta viene a completar lo anterior, y se centra en la consideración de los aspectos transversales como eje vertebrador de la etapa educativa y de todas las áreas que la integran.

6.1. Tareas Integradas Multidisciplinares para el desarrollo de cc.bb.

¿Pueden los profesores llevar a cabo un proyecto de trabajo que cuente con la participación de todas o casi todas las áreas con un carácter transversal?

Entre los aspectos transversales se encuentra la adquisición de hábitos de vida saludable y deportiva; la capacitación para decidir entre las opciones que favorezcan un adecuado bienestar físico, mental y social, para sí y para los demás; la educación vial; la educación para el consumo; la salud laboral; el respeto al medio ambiente; la utilización responsable del tiempo libre y del ocio; y el fomento de la capacidad emprendedora del alumnado.

La estructura de las UDI Multidisciplinar o TI Multidisciplinar es la misma que la de una UDI o TI de área:

a) Se le plantea al alumno/a un problema –TAREA– al que tendrá que buscar una solución.

b) La resolución requiere habitualmente el USO INTEGRADO DE VARIAS CC.BB.

c) La solución supone la obtención de un PRODUCTO que debe ser de utilidad para la vida.

d) Para la búsqueda de esa solución el alumnado tendrá que hacer uso de CONTENIDOS PREVIAMENTE TRABAJADOS Y ADQUIRIDOS a través de las diferentes áreas/materias. También adquiridos, muchos de ellos, en otros currículos no formales o informales de aprendizaje.

e) La búsqueda de esa solución requerirá que el alumno/a ponga en acción sus conocimientos, sus habilidades, sus actitudes y sus emociones; debidamente seleccionados y combinados a través de SUS ACCIONES-OPERACIONES MENTALES.

Para la resolución de cada una de las TAREAS INTERMEDIAS, que pretenden conducir al alumno/a a la resolución de la TAREA FINAL, tendremos que diseñar una propuesta de trabajo (ACTIVIDADES-TAREAS) desde cada una de las áreas curriculares. De modo que le permitan al alumnado la posibilidad de adquirir los aprendizajes (contenidos curriculares) que le son imprescindibles para poder resolver dichas tareas. Se incorpora un ejemplo en la Carpeta de documentos.

Como ya señalábamos en el capítulo anterior, proponemos el diseño de un CATÁLOGO DE TAREAS INTEGRADAS, tanto de área como de ámbito, que responda a las características del centro, de su alumnado, del entorno y adaptados a los resultados de la evaluación diagnóstica e inicial.

A modo de conclusión, se propone como punto de partida en los centros educativos el planteamiento de las siguientes **reflexiones**:

- *"La incorporación de competencias básicas al currículo permite poner el acento en aquellos aprendizajes que se consideran IMPRESCINDIBLES, desde un planteamiento integrador y orientado a LA APLICACIÓN DE LOS SABERES adquiridos"* (Anexo I, Real Decreto enseñanzas mínimas educación primaria).
- La revisión del proyecto educativo de centro y demás documentos de gestión y organización, mayor coordinación entre ciclos y apertura al mundo exterior, y una nueva visión de la atención a la diversidad.

Consideramos que las competencias son un campo que genera necesidades de formación en centros, para las cuales recomendamos partir de **enfoques compartidos e inclusivos**:

- "Todos construimos": La mejora de nuestra respuesta a la diversidad depende, en gran medida, de que los centros puedan desarrollar un enfoque compartido e inclusivo sobre las competencias básicas, y puedan asumir la responsabilidad de crear una estrategia colegiada de acción.
- "Todos aplicamos": Animar a la participación de toda la comunidad educativa para la consecución de las competencias básicas a través de compromisos educativos entre la escuela, la familia y la comunidad. Currículo formal, informal y no formal.
- "Todos adoptamos enfoques-métodos comunes": Promover y apoyar la elaboración y la aplicación de unas estrategias y metodologías variadas y compartidas.
- "Todos coordinamos y enlazamos los ciclos y las etapas": Una práctica docente y una evaluación adecuadas requieren una coordinación efectiva de todas las personas implicadas en los procesos de enseñanza-aprendizaje. Las competencias básicas son el "hilo conductor" de toda la enseñanza obligatoria. Y ese hilo, que es un referente común a todos el equipo docente y que conduce el progresivo desarrollo de las competencias básicas construido por el Proyecto "Azahara", se denomina ESCALA GRADUADA DE LOGRO.

Aportamos en la Carpeta de documentos, a modo de guía para los equipos directivos de los centros educativos, un instrumento que puede facilitar la dinamización e impulso para una planificación de acciones compartidas en los centros en torno al trabajo por competencias. Anotamos con carácter orientativo algunas acciones propias de cada nivel de concreción curricular, respecto de las cuales el equipo directivo puede organizar y proponer una secuencia contextualizada: acciones, responsables, temporalización, indicadores de seguimiento y evaluación de las mismas, coordinación con servicios de apoyo externos y acciones coordinadas con otros contextos: Familia–Comunidad, etc.

7. GUÍA PARA LA ELABORACIÓN DE UNA UNIDAD DIDÁCTICA INTEGRADA (UDI)

1. Título y elementos de identificación:

- Título (Sugerente).
- Etapa, curso, área/s o ámbito/s y, en su caso, los referentes curriculares.
- Temporalización: duración (días /horas) y ubicación temporal (trimestre).

2. Breve justificación del interés y utilidad de la UDI:

- Utilidad de la práctica docente propuesta para el desarrollo de las capacidades y competencias del alumnado desde sus características y en el marco de las cc.bb.
- Interés de esta UDI o TI en el conjunto de la Programación Didáctica (PD).

3. Aprendizajes que va a desarrollar el alumnado:

- Selección y concreción de los aprendizajes tomando como referencia la programación didáctica (PD) y el proceso seguido para el diseño de la escala graduada de cada competencia básica.

3.1. Objetivos de etapa y objetivos de área para la etapa con los que se relaciona

En el diseño de la UDI deben concretarse los objetivos de etapa y los objetivos de área fijados en las programaciones didácticas, teniendo como referencia el marco normativo vigente, contextualizados por cada centro.

Adquieren especial relevancia la concreción de los aprendizajes imprescindibles que contribuyen al desarrollo de capacidades y que aporta cada área al desarrollo de las competencias básicas. Aprendizajes establecidos en los "indicadores de logro" que se pretenden desarrollar a través del diseño de tareas.

3.2. Bloques de contenidos y aspectos transversales con los que se relaciona la unidad didáctica

Es el equipo docente el responsable de establecer la secuencia de contenidos a trabajar en el aula. La contextualización de centro toma como referencia los bloques de contenidos establecidos en el Real Decreto 1513/06, de 7 de diciembre. Además de los considerados propios de cada Comunidad Autónoma.

3.3. Competencias básicas: Indicadores de logro o dominio propuestos

Selección en la "Escala graduada de indicadores de logro" de aquellos indicadores referidos a aprendizajes competenciales que se desarrollen en la UDI Es decir, se han de determinar aquellos que debe adquirir el alumnado con el trabajo propuesto en la unidad.

Ello permite determinar, al finalizar la UDI o TI, los niveles de logro alcanzado por el alumnado en cada una de las competencias básicas trabajadas, en base a la resolución de tareas en diferentes momentos estratégicos a lo largo del desarrollo de dicha unidad de trabajo.

4. Metodología:

4.1. Principios metodológicos

Se han de fijar los aspectos metodológicos, destacando la **"acción", la "coope-ración" y la "autenticidad"**, como estrategias de aprendizaje privilegiadas para el desarrollo de competencias básicas.

Debemos propiciar la creación de un contexto escolar de investigación, de debate, de búsqueda de conocimiento y propuesta de soluciones a problemas. La implicación activa en nuestro propio aprendizaje, "la acción" aplicada a tareas auténticas, de uso real, conducen indiscutiblemente al desarrollo de ese "Querer Hacer", en cuanto que son propuestas generadoras del interés por aprender, motivación... como elementos indispensables para el desarrollo de competencias básicas.

Se debe emplear el efecto motivador que tiene el uso de estrategias de acción y de toma de decisiones (la propia decisión a la hora de organizar la tarea), de relación social y de saber (terminar el trabajo, ser elogiado, sentirse satisfecho, respetar y ser respetado por compañeros que poseen posturas y opiniones diferentes, etc.).

Con carácter habitual el grupo se organizará de forma flexible a través del uso de "asambleas y debates" y del trabajo cooperativo. Resultando fundamental en la fase de síntesis y diseño de la tarea final y en la evaluación.

La enseñanza y el aprendizaje se construyen a través de la resolución de tareas integradas intermedias o "facilitadoras", que conducen al alumnado y le "preparan" para poder dar respuesta o solución a la tarea final propuesta. En esta fase, se guía al alumnado para que adquiera los recursos que precisa (conocimientos, actitudes, habilidades, emociones,…) para resolver cada una de las tareas propuestas. Esto se consigue por medio de las actividades y tareas intermedias que se programan con el objeto de que adquieran "los contenidos imprescindibles" para el desarrollo de las competencias básicas que precisan para la resolución de situaciones, tareas en un contexto determinado.

Las actividades, desde las más simples hasta las más elaboradas, se programan con el objeto de que el alumno/a adquiera "los contenidos imprescindibles" para el desarrollo de las competencias básicas, a través de los conocimientos, saberes y experiencias, la habilidades prácticas y cognitivas, los valores, actitudes, sentimientos y emociones y la resolución de situaciones, tareas en un contexto determinado.

Se debe partir del nivel de desarrollo del alumno, identificando los esquemas de conocimiento que el alumno posee y se actuará en consecuencia. Las propuestas de lectura se suelen definir de "manera individual", a través de los aprendizajes realizados por todos y cada uno de los alumnos y las alumnas, adaptando la dificultad a los diferentes o diversos niveles con los que habitualmente trabajamos en el grupo-clase.

A lo largo del desarrollo de toda la tarea integrada se potenciará el uso de las TIC, tanto como herramientas de indagación, búsqueda y aprendizaje, como de presentación de materiales y/o productos o resultados de las tareas planteadas. Es importante asegurar la construcción de aprendizajes significativos, así como contribuir al desarrollo de la capacidad de "aprender a aprender".

El aprendizaje adquirido se traduce en la evaluación y/o autoevaluación de las capacidades, a través de los desempeños y progresos individuales de los contenidos trabajados y los niveles de logro o dominio establecidos para este ciclo/curso, en relación a cada una de las competencias básicas desarrolladas.

4.2. Concreción de variables (organización de grupos, tiempo y de escenarios; de los materiales curriculares a utilizar; etc.)

a) **Agrupamiento del alumnado:** se diseñarán propuestas prácticas de trabajo tanto de carácter individual como colectivo, y se explicitará en cada actividad y tarea concreta.

b) Organización del tiempo y del espacio:

- **Organización del tiempo:** Se debe determinar el tiempo inicialmente previsto y el número de horas/sesiones: aunque hay que tener en cuenta que, a veces, la excesiva concreción inicial limita de forma significativa las posibilidades del proyecto de trabajo. El reparto que se realice de las horas también es una variable relevante a la hora de organizar la secuencia. En esto, como en el resto de variables, no cerramos el modelo puesto que ello sería poner freno al desarrollo y enriquecimiento de la UDI propuesta en base a la demanda, interés y aprovechamiento que se genere en el grupo.
- **Organización del espacio:** El espacio, al igual que el tiempo, es una parte importante del proceso y debe estar al servicio de él. La organización del espacio siempre ha de ser flexible para poderse acomodar a cada propuesta de trabajo. Así:
- Las asambleas y debates exigen una distribución del espacio en la que todos puedan mirar a todos (circulo o U).
- La fase de búsqueda requiere de un lugar en el que se pueda acceder a los recursos de información (rincones de aula, biblioteca de centro, textos escolares y aula de informática, etc.).
- La confección del trabajo en grupo, cooperativo, transforma la clase en taller (distribución de mesas adecuada y acceso al ordenador).
- Y las actividades de desarrollo individual precisan de un espacio independiente.
- Debemos utilizar las posibilidades que nos ofrecen los diversos espacios del centro y del entorno.

c) Recursos:

- **Los recursos materiales** en un modelo ecológico, en un "modelo de trabajo auténtico" en cuanto que responde a los formatos de problemas reales, las propuestas no se limitan al uso de los libros de texto escolares, pues el alumnado va a consultar otras fuentes, ya sean convencionales o informáticas: Internet, catálogos, cuadernos de instrucciones, enciclopedias, prensa, etc. Nuestra propuesta está referida a que el resultado del trabajo del alumnado debe quedar recogido en un cuaderno de trabajo o en un archivador en el que el alumnado recopila todo el trabajo realizado. Podemos usarlo como "Portafolio" o "Carpeta de tareas", a modo de instrumento-indicador del progreso que va alcanzando cada alumno o alumna a lo largo de un determinado periodo de tiempo (mes, trimestre, curso, ciclo, etapa).
- **Los recursos personales**: hay que incluir en la UDI a todos aquellos profesionales que pueden participar en el proceso de enseñanza y aprendizaje.

4.3. Tareas y actividades

Podemos tener como referente la "Carpeta o catálogo de tareas", destinado a realizar un registro acumulativo de las tareas propuestas en nuestro centro educativo, por haber sido consideradas propias de cada ciclo/curso. O bien, podemos diseñar una nueva tarea, e incluso tomar como referencia una tarea abordada en otro curso/ciclo y adaptarla al nuestro. Así mismo, podemos tomar como referente algunas de las tareas diseñadas para dar respuesta a cuestiones planteadas en el documento relativo al "Cofre de los tesoros escondidos en cada lectura" (capítulo VI y Carpeta de documentos).

a) Tarea final (en su caso):

Se describe la tarea final que organiza toda la unidad didáctica, especificándose sus elementos imprescindibles, analizados en el capítulo anterior: contenidos curriculares en los que se apoya su adecuada resolución, competencias que pone en uso, concretando los indicadores de cada una de ellas, contexto de uso y recursos, propuestas metodológicas, espacios, tiempos, etc.

b) Actividades y tareas intermedias que "faciliten o preparen" al alumnado para poder abordan con garantías la tarea final propuesta:

Diseño de la secuencia de enseñanza y aprendizaje y de las situaciones de aprendizaje: "Esta secuencia podrá incluir: actividades (simples y/o elaboradas) y tareas intermedias facilitadoras o conductoras".

Se trata de hacer una descripción día a día y momento a momento de las actividades programadas en función de la secuencia establecida: actividades iniciales o de preparación, actividades de desarrollo, actividades de cierre o aplicación de lo aprendido.

Podemos además incluir, en caso necesario, con objeto de poder dar respuesta a las necesidades diversas de nuestro alumnado: actividades de refuerzo y actividades de ampliación.

En el diseño de dicha secuencia podremos incluir las diferentes propuestas de trabajo (actividades, tareas) y los diferentes niveles de concreción para la atención a la diversidad desde un modelo de escuela inclusivo.

En definitiva, tendremos que tomar decisiones en cuanto a la secuencia de enseñanza-aprendizaje. Es decir, en cuanto al establecimiento de actividades y/o tareas intermedias, que conduzcan al alumno/a al uso o aplicación de las capacidades adquiridas para la resolución de la tarea final de referencia o de las tareas intermedias.

c) Actividades complementarias y celebración de efemérides:

En la unidad didáctica se pueden diseñar actividades y tareas complementarias y/o la celebración de efemérides (alrededor de diferentes fechas significativas en el calendario escolar, que pueden servir de estímulo para trabajar temas relacionados con la UDI).

Tanto si se trata de una actividad complementaria (salidas al entorno, visitas,…) o de la celebración de efemérides se recomienda plantear actividades previas, de desarrollo y de cierre o aplicación de lo aprendido.

5. Evaluación:

- Los procedimientos, instrumentos y técnicas a utilizar para evaluar al alumnado.
- Los procedimientos, instrumentos y técnicas a utilizar para evaluar el proceso de enseñanza y aprendizaje.

5.1. Evaluación del progreso y del proceso de aprendizaje del alumnado:

- Criterios de evaluación.
- Indicadores de logro o dominio.
- Graduación del nivel de adquisición (De 1 hasta 5: desde "poco" hasta "excelente").
- Instrumentos.
- Momentos.
- Toma de decisiones en torno a instrumentos de autoevaluación y/o coevaluación de capacidades y competencias básicas adquiridas.

5.2. Criterios de evaluación e Indicadores de logro o dominio

La evaluación de las competencias básicas deben tener un carácter formal, lo cual requiere la aplicación de los criterios de evaluación para cada ciclo/curso establecidos en nuestro Real Decreto de educación primaria (R.D. 1513), siempre aplicados a la resolución de tareas que se proponen al alumno/a.

La construcción de una escala graduada de niveles de logro de los aprendizajes que suponen las competencias básicas, y su vinculación tanto con los criterios de evaluación como con los aprendizajes que aportan las áreas, son nuestros referentes para la evaluación tanto de las capacidades (objetivos), como de las competencias.

La estimación en cinco grados o niveles de logro o dominio de cada uno de los indicadores nos permitirá la toma de decisiones, en base a la resolución de las tareas propuestas, de la situación de aprendizaje del alumno en torno a cada competencia básica: 1. Poco; 2. Regular; 3. Adecuado; 4. Bueno; 5. Excelente.

5.3. Instrumentos

La evaluación también debe ser "auténtica y realista", y para ello se requiere plantear tareas integradas y variadas, de uso o aplicación en diferentes contextos y empleando diferentes instrumentos de evaluación:

- Escalas de Observación.
- Unidades de evaluación.
- Pruebas escritas.
- Pruebas orales.
- Escalas de valoración.
- Simulaciones.
- Portafolio.
- Instrumentos de autoevaluación.
- Coevaluación.
- Diseño de Rúbricas.
- Etc.

5.4. Momentos

Otro instrumento de trabajo incluido en la propuesta estratégica del Proyecto "Azahara" está diseñado con objeto de recoger el progreso del alumno a lo largo de todo el curso y ciclo. Lo que permitirá el registro en aquellos momentos que se determinen, por ejemplo en tres ocasiones a lo largo de un trimestre, y el volcado de las evaluaciones aportadas por cada una de las UDI trabajadas.

5.5. Evaluación del proceso de enseñanza-aprendizaje

Se pueden establecer, a nivel de claustro, unos indicadores de evaluación como referentes comunes de evaluación de los procesos de enseñanza-aprendizaje, que pueden completarse con indicadores específicos de área/ámbito.

Capítulo VIII
El proyecto educativo y las normas de organización y funcionamiento de los centros desde la perspectiva de las competencias básicas

1. MARCO NORMATIVO QUE REGULAN LOS INSTRUMENTOS DE PLANIFICACIÓN DEL CENTRO

1.1. Ley Orgánica de Educación (LOE)

La LOE determina que los centros docentes dispondrán de autonomía pedagógica, de organización y de gestión en el marco de la legislación y en los términos que recoge la propia Ley y las normas que la desarrollen.

En virtud de esta autonomía, los centros elaborarán, aprobarán y ejecutarán un proyecto educativo y un proyecto de gestión. Así como las normas de organización y funcionamiento del centro y, además, podrán adoptar experimentaciones, planes de trabajo, formas de organización o ampliación del horario escolar, en los términos que establezcan las administraciones educativas.

El proyecto educativo del centro recogerá los valores, los objetivos y las prioridades de actuación e incorporará la concreción de los currículos establecidos por la administración educativa, que corresponde fijar y aprobar al claustro, así como el tratamiento transversal en las áreas o módulos de la educación en valores y otras enseñanzas.

Dicho proyecto, que deberá tener en cuenta las características del entorno social y cultural del centro, recogerá la forma de atención a la diversidad del alumnado y la acción tutorial, así como el plan de convivencia, y deberá respetar el principio de no discriminación y de inclusión educativa como valores fundamentales, así como los principios y objetivos recogidos en la LOE. Por su parte, las normas de organización y funcionamiento, elaboradas por los centros, deberán incluir aquellas que garanticen el cumplimiento del plan de convivencia.

Por último, la LOE encomienda a las administraciones educativas: establecer el marco general que permita a los centros públicos y privados concertados elaborar sus proyectos educativos y normas de organización y funcionamiento; contribuir al desarrollo del currículo, favoreciendo la elaboración de modelos abiertos de programación docente y de materiales didácticos que atiendan a las distintas necesidades de los alumnos y del profesorado; y favorecer la coordinación entre los proyectos educativos de los centros de educación primaria y los de educación secundaria obligatoria, con objeto de que la incorporación de los alumnos a la educación secundaria sea gradual y positiva.

2. CONSIDERACIONES EN RELACIÓN CON EL EJERCICIO DE LA AUTONOMÍA EN EL DISEÑO DEL PLAN DE CENTRO Y/O DE LA PROGRAMACIÓN GENERAL DEL CENTRO

La autonomía pedagógica, de organización y de gestión de los centros, principio básico de nuestro sistema educativo, permite a los mismos, partiendo de objetivos y normas comunes, adecuar su actuación a sus circunstancias particulares y a las características de su alumnado, con el fin de dar respuesta a la exigencia de proporcionarles una educación de calidad. Esta autonomía se concretará en modelos de funcionamiento propios que podrán contemplar planes de trabajo, formas de organización, agrupamiento del alumnado, proyectos de innovación e investigación etc., que se recogerán en el Plan de Centro.

La inclusión de las competencias básicas entre los componentes del currículo escolar permite caracterizar de forma concreta y precisa la formación que deben adquirir los estudiantes y, en ese sentido, las competencias básicas orientan la enseñanza e inspiran las distintas decisiones relativas al proceso de enseñanza-aprendizaje.

En consecuencia, las competencias básicas han de servir de guía y orientación en el diseño de los documentos planificadores de centro: proyecto educativo, de gestión y de las normas de organización y funcionamiento. Estos documentos, adaptados al entorno sociocultural del centro, deben constituir un todo cohesionado y coherente que potencie la adquisición de aprendizajes imprescindibles por parte de todo el alumnado.

3. LAS COMPETENCIAS BÁSICAS EN EL PROYECTO EDUCATIVO

3.1. *Proyección de las competencias básicas en el diseño y desarrollo del proyecto educativo*

Las competencias básicas definen la formación que debe ser adquirida por alumnos y alumnas al finalizar la educación básica y, por su parte, el proyecto educativo debe expresar la educación que desea y va a desarrollar el centro en unas condiciones concretas. El Real Decreto que establece las enseñanzas mínimas de la educación primaria destaca que no solo el currículo escolar y sus concreciones estará orientado a la adquisición de las competencias básicas, sino que la organización y funcionamiento del centro, las actividades docentes, las formas de relación que se establezcan entre los integrantes de la comunidad educativa y las actividades complementarias y extraescolares pueden facilitar el logro de las mismas.

En consecuencia, las competencias básicas, además de estar integradas en el currículo escolar, han de servir de guía en la elaboración del proyecto educativo en su conjunto: en el establecimiento de los objetivos y líneas estratégicas, que deben tener como finalidad la consecución de las competencias, y en todos los aspectos del proyecto educativo que estén orientados a facilitar la adquisición de estas por el alumnado.

Los aspectos del proyecto educativo que están relacionados directamente con la adquisición de las cc.bb. son:

1. Las líneas prioritarias de actuación pedagógica.
2. Los objetivos propios para la mejora del rendimiento escolar y la continuidad del alumnado en el sistema educativo.
3. La concreción de los contenidos curriculares y el tratamiento transversal de la educación en valores y otras enseñanzas.
4. Los criterios para organizar y distribuir el tiempo escolar, así como los objetivos y programas de intervención en el tiempo extraescolar.
5. Los criterios generales para elaborar las programaciones didácticas y definir las pautas de intervención en las aulas.

Los planes del proyecto educativo que pueden contribuir de forma determinante en la adquisición de cc.bb. son:

1. Plan de atención a la diversidad.
2. Plan de orientación y acción tutorial.

3. Plan de convivencia.

Otros planes del proyecto educativo que también favorecen el desarrollo de las cc.bb. son:

1. Plan de formación del profesorado.
2. Plan de autoprotección: prevención de riesgos y salud.

3.2. Líneas prioritarias de actuación pedagógica que favorecen el desarrollo de las competencias básicas en el alumnado

El establecimiento de las líneas prioritarias de actuación pedagógica se realizará tomando como referencia los principios, objetivos y prescripciones curriculares que orientan la etapa educativa y teniendo en cuenta la realidad del centro (contexto sociocultural, características del alumnado y del profesorado, resultados de las evaluaciones iniciales y de las Pruebas de Evaluación Diagnóstico, implicación de las familias, recursos materiales y humanos, relación con otros centros, con el entorno, etc.).

El análisis de la realidad del centro permitirá establecer cuáles son las debilidades y fortalezas del centro y determinar las áreas de mejora y las prioridades de actuación: aspectos del proyecto educativo que se van a potenciar de forma más concreta para promover y facilitar el desarrollo de las competencias básicas.

Especial relevancia tendrán las decisiones que afecten al planteamiento y organización del currículo, destacando los aspectos que se consideren relevantes de las competencias básicas que han de desarrollarse en la etapa educativa y enseñanzas que se imparten. Así como las decisiones referidas a la organización y funcionamiento del centro, la distribución del tiempo escolar y extraescolar, la organización y funcionamiento de la biblioteca escolar, el uso de las TIC, etc.

Es fundamental que se tomen decisiones con respecto al **tratamiento transversal de la educación en valores y otras enseñanzas**, cobrando especial relevancia la planificación de intervenciones con el alumnado para la identificación y potenciación de escenarios escolares en los que se cultive la igualdad real y efectiva entre hombres y mujeres, se analicen los problemas o cuestiones relacionados con la convivencia que dificultan esta igualdad y se facilite al alumnado su implicación en la toma de decisiones, en situación de igualdad, sobre los conflictos que se producen en la vida diaria en los centros educativos.

De igual modo, una de las líneas maestras de actuación que ha de consolidarse en los centros, a través de su formulación y concreción en el proyecto educativo, es la referida al **conocimiento, comprensión y toma de postura sobre las situaciones de discriminación real que se vive entre el alumnado,** en el ámbito escolar y ciudadano, por motivos de las diferencias culturales de origen. Por ello, se precisa se determine con claridad y precisión las medidas pertinentes que se van a desarrollar para la integración de estos colectivos en la vida del centro y la creación de escenarios de aprendizaje enriquecidos desde la aportación de las diversas culturas que representan e identifican al alumnado.

En el mismo sentido, el **fortalecimiento del respeto de los derechos humanos y de las libertades fundamentales y de los valores** para una vida responsable en una sociedad libre y democrática es esencial que se convierta en una de líneas estratégicas formativas del centro. Para lo cual se precisa que se establezcan, tanto por los órganos de coordinación docente como de gobierno del centro, las normas básicas para la convivencia pacífica entre el alumnado, los cauces de participación y de resolución de conflictos y los procedimientos para ejercicio de los derechos y deberes reconocidos al alumnado.

Por otro lado, se hace imprescindible la reflexión sobre **el tratamiento de la educación en valores en el desarrollo del currículo** y **la adquisición de hábitos de vida saludable y deportiva.** Fomentando que los espacios e instalaciones del centro mantengan las condiciones higiénico-sanitarias indispensables para una vida saludable entre el alumnado y estableciendo las medidas preventivas necesarias para evitar comportamientos y prácticas sustentadas en consumos que supongan drogodependencia de cualquier índole.

3.3. Objetivos propios de centro para la mejora del rendimiento escolar y la continuidad del alumnado en el sistema educativo

El planteamiento de los objetivos propios, que redunden positivamente en la mejora del rendimiento escolar, ha de basarse en las líneas prioritarias de actuación establecidas previamente por el centro en el proyecto educativo.

En función de los resultados de las Pruebas de Evaluación Diagnóstico (PED) y de las evaluaciones iniciales, fundamentalmente, el centro establecerá unos objetivos propios en relación a los siguientes aspectos relacionados directamente con la adquisición de las cc.bb. Objetivos educativos: currículo y práctica docente, tutoría, organización y funcionamiento del centro, mejora del clima escolar, implicación del profesorado en programas educativos y grupos de trabajo, e implicación de las familias: compromisos educativos.

Estos **objetivos propios**, emanados de los principios y objetivos de la etapa, se contextualizarán y concretarán para dar respuesta a las necesidades y expectativas educativas detectadas en la comunidad educativas. Y servirán de referente para la toma de decisiones en relación con la planificación educativa, con objeto de favorecer la mejora y el éxito en los resultados escolares y la continuidad del alumnado en el sistema educativo, como mínimo, en la enseñanza básica, desde planteamientos inclusivos.

En esta línea de concreción del proyecto educativo, los órganos pertinentes deberán establecer el procedimiento de participación e implicación de todos los sectores educativos para la identificación de las fortalezas y áreas de mejora del centro. Ello con objeto de facilitar la elaboración de los objetivos propios que responda a la realidad diversa, única e irrepetible, del contexto en el que se ubica y desarrolla sus cometidos el centro educativo. Para ello, se hace necesario que se defina con claridad y transparencia el procedimiento de participación, seguimiento y evaluación del desarrollo y resultados obtenidos en relación con los objetivos planteados.

3.4. Concreción de los contenidos curriculares y tratamiento transversal de la educación en valores y otras enseñanzas

Uno de los aspectos fundamentales que deben configurar el proyecto educativo de un centro, en torno al cual se han de articular el resto de los aspectos, es el referido a la coordinación y planificación de los contenidos curriculares. En este sentido, cobra especial relevancia el trabajo realizado por los órganos de coordinación docente acerca de la toma de decisiones respecto al currículo escolar que se va a desarrollar en el centro y su concreción en las programaciones didácticas.

Se hace indispensable la reflexión en el seno de los mismos, el establecimiento de unos criterios compartidos y asumidos por todo el profesorado en relación con la vertebración del currículo en torno a las competencias básicas, a lo largo de la etapa y enseñanzas que se imparten en el centro, y la toma de decisiones con respecto a los modelos de organización de los contenidos curriculares: áreas, ámbitos, y a su concreción en unidades didácticas, proyectos de trabajo o tareas integradas para definir las líneas y pautas estratégicas de intervención docente en las aulas, conforme a los principios de actuación establecidos. Se pone de manifiesto la necesidad de incluir de forma integrada las competencias básicas en el currículo escolar y la cohesión del proyecto educativo-programaciones de área-programación de aula.

Los equipos de ciclo han de plantearse, tal como se expone en capítulos anteriores, la reorganización del currículo de cada área en base al desarrollo de las competencias básicas y a los aspectos que las hacen operativas, a partir de las directrices y pautas marcadas en el proyecto educativo en relación con la coordinación y concreción de los contenidos curriculares, los criterios de evaluación de las áreas como referentes fundamentales para valorar el grado de adquisición de las competencias básicas y el tratamiento integrado de los aspectos transversales y otras enseñanzas.

Estas directrices han de ser fruto de la reflexión, debate y consenso en los diferentes órganos de coordinación docente y han de marcar la hoja de ruta a seguir en la planificación de la práctica docente en sus diferentes niveles de concreción.

Así mismo, han de ser el marco referencial en el que basarse los diferentes órganos, para establecer unos indicadores de proceso y resultados, que permitan el seguimiento y valoración de las prácticas realizadas en función de su aportación a la mejora de los rendimientos escolares del alumnado.

En función de los criterios de coordinación establecidos, en los centros de Infantil y Primaria se tomarán las decisiones de carácter general sobre metodología didáctica, los criterios para el agrupamiento de los alumnos o alumnas y para la organización espacial y temporal de las actividades.

Respecto a la práctica docente, el trabajo en competencias básicas debe impulsar la reflexión y el debate pedagógico en los centros, ante la necesidad de establecer cambios metodológicos que den respuesta a las necesidades que está demandando la educación hoy día. Estos debates deberán llevar al establecimiento de pautas metodológicas comunes. Para ello, es clave que se someta a reflexión la dependencia del libro de texto.

Los docentes deben plantearse romper con determinadas rutinas que le ofrecen cierta seguridad, pero que no responden con eficacia a las necesidades del alumnado, y abordar cambios más profundos en el diseño y desarrollo de su práctica docente. Desde esta perspectiva más innovadora pueden plantearse la implementación del trabajo de aula por tareas integradas, aprovechando las herramientas de que disponen actualmente para la difusión de buenas prácticas respecto a las competencias básicas a través de Internet, encuentros profesionales, cursos de formación, etc.

La generación de debates sobre la actualización y mejora de la práctica docente, en el seno de los órganos de coordinación docente, y la elaboración y puesta en práctica de un **plan de formación del profesorado** del centro, a corto y medio plazo, son claves para abordar la implementación de las competencias en el currículo escolar de centro, en la práctica docente y en la adecuación de la organización del centro. Llevados a cabo con el sosiego y tranquilidad que se requiere.

3.5. *La organización y distribución del tiempo escolar y extraescolar*

Los criterios para organizar y distribuir el tiempo escolar deben **favorecer un marco de intervención que facilite el desarrollo de las competencias básicas.** Éstos se establecerán teniendo en consideración que deben estar orientados a facilitar la adquisición de las competencias básicas en el alumnado. En este sentido, es interesante que el profesorado se plantee la posibilidad de integrar las áreas en ámbitos, cuestión que va a facilitar el aprendizaje por tareas integradas.

La programación de actividades extraescolares, por parte del profesorado, debe facilitar el trabajo por competencias por cuanto que se facilita, a través de estas actividades, abordar trabajos integrados de investigación que faciliten la participación del alumnado en todo su desarrollo: viajes educativos, programación de teatros, actividades deportivas, etc.

Respecto a las actividades extraescolares programadas en horario de tarde, debemos destacar su importancia respecto a la adquisición de las cc.bb., ya que constituyen en sí mismas aprendizajes de currículo no formal o de apoyo al currículo formal. Su programación debe responder a las necesidades del centro, ser elaborada de forma coherente con el currículo ordinario y existir una coordinación permanente entre las actividades que se realizan y la labor docente (currículo formal).

Los centros deben aprovechar la existencia de recursos como la biblioteca escolar abierta a la comunidad, aulas de Informática, etc., e impulsar la participación en su gestión de las familias y del propio alumnado.

Por último, señalar la labor educativa que se puede realizar en el Servicio del Comedor Escolar, con una adecuada programación de la actividad de estos servicios que puede ser programada y apoyada por los docentes.

4. PLANTEAMIENTO Y DESARROLLO DE PROGRAMAS Y PLANES EDUCATIVOS DIRIGIDOS AL DESARROLLO DE LAS COMPETENCIAS PARA LA VIDA

4.1. *Plan de atención a la diversidad del alumnado: organización de actividades de refuerzo y recuperación*

El plan de atención a la diversidad debe estar orientado a responder a las necesidades educativas concretas del alumnado y a la consecución de las competencias básicas y de los objetivos de la etapa.

En la realización de las programaciones didácticas debe contemplarse, por una parte, una secuencia de tareas y actividades que permitan la personalización de los procesos de aprendizajes y que favorezcan la atención a la diversidad. En función de los resultados de las diferentes evaluaciones y de las PED, se pueden establecer medidas concretas curriculares y/o organizativas para aquel alumnado que lo precise.

El establecimiento de una "Escala Graduada de Logro o Dominio", que establece o determina un proceso de adquisición continua de aprendizajes complejos o competencias, facilita una práctica docente y una evaluación que tiene como principio de acción educativa fundamental la atención a la diversidad del alumnado desde una práctica inclusiva. Esta escala de indicadores facilita al profesorado proponer, en torno a un mismo objeto de conocimiento, un referente personalizado y que responda al nivel curricular de cada alumno, posibilitando con ello la participación de todo el alumnado en la resolución de una misma propuesta de trabajo y de logro adaptadas a las capacidades de cada alumno/a (ver capítulo VII).

En los programas de refuerzo cobran especial relevancia, por su carácter más instrumental, la adquisición por parte del alumnado de las competencias de "Comunicación lingüística" y "Competencia matemática". Y, por su importancia en el desarrollo de la autonomía del alumno para responder a sus necesidades y resultados educativos, la "competencia aprender a aprender", la "competencia para la autonomía e iniciativa personal" y la "competencia digital y tratamiento de la información".

Los programas de refuerzo (de instrumentales, de aprendizajes no adquiridos y planes personalizados para alumnado que no promociona) se realizarán a partir de las mismas programaciones didácticas en las que se han formulado los indicadores que determinan el grado de logro dominio de las competencias.

Se trata de hacer más hincapié en la adquisición de los aprendizajes imprescindibles para la vida que aportan las competencias, que en los contenidos estrictamente aportados por las áreas curriculares. Y de utilizar una metodología activa y colaborativa que favorezca fundamentalmente la adquisición de las competencias lingüística, matemática y de autonomía e iniciativa personal, a través de la planificación y desarrollo de actividades motivadoras en las que se use una selección de textos relacionados con su vida y sus intereses, se plantee la resolución de problemas relacionados con la vida cotidiana y se diseñe la realización de tareas acordes a su nivel competencial.

Es fundamental también la toma de decisiones sobre la adopción y aplicación de medidas organizativas acordes a los planteamientos pedagógicos y curriculares establecidos, en función de las necesidades detectadas y recursos disponibles.

En la educación primaria se debe promover el establecimiento de grupos flexibles para la realización de determinadas tareas que requieren de una atención más personalizada. Los desdobles de grupos en áreas instrumentales pueden ser muy útiles, sobre todo en los primeros cursos, así como el apoyo en grupos ordinarios. El modelo flexible de horario lectivo semanal permite una mejor adaptación y respuesta educativa a las necesidades que se van detectando a lo largo del curso escolar en cada grupo-clase.

4.2. Plan de Orientación y Acción Tutorial

El Plan de Orientación y Acción Tutorial (POAT) es el instrumento que va a facilitar el seguimiento personalizado del proceso de aprendizaje del alumnado y su adquisición de competencias básicas (previniéndose de esta forma el fracaso escolar), la orientación académica y profesional, la convivencia escolar y la relación y cooperación de las familias.

La LOE, en su artículo 1, relativo a los principios de la educación establece como uno de los principios de la educación: *"La orientación educativa y profesional, como medio necesario para el logro de una formación personalizada, que propicie una educación integral en conocimientos, destrezas y valores."*

Las finalidades educativas fijadas en la LOE relaciona estrechamente la orientación escolar y la acción tutorial con el desarrollo y adquisición de las competencias básicas en su conjunto, pero, fundamentalmente con la "competencia y actitudes para aprender a aprender, la "competencia para la autonomía e iniciativa personal y la competencia "social y ciudadana".

Es de máxima importancia que en el proyecto educativo se especifiquen los criterios que se van a seguir en la elaboración del POAT. Teniendo en consideración las siguientes pautas para que se dirija al desarrollo y consecución de las competencias que son básicas para la vida del alumnado:

- Los **objetivos generales** del POAT deben establecerse a partir del análisis de la realidad centro y de las necesidades detectadas. Estos objetivos se orientarán fundamentalmente al conocimiento y seguimiento del alumnado, a la adquisición de competencias básicas por el mismo y a la prevención de dificultades en su adquisición, y a su integración escolar, con especial atención a la transición de etapas educativas. Por tanto, las cuestiones administrativas, la relación con las familias y las cuestiones de convivencia y disciplina no constituyen el eje fundamental del POAT, sino aspectos a contemplar en su elaboración que van a permitir lograr los objetivos propuestos.
- La **acción tutorial** es labor del equipo docente y, por tanto, tarea compartida del profesorado que lo compone en su elaboración y desarrollo. Los orientadores de los centros y del Equipo de Orientación Educativa deben colaborar y apoyar esta función.
- El **seguimiento del alumnado** se realizará tanto a nivel individual, para cada uno de los alumnos y alumnas en su proceso de aprendizaje y de adquisición de competencias básicas, como grupal (clima de convivencia, intereses, necesidades como grupo).
- **La adquisición de las competencias básicas** y en especial la "competencia aprender a aprender", la "competencia para la autonomía e iniciativa personal y la "social y ciudadana" serán el referente clave en la programación de las actividades de tutoría.
- La **programación de la acción tutorial** para cada grupo se realizará a partir de los objetivos generales del POAT y en función de las necesidades del grupo, detectadas en la evaluación inicial (grado de dominio de las competencias básicas) y en otros registros que se tengan del alumnado (historial académico, observaciones dentro y fuera del aula, Pruebas de Evaluación Diagnóstica, etc.).
- La mayor parte de las **actividades de tutoría** con el alumnado estarán integradas en el currículo, pero hay aspectos de la tutoría (orientación académica y profesional, convivencia, participación del alumnado en el centro) que deberán desarrollarse en el horario destinado a este fin.
- El POAT potenciará **la cooperación entre el centro, las familias del alumnado y el entorno**, estableciendo vínculos de colaboración que se reflejará en la programación de actividades a desarrollar en relación con las familias y el entorno. Esta relación permitirá a los centros, por una parte, conocer mejor al alumnado y, por otra, la colaboración de madres y padres en aspectos educativos y de convivencia, la suscripción de compromisos educativos y de convi-

vencia, el establecimiento de pautas educativas comunes y la incidencia en el currículo informal del alumnado.

- Se debe impulsa la **coordinación entre etapas educativas**, dentro del mismo centro y entre los centros adscritos o vinculado, para facilitar al alumnado el tránsito entre la educación primaria y la educación secundaria.

- Por último, al tener el POAT como metas **la prevención de dificultades de aprendizaje y la mejora de la convivencia** y adaptación del alumnado al entorno escolar, es necesario la cohesión y coherencia en la programación de los tres planes básicos del proyecto educativo: POAT, Plan de convivencia y Plan de Atención a la diversidad.

- Respecto a la actuación con el alumnado, desde el Plan de Orientación y Acción Tutorial, la intervención educativa se orientará en torno a los **aspectos transversales** de la educación y el desarrollo integral del alumnado:

a) Educación en estilos de vida saludables (salud, prevención de drogodependencias, educación afectivo-sexual, relacionada con la competencia en el conocimiento y la interacción con el mundo físico y natural).

b) Desarrollo y consolidación de hábitos de disciplina, estudio y trabajo individual y en equipo, ligados a la competencia y actitudes para seguir aprendiendo de forma autónoma a lo largo de la vida.

c) Capacidad para regular el propio aprendizaje y adquisición de destrezas básicas en la utilización de las fuentes de información para adquirir nuevos conocimientos, con sentido crítico, unidos a la competencia digital y tratamiento de la información.

d) Desarrollo y aprecio de la creatividad, estrechamente vinculada con la competencia cultural y artística.

e) La prevención de las dificultades en el proceso de enseñanza y aprendizaje en relación con la comprensión lectora y hábito lector; los programas específicos para la mejora de capacidades o competencias básicas; la mejora de la motivación, refuerzo del interés y apoyo al aprendizaje de hábitos y técnicas de estudio. Se trataría de hacer referencia a la tipología de tareas, que desarrollen las competencias básicas, prestando especial interés a las competencias lingüística y matemática.

f) El planteamiento de la orientación académica y profesional dirigido al conocimiento de los intereses y capacidades del alumnado, la reconducción de su proceso de aprendizaje, cuando sea necesario, y el tránsito entre etapas educativas, que debe vincularse con el desarrollo, prioritariamente de la competencia para la autonomía e iniciativa personal y de la competencia aprender a aprender.

- El POAT recogerá también otros aspectos que inciden directamente en la adquisición de las cc.bb., como son:

- Atención al **alumnado con necesidad específica de apoyo educativo**, con objeto de detectar y adoptar medidas curriculares y organizativas, dirigida al desarrollo de todas las competencias, pero con especial atención a aquellas que muestran un carácter más instrumental –comunicación lingüística, razonamiento matemático y conocimiento e interacción con el medio físico y natural–, y la competencia de autonomía e iniciativa personal.
- La detección y actuación en casos de **absentismo y situaciones familiares desfavorables**, en las que tendrían una incidencia fundamental el desarrollo integrado de todas las competencias básicas.
- **Las actividades de acogida y de tránsito entre etapas**, relacionadas con las competencia social y ciudadana, la competencia "aprender a aprender" y la competencia para la autonomía e iniciativa personal.

La prevención de las dificultades en el proceso de enseñanza y aprendizaje y la atención al alumnado con necesidad específica de apoyo educativo se programarán en la tutoría, a partir del Plan de atención a la diversidad del centro.

En conclusión, por su relación con el currículo escolar, con los otros planes básicos educativos, y por la vinculación que establece con las familias y el entorno, el Plan de Orientación y Acción Tutorial deberá ser uno de los instrumentos básicos y fundamentales en el trabajo por competencias básicas.

4.3. Plan de convivencia

Es imprescindible disponer de un adecuado clima escolar para que la escuela pueda desarrollar adecuadamente sus funciones. En este sentido, el Plan de convivencia de un centro favorece la adquisición de todo el conjunto de competencias y prioritariamente con la competencia **social y ciudadana**.

La programación del Plan de convivencia debe contemplar las medidas que el centro se propone para favorecer las relaciones entre los miembros de los distintos sectores de la comunidad escolar. Por lo que se deben destacar, fundamentalmente, las medidas referidas a su carácter educativo y preventivo de posibles conflictos o problemas de convivencia entre iguales y entre los sectores educativos.

Cuestiones importantes a tener en cuenta en el Plan de convivencia son la de clarificar las responsabilidades de los diferentes sectores y colectivos de la comunidad escolar, desde el respeto y consolidación de los derechos y deberes que la normativa reconoce a profesores/as, alumnos/as y padres y madres; así como la de preservar y fomentar la igualdad de derechos de todos ellos y, en particular, entre hombres y mujeres.

La participación en el centro se puede concretar, por ejemplo, en la elaboración de normas de convivencia en los grupos clase con la participación del alumnado, en la potenciación de la junta de delegado/as, en la distribución de diversas tareas y responsabilidades entre el alumnado, y en favorecer la participación e implicación de las familias con la implantación de figuras como la de "madres/padres delegados de curso.

Otro aspecto importante es el de contemplar todos los tiempos, escolares y extraescolares, dedicando especial atención a los tiempos no lectivos (recreos, cambio de clases, etc.). En este sentido, se puede plantear y favorecer que los recreos sean "espacio de convivencia pacífica y lúdica" si se programan juegos cooperativos, que potencien las relaciones positivas, y se procura que los tiempos entre clases sean mínimos y puedan dedicarse a realización de responsabilidades asumidas por el alumnado.

Finalmente, el Plan de convivencia debe confeccionarse en consonancia con los aspectos y medidas concretas de organización y funcionamiento establecidas por el centro con el objeto de favorecer un clima adecuado de convivencia que facilite el aprendizaje del alumnado y la mejora de los resultados y rendimientos escolares.

4.4. Plan de formación del profesorado

La elaboración y puesta en práctica del Plan de formación del profesorado es clave para abordar la implementación de las cc.bb. en los diseños curriculares, en la práctica docente y en la adecuada organización del centro. Debe responder a las necesidades de formación detectadas y acorde a los planes educativos a los que esté acogido el centro. Es conveniente que se plantee una programación a corto, medio y largo plazo, teniendo en cuenta la situación de la plantilla (definitivos, provisionales), las líneas prioritarias de actuación y los objetivos propios del centro expresados en el proyecto educativo.

4.5. Plan de autoprotección

Una de las finalidades del Plan de autoprotección es la de *"fomentar el desarrollo de aprendizajes basados en competencias para la vida y la supervivencia, propias de*

*la cultura de la prevención de riesgos: valores, actitudes, prácticas, conocimientos
y comportamientos, para actuar de manera eficaz ante una situación de emergencia
y para desarrollar hábitos de vida saludables".* En este sentido, el Plan de autoprotección debe programar actividades de prevención de riesgos que deben ser incluidas
en el currículo escolar y potenciar así la adquisición de la competencia en el conocimiento y la interacción con el mundo físico y la competencia para la autonomía e
iniciativa personal.

5. IMPLICACIÓN DE LAS FAMILIAS EN LA VIDA ESCOLAR

La participación y colaboración de las familias en la vida escolar y, sobre todo,
en los procesos de aprendizaje de sus hijos e hijas vinculados a la adquisición de las
competencia básicas ha de estar sustentada en un planteamiento informativo objetivo
y coherente con las familias, y en la generación de espacios de encuentro que faciliten la adopción de compromisos educativos, cuando la situación escolar del alumno
así lo requiera.

Las competencias básicas son resultado de la integración de aprendizajes formal,
no formal, e informal. Y, en este sentido, es clave la participación de las familias en
la vida escolar, que debe ser potenciada desde la tutoría y desde el centro, tanto a
nivel individual como colectivo. Así, la labor tutorial y de centro que va a favorecer
su implicación partirá de la debida información y del mantenimiento de un contacto
permanente a través de entrevistas, reuniones, agendas escolares, etc.

A nivel colectivo, se propone la utilización de paneles informativos, circulares y
de procedimiento de comunicación e intercambio de información utilizando sistemas informáticos, así como el mantenimiento de reuniones informativas de carácter
general a nivel de grupo- clase, con carácter periódico a lo largo del curso escolar.

Se debe informar a las familias sobre los documentos planificadores del centro, el
funcionamiento y organización del mismo, los libros de texto, las actividades escolares, extraescolares y complementarias etc., y de cuantas cuestiones se consideren
necesarias para un mejor conocimiento del centro escolar e implicación de los padres
y madres del alumnado.

A nivel individual, deben ser informados sobre la evolución escolar de sus hijo/a,
su integración en el grupo-clase y en el centro, los resultados de las evaluaciones,
las faltas de asistencia, las conductas contrarias a las normas de convivencia y sus
posibles correcciones.

En definitiva, se utilizarán instrumentos que faciliten a las familias la máxima información sobre las actividades del centro y sobre la evolución de sus hijos/as. A la vez, el centro debe recoger información sobre la familia y el alumno/a.

A nivel tutorial, se debe buscar su apoyo y participación, tanto en aspectos que favorezcan la convivencia como a nivel educativo: refuerzo en las actividades que hacen en casa, apoyo en tareas de investigación, adopción de criterios comunes respecto a la disciplina de sus hijos/as y a las responsabilidades que deben ir asumiendo en el ámbito escolar y familiar, y la suscripción de compromisos educativos y de convivencia.

6. LA BIBLIOTECA ESCOLAR COMO CENTRO DE RECURSOS PARA EL APRENDIZAJE

La biblioteca escolar es una herramienta indispensable en un trabajo orientado a la adquisición de las competencias básicas por el alumnado.

La importancia de la lectura y la obligatoriedad de que todos los centros educativos cuenten con el recurso de la biblioteca escolar está expresamente recogida en la LOE y en la normativa que la desarrolla. El Real Decreto de enseñanzas mínimas para la educación primaria señala que la lectura es un factor primordial para el desarrollo de las competencias básicas.

Por su parte, las administraciones educativas están aportando recursos que faciliten su existencia y su gestión. Son los propios centros los que deben hacer de las bibliotecas un recurso en torno al cual se estructuren actividades lectivas y extraescolares que potencian la lectura y la construcción del conocimiento por el alumnado. En definitiva, la adquisición en conjunto de las competencias básicas o clave.

La biblioteca escolar, considerada como centro de recursos para el aprendizaje escolar, deberá reunir tanto los materiales didácticos que brindan información y ayuda para llevar adelante el currículum escolar, como textos literarios que fomenten el placer de la lectura, en formato impreso, audiovisual o multimedia. Estará dotada de las nuevas tecnologías de la información y la comunicación, y ubicada en un lugar específico y accesible del centro. Su organización deberá facilitar que se cumplan los siguientes objetivos, en relación con la adquisición de las competencias básicas por el alumnado:

a) Potenciar el hábito lector, vinculado a la competencia en comunicación lingüística.

b) Posibilitar el trabajo autónomo del alumnado en la construcción del conocimiento relacionado con las competencias "aprender a aprender" y la competencia "autonomía e iniciativa personal".

c) Facilitar la realización de tareas o proyectos integrados, relacionado con todas las competencias.

Es muy importante que los centros se planteen también la utilización de la biblioteca fuera del horario lectivo, posibilitando el acceso a esta del alumnado en su tiempo libre o en actividades extraescolares, para lo cual pueden contar con la colaboración de las familias, de las administraciones locales, etc.

7. LAS COMPETENCIAS BÁSICAS EN LAS NORMAS DE ORGANIZACIÓN Y FUNCIONAMIENTO DE LOS CENTROS EDUCATIVOS

En función de las decisiones adoptadas en el proyecto educativo, el centro debe reglamentar las normas organizativas y de funcionamiento que faciliten la consecución de los objetivos propuestos en el proyecto educativo y favorezcan la adquisición de las competencias básicas por el alumnado.

Los aspectos que se consideran directamente relacionadas con el desarrollo de las competencias básicas son los que a continuación se enumeran:

- La participación de los diferentes sectores de la comunidad educativa en la vida del centro.
- Los criterios y procedimientos que garanticen el rigor y la transparencia en la toma de decisiones por los distintos órganos de gobierno y de coordinación docente.
- El plan de reuniones de los órganos de coordinación docente.
- La coordinación intercentros.
- Los criterios de asignación de horas de dedicación a las tareas asociadas a los órganos de gobierno y a los órganos de coordinación docente.
- La organización de los espacios y recursos materiales del centro, en especial el uso de las TIC y el funcionamiento de la biblioteca escolar.
- La organización de actividades extraescolares y complementarias.
- Y otras normas de régimen interno.

Las normas organizativas y de funcionamiento son claves para generar escenarios, tiempos y relaciones que favorezcan la adquisición de aprendizajes para la vida por parte del alumnado, que les permiten integrarse con plenas garantías y asumir responsabilidades, de acuerdo con su edad y madurez personal, en el mundo en el que viven.

La participación e implicación del alumnado en la vida del centro debe ser un objetivo básico que va a potenciar la adquisición de sus competencias. Debe favorecerse su participación y asunción de responsabilidades desde su más corta edad y ampliarse con su crecimiento. La puesta en funcionamiento de la junta de delegados/as y de otras figuras de alumnas/os participantes en tareas tanto a nivel de aula como de centro, como por ejemplo la de los alumnos/as mediadores, es importante iniciarlas desde la educación primaria.

Respecto a las familias, se debe establecer el procedimiento adecuado para la suscripción de compromisos educativos y de convivencia, la posibilidad de establecer la figura de madres-padres mediadores de conflictos, de madres/padres delegados/as, la biblioteca escolar o periódico escolar con participación de las familias, la Escuela de madres/padres etc. En definitiva, se deben promover cauces que potencien la participación de las familias en la vida del centro, además del Consejo Escolar y AMPA.

En cuanto a la coordinación docente, el órgano competente a nivel de centro debe ser el instrumento vertebrador de la organización y funcionamiento del centro, difusor de la información y posibilitador de debates pedagógicos y de toma de decisiones democráticas, en cuanto que posibilite que los equipos docentes de los ciclos debatan, se informen y lleven sus propuestas al equipo directivo. Es, por tanto, fundamental potenciar este órgano de coordinación: las personas que lo integran deben tener un fuerte vínculo con el centro (trayectoria anterior, iniciativa innovadora e implicación) y, sobre todo, deben adherirse al proyecto de dirección del centro.

También es necesario que se incluyan, además las decisiones organizativas adoptadas respecto a la coordinación del profesorado: sesiones de carácter pedagógico por áreas de conocimiento. Es conveniente la implementación de formas organizativas que superen el marco del equipo docente-ciclo, como por ejemplo establecer una coordinación por áreas de conocimiento en clave de competencias, en las que se establezcan criterios comunes metodológicos para la etapa educativa.

Hay que destacar también la importancia de la coordinación entre los centros adscritos o vinculados (EI-CEIP-ESO) y la posibilidad de establecer proyectos o acuerdos comunes respecto a currículo, práctica docente, convivencia, posibilidad de elaborar proyectos educativos comunes.

Por último, estas normas deben regular la organización de las actividades complementarias y extraescolares y la coordinación de éstas con las actividades escolares, el uso de las TIC y la biblioteca escolar, como instrumentos que potencian el desarrollo y adquisición de las competencias básicas por el alumnado.

Capítulo IX
Propuesta estratégica para integrar las competencias básicas en el currículo escolar de centro

1. CONSIDERACIONES PREVIAS

El punto de partida para el diseño y desarrollo del currículo escolar de un centro educativo ha de partir de la detección de necesidades y dificultades de aprendizaje del alumnado, a través de la evaluación inicial y del análisis de los resultados de las Pruebas de Evaluación Diagnóstico y de las calificaciones de final de curso.

La apuesta por un currículo escolar basado en el desarrollo de las competencias básicas requiere de un diálogo abierto entre el contexto del centro, la realidad educativa del alumnado y el marco normativo –estatal y autonómico–, que regula los objetivos y principios pedagógicos y organizativos que configuran las etapas educativas.

Esta propuesta permite tener una visión de conjunto del tratamiento de cada competencia en el currículo escolar, a través de las materias, áreas o ámbitos, como marco de referencia que promueve y facilita el desarrollo de dichas competencias.

En esta línea, la organización del currículo escolar por competencias básicas requiere el esclarecimiento previo de las tareas que los órganos de coordinación docente han de asumir, a corto y medio plazo, para favorecer la construcción compartida y consensuada de los elementos programáticos del proyecto educativo de cada centro.

Así, el currículo se ha de entender como una herramienta profesional con la que han de establecer las correspondientes interrelaciones entre los elementos curriculares de las áreas o ámbitos con los aspectos distintivos que desarrollan una determinada competencia.

Los centros educativos necesitan de un planteamiento estratégico, que sea compartido por todo el profesorado, en torno al diseño y desarrollo de la programación didáctica en clave de competencias básicas.

A modo de síntesis, en función del marco normativo vigente y del tratamiento teórico-práctico expuesto en los anteriores capítulos, la propuesta estratégica del Proyecto "Azahara" posibilita la toma de decisiones de los órganos de gobierno y de coordinación didáctica de los centros educativos sobre la integración de las competencias básicas en el currículo escolar, y la implementación de medidas que mejoran la práctica docente y el éxito escolar del alumnado.

Esta propuesta facilita a los equipos de coordinación docente de los centros el diseño y desarrollo de la metodología más acorde con su trayectoria, disponibilidad y pretensiones.

Desde su propia experiencia, habrá centros que acepten el modelo presentado como el punto de partida para la toma de decisiones, contextualizándolo en función de su realidad social, cultural y educativa y de las necesidades y expectativas de éxito del alumnado y de las familias.

Sin embargo, otros centros podrán llevar a cabo un proceso de construcción propio, sustentado en la acomodación del planteamiento estratégico a su realidad profesional y en la adaptación de los instrumentos que se ponen a su disposición.

2. FASES DEL PROCESO DE INTEGRACIÓN DE LAS COMPETENCIAS BÁSICAS EN EL CURRÍCULO ESCOLAR DE CENTRO

Primera fase: **Diagnóstico del contexto y del centro educativo"**.

Segunda fase: **"Análisis del marco normativo vigente: toma de decisiones sobre el currículo y las competencias básicas"**.

Tercera fase: **"Tratamiento de las competencias básicas en las programaciones didácticas"**.

Cuarta fase: **"Planificación de la práctica docente en el aula"**.

Quinta fase: **"Evaluación de las competencias básicas en los procesos de enseñanza-aprendizaje"**.

Sexta fase: **"Diseño del proyecto educativo desde la perspectiva de las competencias básicas".**

1ª FASE	DIAGNÓSTICO DEL CONTEXTO SOCIO-CULTURAL DEL CENTRO EDUCATIVO Y DE LOS RESULTADOS Y RENDIMIENTOS ESCOLARES DEL ALUMNADO.	
	TAREAS	**INSTRUMENTOS**
1ª	**Definición y caracterización de los elementos y notas comunes** del contexto **socio-cultural y educativo del centro.**	
	1.1. Análisis del contexto socio-cultural (informe de los resultados de los cuestionarios a las familias).	1.1. Análisis del contexto, del centro escolar y de la situación del alumnado.
2ª	**Reflexión sobre los aspectos destacables** del diagnóstico acerca de los rendimientos y los resultados escolares del alumnado: **P.E.D., evaluación inicial, resultados académicos.**	
	2.1. Valoración de las evaluaciones iniciales: detección de necesidades y dificultades de aprendizaje del alumnado.	1.2. Diseño de la evaluación inicial del alumnado por cc.bb. 1.3. Situación inicial del alumnado en la adquisición de las cc. bb.
	2.2. Tendencia de los resultados de las Pruebas de Evaluación Diagnóstico (P.E.D.): identificación de las dimensiones y elementos mejorables. Propuestas de mejora.	Documento resultados de las PED.
	2.3. Estimación de las calificaciones escolares y de los datos de promoción del alumnado.	Actas de evaluación final del alumnado.
	2.4. Objetivos propios para la mejora del rendimiento escolar.	
3ª	Determinación de las dimensiones y **medidas de mejora** del centro en torno a los problemas y dificultades del alumnado en relación con la **adquisición de las competencias básicas.**	1.4. Propuestas de mejora de los resultados de las PED.

2ª FASE	ANÁLISIS DEL MARCO NORMATIVO VIGENTE Y TOMA DE DECIONES SOBRE EL PLANTEAMIENTO DEL CURRÍCULO Y DE LAS COMPETENCIAS BÁSICAS.
TAREAS	**INSTRUMENTOS**
1ª. Tarea: Reflexión y toma de decisiones sobre la integración de las competencias básicas en el currículo escolar.	Reales decretos, decretos y órdenes que desarrollan el currículo de la educación primaria.
2ª. Tarea: Deliberación y toma de decisiones sobre la contribución de las áreas al desarrollo de las competencias básicas.	2.1. Articulación de las enseñanzas propias de las CC.AA. con las cc.bb.
3ª. Tarea: Formulación de descriptores de cada competencia básica, a nivel de etapa y concreción de los indicadores de logro o dominio que ha de alcanzar el alumnado en el ciclo.	
3.1. Planificación de las competencias básicas en la **etapa educativa.**	
3.1.1. Seleccionar y reformular los aspectos distintivos de cada competencia básica en función del diagnóstico realizado en el centro.	2.3. Selección de los aspectos distintivos de las cc.bb. y su vinculación con las áreas curriculares.
3.1.2. Vincular los aspectos distintivos de cada competencia con la **contribución de las áreas** a nivel de etapa y con los criterios de valoración de las enseñanzas propias de la CC.AA.	2.4. Vinculación de las áreas con las cc.bb. 2.5. Contribución de las áreas desarrollo de las cc.bb.
3.1.3. Establecer **organizadores internos** para relacionar los aspectos distintivos de las cc.bb. con los aprendizajes imprescindibles aportados por las áreas.	2.6. Formulación de descriptores de etapa.
3.1.4. Elaborar **descriptores** sobre el nivel de adquisición de la competencia en la etapa educativa.	
3.2. Concreción de las competencias básicas en el **ciclo.**	
3.2.1. Determinar los **descriptores de etapa** que van a desarrollarse en cada ciclo.	
3.2.2. Seleccionar y vincular **los criterios de evaluación** de las áreas con los descriptores de etapa y con los organizadores internos.	

	3.2.3. Formular los indicadores **de logro o dominio** en función de los criterios de evaluación de referencia.	2.7. Elaboración de indicadores de logro o dominio por ciclo.
	3.2.4. Tomar decisiones sobre los indicadores **de logro de** cada competencia, **referente común** del equipo docente en el desarrollo de tareas integradas compartidas.	
	3.2.5. Elaborar la escala de graduación de los indicadores de logro a lo largo de la etapa educativa.	2.8. Escala graduada de logro o dominio de las competencias básicas.
4ª Tarea: Concreción de la metodología de trabajo.		
	Opción 1. Partir de propuestas modelo y contextualizarlas en función de la realidad del centro y del alumnado.	2.6. Formulación de descriptores de etapa. Los instrumentos presentados.
	Opción 2. Desarrollar un proceso autónomo en la elaboración del diseño curricular, aceptando unas pautas comunes de referencia.	Los instrumentos presentados.

3ª FASE:	**TRATAMIENTO DE LAS COMPETENCIAS BÁSICAS EN EL DISEÑO Y DE-SARROLLO DE LAS PROGRAMACIONES DIDÁCTICAS.**	
	TAREAS	**INSTRUMENTOS**
1ª Tarea: Toma de decisiones en torno a la **organización del currículo** escolar:		
	1) Opción "A": Diseño de la programación por áreas.	3.1. Vinculación de los objetivos de etapa con las cc.bb. 3.2. Elaboración de las programaciones didácticas de las áreas por cc.bb.
	2) Opción "B": Elaboración de la programación didáctica por ámbitos.	3.1. Vinculación de los objetivos de etapa con las cc.bb. 3.3. Elaboración de las programaciones didácticas de ámbitos por cc.bb.
	3) Opción "C": Confección de las programaciones didácticas por competencias básicas.	3.1. Vinculación de los objetivos de etapa con las cc.bb. Elaboración de las programaciones didácticas por cc.bb.
2ª Tarea: Toma de decisiones en relación con los elementos y aspectos que conforman la programación didáctica.		3.1. Vinculación de los objetivos de etapa con las cc.bb. 3.2. Elaboración de las programaciones didácticas de las áreas por cc.bb.

	1) Articulación de las competencias básicas con el resto de elementos de la programación didáctica.	
	2) Vinculación de los objetivos con las competencias básicas (descriptores de etapa).	
	3) Articulación de las enseñanzas propias de las CC.AA. con las competencias básicas del currículo.	2.1. Articulación de las enseñanzas propias con las cc.bb.
	4) Referencialidad de los criterios de evaluación con respecto a los indicadores de logro o dominio.	5.2. Vinculación de los indicadores de logro o dominio con los criterios de evaluación de las áreas.

4ª FASE:	PLANIFICACIÓN DE LA PRÁCTICA DOCENTE EN EL AULA: "DEL SABER AL SABER HACER"

TAREAS	INSTRUMENTOS
1ª Tarea: Reflexión sobre el tratamiento integrado de las competencias básicas en la práctica docente.	2.2. Modelos de enseñanza y pautas metodológicas compartidas. 4.1. Planificación de acciones dirigidas a la implementación de las cc.bb. en el currículo escolar.
2ª Tarea: Toma de decisiones en torno al diseño y desarrollo de las unidades didácticas de las áreas a través de la realización de tareas integradas.	4.3. Programación de una unidad didáctica integrada.
3º Tarea: Toma de decisiones sobre el diseño y desarrollo de tareas integradas en torno a los ámbitos de conocimiento y experiencia.	4.3. Programación de una unidad didáctica integrada.
4ª Tarea: Diseño y desarrollo de tareas integradas de carácter multidisciplinar.	4.2. Diseño de una tarea integrada. 4.3. Programación de una unidad didáctica integrada. 4.4. Banco de tareas. 4.5. Banco de recursos de lectura.

5ª FASE:	EVALUACIÓN DE LAS COMPETENCIAS BÁSICAS EN LOS PROCESOS DE ENSEÑANZA-APRENDIZAJE.

TAREAS	INSTRUMENTOS
1ª Tarea: Acuerdos de los equipos docentes en relación con los indicadores de logro o dominio que se proponen para cada competencia básica.	2.8. Escala graduada de logro o dominio de las competencias básicas.
2ª Tarea: Concreción de la evaluación en la planificación de la práctica docente.	

1) Selección de los **criterios de evaluación** de las áreas que harán de **referente básico** para **valorar los aprendizajes** considerados imprescindibles.	5.1. Interrelación de los criterios de evaluación con las cc.bb.	
2) **Vinculación de los criterios de evaluación** con los indicadores **de logro** o dominio de las competencias básicas.	5.2. Vinculación de los indicadores de logro o dominio con los criterios de evaluación de las áreas.	
3) Explicitación en la **secuencia de aprendizaje** o en la/s **tarea/s** de las actividades de evaluación.		
4) **Valoración** del grado de **desarrollo y adquisición de las competencias**, tras los procesos y resultados del aprendizaje promovido.	5.3. Tratamiento de la evaluación de las cc.bb. en la planificación y desarrollo de la práctica docente en el aula.	
3ª Tarea: Elaboración de **registros e instrumentos** para el seguimiento y evaluación de las competencias básicas en los procesos de enseñanza/aprendizaje.	5.4. Registro del nivel de logro desarrollado por el alumnado en los procesos de enseñanza/ aprendizaje.	
4ª Tarea: Toma de decisiones en torno a la **promoción** del alumnado en relación con el desarrollo/adquisición de las competencias básicas.	5.5. Toma de decisiones para la evaluación y promoción del alumnado.	

6ª FASE:	PLANTEAMIENTO Y DESARROLLO DEL PROYECTO EDUCATIVO DESDE LA PERSPECTIVA DE LAS COMPETENCIAS BÁSICAS.	
	TAREAS	**INSTRUMENTOS**
1ª Tarea: Reflexión en torno a los objetivos, principios y modelos que sustentan el **proyecto educativo**.		
2ª Tarea: Toma de decisiones sobre los aspectos que lo conforman.		
	1) Delimitación de los objetivos propios de centro.	
	2) Definición de las **prioridades de actuación pedagógica.**	
	3) Establecimiento de los **criterios de coordinación** para elaborar las **programaciones didácticas**.	
	4) Descripción de las medidas de **atención a la diversidad**.	
	5) Enfoque **del Plan de orientación y acción tutorial** y del **Plan de convivencia.**	
	6) Organización y distribución del **tiempo escolar.**	
3ª Tarea: Revisión periódica de los procesos seguidos y de los resultados obtenidos y ajuste de las programaciones a las necesidades educativas del alumnado.		
4ª Tarea: Retroalimentación del Proyecto a partir de la reflexión y validación de la práctica docente desarrollada, adecuándolo a las nuevas demandas sociales, a la tendencia de las variables contextuales que intervienen en el mismo y a las exigencias del sistema educativo.		

3. INSTRUMENTOS PARA LA INTEGRACIÓN DE LAS COMPETENCIAS BÁSICAS EN EL CURRÍCULO ESCOLAR DE CENTRO

1. Diagnóstico del contexto, del centro y del alumnado:

1.1. Análisis del contexto socio-cultural y del centro educativo.

1.2. Diseño de la evaluación inicial del alumnado.

1.3. Situación inicial del alumnado en relación con la adquisición de las competencias básicas.

1.4. Propuestas de mejora de los resultados de las Pruebas de Evaluación Diagnóstico.

2. Toma de decisiones sobre la organización del currículo escolar por competencias básicas:

2.1. Articulación de las enseñanzas propias de la Comunidad Autónoma con las competencias básicas.

2.2. Modelos de enseñanza y pautas metodológicas compartidas.

2.3. Selección de los aspectos distintivos de las competencias básicas y su vinculación con las áreas curriculares.

2.4. Vinculación de las áreas con las competencias básicas.

2.5. Contribución de las áreas al desarrollo de las competencias básicas.

2.6. Formulación de descriptores de etapa.

2.7. Elaboración de indicadores de logro o dominio.

2.8. Escala graduada de logro o dominio de las competencias básicas.

3. Programaciones didácticas y de aula:

3.1. Vinculación de los objetivos de etapa con las competencias básicas.

3.2. Elaboración de las programaciones de las áreas por competencias básicas.

3.3. Elaboración de las programaciones de ámbitos por competencias básicas.

4. Planificación de la práctica docente:

4.1. Planificación de acciones dirigidas a la implementación de las competencias básicas en el currículo escolar.

4.2. Diseño de una tarea integrada.

4.3. Programación de una unidad didáctica integrada.

4.4. Banco de tareas.

4.5. Banco de recursos de lectura.

5. **Tratamiento de la evaluación de las competencias básicas en las programaciones didácticas**:

   5.1. Interrelación de los criterios de evaluación con las competencias básicas.

   5.2. Vinculación de los indicadores de logro o dominio con los criterios de evaluación de las áreas.

   5.3. Tratamiento de la evaluación de las competencias básicas en la planificación y desarrollo de la práctica docente del aula.

   5.4. Registro del nivel de logro desarrollado por el alumnado en los procesos de enseñanza/aprendizaje.

   5.5. Toma de decisiones para la evaluación y promoción del alumnado.

1. DIAGNÓSTICO DEL CONTEXTO, DEL CENTRO Y DEL ALUMNADO.		
1.1. ANÁLISIS DEL CONTEXTO SOCIO-CULTURAL Y DEL CENTRO EDUCATIVO.		
1. Características del contexto sociocultural y del centro educativo.	2. Incidencia del contexto socio-cultural en el rendimiento académico del alumnado y en el desarrollo de las competencias básicas.	3. Necesidades educativas del alumnado y expectativas de las familias y del profesorado.

1.2. DISEÑO DE LA EVALUACIÓN INICIAL DEL ALUMNADO POR COMPETENCIAS BÁSICAS.					
1. Cursos implicados en la evaluación inicial.	2. Criterios comunes para la confección de las pruebas.	3. Áreas.	4. Competencias básicas objeto de evaluación.	5. Dimensiones, elementos, aspectos de las competencias.	6. Valoración de los resultados: medidas adoptadas.

1.3. SITUACIÓN INICIAL DEL ALUMNADO EN RELACIÓN CON LA ADQUISICIÓN DE LAS CC.BB.		
COMPETENCIAS BÁSICAS	GRADO DE DOMINIO ALCANZADO	DIFICULTADES/ DÉFICIT DEL ALUMNADO
C. COMUNICACIÓN LINGÜÍSTICA.		
C. MATEMÁTICA.		
C. CONOCIMIENTO E INTERACCIÓN CON EL MUNDO FÍSICO.		
C. TRATAMIENTO DE LA INFORMACIÓN Y COMPETENCIA DIGITAL.		
C. SOCIAL Y CIUDADANA.		
C. CULTURAL Y ARTÍSTICA.		
C. APRENDER A APRENDER.		
C. AUTONOMÍA E INICIATIVA PERSONAL.		

1.4. PROPUESTAS DE MEJORA DE LOS RESULTADOS DE LAS P.E.D.			
COMPETENCIA BÁSICA	DIMENSIONES	ELEMENTOS	PROPUESTAS DE MEJORA
C. COMUNICACIÓN LINGÜÍSTICA			
C. MATEMÁTICA			
C. CONOCIMIENTO E INTERACCIÓN CON EL MUNDO FÍSICO			
C. TRATAMIENTO DE LA INFORMACIÓN Y COMPETENCIA DIGITAL			

COMPETENCIA BÁSICA	DIMENSIONES	ELEMENTOS	PROPUESTAS DE MEJORA
C. SOCIAL Y CIUDADANA			
C. CULTURAL Y ARTÍSTICA			
C. APRENDER A APRENDER			
C. AUTONOMÍA E INICIATIVA PERSONAL			

2. TOMA DE DECISIONES SOBRE LA ORGANIZACIÓN DEL CURRÍCULO ESCOLAR POR COMPETENCIAS BÁSICAS.

2.1. ARTICULACIÓN DE LAS ENSEÑANZAS PROPIAS DE LA COMUNIDAD AUTÓNOMA CON LAS COMPETENCIAS BÁSICAS.

ÁREA DE CONOCIMIENTO:

	COMPETENCIAS BÁSICAS							
APRENDIZAJES IMPRESCINDIBLES	C.L.	M.	C.I. M.F.	S.C.	C.A.	T.I.C.D.	A.A.	A.I.P.
•								
•								
•								
•								
•								
ASPECTOS TRANSVERSALES	C.L.	M.	C.I. M.F.	S.C.	C.A.	T.I.C.D.	A.A.	A.I.P.
•								
•								
•								
•								
•								

2.2. MODELOS DE ENSEÑANZA Y PAUTAS METODOLÓGICAS COMPARTIDAS.

COMPETENCIAS BÁSICAS	MODELOS DE ENSEÑANZAS	PAUTAS METODOLÓGICAS	IMPLICACIONES CURRICULARES/ ORGANIZATIVAS
C. COMUNICACIÓN LINGÜÍSTICA.			
C. MATEMÁTICA.			
C. CONOCIMIENTO E INTERACCIÓN CON EL MUNDO FÍSICO.			
C. TRATAMIENTO DE LA INFORMACIÓN Y COMPETENCIA DIGITAL.			
C. SOCIAL Y CIUDADANA.			
C. CULTURAL Y ARTÍSTICA.			
APRENDER A APRENDER.			
C. AUTONOMÍA E INICIATIVA PERSONAL.			

2.3. SELECCIÓN DE LOS ASPECTOS DISTINTIVOS DE LAS COMPETENCIAS BÁSICAS Y SU VINCULACIÓN CON LAS ÁREAS CURRICULARES DE LA EDUCACIÓN PRIMARIA.								
COMPETENCIA BÁSICA:								
ASPECTOS DISTINTIVOS	L. C.L.	L. EXTR.	C. M.	MAT.	ED. ART.	ED. CIUD.	ED. FIS.	

2.4. VINCULACIÓN DE LAS ÁREAS CON LAS COMPETENCIAS BÁSICAS.

COMPETENCIAS BÁSICAS	LENGUA	MATEMÁTICAS	IDIOMAS	C. MEDIO	ED. ARTIST.	ED. CIUD.	ED. FIS.
C. COMUNICACIÓN LINGÜÍSTICA.							
C. MATEMÁTICA.							
C. CONOCIMIENTO E INTERACCIÓN CON EL MUNDO FÍSICO.							
C. TRATAMIENTO DE LA INFORMACIÓN Y COMPETENCIA DIGITAL.							
C. SOCIAL Y CIUDADANA.							
C. CULTURAL Y ARTÍSTICA.							
APRENDER A APRENDER.							
C. AUTONOMÍA E INICIATIVA PERSONAL.							

2.5. CONTRIBUCIÓN DE LAS ÁREAS AL DESARROLLO DE LAS COMPETENCIAS BÁSICAS.			
C.B.:		EDUCACIÓN PRIMARIA	
	ÁREAS	APRENDIZAJES IMPRESCINDIBLES	
ASPECTOS DISTINTIVOS	LENGUA CASTELLANA Y LITERATURA		
	LENGUA EXTRANJERA		
	MATEMÁTICAS		
	CONOCIMIENTO DEL MEDIO NATURAL, SOCIAL Y CULTURAL		
	EDUCACIÓN ARTÍSTICA		
	EDUCACIÓN PARA LA CIUDADANÍA Y LOS DERECHOS HUMANOS		
	EDUCACIÓN FÍSICA		

2.6. FORMULACIÓN DE DESCRIPTORES DE ETAPA EN LA EDUCACIÓN PRIMARIA

COMPETENCIA BÁSICA: "_____"

ORGANIZADORES	ASPECTOS DISTINTIVOS	APRENDIZAJES IMPRESCINDIBLES	ÁREAS	DESCRIPTORES DE LA ETAPA
Conocimientos, saberes y experiencias aplicadas en la resolución de problemas y tareas.			L. Castellana y Literatura	
			Lenguas extranjeras	
			Matemáticas	
			Conocimiento del Medio	
			Artística	
			Ed. Ciudadanía y D. Humanos	
			Ed. Física	

ORGANIZADORES	ASPECTOS DISTINTIVOS	APRENDIZAJES IMPRESCINDIBLES	ÁREAS	DESCRIPTORES DE LA ETAPA
Habilidades prácticas y cognitivas utilizadas en la resolución de tareas y problemas.			Lengua Castellana y Literatura	
			Lenguas extranjeras	
			Matemáticas	
			Conocimiento del Medio	
			Artística	
			Ed. Ciudadanía y D. Humanos	
			Ed. Física	

ORGANIZADORES	ASPECTOS DISTINTIVOS	APRENDIZAJES IMPRESCINDIBLES	ÁREAS	DESCRIPTORES DE LA ETAPA
Valores, actitudes, sentimientos y emociones, que se manifiestan en la resolución de tareas y problemas.			Lengua Castellana y Literatura	
			Lenguas extranjeras	
			Matemáticas	
			Conocimiento del Medio	
			Artística	
			Ed. Ciudadanía y D. Humanos	
			Educación Física	

ORGANIZADORES	ASPECTOS DISTINTIVOS	APRENDIZAJES IMPRESCINDIBLES	ÁREAS	DESCRIPTORES DE LA ETAPA
Resolución de problemas en un contexto determinado.			Lengua Castellana y Literatura	
			Lenguas extranjeras	
			Matemáticas	
			Conocimiento del Medio	
			Artística	
			Ed. Ciudadanía y los D. Humanos	
			Educación Física	

2.7. ENUNCIADO DE INDICADORES DE LOGRO O DOMINIO EN LA EDUCACIÓN PRIMARIA

C.B.: "　　　　　　　　"

DESCRIPTOR ETAPA:

INDICADOR DE LOGRO O DOMINIO:

ÁREAS	CRITERIOS DE EVALUACIÓN
LENGUA CASTELLANA Y LITERATURA	
L. EXTRANJERA	
MATEMÁTICAS	
CONOCIMIENTO DEL MEDIO	
ARTÍSTICA	
EDUCACIÓN PARA LA CIUDADANÍA	
EDUCACIÓN FÍSICA	

2.8. ESCALA GRADUADA DE LOGRO O DOMINIO DE LAS COMPETENCIAS BÁSICAS.

COMPETENCIA BÁSICA: "

DESCRIPTORES ETAPA	LOGRO O DOMINIO 1º CICLO	LOGRO O DOMINIO 2º CICLO	LOGRO O DOMINIO 3º CICLO

3. PROGRAMACIONES DIDÁCTICAS Y DE AULA.

3.1. VINCULACIÓN DE LOS OBJETIVOS DE ETAPA CON LAS COMPETENCIAS BÁSICAS.

ETAPA EDUCATIVA:

COMPETENCIAS BÁSICAS	OBJETIVOS ETAPA EDUCATIVA	ÁREAS/MATERIAS
C. Comunicación lingüística		
C. Matemática		
C. Conocimiento e interacción con el mundo físico		
C. Tratamiento de la información y competencia digital		
C. Social y ciudadana		
C. Cultural y artística		
C. Aprender a aprender		
C. Autonomía e iniciativa personal		

3.2. ELABORACIÓN DE LAS PROGRAMACIONES DIDÁCTICAS DE LAS ÁREAS POR COMPETENCIAS BÁSICAS

ÁREA		CICLO	

COMPETENCIA BÁSICA: COMUNICACIÓN LINGÜÍSTICA

Objetivos de Etapa:

Objetivos del Área	Contenidos		Criterios de evaluación
	R.D. 1513/2006	Propios CC.AA.	

Indicadores de logro			

COMPETENCIA BÁSICA: MATEMÁTICA

Objetivos de Etapa:

Objetivos del Área	Contenidos		Criterios de evaluación
	R.D. 1513/2006	Propios CC.AA.	

Indicadores de logro			

COMPETENCIA BÁSICA: C.E. INTERACCIÓN CON EL MUNDO FÍSICO	Objetivos de Etapa:		
	Objetivos del Área	Contenidos	Criterios de evaluación
		R.D. 1513/2006	Propios CC.AA.	
Indicadores de logro			

COMPETENCIA BÁSICA: TRATº DE LA INFORMACIÓN Y COMPETENCIA DIGITAL	Objetivos de Etapa:		
	Objetivos del Área	Contenidos	Criterios de evaluación
		R.D. 1513/2006	Propios CC.AA.	
Indicadores de logro			

COMPETENCIA BÁSICA: SOCIAL Y CIUDADANA

Objetivos de Etapa:

Indicadores de logro	Objetivos del Área	Contenidos		Criterios de evaluación
		R.D. 1513/2006	Propios CC.AA.	

COMPETENCIA BÁSICA: CULTURAL Y ARTÍSTICA

Objetivos de Etapa:

Indicadores de logro	Objetivos del Área	Contenidos		Criterios de evaluación
		R.D. 1513/2006	Propios CC.AA.	

COMPETENCIA BÁSICA: APRENDER A APRENDER

Objetivos de Etapa:

Indicadores de logro	Objetivos del Área	Contenidos		Criterios de evaluación
		R.D. 1513/2006	Propios CC.AA.	

COMPETENCIA BÁSICA: AUTONOMÍA E INICIATIVA PERSONAL

Objetivos de Etapa:

Indicadores de logro	Objetivos del Área	Contenidos		Criterios de evaluación
		R.D. 1513/2006	Propios CC.AA.	

3.3. ELABORACIÓN DE LAS PROGRAMACIONES DE ÁMBITOS POR COMPETENCIAS BÁSICAS.

ÁMBITO

CICLO/CURSO

OBJETIVOS DE ETAPA:

ÁREAS	OBJETIVOS	CONTENIDOS	CRITERIOS EVALUACIÓN	COMPETENCIAS BÁSICAS	INDICADORES DE LOGRO

ÁREAS	OBJETIVOS	CONTENIDOS	CRITERIOS EVALUACIÓN	COMPETENCIAS BÁSICAS	INDICADORES DE LOGRO

ÁREAS	OBJETIVOS	CONTENIDOS	CRITERIOS EVALUACIÓN	COMPETENCIAS BÁSICAS	INDICADORES DE LOGRO

DECISIONES ORGANIZATIVAS Y FUNCIONALES				
AGRUPAMIENTOS	TIEMPO ESCOLAR	PROFESORADO	ESPACIOS	RECURSOS

4. PLANIFICACIÓN DE LA PRÁCTICA DOCENTE

4.1. PROGRAMACIÓN DE UNA UNIDAD DIDÁCTICA INTEGRADA.

ÁREA/MATERIA:

CICLO/CURSO:

Objetivo de Estudio

Competencias Básicas	Indicadores de logro	Objetivos	Contenidos	Criterios de evaluación	Secuencia de aprendizaje
C. Comunicación lingüística					
C. Matemática					
C. Conocimiento e interacción con el mundo físico					
C. Tratamiento de la información y competencia digital					
C. Social y ciudadana					
C. Cultural y artística					
C. Aprender a aprender					
C. Autonomía e iniciativa personal					

4.2. DISEÑO DE UNA UNIDAD DIDÁCTICA INTEGRADA MULTIDISCIPLINAR.

Ámbito/Área:

Ámbito/Área:

Ámbito/Área:

Objetivos	Contenidos	Criterios de evaluación	Objetivos	Contenidos	Criterios de evaluación	Objetivos	Contenidos	Criterios de evaluación

AGRUPAMIENTOS:

RECURSOS:

COMPETENCIAS BÁSICAS	INDICADORES DE LOGRO	SECUENCIA DE LA TAREA	CONTEXTOS DE USO
C. Comunicación lingüística			
C. Matemática			
C. Conocimiento e interacción con el mundo físico			
C. Tratamiento de la información y competencia digital			
C. Social y ciudadana			
C. Cultural y artística			
C. Aprender a aprender			
C. Autonomía e iniciativa personal			

4.3. PLANIFICACIÓN DE ACCIONES DIRIGIDAS A LA IMPLEMENTACIÓN DE LAS COMPETENCIAS BÁSICAS EN EL CURRÍCULO ESCOLAR.			
ACCIONES	RESPONSABLES	TEMPORALIZACIÓN	INDICADORES DE MEJORA

4.4. DESARROLLO DE UNA TAREA INTEGRADA.

TAREA	CONTEXTO/S	SECUENCIA DE TRABAJO	CC.BB. NIVELES LOGRO

4.5. BANCO DE TAREAS.

ETAPA/CICLO	ÁREAS	COMPETENCIAS BÁSICAS

TAREA	RECURSOS	CONTEXTOS DE USO

TAREA	RECURSOS	CONTEXTOS DE USO

4.6. BANCO DE RECURSOS DE LECTURA.

MATERIAL	TAREA	CICLO	ÁREA/S ASPECTOS TRANVERSALES	COMPETENCIAS BÁSICAS

5. TRATAMIENTO DE LA EVALUACIÓN DE LAS COMPETENCIAS BÁSICAS EN LAS PROGRAMACIONES DIDÁCTICAS.

5.1. INTERRELACIÓN DE LOS CRITERIOS DE EVALUACIÓN CON LAS COMPETENCIAS BÁSICAS.

COMPETENCIA BÁSICA:

ÁREAS	CRITERIOS DE EVALUACIÓN 1º CICLO	CRITERIOS DE EVALUACIÓN 2º CICLO	CRITERIOS DE EVALUACIÓN 3º CICLO
LENGUA			
IDIOMAS			
MATEMÁTICAS			
C. MEDIO			
ED. ARTÍSTICA			
ED. PARA LA CIUDADANÍA			
ED. FÍSICA			

5.2. VINCULACIÓN DE LOS INDICADORES DE LOGRO CON LOS CRITERIOS DE EVALUACIÓN DE LAS ÁREAS.

PROGRAMACIÓN DIDÁCTICA DEL ÁREA:

CICLO:

COMPETENCIAS BÁSICAS	INDICADORES DE LOGRO O DOMINIO	CRITERIOS DE EVALUACIÓN
C. Comunicación lingüística		
C. Matemática		
C. Conocimiento e interacción con el mundo físico		
C. Tratamiento de la información y competencia digital		
C. Social y ciudadana		
C. Cultural y artística		
C. Aprender a aprender		
C. Autonomía e iniciativa personal		

5.3. TRATAMIENTO DE LA EVALUACIÓN DE LAS COMPETENCIAS BÁSICAS EN LA PLANIFICACIÓN Y DESARROLLO DE LA PRÁCTICA DOCENTE DEL AULA.

ÁREA		UNIDAD DIDÁCTICA		
COMPETENCIAS BÁSICAS	INDICADORES DE LOGRO (CICLO)	CRITERIOS DE EVALUACIÓN	TAREA/S INTEGRADAS	
C. Comunicación lingüística				
C. Matemática				
C. Conocimiento e interacción con el mundo físico				
C. Tratamiento de la información y competencia digital				
C. Social y ciudadana				
C. Cultural y artística				
C. Aprender a aprender				
C. Autonomía e iniciativa personal				

5.4. REGISTRO DEL NIVEL DE LOGRO DESARROLLADO POR EL ALUMNADO EN LOS PROCESOS DE ENSEÑANZA/APRENDIZAJE

Alumno/a:

Curso: _____

COMPETENCIA BÁSICA:

ESTIMACIÓN NIVEL DE LOGRO:

NIVELES DE LOGRO: _____ CICLO

	1º TRIM.				2º TRIM.				3º TRIM.			
	1	2	3	V	1	2	3	V	1	2	3	V

5.5. TOMA DE DECISIONES PARA LA EVALUACIÓN Y PROMOCIÓN DEL ALUMNADO.

ALUMNO/A: **CICLO:**

C.B. COMUNICACIÓN LINGÜÍSITCA

INDICADORES DE LOGRO:	ESTIMACIÓN DEL NIVEL DE LOGRO				
	Poco	Regular	Adecuado	Bueno	Excelente

C.B MATEMÁTICA

INDICADORES DE LOGRO:	ESTIMACIÓN DEL NIVEL DE LOGRO				
	Poco	Regular	Adecuado	Bueno	Excelente

C.B. CONOCIM. E INTERACCIÓN CON EL MUNDO FÍSICO

INDICADORES DE LOGRO:	ESTIMACIÓN DEL NIVEL DE LOGRO				
	Poco	Regular	Adecuado	Bueno	Excelente

C.B. TRATAMIENTO DE LA INFORMACIÓN Y C. DIGITAL	ESTIMACIÓN DEL NIVEL DE LOGRO				
INDICADORES DE LOGRO:	Poco	Regular	Adecuado	Bueno	Excelente

C.B. SOCIAL Y CIUDADANA	ESTIMACIÓN DEL NIVEL DE LOGRO				
INDICADORES DE LOGRO:	Poco	Regular	Adecuado	Bueno	Excelente

C.B. CULTURAL Y ARTÍSTICA	ESTIMACIÓN DEL NIVEL DE LOGRO				
INDICADORES DE LOGRO:	Poco	Regular	Adecuado	Bueno	Excelente

C.B. APRENDER A APRENDER	ESTIMACIÓN DEL NIVEL DE LOGRO				
NIVELES DE LOGRO:	Poco	Regular	Adecuado	Bueno	Excelente

C.B. AUTONOMÍA E INICITIVA PERSONAL	ESTIMACIÓN DEL NIVEL DE LOGRO				
INDICADORES DE LOGRO:	Poco	Regular	Adecuado	Bueno	Excelente

Carpeta de documentos N° 1

IMPLEMENTACIÓN DE LAS COMPETENCIAS BÁSICAS EN EL CURRÍCULO ESCOLAR DE LA EDUCACIÓN PRIMARIA

1. Aspectos distintivos de la competencia básica.

2. Contribución de las áreas al desarrollo de la competencia básica: aprendizajes imprescindibles.

3. Descriptores de etapa sobre las expectativas de desarrollo de la competencia básica.

4. Evaluación de la competencia básica: indicadores de logro o dominio a nivel de ciclo.

5. Escala de indicadores de logro de la competencia básica en la educación primaria, por ciclos.

COMPETENCIA BÁSICA COMUNICACIÓN LINGÜÍSTICA

ASPECTOS DISTINTIVOS	ÁREAS	APRENDIZAJES IMPRESCINDIBLES
1. Expresión y comprensión de mensajes orales: escuchar, exponer y dialogar. 2. Construcción y comunicación del conocimiento. 3. Utilización del lenguaje como instrumento de comunicación y de escritura, de representación, interpretación y comprensión de la realidad. 4. Comunicación oral y escrita. 5. Acceso a diversas fuentes de información, comunicación y aprendizaje. 6. Organización y autorregulación del pensamiento, las emociones y las conductas. 7. Expresión de pensamientos, emociones, vivencias y opiniones. 8. Promoción de la igualdad entre hombres y mujeres, y eliminación de estereotipos y expresiones sexistas.	LENGUA CASTELLANA Y LITERATURA	□ Expresarse de forma clara, concisa y ordenada, usando el léxico, la entonación, pronunciación y registros adecuados. □ Captar el sentido, general o concreto, de los mensajes orales escuchados en diferentes contextos para identificar la información más relevante de los mismos. □ Captar las ideas generales y concretas de la lectura. □ Adquirir el código escrito y sus convenciones. □ Usar socialmente la lengua en diferentes contextos comunicativos. □ Desarrollar habilidades comunicativas. □ Procesar la información procedente de diversos textos y formatos, identificándola y clasificándola. □ Procesar la información de aspectos no textuales (códigos visuales, musicales, de expresión corporal, etc.). □ Redactar textos propios ajustados a su nivel, edad e intereses, procurando una funcionalidad e intencionalidad comunicativas. □ Mostrar interés por la creación literaria a través de la recreación de géneros afines a la edad. □ Comunicar oralmente hechos, vivencias o ideas, para resolver conflictos y controlar la propia conducta. □ Desarrollar la actitud y pautas de comportamiento como oyente. □ Respetar la utilización de un lenguaje no discriminatorio y no sexista. □ Respetar al interlocutor y el contenido de lo que se escucha. □ Favorecer la actitud ante la lectura y la capacidad de relación de lo aprendido con sus propias vivencias.
9. Comunicación y desenvolvimiento en contextos distintos al propio.	LENGUA EXTRANJERA	□ Completar, enriquecer y llenar de nuevos matices comprensivos y expresivos la comunicación lingüística. □ Desarrollar habilidades comunicativas. □ Aplicar los aprendizajes en el conocimiento de otras lenguas.

ASPECTOS DISTINTIVOS	ÁREAS	APRENDIZAJES IMPRESCINDIBLES
	MATEMÁTICAS	❏ Incorporar lo esencial del lenguaje matemático a la expresión habitual y adecuada y precisión en su uso.
		❏ Facilitar la expresión y la escucha de las explicaciones de los demás.
		❏ Desarrollar la comprensión, el espíritu crítico y la mejora de las destrezas comunicativas.
		❏ Describir verbalmente los razonamientos y los procesos seguidos en la resolución de problemas.
	CONOCIMIENTO DEL MEDIO NATURAL, SOCIAL Y CULTURAL	❏ Utilizar vocabulario específico.
		❏ Acercarse a textos informativos, explicativos y argumentativos.
		❏ Valorar la claridad en la exposición, el rigor en el empleo de los términos., la estructuración del discurso, la síntesis, etc.
	EDUCACIÓN ARTÍSTICA	❏ Favorecer los intercambios comunicativos, el uso de las normas que los rigen, la explicación de los procesos que se desarrollan y el uso del vocabulario específico.
		❏ Describir procesos de trabajo y argumentar las soluciones dadas a los problemas encontrados.
		❏ Valorar la obra artística.
	EDUCACIÓN PARA LA CIUDADANÍA Y LOS DERECHOS HUMANOS	❏ Conocer y usar términos y conceptos propios.
		❏ Usar sistemáticamente el debate para ejercitarse en la escucha, la exposición y la argumentación.
	EDUCACIÓN FÍSICA	❏ Favorecer los intercambios comunicativos con el uso de las normas que los rigen y con el vocabulario específico que el área aporta.

COMPETENCIA BÁSICA: COMUNICACIÓN LINGÜÍSTICA

ORGANIZADORES	ASPECTOS DISTINTIVOS	APRENDIZAJES IMPRESCINDIBLES	ÁREAS	DESCRIPTORES DE LA ETAPA
1. Conocimientos, saberes y experiencias aplicadas en la resolución de problemas y tareas.	❖ Expresión y comprensión de mensajes orales: escuchar, exponer y dialogar. ❖ Construcción y comunicación del conocimiento.	☐ Expresarse de forma clara, concisa y ordenada, usando el léxico, la entonación, pronunciación y registros adecuados. ☐ Captar el sentido, general o concreto, de los mensajes orales escuchados en diferentes contextos para identificar la información más relevante de los mismos. ☐ Captar las ideas generales y concretas de la lectura.	L. Castellana y Literatura.	Expresa y comprende el sentido de los mensajes orales y escritos en diferentes contextos, de forma clara, concisa y ordenada, y capta las ideas generales y concretas de un texto escrito.
		☐ Completar, enriquecer y llenar de nuevos matices comprensivos y expresivos la comunicación lingüística.	Lenguas extranjeras	
		☐ Incorporar lo esencial del lenguaje matemático a la expresión habitual y adecuada y precisión en su uso.	Matemáticas	
		☐ Conocer y usar términos y conceptos propios.	Educación para la Ciudadanía y los Derechos Humanos	
		☐ Utilizar vocabulario específico.	Conocimiento del Medio.	

ORGANIZADORES	ASPECTOS DISTINTIVOS	APRENDIZAJES IMPRESCINDIBLES	ÁREAS	DESCRIPTORES DE LA ETAPA
2. Habilidades prácticas y cognitivas utilizadas en la resolución de tareas y problemas.	❖ Utilización del lenguaje como instrumento de comunicación y de escritura, de representación, interpretación y comprensión de la realidad. ❖ Comunicación oral y escrita. ❖ Acceso a diversas fuentes de información, comunicación y aprendizaje.	❑ Adquirir el código escrito y sus convenciones ❑ Usar socialmente la lengua en diferentes contextos comunicativos. ❑ Desarrollar habilidades comunicativas. ❑ Procesar la información procedente de diversos textos y formatos, identificándola y clasificándola. ❑ Procesar la información de aspectos no textuales (códigos visuales, musicales, de expresión corporal, etc.). ❑ Redactar textos propios ajustados a su nivel, edad e intereses, procurando una funcionalidad e intencionalidad comunicativas. ❑ Mostrar interés por la creación literaria a través de la recreación de géneros afines a la edad.	Lengua Castellana y Literatura	Adquiere y utiliza el código escrito y sus convenciones para acceder a diversas fuentes de información y comunicación para adquirir aprendizajes e intercambiarlos en diferentes contextos comunicativos, de forma oral y escrita.
		❑ Desarrollar habilidades comunicativas.	L. Extranjeras	
		❑ Acercarse a textos informativos, explicativos y argumentativos.	Conocimiento del Medio	
		❑ Favorecer los intercambios comunicativos, el uso de las normas que los rigen, la explicación de los procesos que se desarrollan y el uso del vocabulario específico. ❑ Describir procesos de trabajo y argumentar las soluciones dadas a los problemas encontrados.	Artística	

ORGANIZADORES	ASPECTOS DISTINTIVOS	APRENDIZAJES IMPRESCINDIBLES	ÁREAS	DESCRIPTORES DE LA ETAPA
		❏ Favorecer los intercambios comunicativos con el uso de las normas que los rigen y con el vocabulario específico que el área aporta.	Educación Física	
		❏ Usar sistemáticamente el debate para ejercitarse en la escucha, la exposición y la argumentación.	Educación para la ciudadanía y los derechos humanos.	
3. Valores, actitudes, sentimientos y emociones, que se manifiestan en la resolución de tareas y problemas.	❖ Organización y autorregulación del pensamiento, las emociones y las conductas. ❖ Expresión de pensamientos, emociones, vivencias y opiniones. ❖ Promoción de la igualdad entre hombres y mujeres, y eliminación de estereotipos y expresiones sexistas.	❏ Comunicar oralmente hechos, vivencias o ideas, para resolver conflictos y controlar la propia conducta. ❏ Desarrollar la actitud y pautas de comportamiento como oyente ❏ Respetar la utilización de un lenguaje no discriminatorio y no sexista. ❏ Respetar al interlocutor y el contenido de lo que se escucha. ❏ Favorecer la actitud ante la lectura y la capacidad de relación de lo aprendido con sus propias vivencias.	L. Castellana y Literatura.	Expresa pensamientos, emociones, vivencias y opiniones relacionadas con los aprendizajes, utiliza un lenguaje no discriminatorio y no sexista para resolver conflictos y controlar la propia conducta, y desarrolla el espíritu crítico ante situaciones de desigualdad entre hombres y mujeres.
		❏ Facilitar la expresión y la escucha de las explicaciones de los demás. ❏ Desarrollar la comprensión, el espíritu crítico y la mejora de las destrezas comunicativas.	Matemáticas	
		❏ Valorar la obra artística.	Artística	
		❏ Valorar la claridad en la exposición, el rigor en el empleo de los términos., la estructuración del discurso, la síntesis, etc.	Conocimiento del Medio	

ORGANIZADORES	ASPECTOS DISTINTIVOS	APRENDIZAJES IMPRESCINDIBLES	ÁREAS	DESCRIPTORES DE LA ETAPA
4. Resolución de problemas o tareas en un contexto determinado.	❖ Comunicación y desenvolvimiento en contextos distintos al propio.	❑ Aplicar los aprendizajes en el conocimiento de otras lenguas.	Lenguas extranjeras	Se comunica y desenvuelve en diferentes contextos de la vida cotidiana y escolar, utilizando la escucha y la argumentación como vías de encuentro y de resolución de problemas de forma pacífica.
		❑ Describir verbalmente los razonamientos y los procesos seguidos en la resolución de problemas.	Matemáticas	

PRIMER CICLO DE LA EDUCACIÓN PRIMARIA

COMPETENCIA BÁSICA: COMUNICACIÓN LINGÜÍSTICA

DESCRIPTOR ETAPA:

1. Expresa y comprende el sentido de los mensajes orales y escritos en diferentes contextos, de forma clara, concisa y ordenada, y capta las ideas generales y concretas de un texto escrito.

INDICADORES DE LOGRO O DOMINIO 1º CICLO:

☐ Describe experiencias, vivencias e ideas y capta el sentido global de textos orales y escritos, identificando la información más relevante.

☐ Utiliza la terminología gramatical y lingüística para comparar hechos o situaciones del entorno próximo.

ÁREAS	CRITERIOS DE EVALUACIÓN
LENGUA CASTELLANA Y LITERATURA	➤ Captar el sentido global de textos orales de uso habitual, identificando la información más relevante. ➤ Relacionar, poniendo ejemplos concretos, la información contenida en los textos escritos próximos a la experiencia infantil, con las propias vivencias e ideas y mostrar la comprensión a través de la lectura en voz alta. ➤ Comprender y utilizar la terminología gramatical y lingüística elemental, en las actividades relacionadas con la producción y comprensión de textos.
L. EXTRANJERA	➤ Captar la idea global e identificar algunos elementos específicos en textos orales, con ayuda de elementos lingüísticos y no lingüísticos del contexto. ➤ Leer e identificar palabras y frases sencillas presentadas previamente de forma oral, sobre temas familiares y de interés. ➤ Reconocer y reproducir aspectos sonoros, de ritmo, acentuación y entonación de expresiones que aparecen en contextos comunicativos habituales.
MATEMÁTICAS	➤ Describir la situación de un objeto del espacio próximo, y de un desplazamiento en relación a sí mismo, utilizando los conceptos de izquierda-derecha, delante-detrás, arriba-abajo, cerca-lejos y próximo-lejano.
C. DEL MEDIO	➤ Reconocer, identificar y poner ejemplos sencillos sobre las principales profesiones y responsabilidades que desempeñan las personas del entorno.
ED. ARTÍSTICA	➤ Describir cualidades y características de materiales, objetos e instrumentos presentes en el entorno natural y artificial. ➤ Usar términos sencillos para comentar las obras plásticas y musicales observadas y escuchadas.

COMPETENCIA BÁSICA: COMUNICACIÓN LINGÜÍSTICA

DESCRIPTOR ETAPA:	INDICADORES DE LOGRO O DOMINIO 1º CICLO:
2. Adquiere y utiliza el código escrito y sus convenciones para acceder a diversas fuentes de información y comunicación para adquirir aprendizajes e intercambiarlos en diferentes contextos comunicativos, de forma oral y escrita.	☐ Localiza información concreta en textos escritos y la utiliza para redactar experiencias propias ateniéndose a modelos claros y cuidando las normas gramaticales y ortográficas más sencillas.
	☐ Describe e intercambia información en diferentes contextos comunicativos, de forma oral y escrita, sobre objetos, animales y plantas observadas en el espacio próximo, u obtenidas por diversas fuentes.
	☐ Describe e intercambia información en diferentes contextos comunicativos, de forma oral y escrita, sobre objetos, animales y plantas observadas en el espacio próximo, u obtenidas por diversas fuentes.

ÁREAS	CRITERIOS DE EVALUACIÓN
LENGUA CASTELLANA Y LITERATURA	➢ Localizar información concreta y realizar inferencias directas en la lectura de textos. ➢ Expresarse de forma oral mediante textos que presenten de manera organizada hechos, vivencias o ideas. ➢ Redactar y reescribir diferentes textos relacionados con la experiencia infantil ateniéndose a modelos claros, utilizando la planificación y revisión de los textos, cuidando las normas gramaticales y ortográficas más sencillas y los aspectos formales.
L. EXTRANJERA	➢ Escribir palabras, expresiones conocidas y frases a partir de modelos y con una finalidad específica.
MATEMÁTICAS	➢ Comparar cantidades pequeñas de objetos, hechos o situaciones familiares, interpretando y expresando los resultados de la comparación, y ser capaces de redondear hasta la decena más cercana. ➢ Realizar interpretaciones elementales de los datos presentados en gráficas de barras.
CONOCIMIENTO DEL MEDIO	➢ Reconocer y clasificar con criterios elementales los animales y plantas más relevantes de su entorno, así como algunas otras especies conocidas por la información obtenida a través de diversos medios. ➢ Realizar preguntas adecuadas para obtener información de una observación, utilizar algunos instrumentos y hacer registros claros.
ED. ARTÍSTICA	➢ Identificar y expresar a través de diferentes lenguajes algunos de los elementos (timbre, velocidad, intensidad, carácter) de una obra musical.

COMPETENCIA BÁSICA: COMUNICACIÓN LINGÜÍSTICA

DESCRIPTOR ETAPA:

3. Expresa pensamientos, emociones, vivencias y opiniones relacionadas con los aprendizajes, utiliza un lenguaje no discriminatorio y no sexista para resolver conflictos y controlar la propia conducta, y desarrolla el espíritu crítico ante situaciones de desigualdad entre hombres y mujeres.

INDICADORES DE LOGRO O DOMINIO 1º CICLO:

☐ Expresa de forma oral y escrita y de manera organizada pensamientos y emociones referidos a hechos y vivencias propias y de personajes conocidos de textos literarios.

☐ Participa en las situaciones de comunicación del aula, respetando las normas de intercambio –turno de palabra, atención, escucha y exposición– empleando un lenguaje no discriminatorio y no sexista.

ÁREAS	CRITERIOS DE EVALUACIÓN
LENGUA CASTELLANA Y LITERATURA	➤ Participar en las situaciones de comunicación del aula, respetando las normas del intercambio: guardar el turno de palabra, escuchar, mirar al interlocutor, mantener el tema. ➤ Expresarse de forma oral mediante textos que presenten de manera organizada hechos, vivencias o ideas.
L. EXTRANJERA	➤ Participar en interacciones orales muy dirigidas sobre temas conocidos en situaciones de comunicación fácilmente predecibles. ➤ Mostrar interés y curiosidad por aprender la lengua extranjera y reconocer la diversidad lingüística como elemento enriquecedor.
CONOCIMIENTO DEL MEDIO	➤ Poner ejemplos de elementos y recursos fundamentales del medio físico (sol, agua, aire), y su relación con la vida de las personas, tomando conciencia de la necesidad de su uso responsable. ➤ Poner ejemplos asociados a la higiene, la alimentación equilibrada, el ejercicio físico y el descanso como formas de mantener la salud, el bienestar y el buen funcionamiento del cuerpo. ➤ Reconocer algunas manifestaciones culturales presentes en el ámbito escolar, local y autonómico, valorando su diversidad y riqueza.
EDUCACIÓN FÍSICA	➤ Participar y disfrutar en juegos ajustando su actuación, tanto en lo que se refiere a aspectos motores como a aspectos de relación con los compañeros y compañeras. ➤ Mostrar interés por cumplir las normas referentes al cuidado del cuerpo con relación a la higiene y a la conciencia del riesgo en la actividad física.

COMPETENCIA BÁSICA: COMUNICACIÓN LINGÜÍSTICA

DESCRIPTOR ETAPA:	INDICADORES DE LOGRO O DOMINIO 1° CICLO:
4. Se comunica y desenvuelve en diferentes contextos de la vida cotidiana y escolar, utilizando la escucha y la argumentación como vías de encuentro y de resolución de problemas de forma pacífica.	☐ Formula y resuelve sencillos problemas relacionados con objetos y situaciones de la vida cotidiana, ordenando las operaciones a realizar y explicando, de forma oral y escrita, el proceso seguido para resolverlos.
	☐ Utiliza la escucha y la argumentación para resolver pacíficamente los problemas del aula.

ÁREAS	CRITERIOS DE EVALUACIÓN
LENGUA CASTELLANA Y LITERATURA	➤ Identificar de forma guiada algunos cambios que se producen en las palabras, los enunciados y los textos al realizar segmentaciones, cambios en el orden, supresiones e inserciones que hacen mejorar la comprensión y la expresión oral y escrita.
	➤ Conocer textos literarios de la tradición oral y de la literatura infantil adecuados al ciclo, así como algunos aspectos formales simples de la narración y de la poesía con la finalidad de apoyar la lectura y la escritura de dichos textos.
MATEMÁTICAS	➤ Formular problemas sencillos en los que se precise contar, leer y escribir números hasta el 999.
	➤ Realizar, en situaciones cotidianas, cálculos numéricos básicos con las operaciones de suma, resta y multiplicación, utilizando procedimientos diversos y estrategias personales.
	➤ Formular y resolver sencillos problemas en los que intervenga la lectura de gráficos.
	➤ Resolver problemas sencillos relacionados con objetos, hechos y situaciones de la vida cotidiana, seleccionando las operaciones de suma y resta y utilizando los algoritmos básicos correspondientes, u otros procedimientos de resolución, y explicar oralmente el proceso seguido para resolver un problema.
C. DEL MEDIO	➤ Ordenar temporalmente algunos hechos relevantes de la vida familiar o del entorno próximo.
ED. ARTÍSTICA	➤ Simbolizar personajes y situaciones mediante el cuerpo y el movimiento con desinhibición y soltura en la actividad.

SEGUNDO CICLO DE LA EDUCACIÓN PRIMARIA

COMPETENCIA BÁSICA: COMUNICACIÓN LINGÜÍSTICA

DESCRIPTOR ETAPA:	INDICADORES DE LOGRO O DOMINIO 2º CICLO:
1. Expresa y comprende el sentido de los mensajes orales y escritos en diferentes contextos, de forma clara, concisa y ordenada, y capta las ideas generales y concretas de un texto escrito.	☐ Capta el sentido global de textos orales y escritos de uso habitual, reconociendo las ideas principales y secundarias, e interpreta e integra las ideas propias con la información contenida en los mismos.
	☐ Utiliza la terminología gramatical y lingüística adecuada para la realización de actividades de producción y comprensión de textos orales y escritos, de uso habitual en los diversos contextos.

ÁREAS	CRITERIOS DE EVALUACIÓN
LENGUA CASTELLANA Y LITERATURA	➤ Captar el sentido de textos orales de uso habitual, reconociendo las ideas principales y secundarias.
	➤ Interpretar e integrar las ideas propias con la información contenida en los textos de uso escolar y social, y mostrar la comprensión a través de la lectura en voz alta.
	➤ Comprender y utilizar la terminología gramatical y lingüística propia del ciclo en las actividades de producción y comprensión de textos.
L. EXTRANJERA	➤ Captar el sentido global, e identificar información específica en textos orales sobre temas familiares y de interés.
	➤ Leer y captar el sentido global y algunas informaciones específicas de textos sencillos sobre temas conocidos y con una finalidad concreta.
	➤ Usar formas y estructuras propias de la lengua extranjera incluyendo aspectos sonoros, de ritmo, acentuación y entonación en diferentes contextos comunicativos de forma significativa.
MATEMÁTICAS	➤ Reconocer y describir formas y cuerpos geométricos del espacio (polígonos, círculos, cubos, prismas, cilindros, esferas).
CONOCIMIENTO DEL MEDIO	➤ Señalar algunas funciones de las administraciones y de organizaciones diversas y su contribución al funcionamiento de la sociedad, valorando la importancia de la participación personal en las responsabilidades colectivas.
	➤ Explicar con ejemplos concretos, la evolución de algún aspecto de la vida cotidiana relacionado con hechos históricos relevantes, identificando las nociones de duración, sucesión y simultaneidad.
EDUCACIÓN ARTÍSTICA	➤ Usar adecuadamente algunos de los términos propios del lenguaje plástico y musical en contextos precisos, intercambios comunicativos, descripción de procesos y argumentaciones.
	➤ Memorizar e interpretar un repertorio básico de canciones, piezas instrumentales y danzas.

COMPETENCIA BÁSICA: COMUNICACIÓN LINGÜÍSTICA

DESCRIPTOR ETAPA:

2. Adquiere y utiliza el código escrito y sus convenciones para acceder a diversas fuentes de información y comunicación, y para adquirir aprendizajes e intercambiarlos en diferentes contextos comunicativos, de forma oral y escrita

INDICADORES DE LOGRO O DOMINIO 2º CICLO:

□ Localiza y recupera información explícita en un texto y la utiliza para redactar, reescribir y resumir diferentes textos significativos de situaciones cotidianas y escolares, de forma ordenada y adecuada, cuidando las normas gramaticales y ortográficas y los aspectos formales, tanto en soporte papel como digital.

□ Obtiene, describe e intercambia información en diferentes contextos comunicativos, de forma oral y escrita, sobre objetos familiares, el medio físico y las formas de vida y actuaciones de las personas.

ÁREAS	CRITERIOS DE EVALUACIÓN
LENGUA CASTELLANA Y LITERATURA	➢ Localizar y recuperar información explícita y realizar inferencias directas en la lectura de textos. ➢ Redactar, reescribir y resumir diferentes textos significativos en situaciones cotidianas y escolares, de forma ordenada y adecuada, utilizando la planificación y revisión de los textos, cuidando las normas gramaticales y ortográficas y los aspectos formales, tanto en soporte papel como digital.
L. EXTRANJERA	➢ Escribir frases y textos cortos significativos en situaciones cotidianas y escolares a partir de modelos con una finalidad determinada y con un formato establecido, tanto en soporte papel como digital. ➢ Informar sobre temas conocidos en diferentes soportes e identificar algunos aspectos personales que le ayudan a aprender mejor.
MATEMÁTICAS	➢ Obtener información puntual y describir una representación espacial (croquis de un itinerario, plano de una pista...) tomando como referencia objetos familiares y utilizar las nociones básicas de movimientos geométricos, para describir y comprender situaciones de la vida cotidiana y para valorar expresiones artísticas.
CONOCIMIENTO DEL MEDIO	➢ Reconocer y explicar, recogiendo datos y utilizando aparatos de medida, las relaciones entre algunos factores del medio físico (relieve, suelo, clima, vegetación...) y las formas de vida y actuaciones de las personas, valorando la adopción de actitudes de respeto por el equilibrio ecológico. ➢ Utilizar las nociones espaciales y la referencia a los puntos cardinales para situarse en el entorno, para localizar y describir la situación de los objetos en espacios delimitados, y utilizar planos y mapas con escala gráfica para desplazarse. ➢ Obtener información relevante sobre hechos o fenómenos previamente delimitados, hacer predicciones sobre sucesos naturales y sociales, integrando datos de observación directa e indirecta a partir de la consulta de fuentes básicas y comunicar los resultados.

COMPETENCIA BÁSICA: COMUNICACIÓN LINGÜÍSTICA

DESCRIPTOR ETAPA:

3. Expresa pensamientos, emociones, vivencias y opiniones relacionadas con los aprendizajes, utiliza un lenguaje no discriminatorio y no sexista para resolver conflictos y controlar la propia conducta, y desarrolla el espíritu crítico ante situaciones de desigualdad entre hombres y mujeres

INDICADORES DE LOGRO O DOMINIO 2º CICLO:

☐ Expresa de forma oral y escrita y de manera organizada conocimientos, ideas, hechos y vivencias y utiliza textos literarios de la tradición oral y de la literatura infantil para mejorar la lectura y la escritura y la comunicación de ideas y sentimientos.

☐ Participa en situaciones de comunicación del aula, respetando las normas de intercambio –turno de palabra, atención, mirar y escuchar a quien habla, exposición, argumentación y entonación adecuada–, empleando un lenguaje no discriminatorio y no sexista y manteniendo una actitud crítica ante situaciones de desigualdad entre niños y niñas.

ÁREAS	CRITERIOS DE EVALUACIÓN
LENGUA CASTELLANA Y LITERATURA	➤ Participar en las situaciones de comunicación del aula, respetando las normas del intercambio: guardar el turno de palabra, escuchar, exponer con claridad, entonar adecuadamente. ➤ Expresarse de forma oral mediante textos que presenten de manera sencilla y coherente conocimientos, ideas, hechos y vivencias.
L. EXTRANJERA	➤ Participar en interacciones orales dirigidas sobre temas conocidos en situaciones de comunicación predecibles, respetando las normas básicas del intercambio, como escuchar y mirar a quien habla. ➤ Valorar la lengua extranjera como instrumento de comunicación con otras personas y mostrar curiosidad e interés hacia las personas que hablan la lengua extranjera.
CONOCIMIENTO DEL MEDIO	➤ Identificar y explicar las consecuencias para la salud y el desarrollo personal de determinados hábitos de alimentación, higiene, ejercicio físico y descanso. ➤ Señalar algunas funciones de las administraciones y de organizaciones diversas y su contribución al funcionamiento de la sociedad, valorando la importancia de la participación personal en las responsabilidades colectivas. ➤ Identificar fuentes de energía comunes y procedimientos y máquinas para obtenerla, poner ejemplos de usos prácticos de la energía y valorar la importancia de hacer un uso responsable de las fuentes de energía del planeta. ➤ Analizar las partes principales de objetos y máquinas, las funciones de cada una de ellas y planificar y realizar un proceso sencillo de construcción de algún objeto mostrando actitudes de cooperación en el trabajo en equipo y el cuidado por la seguridad.

ÁREAS	CRITERIOS DE EVALUACIÓN
EDUCACIÓN FÍSICA	➤ Participar del juego y las actividades deportivas con conocimiento de las normas y mostrando una actitud de aceptación hacia las demás. ➤ Utilizar los recursos expresivos del cuerpo e implicarse en el grupo para la comunicación de ideas, sentimientos y representación de personajes e historias, reales o imaginarias.
ED. ARTÍSTICA	➤ Describir las características de elementos presentes en el entorno y las sensaciones que las obras artísticas provocan.

COMPETENCIA BÁSICA: COMUNICACIÓN LINGÜÍSTICA

DESCRIPTOR ETAPA:

4. Se comunica y desenvuelve en diferentes contextos de la vida cotidiana y escolar, utilizando la escucha y la argumentación como vías de encuentro y de resolución de problemas de forma pacífica.

INDICADORES DE LOGRO O DOMINIO 2º CICLO:

☐ Planifica de forma oral y por escrito y de forma ordenada las acciones que corresponden realizar en el tratamiento y resolución de un problema de la vida cotidiana, reflexionando posteriormente sobre las ventajas e inconvenientes de las acciones desarrolladas.

☐ Utiliza la escucha y la argumentación para dialogar y negociar con los demás la resolución pacífica de los problemas de la vida cotidiana.

ÁREAS	CRITERIOS DE EVALUACIÓN
LENGUA CASTELLANA Y LITERATURA	➤ Identificar algunos cambios que se producen en las palabras, los enunciados y los textos al realizar segmentaciones, cambios en el orden, supresiones e inserciones que hacen mejorar la comprensión y la expresión oral y escrita. ➤ Conocer textos literarios de la tradición oral y de la literatura infantil adecuados al ciclo así como las características básicas de la narración y la poesía, con la finalidad de apoyar la lectura y la escritura de dichos textos.
L. EXTRANJERA	➤ Identificar algunos aspectos de la vida cotidiana de los países donde se habla la lengua extranjera y compararlos con los propios.

ÁREAS	CRITERIOS DE EVALUACIÓN
MATEMÁTICAS	➤ Utilizar en contextos cotidianos, la lectura y la escritura de números naturales de hasta seis cifras, interpretando el valor posicional de cada una de ellas y comparando y ordenando números por el valor posicional y en la recta numérica.
	➤ Recoger datos sobre hechos y objetos de la vida cotidiana utilizando técnicas sencillas de recuento, ordenar estos datos atendiendo a un criterio de clasificación y expresar el resultado de forma de tabla o gráfica.
	➤ Resolver problemas relacionados con el entorno que exijan cierta planificación, aplicando dos operaciones con números naturales como máximo, así como los contenidos básicos de geometría o tratamiento de la información y utilizando estrategias personales de resolución.
CONOCIMIENTO DEL MEDIO	➤ Identificar, a partir de ejemplos de la vida diaria, algunos de los principales usos que las personas hacen de los recursos naturales, señalando ventajas e inconvenientes y analizar el proceso seguido por algún bien o servicio, desde su origen hasta el consumidor.
EDUCACIÓN FÍSICA	➤ Mantener conductas activas acordes con el valor del ejercicio físico para la salud, mostrando interés en el cuidado del cuerpo.
	➤ Actuar de forma coordinada y cooperativa para resolver retos o para oponerse a uno o varios adversarios en un juego colectivo.

TERCER CICLO DE LA EDUCACIÓN PRIMARIA

COMPETENCIA BÁSICA: COMUNICACIÓN LINGÜÍSTICA

DESCRIPTOR ETAPA:

1. Expresa y comprende el sentido de los mensajes orales y escritos en diferentes contextos, de forma clara, concisa y ordenada, y capta las ideas generales y concretas de un texto escrito.

INDICADORES DE LOGRO O DOMINIO 3° CICLO:

☐ Capta el sentido global e identifica informaciones de textos orales y escritos, emitidos en diferentes situaciones de comunicación, reconociendo las ideas principales y secundarias, distinguiendo las ideas de las opiniones y valores no explícitos, comparando y contrastando informaciones diversas e interpretando e integrando las ideas propias en las contenidas en los textos.

☐ Comprende y utiliza la terminología gramatical y lingüística básica para la realización de actividades de producción y comprensión de textos orales y escritos e introduce cambios en las palabras, los enunciados y los textos para mejorar la comprensión y la expresión oral y escrita.

CRITERIOS DE EVALUACIÓN

ÁREAS	
L. CASTELLANA Y LITERATURA	➤ Comprender y utilizar la terminología gramatical y lingüística básica en las actividades de producción y comprensión de textos. ➤ Expresarse de forma oral mediante textos que presenten de manera coherente conocimientos, hechos y opiniones. ➤ Captar el sentido de textos orales, reconociendo las ideas principales y secundarias e identificando ideas, opiniones y valores no explícitos. ➤ Utilizar las bibliotecas, videotecas, etc. y comprender los mecanismos y procedimientos de organización y selección de obras y otros materiales.
L. EXTRANJERA	➤ Identificar algunos rasgos, costumbres y tradiciones de países donde se habla la lengua extranjera. ➤ Captar el sentido global e identificar informaciones específicas en textos orales variados emitidos en diferentes situaciones de comunicación.
MATEMÁTICAS	➤ Leer, escribir y ordenar, utilizando razonamientos apropiados, distintos tipos de números (naturales, enteros, fracciones y decimales hasta las centésimas). ➤ Expresar de forma ordenada y clara, oralmente y por escrito, el proceso seguido en la resolución de problemas.
CONOCIMIENTO DEL MEDIO	➤ Caracterizar los principales paisajes españoles y analizar algunos agentes físicos y humanos que los conforman, y poner ejemplos del impacto de las actividades humanas en el territorio y de la importancia de su conservación. ➤ Conocer los principales órganos de gobierno y las funciones del municipio, de las comunidades autónomas, del Estado español y de la Unión Europea, valorando el interés y el interés de los servicios públicos para la ciudadanía y la importancia de la participación democrática.
ED. ARTÍSTICA	➤ Reconocer músicas del medio social y cultural propio y de otras épocas y culturas.
ED. C. Y D. HUM.	➤ Conocer algunos de los derechos humanos recogidos en la Declaración Universal de los Derechos.

COMPETENCIA BÁSICA: COMUNICACIÓN LINGÜÍSTICA

DESCRIPTOR ETAPA:

2. Adquiere y utiliza el código escrito y sus convenciones para acceder a diversas fuentes de información y comunicación para adquirir aprendizajes e intercambiarlos en diferentes contextos comunicativos, de forma oral y escrita.

INDICADORES DE LOGRO O DOMINIO 3º CICLO:

☐ Localiza, recupera e interpreta información para narrar, explicar, describir, resumir y exponer opiniones e informaciones en textos escritos relacionados con situaciones cotidianas y escolares, de forma ordenada y adecuada, reflexionando y relacionando los enunciados entre sí, en el contenido y la forma; y usando de forma habitual los procedimientos de planificación y revisión de los textos así como las normas gramaticales y ortográficas, y cuidando los aspectos formales tanto en soporte papel como digital.

☐ Elabora textos escritos atendiendo al destinatario, al tipo de texto y a la finalidad, tanto en soporte papel como digital, y planifica y realiza sencillas investigaciones exponiendo por escrito los resultados obtenidos.

ÁREAS	CRITERIOS DE EVALUACIÓN
LENGUA CASTELLANA Y LITERATURA	➤ Localizar y recuperar información explícita y realizar inferencias en la lectura de textos determinando los propósitos principales de éstos e interpretando el doble sentido de algunos ➤ Interpretar e integrar las ideas propias con las contenidas en los textos, comparando y contrastando informaciones diversas, y mostrar la comprensión a través de la lectura en voz alta. ➤ Narrar, explicar, describir, resumir y exponer opiniones e informaciones en textos escritos relacionados con situaciones cotidianas y escolares, de forma ordenada y adecuada, relacionando los enunciados entre sí, usando de forma habitual los procedimientos de planificación y revisión de los textos, así como las normas gramaticales y ortográficas y cuidando los aspectos formales, tanto en soporte papel como digital.
L. EXTRANJERA	➤ Usar formas y estructuras básicas propias de la lengua extranjera, incluyendo aspectos de ritmo, acentuación y entonación en diferentes contextos comunicativos de forma significativa. ➤ Usar algunas estrategias para aprender a aprender, como hacer preguntas pertinentes para obtener información, pedir aclaraciones, utilizar diccionarios bilingües y monolingües, acompañar la comunicación con gestos, buscar, recopilar y organizar información en diferentes soportes, utilizar las tecnologías.

ÁREAS	CRITERIOS DE EVALUACIÓN
MATEMÁTICAS	➤ Realizar operaciones y cálculos numéricos sencillos mediante diferentes procedimientos, incluido el cálculo mental, que hagan referencia implícita a las propiedades de las operaciones, en situaciones de resolución de problemas.
	➤ Utilizar los números decimales, fraccionarios y los porcentajes sencillos para interpretar e intercambiar información en contextos de la vida cotidiana.
	➤ Seleccionar, en contextos reales, los más adecuados entre los instrumentos y unidades de medida usuales, haciendo previamente estimaciones y expresar con precisión medidas de longitud, superficie, peso/masa, capacidad y tiempo.
	➤ Realizar, leer e interpretar representaciones gráficas de un conjunto de datos relativos al entorno inmediato.
CONOCIMIENTO DEL MEDIO	➤ Realizar, interpretar y utilizar planos y mapas teniendo en cuenta los signos convencionales y la escala gráfica.
	➤ Identificar rasgos significativos de los modos de vida de la sociedad española en algunas épocas pasadas -prehistoria, clásica, medieval, de los descubrimientos, del desarrollo industrial y siglo XX-, y situar hechos relevantes utilizando líneas del tiempo.
EDUCACIÓN ARTÍSTICA	➤ Buscar, seleccionar y organizar informaciones sobre manifestaciones artísticas del patrimonio cultural propio y de otras culturas, de acontecimientos, creadores y profesionales relacionados con las artes plásticas y la música.
	➤ Utilizar de manera adecuada distintas tecnologías de la información y la comunicación para la creación de producciones plásticas y musicales sencillas.
ED. CIUD. Y D. HUMANOS	➤ Argumentar y defender las propias opiniones, escuchar y valorar críticamente las opiniones de los demás, mostrando una actitud de respeto a las personas.
EDUCACIÓN FÍSICA	➤ Construir composiciones grupales en interacción con los compañeros y compañeras utilizando los recursos expresivos del cuerpo y partiendo de estímulos musicales, plásticos o verbales.

COMPETENCIA BÁSICA: COMUNICACIÓN LINGÜÍSTICA

DESCRIPTOR ETAPA:

3. Expresa pensamientos, emociones, vivencias y opiniones relacionadas con los aprendizajes, utiliza un lenguaje no discriminatorio y no sexista para resolver conflictos y controlar la propia conducta, y desarrolla el espíritu crítico ante situaciones de desigualdad entre hombres y mujeres.

INDICADORES DE LOGRO O DOMINIO 3º CICLO:

□ Expresa de forma oral y escrita y de manera organizada conocimientos, ideas, hechos y opiniones, argumentando y defendiendo las propias opiniones, escuchando y valorando críticamente las opiniones de los demás y mostrando una actitud de respeto hacia las opiniones de las demás personas.

□ Participa en las situaciones de comunicación del aula, respetando las normas de intercambio -turno de palabra, mirar y escuchar a quien habla, organizar el discurso e incorporar las intervenciones de los demás- empleando un lenguaje no discriminatorio y no sexista para resolver conflictos y controlar la propia conducta y manteniendo una actitud crítica ante situaciones de desigualdad entre niños y niñas.

ÁREAS	CRITERIOS DE EVALUACIÓN
LENGUA CASTELLANA Y LITERATURA	➤ Participar en las situaciones de comunicación del aula, respetando las normas del intercambio: guardar el turno de palabra, organizar el discurso, escuchar e incorporar las intervenciones de los demás. ➤ Colaborar en el cuidado y mejora de los materiales bibliográficos y otros documentos disponibles en el aula y en el centro.
L. EXTRANJERA	➤ Mantener conversaciones cotidianas y familiares sobre temas conocidos en situaciones de comunicación predecibles, respetando las normas básicas del intercambio: escuchar y mirar a quien habla. ➤ Valorar la lengua extranjera como instrumento de comunicación con otras personas, como herramienta de aprendizaje y mostrar curiosidad e interés hacia las personas que hablan la lengua extranjera.
MATEMÁTICAS	➤ Valorar las diferentes estrategias y perseverar en la búsqueda de datos y soluciones precisas, tanto en la formulación como en la resolución de un problema.
CONOCIMIENTO DEL MEDIO	➤ Analizar algunos cambios que las comunicaciones y la introducción de nuevas actividades económicas relacionadas con la producción de bienes y servicios, han supuesto para la vida humana y para el entorno, valorando la necesidad de superar las desigualdades provocadas por las diferencias en el acceso a bienes y servicios. ➤ Concretar ejemplos en los que el comportamiento humano influya de manera positiva o negativa sobre el medioambiente; describir algunos efectos de contaminación sobre las personas, animales, plantas y sus entornos, señalando alternativas para prevenirla o reducirla, así como ejemplos de derroche de recursos como el agua con exposición de actitudes conservacionistas.

ÁREAS	CRITERIOS DE EVALUACIÓN
EDUCACIÓN ARTÍSTICA	➤ Formular opiniones acerca de las manifestaciones artísticas a las que se accede, demostrando el conocimiento que se tiene de las mismas y una inclinación personal para satisfacer el disfrute y llenar el tiempo de ocio.
EDUCACIÓN FÍSICA	➤ Actuar de forma coordinada y cooperativa para resolver retos o para oponerse a uno o varios adversarios en un juego colectivo, ya sea como atacante o como defensor.
	➤ Identificar, como valores fundamentales de los juegos y la práctica de actividades deportivas, el esfuerzo personal y las relaciones que se establecen con el grupo y actuar de acuerdo con ellos.
	➤ Opinar coherente y críticamente con relación a las situaciones conflictivas surgidas en la práctica de la actividad física y el deporte.
ED. PARA LA CIUDADANÍA Y DERECHOS HUMANOS	➤ Mostrar respeto por las diferencias y características personales propias y de sus compañeros y compañeras, valorar las consecuencias de las propias acciones y responsabilizarse de las mismas.
	➤ Aceptar y practicar las normas de convivencia.
	➤ Participar en la toma de decisiones del grupo, utilizando el diálogo para favorecer los acuerdos y argumentar y defender las propias opiniones.
	➤ Escuchar y valorar críticamente las opiniones de los demás, mostrando una actitud de respeto a las personas.

COMPETENCIA BÁSICA: COMUNICACIÓN LINGÜÍSTICA

DESCRIPTOR ETAPA:	INDICADORES DE LOGRO O DOMINIO 3º CICLO:
4. Se comunica y desenvuelve en diferentes contextos de la vida cotidiana y escolar, utilizando la escucha y la argumentación como vías de encuentro y de resolución de problemas de forma pacífica.	☐ Reconoce los problemas más significativos que afectan a la sociedad en la que vive, manifestando argumentos propios, de forma razonada y dialogada y proponiendo vías de solución pacífica de los mismos.
	☐ Reconoce y rechaza situaciones de discriminación, marginación e injusticia; toma decisiones de mejora y propone vías de encuentro y resolución, a través la escucha y la argumentación y el respeto a las opiniones de los demás.

ÁREAS	CRITERIOS DE EVALUACIÓN
L. CASTELLANA Y LITERATURA	➤ Conocer textos literarios de la tradición oral y de la literatura infantil adecuados al ciclo, así como las características de la narración y la poesía, con la finalidad de apoyar la lectura y la escritura de dichos textos.
L. EXTRANJERA	➤ Leer y localizar información explícita y realizar inferencias directas en comprender textos diversos sobre temas de interés.
	➤ Elaborar textos escritos atendiendo al destinatario, al tipo de texto y a la finalidad, tanto en soporte papel como digital.
MATEMÁTICAS	➤ Utilizar las nociones geométricas de paralelismo, perpendicularidad, simetría, perímetro y superficie para describir y comprender situaciones de la vida cotidiana.
	➤ Anticipar una solución razonable y buscar los procedimientos matemáticos más adecuados para abordar el proceso de resolución, en un contexto de resolución de problemas sencillos.
CONOCIMIENTO DEL MEDIO	➤ Presentar un informe, utilizando soporte papel y digital, sobre problemas o situaciones sencillas, recogiendo información de diferentes fuentes (directas, libros, Internet), siguiendo un plan de trabajo y expresando conclusiones.
EDUCACIÓN FÍSICA	➤ Identificar algunas de las relaciones que se establecen entre la práctica correcta y habitual del ejercicio físico y la mejora de la salud y actuar de acuerdo con ellas.
ED. CIUDADANÍA Y DERECHOS HUMANOS	➤ Reconocer y rechazar situaciones de discriminación, marginación e injusticia e identificar los factores sociales, económicos, de origen, de género o de cualquier otro tipo que las provocan.
	➤ Poner ejemplos de servicios públicos prestados por diferentes instituciones y reconocer la obligación de los ciudadanos de contribuir a su mantenimiento a través de los impuestos.

ESCALA DE LOGRO O DOMINIO DE LA COMPETENCIA BÁSICA "COMUNICACIÓN LINGÜÍSTICA"			
DESCRIPTORES ETAPA	INDICADORES DE LOGRO: 1º CICLO	INDICADORES DE LOGRO: 2º CICLO	INDICADORES DE LOGRO: 3º CICLO
1. Expresa y comprende el sentido de los mensajes orales y escritos en diferentes contextos, de forma clara, concisa y ordenada, y capta las ideas generales y concretas de un texto escrito.	❑ Describe experiencias, vivencias e ideas y capta el sentido global de textos orales y escritos, identificando la información más relevante. ❑ Utiliza la terminología gramatical y lingüística para comparar hechos o situaciones del entorno próximo.	❑ Capta el sentido global de textos orales y escritos de uso habitual, reconociendo las ideas principales y secundarias, e interpreta e integra las ideas propias con la información contenida en los mismos. ❑ Utiliza la terminología gramatical y lingüística adecuada para la realización de actividades de producción y comprensión de textos orales y escritos, de uso habitual en los diversos contextos.	❑ Capta el sentido global e identifica informaciones de textos orales y escritos, emitidos en diferentes situaciones de comunicación, distinguiendo las ideas principales y secundarias, las ideas de las opiniones y valores no explícitos, comparando y contrastando informaciones diversas e interpretando e integrando las ideas propias con las contenidas en los textos. ❑ Comprende y utiliza la terminología gramatical y lingüística básica para la realización de actividades de producción y comprensión de textos orales y escritos, e introduce cambios en las palabras, los enunciados y los textos para mejorar la comprensión y la expresión oral y escrita.
2. Adquiere y utiliza el código escrito y sus convenciones para acceder a diversas fuentes de información y comunicación y para adquirir aprendizajes e intercambiarlos en diferentes contextos comunicativos, de forma oral y escrita.	❑ Localiza información concreta en textos escritos y la utiliza para redactar experiencias propias ateniéndose a modelos claros y cuidando las normas gramaticales y ortográficas más sencillas.	❑ Localiza y recupera información explícita en un texto y la utiliza para redactar, reescribir y resumir diferentes textos significativos de situaciones cotidianas y escolares, de forma ordenada y adecuada, cuidando las normas gramaticales y ortográficas y los aspectos formales, tanto en soporte papel como digital.	❑ Localiza, recupera e interpreta información para narrar, explicar, describir, resumir y exponer opiniones e informaciones en textos escritos relacionados con situaciones cotidianas y escolares, de forma ordenada y adecuada, reflexionando y relacionando los enunciados entre sí, en el contenido y la forma; y usando de forma habitual los procedimientos de planificación y revisión de los textos, así como las normas gramaticales y

DESCRIPTORES ETAPA	INDICADORES DE LOGRO: 1º CICLO	INDICADORES DE LOGRO: 2º CICLO	INDICADORES DE LOGRO: 3º CICLO
	☐ Describe e intercambia información en diferentes contextos comunicativos, de forma oral y escrita, sobre objetos, animales y plantas observadas en el espacio próximo, u obtenidas por diversas fuentes.	☐ Obtiene, describe e intercambia información en diferentes contextos comunicativos, de forma oral y escrita, sobre objetos familiares, el medio físico y las formas de vida y actuaciones de las personas.	ortográficas, y cuidando los aspectos formales tanto en soporte papel como digital. ☐ Elabora textos escritos atendiendo al destinatario, al tipo de texto y a la finalidad, tanto en soporte papel como digital, y planifica y realiza sencillas investigaciones exponiendo por escrito los resultados obtenidos.
3. Expresa pensamientos, emociones, vivencias y opiniones relacionadas con los aprendizajes, utiliza un lenguaje no discriminatorio y no sexista para resolver conflictos y controlar la propia conducta, y desarrolla el espíritu crítico ante situaciones de desigualdad entre hombres y mujeres.	☐ Expresa de forma oral y escrita y de manera organizada pensamientos y emociones referidos a hechos y vivencias propias y de personajes conocidos de textos literarios. ☐ Participa en las situaciones de comunicación del aula, respetando las normas de intercambio –turno de palabra, atención, escucha, exposición– empleando un lenguaje no discriminatorio y no sexista.	☐ Expresa de forma oral y escrita y de manera organizada conocimientos, ideas, hechos y vivencias y utiliza textos literarios de la tradición oral y de la literatura infantil para mejorar la lectura y la escritura y la comunicación de ideas y sentimientos. ☐ Participa en situaciones de comunicación del aula, respetando las normas de intercambio –turno de palabra, atención, mirar y escuchar a quien habla, exposición, argumentación y entonación adecuada–, empleando un lenguaje no discriminatorio y no sexista y manteniendo una actitud crítica ante situaciones de desigualdad entre niños y niñas.	☐ Expresa de forma oral y escrita y de manera organizada conocimientos, ideas, hechos y opiniones, argumentando y defendiendo las propias opiniones, escuchando y valorando críticamente las opiniones de los demás y mostrando una actitud de respeto hacia las opiniones de las demás personas. ☐ Participa en las situaciones de comunicación del aula, respetando las normas de intercambio -turno de palabra, mirar y escuchar a quien habla, organizar el discurso e incorporar las intervenciones de los demás- empleando un lenguaje no discriminatorio y no sexista para resolver conflictos y controlar la propia conducta y manteniendo una actitud crítica ante situaciones de desigualdad entre niños y niñas.

DESCRIPTORES ETAPA	INDICADORES DE LOGRO: 1º CICLO	INDICADORES DE LOGRO: 2º CICLO	INDICADORES DE LOGRO: 3º CICLO
4. Se comunica y desenvuelve en diferentes contextos de la vida cotidiana y escolar, utilizando la escucha y la argumentación como vías de encuentro y de resolución de problemas de forma pacífica.	❑ Formula y resuelve sencillos problemas relacionados con objetos y situaciones de la vida cotidiana, ordenando las operaciones a realizar y explicando, de forma oral y escrita, el proceso seguido para resolverlos. ❑ Utiliza la escucha y la argumentación para resolver pacíficamente los problemas del aula.	❑ Planifica de forma oral y por escrito y de forma ordenada las acciones que corresponden realizar en el tratamiento y resolución de un problema de la vida cotidiana, reflexionando posteriormente sobre las ventajas e inconvenientes de las acciones desarrolladas. ❑ Utiliza la escucha y la argumentación para dialogar y negociar con los demás la resolución pacífica de los problemas de la vida cotidiana.	❑ Reconoce los problemas más significativos que afectan a la sociedad en la que vive, manifestando argumentos propios, de forma razonada y dialogada, y proponiendo vías de solución pacífica de los mismos. ❑ Reconoce y rechaza situaciones de discriminación, marginación e injusticia; toma decisiones de mejora y propone vías de encuentro y resolución a través la escucha y la argumentación y el respeto a las opiniones de los demás.

REGISTRO DEL NIVEL DE LOGRO DESARROLLADO EN LA COMPETENCIA BÁSICA

Alumno/a:

Curso: _____

CC. BB. COMUNICACIÓN LINGÜÍSTICA

APRECIACIÓN DEL NIVEL DE LOGRO:

INDICADORES DE LOGRO: 1º CICLO	1º TRIM.				2º TRIM.				3º TRIM.			
	1	2	3	V	1	2	3	V	1	2	3	V
1. Describe experiencias, vivencias e ideas y capta el sentido global de textos orales y escritos, identificando la información más relevante.												
2. Utiliza la terminología gramatical y lingüística para comparar hechos o situaciones del entorno próximo.												
3. Localiza información concreta en textos escritos y la utiliza para redactar experiencias propias, ateniéndose a modelos claros y cuidando las normas gramaticales y ortográficas más sencillas.												
4. Describe e intercambia información en diferentes contextos comunicativos, de forma oral y escrita, sobre objetos, animales y plantas observadas en el espacio próximo, u obtenidas por diversas fuentes.												
5. Expresa de forma oral y escrita y de manera organizada pensamientos y emociones referidos a hechos y vivencias propias y de personajes conocidos de textos literarios.												
6. Participa en las situaciones de comunicación del aula, respetando las normas de intercambio –turno de palabra, atención, escucha, exposición–, empleando un lenguaje no discriminatorio y no sexista.												
7. Formula y resuelve sencillos problemas relacionados con objetos y situaciones de la vida cotidiana, ordenando las operaciones a realizar y explicando, de forma oral y escrita, el proceso seguido para resolverlos.												
8. Utiliza la escucha y la argumentación para resolver pacíficamente los problemas del aula.												

Alumno/a: _____ **Curso:** _____

APRECIACIÓN DEL NIVEL DE LOGRO: [ ]

CC. BB. COMUNICACIÓN LINGÜÍSTICA INDICADORES DE LOGRO: 2º CICLO	1º TRIM.				2º TRIM.				3º TRIM.			
	1	2	3	V	1	2	3	V	1	2	3	V
1. Capta el sentido global de textos orales y escritos de uso habitual, reconociendo las ideas principales y secundarias, e interpreta e integra las ideas propias con la información contenida en los mismos.												
2. Utiliza la terminología gramatical y lingüística adecuada para la realización de actividades de producción y comprensión de textos orales y escritos, de uso habitual en los diversos contextos.												
3. Localiza y recupera información explícita en un texto y la utiliza para redactar, reescribir y resumir diferentes textos significativos de situaciones cotidianas y escolares, de forma ordenada y adecuada, cuidando las normas gramaticales y ortográficas y los aspectos formales, tanto en soporte papel como digital.												
4. Obtiene, describe e intercambia información en diferentes contextos comunicativos, de forma oral y escrita, sobre objetos familiares, el medio físico y las formas de vida y actuaciones de las personas.												
5. Expresa de forma oral y escrita y de manera organizada conocimientos, ideas, hechos y vivencias y utiliza textos literarios de la tradición oral y de la literatura infantil para mejorar la lectura y la escritura y la comunicación de ideas y sentimientos.												
6. Participa en situaciones de comunicación del aula, respetando las normas de intercambio -turno de palabra, atención, mirar y escuchar a quien habla, exposición, argumentación y entonación adecuada-, empleando un lenguaje no discriminatorio y no sexista y manteniendo una actitud crítica ante situaciones de desigualdad entre niños y niñas.												
7. Planifica de forma oral y por escrito y de forma ordenada las acciones que corresponden realizar en el tratamiento y resolución de un problema de la vida cotidiana, reflexionando posteriormente sobre las ventajas e inconvenientes de las acciones desarrolladas.												
8. Utiliza la escucha y la argumentación para dialogar y negociar con los demás la resolución pacífica de los problemas de la vida cotidiana.												

Alumno/a: **Curso:** _____

CC. BB. COMUNICACIÓN LINGÜÍSTICA

APRECIACIÓN DEL NIVEL DE LOGRO:

INDICADORES DE LOGRO: 3 º CICLO	1º TRIM.				2º TRIM.				3º TRIM.			
	1	2	3	V	1	2	3	V	1	2	3	V
1. Capta el sentido global e identifica informaciones de textos orales y escritos, emitidos en diferentes situaciones de comunicación, distinguiendo las ideas principales y secundarias, las ideas de las opiniones y valores no explícitos, comparando y contrastando informaciones diversas e interpretando e integrando las ideas propias en las contenidas en los textos.												
2. Comprende y utiliza la terminología gramatical y lingüística básica para la realización de actividades de producción y comprensión de textos orales y escritos, e introduce cambios en las palabras, los enunciados y los textos para mejorar la comprensión y la expresión oral y escrita.												
3. Localiza, recupera e interpreta información para narrar, explicar, describir, resumir y exponer opiniones e informaciones en textos escritos relacionados con situaciones cotidianas y escolares, de forma ordenada y adecuada, reflexionando y relacionando los enunciados entre sí, en el contenido y la forma; y usando de forma habitual los procedimientos de planificación y revisión de los textos, así como las normas gramaticales y ortográficas, y cuidando los aspectos formales tanto en soporte papel como digital.												
4. Elabora textos escritos atendiendo al destinatario, al tipo de texto y a la finalidad, tanto en soporte papel como digital, y planifica y realiza sencillas investigaciones exponiendo por escrito los resultados obtenidos.												
5. Expresa de forma oral y escrita y de manera organizada conocimientos, ideas, hechos y opiniones, argumentando y defendiendo las propias opiniones, escuchando y valorando críticamente las opiniones de los demás y mostrando una actitud de respeto hacia las opiniones de las demás personas.												

INDICADORES DE LOGRO: 3 ° CICLO	1º TRIM.				2º TRIM.				3º TRIM.			
	1	2	3	V	1	2	3	V	1	2	3	V
6. Participa en las situaciones de comunicación del aula, respetando las normas de intercambio -turno de palabra, mirar y escuchar a quien habla, organizar el discurso e incorporar las intervenciones de los demás- empleando un lenguaje no discriminatorio y no sexista para resolver conflictos y controlar la propia conducta y manteniendo una actitud crítica ante situaciones de desigualdad entre niños y niñas.												
7. Reconoce los problemas más significativos de la sociedad en la que vive, manifestando argumentos propios, de forma razonada y dialogada y proponiendo vías de solución pacífica de los mismos.												
8. Reconoce y rechaza situaciones de discriminación, marginación e injusticia; toma decisiones de mejora y propone vías de encuentro y resolución a través la escucha y la argumentación y el respeto a las opiniones de los demás.												

NIVELES DE LOGRO: (P) Poco, (R) Regular, (A) Adecuado, (B) Bueno y (E) Excelente.

COMPETENCIA BÁSICA MATEMÁTICA

ASPECTOS DISTINTIVOS	ÁREAS	APRENDIZAJES IMPRESCINDIBLES
1. Ampliar el conocimiento sobre aspectos cuantitativos y espaciales de la realidad. 2. Conocimiento y manejo de los elementos matemáticos básicos en situaciones reales o simuladas de la vida cotidiana. 3. Habilidad para utilizar y relacionar los números, sus operaciones básicas, los símbolos y las formas de expresión y razonamiento matemático. 4. Habilidad para interpretar y expresar con claridad y precisión informaciones, datos y argumentaciones. 5. Producir e interpretar distintos tipos de información.	LENGUA CASTELLANA Y LITERATURA	□ Incorporación de lo esencial del lenguaje matemático a la expresión habitual y adecuada precisión en su uso. □ Descripción verbal de los razonamientos y de los procesos. □ Desarrollo de la comprensión, el espíritu crítico y la mejora de las destrezas comunicativas. □ Desarrollo de la comprensión, el espíritu crítico y la mejora de las destrezas comunicativas.
6. Disposición favorable y progresiva hacia la información y las situaciones que contienen elementos y soportes matemáticos y su uso. 7. Utilización de la actividad matemática en contextos variados. 8. Puesta en práctica de procesos de razonamiento que lleven a la solución de los problemas o a la obtención de información. 9. Uso espontáneo de los elementos y razonamientos matemáticos para interpretar y producir información, resolver problemas relacionados con la vida cotidiana y tomar decisiones.	MATEMÁTICAS	□ Adquirir los conocimientos y las destrezas imprescindibles. □ Utilizar las destrezas que intervienen en el estudio de la situación problemática: lectura comprensiva del enunciado, formulación e interpretación de los datos que intervienen, planteamiento de la estrategia a seguir, realización de las operaciones o la ejecución del plan, validación de los resultados obtenidos y claridad de las explicaciones. □ Utilizar procesos de investigación y deducción realizados para determinar las características y propiedades de las distintas formas planas y espaciales. □ Saber clasificar y representar datos, para deducir relaciones entre ellos, conclusiones y estimaciones. □ Ser capaz de diseñar y utilizar técnicas adecuadas para la obtención de datos, de cuantificar, representar y sacar conclusiones del trabajo realizado. □ Ser capaz de razonar sobre los posibles resultados. □ Valorar los procesos seguidos en el análisis, planteamiento y resolución de las situaciones y problemas de la vida cotidiana. □ Utilizar los conocimientos para enfrentarse a múltiples situaciones fuera del aula. □ Recrear problemas cercanos y contextualizados a partir de operaciones fijadas. □ Establecer una estimación previa del resultado, y valorar el procedimiento de cálculo empleado y la utilización de la unidad y magnitud adecuada.

ASPECTOS DISTINTIVOS	ÁREAS	APRENDIZAJES IMPRESCINDIBLES
	C. DEL M. NATURAL, SOCIAL Y CULTURAL	☐ Utilizar herramientas matemáticas en contextos significativos, tales como medidas, escalas, tablas, representaciones gráficas, etc.
	EDUCACIÓN ARTÍSTICA	☐ Abordar conceptos y representaciones geométricas presentes en la arquitectura, en el diseño, en el mobiliario, en los objetos cotidianos, en el espacio natural. ☐ Utilizar conceptos y representaciones geométricas para organizar la obra artística en el espacio.

COMPETENCIA BÁSICA MATEMÁTICA

ORGANIZADORES	ASPECTOS DISTINTIVOS	APRENDIZAJES IMPRESCINDIBLES	ÁREAS	DESCRIPTORES DE LA ETAPA
Conocimientos, saberes y experiencias aplicadas en la resolución de tareas y problemas.	❖ Ampliar el conocimiento sobre aspectos cuantitativos y espaciales de la realidad. ❖ Conocimiento y manejo de los elementos matemáticos básicos en situaciones reales o simuladas de la vida cotidiana.	□ Incorporación de lo esencial del lenguaje matemático a la expresión habitual y adecuada precisión en su uso. □ Adquirir los conocimientos y las destrezas imprescindibles. □ Abordar conceptos y representaciones geométricas presentes en la arquitectura, en el diseño, en el mobiliario, en los objetos cotidianos, en el espacio natural.	Lengua Castellana y Literatura Matemáticas Artística	Reconoce y describe los elementos matemáticos y las formas geométricas en situaciones reales o simuladas de la vida cotidiana.
Habilidades prácticas y cognitivas utilizadas en la resolución de tareas y problemas.	❖ Habilidad para utilizar y relacionar los números, sus operaciones básicas, los símbolos y las formas de expresión y razonamiento matemático. ❖ Habilidad para interpretar y expresar con claridad y precisión informaciones, datos y argumentaciones. ❖ Producir e interpretar distintos tipos de información.	□ Descripción verbal de los razonamientos y de los procesos. □ Utilizar las destrezas que intervienen en el estudio de la situación problemática: lectura comprensiva del enunciado, formulación e interpretación de los datos que intervienen, planteamiento de la estrategia a seguir, realización de las operaciones o la ejecución del plan, validación de los resultados obtenidos y claridad de las explicaciones. □ Utilizar procesos de investigación y deducción realizados para determinar las características y propiedades de las distintas formas planas y espaciales.	Lengua Castellana y Literatura Matemáticas	Utiliza y relaciona los números, sus operaciones básicas, los símbolos y las formas de expresión y razonamiento matemático para interpretar, producir y expresar con claridad informaciones, datos y argumentaciones en contextos significativos.

ORGANIZADORES	ASPECTOS DISTINTIVOS	APRENDIZAJES IMPRESCINDIBLES	ÁREAS	DESCRIPTORES DE LA ETAPA
Valores, actitudes, sentimientos y emociones que se manifiestan en la resolución de problemas y tareas.	❖ Disposición favorable y progresiva hacia la información y las situaciones que contienen elementos y soportes matemáticos y su uso.	❏ Saber clasificar y representar datos, para deducir relaciones entre ellos, conclusiones y estimaciones. ❏ Ser capaz de diseñar y utilizar técnicas adecuadas para la obtención de datos, de cuantificar, representar y sacar conclusiones del trabajo realizado. ❏ Ser capaz de razonar sobre los posibles resultados.		
		❏ Utilizar herramientas matemáticas en contextos significativos, tales como medidas, escalas, tablas, representaciones gráficas, etc.	Conocimiento del Medio	
		❏ Utilizar conceptos y representaciones geométricas para organizar la obra artística en el espacio.	Artística	
		❏ Desarrollo de la comprensión, el espíritu crítico y la mejora de las destrezas comunicativas.	Lengua Castellana y Literatura	
		❏ Valorar los procesos seguidos en el análisis, planteamiento y resolución de las situaciones y problemas de la vida cotidiana.	Matemáticas	Desarrolla la comprensión y el espíritu crítico sobre la información y situaciones que contienen elementos y soportes matemáticos, valorando los procesos seguidos y los resultados obtenidos en el planteamiento y resolución de situaciones y problemas de la vida cotidiana.

ORGANIZADORES	ASPECTOS DISTINTIVOS	APRENDIZAJES IMPRESCINDIBLES	ÁREAS	DESCRIPTORES DE LA ETAPA
Resolución de problemas o tareas en un contexto determinado.	❖ Utilización de la actividad matemática en contextos variados. ❖ Puesta en práctica de procesos de razonamiento que lleven a la solución de los problemas o a la obtención de información. ❖ Uso espontáneo de los elementos y razonamientos matemáticos para interpretar y producir información, resolver problemas relacionados con la vida cotidiana y tomar decisiones.	☐ Utilizar los conocimientos para enfrentarse a múltiples situaciones fuera del aula. ☐ Recrear problemas cercanos y contextualizados a partir de operaciones fijadas (CC.AA.). ☐ Establecer una estimación previa del resultado, y valorar el procedimiento de cálculo empleado y la utilización de la unidad y magnitud adecuada (CC.AA.).	Matemáticas	Pone en práctica procesos de razonamiento y utiliza los conocimientos adquiridos para resolver problemas relacionados con la vida cotidiana, tomando de las decisiones más adecuadas.

PRIMER CICLO DE LA EDUCACIÓN PRIMARIA

COMPETENCIA BÁSICA MATEMÁTICA

DESCRIPTOR ETAPA:

1. Reconoce y describe los elementos matemáticos y las formas geométricas en situaciones reales o simuladas de la vida cotidiana.

INDICADORES DE LOGRO O DOMINIO 1º CICLO:

☐ Describe y clasifica los aspectos cuantitativos y espaciales de materiales y objetos, presentes en el entorno próximo.

☐ Reconoce formas y cuerpos geométricos en objetos materiales utilizados en la vida real y describe su situación en el entorno inmediato.

ÁREAS	CRITERIOS DE EVALUACIÓN
LENGUA CASTELLANA Y LITERATURA	➤ Expresarse de forma oral mediante textos que presenten de manera organizada hechos, vivencias o ideas. ➤ Redactar y reescribir diferentes textos relacionados con la experiencia infantil ateniéndose a modelos claros, utilizando la planificación y revisión de los textos, cuidando las normas gramaticales y ortográficas más sencillas y los aspectos formales. ➤ Comprender y utilizar la terminología gramatical y lingüística elemental, en las actividades relacionadas con la producción y comprensión de textos.
MATEMÁTICAS	➤ Describir la situación de un objeto del espacio próximo, y de un desplazamiento en relación a sí mismo, utilizando los conceptos de izquierda-derecha, delante-detrás, arriba-abajo, cerca-lejos y próximo-lejano. ➤ Reconocer en el entorno inmediato objetos y espacios con formas rectangulares, triangulares, circulares, cúbicas y esféricas.
CONOCIMIENTO DEL MEDIO	➤ Poner ejemplos de elementos y recursos fundamentales del medio físico (sol, agua, aire), y su relación con la vida de las personas, tomando conciencia de la necesidad de su uso responsable.
EDUCACIÓN ARTÍSTICA	➤ Describir cualidades y características de materiales, objetos e instrumentos presentes en el entorno natural y artificial.

COMPETENCIA BÁSICA MATEMÁTICA

DESCRIPTOR ETAPA:

2. Utiliza y relaciona los números, sus operaciones básicas, los símbolos y las formas de expresión y razonamiento matemático para interpretar, producir y expresar con claridad informaciones, datos y argumentaciones en contextos significativos.

INDICADORES DE LOGRO O DOMINIO 1º CICLO:

☐ Compara y mide objetos, espacios y tiempos, utilizando las unidades de medida convencionales y no convencionales conocidas en su entorno próximo.

☐ Realiza cálculos numéricos básicos para responder a situaciones de la vida cotidiana, señala los pasos básicos que ha seguido y expresa con claridad los resultados obtenidos.

ÁREAS	CRITERIOS DE EVALUACIÓN
LENGUA CASTELLANA Y LITERATURA	➢ Localizar información concreta y realizar inferencias directas en la lectura de textos. ➢ Usar estrategias básicas para aprender a aprender, como pedir ayuda, acompañar la comunicación con gestos, utilizar diccionarios visuales e identificar algunos aspectos personales que le ayuden a aprender mejor.
MATEMÁTICAS	➢ Comparar cantidades pequeñas de objetos, hechos o situaciones familiares, interpretando y expresando los resultados de la comparación, y ser capaces de redondear hasta la decena más cercana. ➢ Medir objetos, espacios y tiempos familiares con unidades de medida no convencionales (palmos, pasos, baldosas...) y convencionales (kilogramo; metro, centímetro; litro; día y hora), utilizando los instrumentos a su alcance más adecuados en cada caso. ➢ Realizar, en situaciones cotidianas, cálculos numéricos básicos con las operaciones de suma, resta y multiplicación, utilizando procedimientos diversos y estrategias personales. ➢ Realizar interpretaciones elementales de los datos presentados en gráficas de barras. ➢ Formular problemas sencillos en los que se precise contar, leer y escribir números hasta el 999.
CONOCIMIENTO DEL MEDIO	➢ Ordenar temporalmente algunos hechos relevantes de la vida familiar o del entorno próximo. ➢ Realizar preguntas adecuadas para obtener información de una observación, utilizar algunos instrumentos y hacer registros claros.
EDUCACIÓN ARTÍSTICA	➢ Identificar y expresar a través de diferentes lenguajes algunos de los elementos (timbre, velocidad, intensidad, carácter) de una obra musical. ➢ Reproducir esquemas rítmicos y melódicos con la voz, el cuerpo y los instrumentos y patrones de movimiento. ➢ Identificar diferentes formas de representación del espacio.
EDUCACIÓN FÍSICA	➢ Desplazarse y saltar de forma diversa, variando puntos de apoyo, amplitudes y frecuencias, con coordinación y buena orientación en el espacio. ➢ Realizar lanzamientos y recepciones y otras habilidades que impliquen manejo de objetos, con coordinación de los segmentos corporales y situando el cuerpo de forma apropiada.

COMPETENCIA BÁSICA MATEMÁTICA

DESCRIPTOR ETAPA:

3. Desarrolla la comprensión y el espíritu crítico sobre la información y situaciones que contienen elementos y soportes matemáticos, valorando los procesos seguidos y los resultados obtenidos en el planteamiento y resolución de situaciones y problemas de la vida cotidiana.

INDICADORES DE LOGRO O DOMINIO 1° CICLO:

❑ Realiza interpretaciones orales y escritas de datos de la realidad cotidiana representados en gráficas y expresa por escrito el valor de la información obtenida.

❑ Expresa las dificultades que ha tenido en la resolución de una situación o un problema de la vida cotidiana y explica con sentido o justifica el resultado obtenido.

CRITERIOS DE EVALUACIÓN

ÁREAS	CRITERIOS DE EVALUACIÓN
L. CASTELLANANA Y LITERATURA	➤ Participar en las situaciones de comunicación del aula, respetando las normas del intercambio: guardar el turno de palabra, escuchar, mirar al interlocutor, mantener el tema.
L. EXTRANJERA	➤ Participar en interacciones orales muy dirigidas sobre temas conocidos en situaciones de comunicación fácilmente predecibles.
MATEMÁTICAS	➤ Explicar oralmente el proceso seguido para resolver un problema.
CONOCIMIENTO DEL MEDIO	➤ Reconocer algunas manifestaciones culturales presentes en el ámbito escolar, local y autonómico, valorando su diversidad y riqueza. ➤ Identificar los medios de transporte más comunes en el entorno y conocer las normas básicas como peatones y usuarios de los medios de locomoción.
EDUCACIÓN ARTÍSTICA	➤ Realizar composiciones plásticas que representen el mundo imaginario, afectivo y social.
EDUCACIÓN FÍSICA	➤ Participar y disfrutar en juegos ajustando su actuación, tanto en lo que se refiere a aspectos motores como a aspectos de relación con los compañeros y compañeras. ➤ Mostrar interés por cumplir las normas referentes al cuidado del cuerpo con relación a la higiene y a la conciencia del riesgo en la actividad física.

COMPETENCIA BÁSICA MATEMÁTICA

DESCRIPTOR ETAPA:	INDICADORES DE LOGRO O DOMINIO 1º CICLO:
4. Pone en práctica procesos de razonamiento y utiliza los conocimientos adquiridos para resolver problemas relacionados con la vida cotidiana, tomando las decisiones más adecuadas.	☐ Formula enunciados de problemas de la vida cotidiana y los resuelve aplicando las operaciones aprendidas. ☐ Demuestra y representa mediante números, formas geométricas y colores los avances que va teniendo en los aprendizajes básicos y las responsabilidades que asume en el aula.

ÁREAS	CRITERIOS DE EVALUACIÓN
MATEMÁTICAS	➤ Resolver problemas sencillos relacionados con objetos, hechos y situaciones de la vida cotidiana, seleccionando las operaciones de suma y resta y utilizando los algoritmos básicos correspondientes u otros procedimientos de resolución. ➤ Formular y resolver sencillos problemas en los que intervenga la lectura de gráficos.
LENGUA CASTELLANA Y LITERATURA.	➤ Conocer textos literarios de la tradición oral y de la literatura infantil adecuados al ciclo, así como algunos aspectos formales simples de la narración y de la poesía con la finalidad de apoyar la lectura y la escritura de dichos textos.
CONOCIMIENTO DEL MEDIO	➤ Reconocer, identificar y poner ejemplos sencillos sobre las principales profesiones y responsabilidades que desempeñan las personas del entorno.
EDUCACIÓN ARTÍSTICA	➤ Probar en producciones propias, las posibilidades que adoptan las formas, texturas y colores.

SEGUNDO CICLO DE LA EDUCACIÓN PRIMARIA

COMPETENCIA BÁSICA MATEMÁTICA

DESCRIPTOR ETAPA:

1. Conoce los elementos matemáticos y las representaciones geométricas básicas y las maneja en la identificación de aspectos cuantitativos y espaciales presentes en la vida cotidiana.

INDICADORES DE LOGRO O DOMINIO 2° CICLO:

☐ Reconoce, describe, clasifica y contrasta formas y cuerpos geométricos (polígonos, círculos, cubos, prismas, cilindros, esferas) del espacio próximo.

☐ Reconoce, describe, clasifica y contrasta los aspectos cuantitativos y espaciales de materiales y objetos, presentes en el entorno.

CRITERIOS DE EVALUACIÓN

ÁREAS	
LENGUA CASTELLANA Y LITERATURA	➤ Expresarse de forma oral mediante textos que presenten de manera sencilla y coherente conocimientos, ideas, hechos y vivencias. ➤ Captar el sentido de textos orales de uso habitual, reconociendo las ideas principales y secundarias. ➤ Comprender y utilizar la terminología gramatical y lingüística propia del ciclo en las actividades de producción y comprensión de textos.
L. EXTRANJERA	➤ Captar el sentido global, e identificar información específica en textos orales sobre temas familiares y de interés. ➤ Leer y captar el sentido global y algunas informaciones específicas de textos sencillos sobre temas conocidos y con una finalidad concreta.
MATEMÁTICAS	➤ Reconocer y describir formas y cuerpos geométricos del espacio (polígonos, círculos, cubos, prismas, cilindros, esferas).
CONOCIMIENTO DEL MEDIO	➤ Explicar con ejemplos concretos, la evolución de algún aspecto de la vida cotidiana relacionado con hechos históricos relevantes, identificando las nociones de duración, sucesión y simultaneidad.
EDUCACIÓN ARTÍSTICA	➤ Memorizar e interpretar un repertorio básico de canciones, piezas instrumentales y danzas.

COMPETENCIA BÁSICA MATEMÁTICA

DESCRIPTOR ETAPA:

2. Utiliza y relaciona los números, sus operaciones básicas, los símbolos y las formas de expresión y razonamiento matemático para interpretar, producir y expresar informaciones, datos y argumentaciones en contextos significativos.

INDICADORES DE LOGRO O DOMINIO 2° CICLO:

☐ Describe y compara representaciones espaciales de objetos y situaciones de la vida cotidiana empleando diferentes unidades de medida.

☐ Resuelve, razona y demuestra situaciones de la vida ordinaria, empleando las cuatro operaciones básicas de cálculo.

ÁREAS	CRITERIOS DE EVALUACIÓN
LENGUA CASTELLANA Y LITERATURA	➢ Localizar y recuperar información explícita y realizar inferencias directas en la lectura de textos. ➢ Redactar, reescribir y resumir diferentes textos significativos en situaciones cotidianas y escolares, de forma ordenada y adecuada, utilizando la planificación y revisión de los textos, cuidando las normas gramaticales y ortográficas y los aspectos formales, tanto en soporte papel como digital.
L. EXTRANJERA	➢ Usar algunas estrategias para aprender a aprender, como pedir aclaraciones, acompañar la comunicación con gestos, utilizar diccionarios visuales y bilingües, recuperar, buscar y recopilar. ➢ Informar sobre temas conocidos en diferentes soportes e identificar algunos aspectos personales que le ayudan a aprender mejor.
MATEMÁTICAS	➢ Utilizar estrategias personales de cálculo mental en cálculos relativos a la suma, resta, multiplicación y división simples. ➢ Obtener información puntual y describir una representación espacial (croquis de un itinerario, plano de una pista...), tomando como referencia objetos familiares, y utilizar las nociones básicas de movimientos geométricos para describir y comprender situaciones de la vida cotidiana y para valorar expresiones artísticas. ➢ Recoger datos sobre hechos y objetos de la vida cotidiana utilizando técnicas sencillas de recuento, ordenar estos datos atendiendo a un criterio de clasificación y expresar el resultado de forma de tabla o gráfica.

ÁREAS	CRITERIOS DE EVALUACIÓN
CONOCIMIENTO DEL MEDIO	➢ Reconocer y explicar, recogiendo datos y utilizando aparatos de medida, las relaciones entre algunos factores del medio físico (relieve, suelo, clima, vegetación...) y las formas de vida y actuaciones de las personas, valorando la adopción de actitudes de respeto por el equilibrio ecológico.
	➢ Identificar y clasificar animales, plantas y rocas, según criterios científicos.
	➢ Utilizar las nociones espaciales y la referencia a los puntos cardinales para situarse en el entorno, para localizar y describir la situación de los objetos en espacios delimitados, y utilizar planos y mapas con escala gráfica para desplazarse.
	➢ Obtener información relevante sobre hechos o fenómenos previamente delimitados, hacer predicciones sobre sucesos naturales y sociales, integrando datos de observación directa e indirecta a partir de la consulta de fuentes básicas y comunicar los resultados.
EDUCACIÓN ARTÍSTICA	➢ Utilizar distintos recursos gráficos durante la audición de una pieza musical.
	➢ Explorar, seleccionar, combinar y organizar ideas musicales dentro de estructuras musicales sencillas.
	➢ Interpretar el contenido de imágenes y representaciones del espacio presentes en el entorno.
	➢ Clasificar texturas, formas y colores atendiendo a criterios de similitud o diferencia.
EDUCACIÓN FÍSICA	➢ Desplazarse y saltar, combinando ambas habilidades de forma coordinada y equilibrada, ajustando los movimientos corporales a diferentes cambios de las condiciones de la actividad.
	➢ Girar sobre el eje longitudinal y transversal, diversificando las posiciones segmentarias y mejorando las respuestas motrices en las prácticas corporales que lo requieran.

COMPETENCIA BÁSICA MATEMÁTICA

DESCRIPTOR ETAPA:

3. Desarrolla la comprensión y el espíritu crítico sobre la información y situaciones de la vida cotidiana y escolar que contienen elementos y soportes matemáticos, valorando los procesos seguidos y los resultados obtenidos.

INDICADORES DE LOGRO O DOMINIO 2º CICLO:

☐ Compara, ordena, relaciona y justifica datos numéricos sobre pagos y cobros realizados en el entorno familiar, en función del valor numérico de las cantidades.

☐ Analiza críticamente datos sobre la realidad cotidiana expresados en diferentes soportes matemáticos.

ÁREAS	CRITERIOS DE EVALUACIÓN
LENGUA CASTELLANA Y LITERATURA	➤ Participar en las situaciones de comunicación del aula, respetando las normas del intercambio: guardar el turno de palabra, escuchar, exponer con claridad, entonar adecuadamente. ➤ Interpretar e integrar las ideas propias con la información contenida en los textos de uso escolar y social, y mostrar la comprensión a través de la lectura en voz alta.
L. EXTRANJERA	➤ Participar en interacciones orales dirigidas sobre temas conocidos en situaciones de comunicación predecibles, respetando las normas básicas del intercambio, como escuchar y mirar a quien habla.
MATEMÁTICAS	➤ Utilizar en contextos cotidianos, la lectura y la escritura de números naturales de hasta seis cifras, interpretando el valor posicional de cada una de ellas y comparando y ordenando números por el valor posicional y en la recta numérica.
CONOCIMIENTO DEL MEDIO	➤ Identificar y explicar las consecuencias para la salud y el desarrollo personal de determinados hábitos de alimentación, higiene, ejercicio físico y descanso. ➤ Identificar fuentes de energía comunes y procedimientos y máquinas para obtenerla, poner ejemplos de usos prácticos de la energía y valorar la importancia de hacer un uso responsable de las fuentes de energía del planeta.
EDUCACIÓN ARTÍSTICA	➤ Describir las características de elementos presentes en el entorno y las sensaciones que las obras artísticas provocan.
EDUCACIÓN FÍSICA	➤ Participar del juego y las actividades deportivas con conocimiento de las normas y mostrando una actitud de aceptación hacia las demás personas. ➤ Utilizar los recursos expresivos del cuerpo e implicarse en el grupo para la comunicación de ideas, sentimientos y representación de personajes e historias, reales o imaginarias.

COMPETENCIA BÁSICA MATEMÁTICA

DESCRIPTOR ETAPA:

4. Pone en práctica procesos de razonamiento para interpretar y producir información, y resolver problemas relacionados con la vida cotidiana, adoptando las decisiones más adecuadas.

INDICADORES DE LOGRO O DOMINIO 2° CICLO:

☐ Propone y resuelve estimaciones y mediciones sobre situaciones de la vida real, empleando las unidades e instrumentos de medidas más usuales.

☐ Se plantea preguntas y resuelve problemas sobre la utilización de recursos naturales en la vida cotidiana, utilizando varias operaciones de cálculo y los conocimientos básicos matemáticos adquiridos.

ÁREAS	CRITERIOS DE EVALUACIÓN
LENGUA EXTRANJERA	➤ Escribir frases y textos cortos significativos en situaciones cotidianas y escolares, a partir de modelos con una finalidad determinada y con un formato establecido, tanto en soporte papel como digital. ➤ Identificar algunos aspectos de la vida cotidiana de los países donde se habla la lengua extranjera y compararlos con los propios.
LENGUA CASTELLANA Y LITERATURA	➤ Conocer textos literarios de la tradición oral y de la literatura infantil adecuados al ciclo, así como las características básicas de la narración y la poesía, con la finalidad de apoyar la lectura y la escritura de dichos textos.
MATEMÁTICAS	➤ Realizar, en contextos reales, estimaciones y mediciones escogiendo, entre las unidades e instrumentos de medida usuales, los que mejor se ajusten al tamaño y naturaleza del objeto a medir. ➤ Resolver problemas relacionados con el entorno que exijan cierta planificación, aplicando dos operaciones con números naturales como máximo, así como los contenidos básicos de geometría o tratamiento de la información y utilizando estrategias personales de resolución.
CONOCIMIENTO DEL MEDIO	➤ Identificar, a partir de ejemplos de la vida diaria, algunos de los principales usos que las personas hacen de los recursos naturales, señalando ventajas e inconvenientes y analizar el proceso seguido por algún bien o servicio, desde su origen hasta el consumidor.
EDUCACIÓN FÍSICA	➤ Actuar de forma coordinada y cooperativa para resolver retos o para oponerse a uno o varios adversarios en un juego colectivo.

TERCER CICLO DE LA EDUCACIÓN PRIMARIA

COMPETENCIA BÁSICA MATEMÁTICA

DESCRIPTOR ETAPA:

1. Conoce los elementos matemáticos y las representaciones geométricas básicas y las maneja en la identificación de aspectos cuantitativos y espaciales presentes en la vida cotidiana.

INDICADORES DE LOGRO O DOMINIO 3º CICLO:

☐ Lee, escribe, clasifica y emplea distintas clases de números para el reconocimiento y explicación de situaciones que se producen en la vida diaria de los ciudadanos.

☐ Utiliza las nociones geométricas adquiridas para reconocer, describir, clasificar, comprender y contrastar diversas situaciones de la vida cotidiana.

ÁREAS	CRITERIOS DE EVALUACIÓN
LENGUA CASTELLANA Y LITERATURA	➤ Comprender y utilizar la terminología gramatical y lingüística elemental, en las actividades relacionadas con la producción y comprensión de textos. ➤ Expresarse de forma oral mediante textos que presenten de manera coherente conocimientos, hechos y opiniones.
L. EXTRANJERA	➤ Identificar algunos rasgos, costumbres y tradiciones de países donde se habla la lengua extranjera.
MATEMÁTICAS	➤ Leer, escribir y ordenar, utilizando razonamientos apropiados, distintos tipos de números (naturales, enteros, fracciones y decimales hasta las centésimas). ➤ Utilizar las nociones geométricas de paralelismo, perpendicularidad, simetría, perímetro y superficie para describir y comprender situaciones de la vida cotidiana.
CONOCIMIENTO DEL MEDIO	➤ Caracterizar los principales paisajes españoles y analizar algunos agentes físicos y humanos que los conforman, y poner ejemplos del impacto de las actividades humanas en el territorio y de la importancia de su conservación.
EDUCACIÓN ARTÍSTICA	➤ Reconocer músicas del medio social y cultural propio y de otras épocas y culturas.
EDUCACIÓN FÍSICA	➤ Identificar algunas de las relaciones que se establecen entre la práctica correcta y habitual del ejercicio físico y la mejora de la salud y actuar de acuerdo con ellas.

COMPETENCIA BÁSICA MATEMÁTICA

DESCRIPTOR ETAPA:

2. Utiliza y relaciona los números, sus operaciones básicas, los símbolos y las formas de expresión y razonamiento matemático para interpretar, producir y expresar informaciones, datos y argumentaciones en contextos significativos.

INDICADORES DE LOGRO O DOMINIO 3° CICLO:

☐ Emplea los instrumentos y unidades de medida más usuales para interpretar, clasificar, relacionar y comparar representaciones espaciales de objetos o situaciones familiares.

☐ Utiliza las distintas clases de números para interpretar, intercambiar, relacionar y comparar información, y realiza con ellos operaciones y cálculos numéricos sencillos, mediante diferentes procedimientos, para solucionar cuestiones propias de los contextos de la vida cotidiana.

ÁREAS	CRITERIOS DE EVALUACIÓN
LENGUA CASTELLANA Y LITERATURA	➤ Localizar y recuperar información explícita y realizar inferencias en la lectura de textos determinando los propósitos principales de éstos e interpretando el doble sentido de algunos. ➤ Relacionar, poniendo ejemplos concretos, la información contenida en los textos escritos próximos a la experiencia infantil, con las propias vivencias e ideas y mostrar la comprensión a través de la lectura en voz alta. ➤ Interpretar e integrar las ideas propias con las contenidas en los textos, comparando y contrastando informaciones diversas, y mostrar la comprensión a través de la lectura en voz alta. ➤ Narrar, explicar, describir, resumir y exponer opiniones e informaciones en textos escritos relacionados con situaciones cotidianas y escolares, de forma ordenada y adecuada, relacionando los enunciados entre sí, usando de forma habitual los procedimientos de planificación y revisión de los textos, así como las normas gramaticales y ortográficas y cuidando los aspectos formales, tanto en soporte papel como digital.
L. EXTRANJERA	➤ Captar el sentido global e identificar informaciones específicas en textos orales variados emitidos en diferentes situaciones de comunicación.
MATEMÁTICAS	➤ Realizar operaciones y cálculos numéricos sencillos mediante diferentes procedimientos, incluido el cálculo mental, que hagan referencia implícita a las propiedades de las operaciones, en situaciones de resolución de problemas. ➤ Utilizar los números decimales, fraccionarios y los porcentajes sencillos para interpretar e intercambiar información en contextos de la vida cotidiana. ➤ Seleccionar, en contextos reales, los más adecuados entre los instrumentos y unidades de medida usuales, haciendo previamente estimaciones y expresar con precisión medidas de longitud, superficie, peso/masa, capacidad y tiempo. ➤ Interpretar una representación espacial (croquis de un itinerario, plano de casas y maquetas) realizada a partir de un sistema de referencia y de objetos o situaciones familiares. ➤ Realizar, leer e interpretar representaciones gráficas de un conjunto de datos relativos al entorno inmediato. ➤ Expresar de forma ordenada y clara, oralmente y por escrito, el proceso seguido en la resolución de problemas.

ÁREAS	CRITERIOS DE EVALUACIÓN
CONOCIMIENTO DEL MEDIO	➤ Realizar, interpretar y utilizar planos y mapas teniendo en cuenta los signos convencionales y la escala gráfica.
	➤ Identificar rasgos significativos de los modos de vida de la sociedad española en algunas épocas pasadas -prehistoria, clásica, medieval, de los descubrimientos, del desarrollo industrial y siglo XX-, y situar hechos relevantes utilizando líneas del tiempo.
	➤ Planificar la construcción de objetos y aparatos con una finalidad previa, utilizando fuentes energéticas, operadores y materiales apropiados, y realizarla, con la habilidad manual necesaria, combinando el trabajo individual y en equipo.
EDUCACIÓN ARTÍSTICA	➤ Buscar, seleccionar y organizar informaciones sobre manifestaciones artísticas del patrimonio cultural propio y de otras culturas, de acontecimientos, creadores y profesionales relacionados con las artes plásticas y la música.
	➤ Realizar representaciones plásticas de forma cooperativa que impliquen organización espacial, uso de materiales diversos y aplicación de diferentes técnicas.
	➤ Comprobar las posibilidades de materiales, texturas, formas y colores aplicados sobre diferentes soportes.
	➤ Utilizar de manera adecuada distintas tecnologías de la información y la comunicación para la creación de producciones plásticas y musicales sencillas.
ED. CIUDADANÍA Y D. HUMANOS	➤ Argumentar y defender las propias opiniones, escuchar y valorar críticamente las opiniones de los demás, mostrando una actitud de respeto a las personas.
EDUCACIÓN FÍSICA	➤ Adaptar los desplazamientos y saltos a diferentes tipos de entornos que puedan ser desconocidos y presenten cierto grado de incertidumbre.
	➤ Lanzar, pasar y recibir pelotas u otros móviles, sin perder el control de los mismos en los juegos y actividades motrices que lo requieran, con ajuste correcto a la situación en el terreno de juego, a las distancias y a las trayectorias.

COMPETENCIA BÁSICA MATEMÁTICA

DESCRIPTOR ETAPA:

3. Desarrolla la comprensión y el espíritu crítico sobre la información y situaciones de la vida cotidiana y escolar que contienen elementos y soportes matemáticos, valorando los procesos seguidos y los resultados obtenidos.

INDICADORES DE LOGRO O DOMINIO 3º CICLO:

☐ Valora críticamente las estrategias seguidas en la búsqueda de datos y de soluciones en la resolución de problemas de la vida cotidiana.

☐ Analiza datos e informaciones sobre situaciones de la vida cotidiana y escolar expresados en diferentes soportes matemáticos, establece relaciones, realiza estimaciones y toma decisiones de mejora.

ÁREAS	CRITERIOS DE EVALUACIÓN
LENGUA CASTELLANA Y LITERATURA	➤ Participar en las situaciones de comunicación del aula, respetando las normas del intercambio: guardar el turno de palabra, organizar el discurso, escuchar e incorporar las intervenciones de los demás. ➤ Colaborar en el cuidado y mejora de los materiales bibliográficos y otros documentos disponibles en el aula y en el centro.
L. EXTRANJERA	➤ Mantener conversaciones cotidianas y familiares sobre temas conocidos en situaciones de comunicación predecibles, respetando las normas básicas del intercambio: escuchar y mirar a quien habla.
MATEMÁTICAS	➤ Valorar las diferentes estrategias y perseverar en la búsqueda de datos y soluciones precisas, tanto en la formulación como en la resolución de un problema. ➤ Hacer estimaciones basadas en la experiencia sobre el resultado (posible, imposible, seguro, más o menos probable) de situaciones sencillas en las que intervenga el azar y comprobar dicho resultado.
CONOCIMIENTO DEL MEDIO	➤ Analizar algunos cambios que las comunicaciones y la introducción de nuevas actividades económicas relacionadas con la producción de bienes y servicios, han supuesto para la vida humana y para el entorno, valorando la necesidad de superar las desigualdades provocadas por las diferencias en el acceso a bienes y servicios.
EDUCACIÓN ARTÍSTICA	➤ Formular opiniones acerca de las manifestaciones artísticas a las que se accede, demostrando el conocimiento que se tiene de las mismas y una inclinación personal para satisfacer el disfrute y llenar el tiempo de ocio. ➤ Representar de forma personal ideas, acciones y situaciones valiéndose de los recursos que el lenguaje plástico y visual proporciona.
ED. CIUDADANÍA Y D. HUMANOS	➤ Aceptar y practicar las normas de convivencia. ➤ Participar en la toma de decisiones del grupo, utilizando el diálogo para favorecer los acuerdos y asumiendo sus obligaciones.
EDUCACIÓN FÍSICA	➤ Identificar, como valores fundamentales de los juegos y la práctica de actividades deportivas, el esfuerzo personal y las relaciones que se establecen con el grupo y actuar de acuerdo con ellos. ➤ Opinar coherente y críticamente con relación a las situaciones conflictivas surgidas en la práctica de la actividad física y el deporte. ➤ Mostrar conductas activas para incrementar globalmente la condición física, ajustando su actuación al conocimiento de las propias posibilidades y limitaciones corporales y de movimiento.

COMPETENCIA BÁSICA MATEMÁTICA

DESCRIPTOR ETAPA:

4. Pone en práctica procesos de razonamiento para interpretar y producir información, y resolver problemas relacionados con la vida cotidiana, adoptando las decisiones más adecuadas.

INDICADORES DE LOGRO O DOMINIO 3.º CICLO:

☐ Expresa de forma ordenada y lógica el proceso seguido y las decisiones adoptadas en la elección de los procedimientos más adecuados para abordar la resolución de problemas de la vida cotidiana.

☐ Formula y propone soluciones a problemas de carácter social, y produce información en función de la consulta e interpretación de datos expresados en diferentes códigos de representación.

ÁREAS	CRITERIOS DE EVALUACIÓN
LENGUA CASTELLANA Y LITERATURA	➤ Conocer textos literarios de la tradición oral y de la literatura infantil adecuados al ciclo, así como las características de la narración y la poesía, con la finalidad de apoyar la lectura y la escritura de dichos textos.
L. EXTRANJERA	➤ Leer y localizar información explícita y realizar inferencias directas en comprender textos diversos sobre temas de interés.
MATEMÁTICAS	➤ En un contexto de resolución de problemas sencillos, anticipar una solución razonable y buscar los procedimientos matemáticos más adecuados para abordar el proceso de resolución.
CONOCIMIENTO DEL MEDIO	➤ Presentar un informe, utilizando soporte papel y digital, sobre problemas o situaciones sencillas, recogiendo información de diferentes fuentes (directas, libros, Internet), siguiendo un plan de trabajo y expresando conclusiones.
ED. CIUDADANÍA Y D. HUMANOS	➤ Reconocer y rechazar situaciones de discriminación, marginación e injusticia e identificar los factores sociales, económicos, de origen, de género o de cualquier otro tipo que las provocan.
EDUCACIÓN FÍSICA	➤ Identificar algunas de las relaciones que se establecen entre la práctica correcta y habitual del ejercicio físico y la mejora de la salud y actuar de acuerdo con ellas.

ESCALA DE LOGRO O DOMINIO DE LAS COMPETENCIA BÁSICA MATEMÁTICA			
DESCRIPTORES ETAPA	**INDICADORES DE LOGRO 1º CICLO**	**INDICADORES DE LOGRO 2º CICLO**	**INDICADORES DE LOGRO 3º CICLO**
1. Reconoce y describe los elementos matemáticos y las formas geométricas en situaciones reales o simuladas de la vida cotidiana.	❑ Describe y clasifica los aspectos cuantitativos y espaciales de materiales y objetos, presentes en el entorno próximo. ❑ Reconoce formas y cuerpos geométricos en objetos materiales utilizados en la vida real y describe su situación en el entorno inmediato.	❑ Reconoce, describe, clasifica y contrasta formas y cuerpos geométricos (polígonos, circulos, cubos, prismas, cilindros, esferas) del espacio próximo. ❑ Reconoce, describe, clasifica y contrasta los aspectos cuantitativos y espaciales de materiales y objetos, presentes en el entorno.	❑ Utiliza las nociones geométricas adquiridas para reconocer, describir, clasificar, comprender y contrastar diversas situaciones de la vida cotidiana. ❑ Lee, escribe, clasifica y emplea distintas clases de números para el reconocimiento y explicación de situaciones que se producen en la vida diaria de los ciudadanos.
2. Utiliza y relaciona los números, sus operaciones básicas, los símbolos y las formas de expresión y razonamiento matemático para interpretar, producir y expresar con claridad informaciones, datos y argumentaciones en contextos significativos.	❑ Compara y mide objetos, espacios y tiempos, utilizando las unidades de medida convencionales y no convencionales conocidas en su entorno próximo. ❑ Realiza cálculos numéricos básicos para responder a situaciones de la vida cotidiana, señala los pasos básicos que ha seguido y expresa con claridad los resultados obtenidos.	❑ Describe y compara representaciones espaciales de objetos y situaciones de la vida cotidiana empleando diferentes unidades de medida. ❑ Resuelve, razona y demuestra situaciones de la vida ordinaria, empleando las cuatro operaciones básicas de cálculo.	❑ Utiliza las distintas clases de números para interpretar, intercambiar, relacionar y comparar información; y realiza con ellos operaciones y cálculos numéricos sencillos, mediante diferentes procedimientos, para solucionar cuestiones propias de los contextos de la vida cotidiana. ❑ Emplea los instrumentos y unidades de medida más usuales para interpretar, clasificar, relacionar y comparar representaciones espaciales de objetos o situaciones familiares.

DESCRIPTORES ETAPA	INDICADORES DE LOGRO 1º CICLO	INDICADORES DE LOGRO 2º CICLO	INDICADORES DE LOGRO 3º CICLO
3. Desarrolla la comprensión y el espíritu crítico sobre la información y situaciones que contienen elementos y soportes matemáticos, valorando los procesos seguidos y los resultados obtenidos en el planteamiento y resolución de situaciones y problemas de la vida cotidiana.	☐ Realiza interpretaciones orales y escritas de datos de la realidad cotidiana representados en gráficas y expresa por escrito el valor de la información obtenida. ☐ Expresa las dificultades que ha tenido en la resolución de una situación o un problema de la vida cotidiana y explica con sentido o justifica el resultado obtenido.	☐ Compara, ordena, relaciona y justifica datos numéricos sobre pagos y cobros realizados en el entorno familiar, en función del valor numérico de las cantidades. ☐ Analiza críticamente datos sobre la realidad cotidiana expresados en diferentes soportes matemáticos.	☐ Valora críticamente las estrategias seguidas en la búsqueda de datos y de soluciones en la resolución de problemas de la vida cotidiana. ☐ Analiza datos e informaciones sobre situaciones de la vida cotidiana y escolar expresados en diferentes soportes matemáticos; establece relaciones, realiza estimaciones y toma decisiones de mejora.
4. Pone en práctica procesos de razonamiento y utiliza los conocimientos adquiridos para resolver problemas relacionados con la vida cotidiana, tomando las decisiones más adecuadas.	☐ Formula enunciados de problemas de la vida cotidiana y los resuelve aplicando las operaciones aprendidas. ☐ Demuestra y representa mediante números, formas geométricas y colores los avances que va teniendo en los aprendizajes básicos y las responsabilidades que asume en el aula.	☐ Propone y resuelve estimaciones y mediciones sobre situaciones de la vida real, empleando las unidades e instrumentos de medidas más usuales. ☐ Se plantea preguntas y resuelve problemas sobre la utilización de recursos naturales en la vida cotidiana, utilizando varias operaciones de cálculo y los conocimientos básicos matemáticos adquiridos.	☐ Expresa de forma ordenada y lógica el proceso seguido y las decisiones adoptadas en la elección de los procedimientos más adecuados para abordar la resolución de problemas de la vida cotidiana. ☐ Formula y propone soluciones a problemas de carácter social, y produce información en función de la consulta e interpretación de datos expresados en diferentes códigos de representación.

REGISTRO DEL NIVEL DE LOGRO O DOMINIO DESARROLLADO EN LA COMPETENCIA BÁSICA

Alumno/a: _____

Curso: _____

APRECIACIÓN DEL NIVEL DE LOGRO:

COMPETENCIA BÁSICA MATEMÁTICA

INDICADORES DE LOGRO: 1º CICLO	1º TRIM.				2º TRIM.				3º TRIM.			
	1	2	3	V	1	2	3	V	1	2	3	V
1. Describe y clasifica los aspectos cuantitativos y espaciales de materiales y objetos, presentes en el entorno próximo.												
2. Reconoce formas y cuerpos geométricos en objetos materiales utilizados en la vida real y describe su situación en el entorno inmediato.												
3. Compara y mide objetos, espacios y tiempos, utilizando las unidades de medida convencionales y no convencionales conocidas en su entorno próximo.												
4. Realiza cálculos numéricos básicos para responder a situaciones de la vida cotidiana, señala los pasos básicos que ha seguido y expresa con claridad los resultados.												
5. Realiza interpretaciones orales y escritas de datos de la realidad cotidiana representados en gráficas y expresa por escrito el valor de la información obtenida.												
6. Expresa las dificultades que ha tenido en la resolución de una situación o un problema de la vida cotidiana y explica con sentido o justifica el resultado obtenido.												
7. Formula enunciados de problemas de la vida cotidiana y los resuelve aplicando las operaciones aprendidas.												
8. Demuestra y representa mediante números, formas geométricas y colores los avances que va teniendo en los aprendizajes básicos y las responsabilidades que asume en el aula.												

Alumno/a: Curso: _____

COMPETENCIA BÁSICA MATEMÁTICA

APRECIACIÓN DEL NIVEL DE LOGRO: [ ]

INDICADORES DE LOGRO: 2 ° CICLO	1º TRIM.				2º TRIM.				3º TRIM.			
	1	2	3	V	1	2	3	V	1	2	3	V
1. Reconoce, describe, clasifica y contrasta formas y cuerpos geométricos (polígonos, círculos, cubos, prismas, cilindros, esferas) del espacio próximo.												
2. Reconoce, describe, clasifica y contrasta los aspectos cuantitativos y espaciales de materiales y objetos, presentes en el entorno.												
3. Describe y compara representaciones espaciales de objetos y situaciones de la vida cotidiana empleando diferentes unidades de medida.												
4. Resuelve, razona y demuestra situaciones de la vida ordinaria, empleando las cuatro operaciones básicas de cálculo.												
5. Compara, ordena, relaciona y justifica datos numéricos sobre pagos y cobros realizados en el entorno familiar, en función del valor numérico de las cantidades.												
6. Analiza críticamente datos sobre la realidad cotidiana expresados en diferentes soportes matemáticos.												
7. Propone y resuelve estimaciones y mediciones sobre situaciones de la vida real, empleando las unidades e instrumentos de medidas más usuales.												
8. Se plantea preguntas y resuelve problemas sobre la utilización de recursos naturales en la vida cotidiana, utilizando varias operaciones de cálculo y los conocimientos básicos matemáticos adquiridos.												

Alumno/a: **Curso:** _____

COMPETENCIA BÁSICA MATEMÁTICA

APRECIACIÓN DEL NIVEL DE LOGRO:

INDICADORES DE LOGRO: 3.° CICLO	1° TRIM.				2° TRIM.				3° TRIM.			
	1	2	3	V	1	2	3	V	1	2	3	V
1. Utiliza las nociones geométricas adquiridas para reconocer, describir, clasificar, comprender y contrastar diversas situaciones de la vida cotidiana.												
2. Lee, escribe, clasifica y contrasta distintas clases de números para el reconocimiento y explicación de situaciones que se producen en la vida diaria de los ciudadanos.												
3. Utiliza las distintas clases de números para interpretar, intercambiar, relacionar y comparar información; y realiza con ellos operaciones y cálculos numéricos sencillos, mediante diferentes procedimientos, para solucionar cuestiones propias de los contextos de la vida cotidiana.												
4. Emplea los instrumentos y unidades de medida más usuales para interpretar, clasificar, relacionar y comparar representaciones espaciales de objetos o situaciones familiares.												
5. Valora críticamente las estrategias seguidas en la búsqueda de datos y de soluciones en la resolución de problemas de la vida cotidiana.												
6. Analiza datos e informaciones sobre situaciones de la vida cotidiana y escolar expresados en diferentes soportes matemáticos; establece relaciones, realiza estimaciones y toma decisiones de mejora.												
7. Expresa de forma ordenada y lógica el proceso seguido y las decisiones adoptadas en la elección de los procedimientos más adecuados para abordar la resolución de problemas de la vida cotidiana.												
8. Formula y propone soluciones a problemas de carácter social, y produce información en función de la consulta e interpretación de datos expresados en diferentes códigos de representación.												

NIVELES DE LOGRO: (P) Poco, (R) Regular, (A) Adecuado, (B) Bueno y (E) Excelente.

COMPETENCIA BÁSICA: CONOCIMIENTO E INTERACCIÓN CON EL MUNDO FÍSICO

ASPECTOS DISTINTIVOS	ÁREAS	APRENDIZAJES IMPRESCINDIBLES
1. Percepción del espacio físico en el que se desarrollan la vida y la actividad humana.	LENGUA CASTELLANA Y LITERATURA	□ Utilizar el lenguaje como instrumento de representación del mundo y de base del pensamiento y del conocimiento. □ Desarrollar habilidades comunicativas.
2. Toma de conciencia de la influencia de la presencia de las personas humanas en el espacio, su asentamiento, actividad y los paisajes resultantes.	MATEMÁTICAS	□ Mejorar la comprensión y descripción más ajustada del entorno. □ Transmitir información precisa sobre aspectos cuantificables del entorno. □ Desarrollar la visualización, realizando construcciones y manipulaciones mentales de figuras en el plano y en el espacio: empleo de mapas, planificación de rutas, diseño de planos, elaboración de dibujos, etc. □ Utilizar representaciones gráficas para interpretar la información procedente de la realidad. □ Utilizar la medida para un mejor conocimiento de la realidad y de la posibilidad de interacción con ella.
3. Habilidad para interactuar con el mundo físico: aspectos naturales y humanos.		
4. Aplicación de nociones, conceptos científicos y técnicos, y de teorías científicas básicas.	CONOCIMIENTO DEL MEDIO NATURAL, SOCIAL Y CULTURAL	□ Apropiarse de los conceptos que le permitan interpretar el mundo físico. □ Conocer aquellos elementos y relaciones más relevantes en la conformación de un determinado paisaje. □ Describir y comprender de forma elemental situaciones diversas relativas al medio rural, a los problemas de la industria, a la urbanización, al desarrollo del turismo, etc. □ Acercarse a determinados rasgos del método con el que se construye el conocimiento científico: definir problemas, estimar soluciones posibles, elaborar estrategias, diseñar investigaciones, analizar resultados y comunicarlos. □ Analizar y comparar los elementos básicos que caracterizan los paisajes más representativos. □ Valorar la necesidad de comprometerse en la conservación de los paisajes y en la resolución de los problemas que les afectan por la actividad humana. □ Comprender los problemas que afectan a la actividad humana en relación con el medio. □ Realizar análisis que aborden las causas y las consecuencias del uso de recursos naturales. □ Contribuir a preservar un entorno físico agradable y saludable.
5. Desarrollo y aplicación del pensamiento científico-técnico para interpretar la información, predecir y tomar decisiones con iniciativa y autonomía personal.		
6. Identificación de preguntas o problemas y obtención de conclusiones basadas en pruebas; comprender y tomar decisiones.		
7. Argumentación racional de las consecuencias de los modos de vida y adopción de una disposición hacia la vida física y mental saludable en un entorno natural y social saludable.		

ASPECTOS DISTINTIVOS	ÁREAS	APRENDIZAJES IMPRESCINDIBLES
8. Uso responsable de los recursos naturales para favorecer el cuidado del medio ambiente, el consumo racional y responsable, así como la protección de la salud individual y colectiva.	EDUCACIÓN ARTÍSTICA	☐ Apreciar el entorno a través del trabajo perceptivo con sonidos, formas, colores, líneas, texturas, luz o movimiento. ☐ Explorar, manipular y recrear el medio para proporcionar disfrute y contribuir al enriquecimiento de la vida personal.
9. Empleo de destrezas asociadas a la planificación y manejo de soluciones técnicas ante necesidades de la vida cotidiana y del mundo laboral.	EDUCACIÓN FÍSICA	☐ Percibir e interaccionar de forma apropiada el propio cuerpo con un espacio determinado, mejorando las posibilidades motrices. ☐ Adquirir hábitos saludables y de mejora y mantenimiento de la condición física. ☐ Conocer, practicar y valorar la actividad física como elemento indispensable para preservar la salud. ☐ Practicar la actividad física, y valorar el equilibrio psicofísico, el factor de prevención de riesgos derivados del sedentarismo y la ocupación del tiempo de ocio que ésta reporta.

	COMPETENCIA BÁSICA: CONOCIMIENTO E INTERACCIÓN CON EL MUNDO FÍSICO		
ORGANIZADORES	**ASPECTOS DISTINTIVOS**	**APRENDIZAJES IMPRESCINDIBLES**	**ÁREAS**	**DESCRIPTORES DE LA ETAPA**
Conocimientos, saberes y experiencias aplicados a la resolución de tareas y problemas.	❖ Percepción del espacio físico en el que se desarrolla la vida y la actividad humana. ❖ Toma de conciencia de la influencia de la presencia de las personas en el espacio, su asentamiento, actividad y los paisajes resultantes.	❑ Mejorar la comprensión y descripción más ajustada del entorno. ❑ Transmitir información precisa sobre aspectos cuantificables del entorno.	Matemáticas	Conoce el espacio físico en el que vive, y describe la influencia de los asentamientos y de las actividades de las personas en la transformación de los paisajes.
		❑ Apropiarse de los conceptos que le permitan interpretar el mundo físico. ❑ Conocer aquellos elementos y relaciones más relevantes en la conformación de un determinado paisaje. ❑ Describir y comprender de forma elemental situaciones diversas relativas al medio rural, a los problemas de la industria, a la urbanización, al desarrollo del turismo, etc.	Conocimiento del Medio	
		❑ Percibir e interaccionar de forma apropiada el propio cuerpo con un espacio determinado, mejorando las posibilidades motrices.	Educación Física	

ORGANIZADORES	ASPECTOS DISTINTIVOS	APRENDIZAJES IMPRESCINDIBLES	ÁREAS	DESCRIPTORES DE LA ETAPA
Habilidades prácticas y cognitivas utilizados en la resolución de tareas y problemas.	❖ Habilidad para interactuar con el mundo físico: aspectos naturales y humanos.	□ Utilizar el lenguaje como instrumento de representación del mundo y de base del pensamiento y del conocimiento. □ Desarrollar habilidades comunicativas.	Lengua Castellana y Literatura	Analiza y compara las formas de vida más representativas de nuestros paisajes más peculiares.
	❖ Aplicación de nociones, conceptos científicos y técnicos, y de teorías científicas básicas.	□ Desarrollar la visualización, realizando construcciones y manipulaciones mentales de figuras en el plano y en el espacio: empleo de mapas, planificación de rutas, diseño de planos, elaboración de dibujos, etc. □ Utilizar representaciones gráficas para interpretar la información procedente de la realidad.	Matemáticas	
	❖ Desarrollo y aplicación del pensamiento científico-técnico para interpretar la información, predecir y tomar decisiones con iniciativa y autonomía personal. ❖ Identificación de preguntas o problemas y obtención de conclusiones basadas en pruebas: comprender y tomar decisiones.	□ Acercarse a determinados rasgos del método con el que se construye el conocimiento científico: definir problemas, estimar soluciones posibles, elaborar estrategias, diseñar investigaciones, analizar resultados y comunicarlos. □ Analizar y comparar los elementos básicos que caracterizan los paisajes más representativos del entorno. □ Analizar las causas y consecuencias de la actividad humana. □ Realizar análisis que aborden las causas y las consecuencias del uso de recursos naturales.	Conocimiento del Medio	Aplica las nociones y conceptos científicos y técnicos aprendidos para definir problemas, elaborar estrategias, analizar y comunicar resultados y tomar decisiones sobre el entorno en el que vive.
		□ Adquirir hábitos saludables y de mejora y mantenimiento de la condición física.	Educación Física	

ORGANIZADORES	ASPECTOS DISTINTIVOS	APRENDIZAJES IMPRESCINDIBLES	ÁREAS	DESCRIPTORES DE LA ETAPA
Valores, actitudes, sentimientos y emociones que se manifiestan en la resolución de tareas y problemas.	❖ Argumentación racional de las consecuencias de los modos de vida y adopción de una disposición hacia la vida física y mental saludable en un entorno natural y social saludable. ❖ Uso responsable de los recursos naturales para favorecer el cuidado del medio ambiente, el consumo racional y responsable, así como la protección de la salud individual y colectiva.	❑ Explorar, manipular y recrear el medio para proporcionar disfrute y contribuir al enriquecimiento de la vida personal. ❑ Apreciar el entorno a través del trabajo perceptivo con sonidos, formas, colores, líneas, texturas, luz o movimiento.	Artística	Conoce los modos de vida humana y adopta una disposición positiva hacia el cuidado y conservación del entorno natural y social, desarrollando hábitos de vida saludable.
		❑ Valorar la necesidad de comprometerse en la conservación de los paisajes y en la resolución de los problemas que les afectan por la actividad humana. ❑ Contribuir a preservar un entorno físico agradable y saludable.	C. del Medio	
		❑ Conocer, practicar y valorar la actividad física como elemento indispensable para preservar la salud.	Educación Física	

ORGANIZADORES	ASPECTOS DISTINTIVOS	APRENDIZAJES IMPRESCINDIBLES	ÁREAS	DESCRIPTORES DE LA ETAPA
Resolución de problemas o tareas en un contexto determinado.	❖ Empleo de destrezas asociadas a la planificación y manejo de soluciones técnicas ante necesidades de la vida cotidiana y del mundo laboral.	☐ Utilizar la medida para un mejor conocimiento de la realidad y de la posibilidad de interacción con ella.	Matemáticas	Plantea soluciones ante los problemas y necesidades básicas de la vida cotidiana y de la actividad humana en relación con el medio, y apoya un consumo responsable de los recursos naturales.
		☐ Analizar las causas y consecuencias de la actividad humana.	C. del Medio	
		☐ Comprender los problemas que afectan a la actividad humana en relación con el medio.		
		☐ Realizar análisis que aborden las causas y las consecuencias del uso de recursos naturales.		
		☐ Valorar la necesidad de comprometerse en la conservación de los paisajes y en la resolución de los problemas que les afectan por la actividad humana.		
		☐ Tomar conciencia de las agresiones que deterioran la calidad de vida como la contaminación sonora o las soluciones estéticas desafortunadas con espacios, objetos o edificios.	Artística	
		☐ Practicar la actividad física, y valorar el equilibrio psicofísico, el factor de prevención de riesgos derivado del sedentarismo y la ocupación del tiempo de ocio que ésta reporta.	Educación Física	

PRIMER CICLO DE LA EDUCACIÓN PRIMARIA

COMPETENCIA BÁSICA: CONOCIMIENTO E INTERACCIÓN CON EL MUNDO FÍSICO

DESCRIPTOR ETAPA:

1. Conoce el espacio físico en el que vive, y describe la influencia de los asentamientos y de las actividades de las personas en la transformación de los paisajes.

INDICADORES DE LOGRO O DOMINIO 1º CICLO:

☐ Identifica los agentes físicos y humanos que conforman los diferentes paisajes de nuestro territorio y elabora textos escritos utilizando la terminología más adecuada; estableciendo relaciones entre variables que perjudican o benefician la conservación del mismo.

ÁREAS	CRITERIOS DE EVALUACIÓN
LENGUA CASTELLANA Y LITERATURA	➤ Expresarse de forma oral mediante textos que presenten de manera organizada hechos, vivencias o ideas. ➤ Captar el sentido global de textos orales de uso habitual, identificando la información más relevante. ➤ Comprender y utilizar la terminología gramatical y lingüística elemental, en las actividades relacionadas con la producción y comprensión de textos.
MATEMÁTICAS	➤ Describir la situación de un objeto del espacio próximo, y de un desplazamiento en relación a sí mismo, utilizando los conceptos de izquierda-derecha, delante-detrás, arriba-abajo, cerca-lejos y próximo-lejano. ➤ Reconocer en el entorno inmediato objetos y espacios con formas rectangulares, triangulares, circulares, cúbicas y esféricas.
CONOCIMIENTO DEL MEDIO	➤ Reconocer, identificar y poner ejemplos sencillos sobre las principales profesiones y responsabilidades que desempeñan las personas del entorno.
EDUCACIÓN ARTÍSTICA	➤ Describir cualidades y características de materiales, objetos e instrumentos presentes en el entorno natural y artificial. ➤ Usar términos sencillos para comentar las obras plásticas y musicales observadas y escuchadas.
EDUCACIÓN ARTÍSTICA	➤ Identificar diferentes formas de representación del espacio. ➤ Probar en producciones propias, las posibilidades que adoptan las formas, texturas y colores.

COMPETENCIA BÁSICA: CONOCIMIENTO E INTERACCIÓN CON EL MUNDO FÍSICO

DESCRIPTOR ETAPA:	INDICADORES DE LOGRO O DOMINIO 1° CICLO:
2. Analiza y compara las formas de vida más representativas de nuestros paisajes más peculiares.	☐ Estudia e investiga sobre las diferentes formas de vida y el comportamiento de los cuerpos ante diferentes fenómenos naturales y generados por la acción humana sobre un paisaje determinado. Aporta analogías y ejemplificaciones.
3. Aplica las nociones y conceptos científicos y técnicos aprendidos para definir problemas, elaborar estrategias, analizar y comunicar resultados y tomar decisiones sobre el entorno en el que vive.	☐ Planifica y realiza sencillas investigaciones sobre problemas del entorno, empleando estrategias básicas del método científico, y utiliza diferentes recursos (dibujos, esquemas, presentaciones, etc.) y soportes para interpretar y representar la información obtenida.

CRITERIOS DE EVALUACIÓN

ÁREAS	
LENGUA CASTELLANA Y LITERATURA	➤ Localizar información concreta y realizar inferencias directas en la lectura de textos.
	➤ Relacionar poniendo ejemplos concretos, la información contenida en los textos escritos próximos a la experiencia infantil, con las propias vivencias e ideas y mostrar la comprensión a través de la lectura en voz alta.
	➤ Redactar y reescribir diferentes textos relacionados con la experiencia infantil ateniéndose a modelos claros, utilizando la planificación y revisión de los textos, cuidando las normas gramaticales y ortográficas más sencillas y los aspectos formales.
L. EXTRANJERA	➤ Usar estrategias básicas para aprender a aprender, como pedir ayuda, acompañar la comunicación con gestos, utilizar diccionarios visuales e identificar algunos aspectos personales que le ayuden a aprender mejor.
MATEMÁTICAS	➤ Medir objetos, espacios y tiempos familiares con unidades de medida no convencionales (palmos, pasos, baldosas...) y convencionales (kilogramo; metro, centímetro; litro; día y hora), utilizando los instrumentos a su alcance más adecuados en cada caso.
	➤ Realizar interpretaciones elementales de los datos presentados en gráficas de barras.
CONOCIMIENTO DEL MEDIO	➤ Reconocer y clasificar con criterios elementales los animales y plantas más relevantes de su entorno, así como algunas otras especies conocidas por la información obtenida a través de diversos medios.
	➤ Ordenar temporalmente algunos hechos relevantes de la vida familiar o del entorno próximo.
	➤ Identificar diferencias en las propiedades elementales de los materiales, relacionando algunas de ellas con sus usos, y reconocer efectos visibles de las fuerzas sobre los objetos.
	➤ Montar y desmontar objetos y aparatos simples y describir su funcionamiento y la forma de utilizarlos con precaución.
	➤ Realizar preguntas adecuadas para obtener información de una observación, utilizar algunos instrumentos y hacer registros claros.
EDUCACIÓN FÍSICA	➤ Reaccionar corporalmente ante estímulos visuales, auditivos y táctiles, dando respuestas motrices que se adapten a los estímulos.
	➤ Desplazarse y saltar de forma diversa, variando puntos de apoyo, amplitudes y frecuencias, con coordinación y buena orientación en el espacio.

COMPETENCIA BÁSICA: CONOCIMIENTO E INTERACCIÓN CON EL MUNDO FÍSICO

DESCRIPTOR ETAPA:	INDICADORES DE LOGRO O DOMINIO 1º CICLO:
4. Conoce los modos de vida humana y adopta una disposición positiva hacia el cuidado y conservación del entorno natural y social, desarrollando hábitos de vida saludable.	☐ Desarrolla hábitos de higiene y de alimentación que favorecen la salud y el bienestar personal en el entorno familiar y escolar.

ÁREAS	CRITERIOS DE EVALUACIÓN
LENGUA CASTELLANA Y LITERATURA	➤ Participar en las situaciones de comunicación del aula, respetando las normas del intercambio: guardar el turno de palabra, escuchar, mirar al interlocutor, mantener el tema.
L. EXTRANJERA	➤ Participar en interacciones orales muy dirigidas sobre temas conocidos en situaciones de comunicación fácilmente predecibles. ➤ Explicar oralmente el proceso seguido para resolver un problema.
CONOCIMIENTO DEL MEDIO	➤ Poner ejemplos asociados a la higiene, la alimentación equilibrada, el ejercicio físico y el descanso como formas de mantener la salud, el bienestar y el buen funcionamiento del cuerpo. ➤ Reconocer algunas manifestaciones culturales presentes en el ámbito escolar, local y autonómico, valorando su diversidad y riqueza. ➤ Identificar los medios de transporte más comunes en el entorno y conocer las normas básicas como peatones y usuarios de los medios de locomoción.
EDUCACIÓN ARTÍSTICA	➤ Realizar composiciones plásticas que representen el mundo imaginario, afectivo y social.
EDUCACIÓN FÍSICA	➤ Participar y disfrutar en juegos ajustando su actuación, tanto en lo que se refiere a aspectos motores como a aspectos de relación con los compañeros y compañeras. ➤ Simbolizar personajes y situaciones mediante el cuerpo y el movimiento con desinhibición y soltura en la actividad. ➤ Mostrar interés por cumplir las normas referentes al cuidado del cuerpo con relación a la higiene y a la conciencia del riesgo en la actividad física.

COMPETENCIA BÁSICA: CONOCIMIENTO E INTERACCIÓN CON EL MUNDO FÍSICO

DESCRIPTOR ETAPA:	INDICADORES DE LOGRO O DOMINIO 1° CICLO:
5. Plantea soluciones ante los problemas y necesidades básicas de la vida cotidiana y de la actividad humana en relación con el medio, y apoya un consumo responsable de los recursos naturales.	☐ Se muestra sensible hacia un uso responsable de los recursos naturales que se utilizan en el entorno familiar y escolar y presenta ejemplos prácticos de usos responsables.

ÁREAS	CRITERIOS DE EVALUACIÓN
LENGUA CASTELLANA Y LITERATURA	➤ Conocer textos literarios de la tradición oral y de la literatura infantil adecuados al ciclo, así como algunos aspectos formales simples de la narración y de la poesía con la finalidad de apoyar la lectura y la escritura de dichos textos.
L. EXTRANJERA	➤ Leer e identificar palabras y frases sencillas presentadas previamente de forma oral, sobre temas familiares y de interés.
MATEMÁTICAS	➤ Formular problemas sencillos en los que se precise contar, leer y escribir números hasta el 999. ➤ Realizar, en situaciones cotidianas, cálculos numéricos básicos con las operaciones de suma, resta y multiplicación, utilizando procedimientos diversos y estrategias personales. ➤ Formular y resolver sencillos problemas en los que intervenga la lectura de gráficos. ➤ Resolver problemas sencillos relacionados con objetos, hechos y situaciones de la vida cotidiana, seleccionando las operaciones de suma y resta y utilizando los algoritmos básicos correspondientes u otros procedimientos de resolución
CONOCIMIENTO DEL MEDIO	➤ Poner ejemplos de elementos y recursos fundamentales del medio físico (sol, agua, aire), y su relación con la vida de las personas, tomando conciencia de la necesidad de su uso responsable.
EDUCACIÓN FÍSICA	➤ Simbolizar personajes y situaciones mediante el cuerpo y el movimiento con desinhibición y soltura en la actividad.

SEGUNDO CICLO DE LA EDUCACIÓN PRIMARIA

COMPETENCIA BÁSICA: CONOCIMIENTO E INTERACCIÓN CON EL MUNDO FÍSICO

DESCRIPTOR ETAPA:	INDICADORES DE LOGRO O DOMINIO 2° CICLO:
1. Conoce el espacio físico en el que vive, y describe la influencia de los asentamientos y de las actividades de las personas en la transformación de los paisajes.	☐ Describe con precisión los cambios que la actividad humana está produciendo en el entorno en el que vive, y propone soluciones.

ÁREAS	CRITERIOS DE EVALUACIÓN
LENGUA CASTELLANA Y LITERATURA	➤ Conocer textos literarios de la tradición oral y de la literatura infantil adecuados al ciclo, así como las características básicas de la narración y la poesía, con la finalidad de apoyar la lectura y la escritura de dichos textos. ➤ Expresarse de forma oral mediante textos que presenten de manera sencilla y coherente conocimientos, ideas, hechos y vivencias. ➤ Captar el sentido de textos orales de uso habitual, reconociendo las ideas principales y secundarias.
L. EXTRANJERA	➤ Captar el sentido global, e identificar información específica en textos orales sobre temas familiares y de interés. ➤ Leer y captar el sentido global y algunas informaciones específicas de textos sencillos sobre temas conocidos y con una finalidad concreta.
MATEMÁTICAS	➤ Reconocer y describir formas y cuerpos geométricos del espacio (polígonos, círculos, cubos, prismas, cilindros, esferas).
CONOCIMIENTO DEL MEDIO	➤ Explicar con ejemplos concretos, la evolución de algún aspecto de la vida cotidiana relacionado con hechos históricos relevantes, identificando las nociones de duración, sucesión y simultaneidad.
EDUCACIÓN ARTÍSTICA	➤ Usar adecuadamente algunos de los términos propios del lenguaje plástico y musical en contextos precisos, intercambios comunicativos, descripción de procesos y argumentaciones.

COMPETENCIA BÁSICA: CONOCIMIENTO E INTERACCIÓN CON EL MUNDO FÍSICO

DESCRIPTOR ETAPA:	INDICADOR DE LOGRO O DOMINIO 2º CICLO:
2. Analiza y compara las formas de vida más representativas de nuestros paisajes más peculiares.	☐ Busca y selecciona información en varias fuentes sobre los paisajes más representativos de la C.A. y hace propuestas para su conservación y expresa por escrito los resultados obtenidos.
3. Aplica las nociones y conceptos científicos y técnicos aprendidos para definir problemas, elaborar estrategias, analizar y comunicar resultados y tomar decisiones sobre el entorno en el que vive.	☐ Relaciona las características del paisaje (relieve, suelo, clima, vegetación...) con las distintas formas de vivir de las personas y las representa con símbolos en planos, dibujos y esquemas.

ÁREAS	CRITERIOS DE EVALUACIÓN
LENGUA CASTELLANA Y LITERATURA	➤ Localizar y recuperar información explícita y realizar inferencias directas en la lectura de textos. ➤ Redactar, reescribir y resumir diferentes textos significativos en situaciones cotidianas y escolares, de forma ordenada y adecuada, utilizando la planificación y revisión de los textos, cuidando las normas gramaticales y ortográficas y los aspectos formales, tanto en soporte papel como digital.
L. EXTRANJERA	➤ Usar algunas estrategias para aprender a aprender, como pedir aclaraciones, acompañar la comunicación con gestos, utilizar diccionarios visuales y bilingües, recuperar, buscar y recopilar. ➤ Informar sobre temas conocidos en diferentes soportes e identificar algunos aspectos personales que le ayudan a aprender mejor.
MATEMÁTICAS	➤ Obtener información puntual y describir una representación espacial (croquis de un itinerario, plano de una pista...), tomando como referencia objetos familiares y utilizar las nociones básicas de movimientos geométricos para describir y comprender situaciones de la vida cotidiana y para valorar expresiones artísticas. ➤ Recoger datos sobre hechos y objetos de la vida cotidiana utilizando técnicas sencillas de recuento, ordenar estos datos atendiendo a un criterio de clasificación y expresar el resultado de forma de tabla o gráfica.

ÁREAS	CRITERIOS DE EVALUACIÓN
CONOCIMIENTO DEL MEDIO	⋏ Reconocer y explicar, recogiendo datos y utilizando aparatos de medida, las relaciones entre algunos factores del medio físico (relieve, suelo, clima, vegetación...) y las formas de vida y actuaciones de las personas, valorando la adopción de actitudes de respeto por el equilibrio ecológico. ⋏ Identificar y clasificar animales, plantas y rocas, según criterios científicos. ⋏ Utilizar las nociones espaciales y la referencia a los puntos cardinales para situarse en el entorno, para localizar y describir la situación de los objetos en espacios delimitados, y utilizar planos y mapas con escala gráfica para desplazarse. ⋏ Obtener información relevante sobre hechos o fenómenos previamente delimitados, hacer predicciones sobre sucesos naturales y sociales, integrando datos de observación directa e indirecta a partir de la consulta de fuentes básicas y comunicar los resultados.
EDUCACIÓN ARTÍSTICA	⋏ Interpretar el contenido de imágenes y representaciones del espacio presentes en el entorno. ⋏ Utilizar instrumentos, técnicas y materiales adecuados al producto artístico que se pretende.
EDUCACIÓN FÍSICA	⋏ Desplazarse y saltar, combinado ambas habilidades de forma coordinada y equilibrada, ajustando los movimientos corporales a diferentes cambios de las condiciones de la actividad.

COMPETENCIA BÁSICA: CONOCIMIENTO E INTERACCIÓN CON EL MUNDO FÍSICO

DESCRIPTOR ETAPA:

4. Conoce los modos de vida humana y adopta una disposición positiva hacia el cuidado y conservación del entorno natural y social, desarrollando hábitos de vida saludable.

INDICADOR DE LOGRO O DOMINIO 2º CICLO:

☐ Indaga sobre las formas de vida sedentaria de los niños y de los adultos y argumenta y plantea cambios en los hábitos de alimentación, higiene, ejercicio físico y descanso para mejorar la calidad y expectativas de vida de las personas.

ÁREAS	CRITERIOS DE EVALUACIÓN
LENGUA CASTELLANA Y LITERATURA	➢ Participar en las situaciones de comunicación del aula, respetando las normas del intercambio: guardar el turno de palabra, escuchar, exponer con claridad, entonar adecuadamente. ➢ Interpretar e integrar las ideas propias con la información contenida en los textos de uso escolar y social, y mostrar la comprensión a través de la lectura en voz alta.
L. EXTRANJERA	➢ Participar en interacciones orales dirigidas sobre temas conocidos en situaciones de comunicación predecibles, respetando las normas básicas del intercambio, como escuchar y mirar a quien habla. ➢ Valorar la lengua extranjera como instrumento de comunicación con otras personas y mostrar curiosidad e interés hacia las personas que hablan la lengua extranjera.
CONOCIMIENTO DEL MEDIO	➢ Identificar fuentes de energía comunes y procedimientos y máquinas para obtenerla, poner ejemplos de usos prácticos de la energía y valorar la importancia de hacer un uso responsable de las fuentes de energía del planeta. ➢ Identificar, a partir de ejemplos de la vida diaria, algunos de los principales usos que las personas hacen de los recursos naturales, señalando ventajas e inconvenientes y analizar el proceso seguido por algún bien o servicio, desde su origen hasta el consumidor.
EDUCACIÓN ARTÍSTICA	➢ Describir las características de elementos presentes en el entorno y las sensaciones que las obras artísticas provocan.
EDUCACIÓN FÍSICA	➢ Participar del juego y las actividades deportivas con conocimiento de las normas y mostrando una actitud de aceptación hacia las demás personas. ➢ Utilizar los recursos expresivos del cuerpo e implicarse en el grupo para la comunicación de ideas, sentimientos y representación de personajes e historias, reales o imaginarias.

COMPETENCIA BÁSICA: CONOCIMIENTO E INTERACCIÓN CON EL MUNDO FÍSICO

DESCRIPTOR ETAPA:	INDICADOR DE LOGRO O DOMINIO 2º CICLO:
5. Plantea soluciones ante los problemas y necesidades básicas de la vida cotidiana y de la actividad humana en relación con el medio, y apoya un consumo responsable de los recursos naturales.	☐ Valora y demuestra la importancia de las fuentes de energía para la vida humana y propone pautas de comportamiento personales y colectivas en el uso responsable de las mismas.

ÁREAS	CRITERIOS DE EVALUACIÓN
L. EXTRANJERA	➢ Escribir frases y textos cortos significativos en situaciones cotidianas y escolares a partir de modelos con una finalidad determinada y con un formato establecido, tanto en soporte papel como digital. ➢ Identificar algunos aspectos de la vida cotidiana de los países donde se habla la lengua extranjera y compararlos con los propios.
MATEMÁTICAS	➢ Realizar, en contextos reales, estimaciones y mediciones escogiendo, entre las unidades e instrumentos de medida usuales, los que mejor se ajusten al tamaño y naturaleza del objeto a medir. ➢ Resolver problemas relacionados con el entorno que exijan cierta planificación, aplicando dos operaciones con números naturales como máximo, así como los contenidos básicos de geometría o tratamiento de la información y utilizando estrategias personales de resolución.
LENGUA CASTELLANA Y LITERATURA	➢ Conocer textos literarios de la tradición oral y de la literatura infantil adecuados al ciclo, así como las características básicas de la narración y la poesía, con la finalidad de apoyar la lectura y la escritura de dichos textos.
CONOCIMIENTO DEL MEDIO	➢ Identificar y explicar las consecuencias para la salud y el desarrollo personal de determinados hábitos de alimentación, higiene, ejercicio físico y descanso.
EDUCACIÓN FÍSICA	➢ Actuar de forma coordinada y cooperativa para resolver retos o para oponerse a uno o varios adversarios en un juego colectivo. ➢ Mantener conductas activas acordes con el valor del ejercicio físico para la salud, mostrando interés en el cuidado del cuerpo.

TERCER CICLO DE LA EDUCACIÓN PRIMARIA

COMPETENCIA BÁSICA: CONOCIMIENTO E INTERACCIÓN CON EL MUNDO FÍSICO

DESCRIPTOR ETAPA:

1. Conoce el espacio físico en el que vive, y describe la influencia de los asentamientos y de las actividades de las personas en la transformación de los paisajes.

INDICADOR DE LOGRO O DOMINIO 3° CICLO:

❑ Identifica los agentes físicos y humanos que conforman los diferentes paisajes de nuestro territorio y elabora textos escritos estableciendo relaciones entre variables que perjudican o benefician la conservación del mismo.

ÁREAS	CRITERIOS DE EVALUACIÓN
L. CASTELLANA Y LITERATURA	➢ Comprender y utilizar la terminología gramatical y lingüística básica en las actividades de producción y comprensión de textos.
	➢ Expresarse de forma oral mediante textos que presenten de manera coherente conocimientos, hechos y opiniones.
L. EXTRANJERA	➢ Identificar algunos rasgos, costumbres y tradiciones de países donde se habla la lengua extranjera.
MATEMÁTICAS	➢ Leer, escribir y ordenar, utilizando razonamientos apropiados, distintos tipos de números (naturales, enteros, fracciones y decimales hasta las centésimas).
	➢ Expresar de forma ordenada y clara, oralmente y por escrito, el proceso seguido en la resolución de problemas.
CONOCIMIENTO DEL MEDIO	➢ Caracterizar los principales paisajes paisajes españoles y analizar algunos agentes físicos y humanos que los conforman, y poner ejemplos del impacto de las actividades humanas en el territorio y de la importancia de su conservación.
EDUCACIÓN ARTÍSTICA	➢ Reconocer músicas del medio social y cultural propio y de otras épocas y culturas.
ED. CIUD. Y D. HUMANOS	➢ Conocer algunos de los derechos humanos recogidos en la Declaración Universal de los DerechosHumanos.
EDUCACIÓN FÍSICA	➢ Identificar algunas de las relaciones que se establecen entre la práctica correcta y habitual del ejercicio físico y la mejora de la salud y actuar de acuerdo con ellas.

COMPETENCIA BÁSICA: CONOCIMIENTO E INTERACCIÓN CON EL MUNDO FÍSICO

DESCRIPTOR ETAPA:	INDICADOR DE LOGRO O DOMINIO 3° CICLO:
2. Analiza y compara las formas de vida más representativas de nuestros paisajes más peculiares.	☐ Estudia e investiga sobre las diferentes formas de vida y el comportamiento de los cuerpos ante diferentes fenómenos generados por la acción humana sobre un paisaje determinado, aportando analogías y ejemplificaciones.
3. Aplica las nociones y conceptos científicos y técnicos aprendidos para definir problemas, elaborar estrategias, analizar y comunicar resultados y tomar decisiones sobre el entorno en el que vive.	☐ Planifica y realiza sencillas investigaciones sobre problemas del entorno, empleando estrategias básicas del método científico, y utiliza diferentes recursos (dibujos, esquemas, presentaciones, etc.) y soportes para interpretar y representar la información obtenida.

ÁREAS	CRITERIOS DE EVALUACIÓN
LENGUA CASTELLANA Y LITERATURA	➤ Localizar y recuperar información explícita y realizar inferencias en la lectura de textos determinando los propósitos principales de éstos e interpretando el doble sentido de algunos. ➤ Interpretar e integrar las ideas propias con las contenidas en los textos, comparando y contrastando informaciones diversas, y mostrar la comprensión a través de la lectura en voz alta. ➤ Narrar, explicar, describir, resumir y exponer opiniones e informaciones en textos escritos relacionados con situaciones cotidianas y escolares, de forma ordenada y adecuada, relacionando los enunciados entre sí, usando de forma habitual los procedimientos de planificación y revisión de los textos, así como las normas gramaticales y ortográficas y cuidando los aspectos formales, tanto en soporte papel como digital.
L. EXTRANJERA	➤ Captar el sentido global e identificar informaciones específicas en textos orales variados emitidos en diferentes situaciones de comunicación.
MATEMÁTICAS	➤ Realizar operaciones y cálculos numéricos sencillos mediante diferentes procedimientos, incluido el cálculo mental, que hagan referencia implícita a las propiedades de las operaciones, en situaciones de resolución de problemas. ➤ Utilizar los números decimales, fraccionarios y los porcentajes sencillos para interpretar e intercambiar información en contextos de la vida cotidiana. ➤ Interpretar una representación espacial (croquis de un itinerario, plano de casas y maquetas) realizada a partir de un sistema de referencia y de objetos o situaciones familiares. ➤ Realizar, leer e interpretar representaciones gráficas de un conjunto de datos relativos al entorno inmediato. ➤ Hacer estimaciones basadas en la experiencia sobre el resultado (posible, imposible, seguro, más o menos probable) de situaciones sencillas en las que intervenga el azar y comprobar dicho resultado.

ÁREAS	CRITERIOS DE EVALUACIÓN	
CONOCIMIENTO DEL MEDIO	➤	Identificar y localizar los principales órganos implicados en la realización de las funciones vitales del cuerpo humano, estableciendo algunas relaciones fundamentales entre ellos y determinados hábitos de salud.
	➤	Realizar, interpretar y utilizar planos y mapas teniendo en cuenta los signos convencionales y la escala gráfica.
	➤	Planificar y realizar sencillas investigaciones para estudiar el comportamiento de los cuerpos ante la luz, la electricidad, el magnetismo, el calor o el sonido y saber comunicar los resultados.
	➤	Planificar la construcción de objetos y aparatos con una finalidad previa, utilizando fuentes energéticas, operadores y materiales apropiados, y realizarla, con la habilidad manual necesaria, combinando el trabajo individual y en equipo.
EDUCACIÓN ARTÍSTICA	➤	Buscar, seleccionar y organizar informaciones sobre manifestaciones artísticas del patrimonio cultural propio y de otras culturas, de acontecimientos, creadores y profesionales relacionados con las artes plásticas y la música.
	➤	Realizar representaciones plásticas de forma cooperativa que impliquen organización espacial, uso de materiales diversos y aplicación de diferentes técnicas.
	➤	Comprobar las posibilidades de materiales, texturas, formas y colores aplicados sobre diferentes soportes.
ED. CIUDADANÍA Y D. HUMANOS	➤	Argumentar y defender las propias opiniones, escuchar y valorar críticamente las opiniones de los demás, mostrando una actitud de respeto a las personas.

COMPETENCIA BÁSICA: CONOCIMIENTO E INTERACCIÓN CON EL MUNDO FÍSICO

DESCRIPTOR ETAPA:	INDICADOR DE LOGRO O DOMINIO 3º CICLO:
4. Conoce los modos de vida humana y adopta una disposición positiva hacia el cuidado y conservación del entorno natural y social, desarrollando hábitos de vida saludable.	☐ Analiza y valora críticamente los efectos de la contaminación sobre las personas, animales, plantas y sus entornos, y propone iniciativas para mejorar las condiciones de vida de los seres vivos.

ÁREAS	CRITERIOS DE EVALUACIÓN
LENGUA CASTELLANA Y LITERATURA	➤ Participar en las situaciones de comunicación del aula, respetando las normas del intercambio: guardar el turno de palabra, organizar el discurso, escuchar e incorporar las intervenciones de los demás.
L. EXTRANJERA	➤ Mantener conversaciones cotidianas y familiares sobre temas conocidos en situaciones de comunicación predecibles, respetando las normas básicas del intercambio: escuchar y mirar a quien habla.
MATEMÁTICAS	➤ Valorar las diferentes estrategias y perseverar en la búsqueda de datos y soluciones precisas, tanto en la formulación como en la resolución de un problema.
CONOCIMIENTO DEL MEDIO	➤ Analizar algunos cambios que las comunicaciones y la introducción de nuevas actividades económicas relacionadas con la producción de bienes y servicios, han supuesto para la vida humana y para el entorno, valorando la necesidad de superar las desigualdades provocadas por las diferencias en el acceso a bienes y servicios. ➤ Concretar ejemplos en los que el comportamiento humano influya de manera positiva o negativa sobre el medioambiente; describir algunos efectos de contaminación sobre las personas, animales, plantas y sus entornos, señalando alternativas para prevenirla o reducirla, así como ejemplos de derroche de recursos como el agua con exposición de actitudes conservacionistas.
EDUCACIÓN ARTÍSTICA	➤ Formular opiniones acerca de las manifestaciones artísticas a las que se accede demostrando el conocimiento que se tiene de las mismas y una inclinación personal para satisfacer el disfrute y llenar el tiempo de ocio. ➤ Representar de forma personal ideas, acciones y situaciones valiéndose de los recursos que el lenguaje plástico y visual proporciona.
ED. CIUDADANÍA Y D. HUMANOS	➤ Mostrar respeto por las diferencias y características personales propias y de sus compañeros y compañeras, valorar las consecuencias de las propias acciones y responsabilizarse de las mismas. ➤ Aceptar y practicar las normas de convivencia. ➤ Participar en la toma de decisiones del grupo, utilizando el diálogo para favorecer los acuerdos y asumiendo sus obligaciones.
EDUCACIÓN FÍSICA	➤ Identificar, como valores fundamentales de los juegos y la práctica de actividades deportivas, el esfuerzo personal y las relaciones que se establecen con el grupo y actuar de acuerdo con ellos.

COMPETENCIA BÁSICA: CONOCIMIENTO E INTERACCIÓN CON EL MUNDO FÍSICO

DESCRIPTOR ETAPA:

5. Plantea soluciones ante los problemas y necesidades básicas de la vida cotidiana y de la actividad humana en relación con el medio, y apoya un consumo responsable de los recursos naturales.

INDICADOR DE LOGRO O DOMINIO 3º CICLO:

☐ Plantea e investiga sobre problemas o situaciones reales sobre los impactos que la actividad humana ocasiona en el medioambiente, recoge y selecciona información de diferentes fuentes (directas, libros, Internet), expresa y justifica las conclusiones obtenidas y propone compromisos en la conservación y mejora del mismo.

ÁREAS	CRITERIOS DE EVALUACIÓN
L. CASTELLANA Y LITERATURA	➢ Conocer textos literarios de la tradición oral y de la literatura infantil adecuados al ciclo, así como las características de la narración y la poesía, con la finalidad de apoyar la lectura y la escritura de dichos textos.
L. EXTRANJERA	➢ Leer y localizar información explícita y realizar inferencias directas en comprender textos diversos sobre temas de interés. ➢ Elaborar textos escritos atendiendo al destinatario, al tipo de texto y a la finalidad, tanto en soporte papel como digital
MATEMÁTICAS	➢ En un contexto de resolución de problemas sencillos, anticipar una solución razonable y buscar los procedimientos matemáticos más adecuados para abordar el proceso de resolución.
CONOCIMIENTO DEL MEDIO	➢ Presentar un informe, utilizando soporte papel y digital, sobre problemas o situaciones sencillas, recogiendo información de diferentes fuentes (directas, libros, Internet), siguiendo un plan de trabajo y expresando conclusiones.
ED. CIUD. Y D. HUMANOS	➢ Reconocer y rechazar situaciones de discriminación, marginación e injusticia e identificar los factores sociales, económicos, de origen, de género o de cualquier otro tipo que las provocan.
EDUCACIÓN FÍSICA	➢ Identificar algunas de las relaciones que se establecen entre la práctica correcta y habitual del ejercicio físico y la mejora de la salud y actuar de acuerdo con ellas. ➢ Construir composiciones grupales en interacción con los compañeros y compañeras utilizando los recursos expresivos del cuerpo y partiendo de estímulos musicales, plásticos o verbales.

ESCALA DE LOGRO O DOMINIO DE LA COMPETENCIA BÁSICA "CONOCIMIENTO E INTERACCIÓN CON EL MUNDO FÍSICO"

DESCRIPTORES ETAPA	INDICADOR DE LOGRO 1º CICLO	INDICADOR DE LOGRO 2º CICLO	INDICADORES DE LOGRO 3º CICLO
1. Conoce el espacio físico en el que vive, y describe la influencia de los asentamientos y de las actividades de las persona en la transformación de los paisajes.	☐ Describe, de forma oral y escrita, el paisaje de su entorno y reconoce las actividades que realizan las personas en el mantenimiento y cuidado del mismo.	2. Describe con precisión los cambios que la actividad humana está produciendo en el entorno en el que vive, y propone soluciones.	☐ Identifica los agentes físicos y humanos que conforman los diferentes paisajes de nuestro territorio y elabora textos escritos estableciendo relaciones entre variables que perjudican o benefician la conservación del mismo.
2. Analiza y compara las formas de vida más representativas de nuestros paisajes más peculiares. 3. Aplica las nociones y conceptos científicos y técnicos aprendidos para definir problemas, elaborar estrategias, analizar y comunicar resultados y tomar decisiones sobre el entorno en el que vive.	☐ Realiza observaciones de los animales y las plantas más conocidas de su entorno y las clasifica en función de los rasgos que les son comunes. ☐ Utiliza dibujos y esquemas con la terminología adecuada para ordenar y representar hechos relevantes de la vida familiar o del entorno próximo.	☐ Busca y selecciona información en varias fuentes sobre los paisajes más representativos de la C.A. y hace propuestas para su conservación y expresa por escrito los resultados obtenidos. ☐ Relaciona las características del paisaje (relieve, suelo, clima, vegetación...) con las distintas formas de vivir de las personas y las representa con símbolos en planos, dibujos y esquemas.	☐ Estudia e investiga sobre las diferentes formas de vida y el comportamiento de los cuerpos ante diferentes fenómenos generados por la acción humana sobre un paisaje determinado, aportando analogías y ejemplificaciones. ☐ Planifica y realiza sencillas investigaciones sobre problemas del entorno, empleando estrategias básicas del método científico, y utiliza diferentes recursos (dibujos, esquemas, presentaciones, etc.) y soportes para interpretar y representar la información obtenida.

DESCRIPTORES ETAPA	INDICADOR DE LOGRO 1º CICLO	INDICADOR DE LOGRO 2º CICLO	INDICADORES DE LOGRO 3º CICLO
4. Conoce los modos de vida humana y adopta una disposición positiva hacia el cuidado y conservación del entorno natural y social, desarrollando hábitos de vida saludable.	☐ Desarrolla hábitos de higiene y de alimentación que favorecen la salud y el bienestar personal en el entorno familiar y escolar.	☐ Indaga sobre las formas de vida sedentaria de los niños y de los adultos y argumenta y plantea cambios en los hábitos de alimentación, higiene, ejercicio físico y descanso para mejorar la calidad y expectativas de vida de las personas.	☐ Analiza y valora críticamente los efectos de la contaminación sobre las personas, animales, plantas y sus entornos, y propone iniciativas para mejorar las condiciones de vida de los seres vivos.
5. Plantea soluciones ante los problemas y necesidades básicas de la vida cotidiana y de la actividad humana en relación con el medio, y apoya un consumo responsable de los recursos naturales.	☐ Se muestra sensible hacia un uso responsable de los recursos naturales que se utilizan en el entorno familiar y escolar y presenta ejemplos prácticos de usos responsables.	☐ Valora y demuestra la importancia de las fuentes de energía para la vida humana y propone pautas de comportamiento personales y colectivas en el uso responsable de las mismas.	☐ Plantea e investiga sobre problemas o situaciones reales sobre los impactos que la actividad humana ocasiona en el medioambiente, recoge y selecciona información de diferentes fuentes (directas, libros, Internet), expresa y justifica las conclusiones obtenidas y propone compromisos en la conservación y mejora del mismo.

REGISTRO DEL NIVEL DE LOGRO O DOMINIO DESARROLLADO EN LA COMPETENCIA BÁSICA

Alumno/a: _____   **Curso:** _____

COMPETENCIA BÁSICA: CONOCIMIENTO E INTERACCIÓN CON EL MUNDO FÍSICO

APRECIACIÓN DEL NIVEL DE LOGRO: [   ]

INDICADORES DE LOGRO: 1º CICLO	1º TRIM.				2º TRIM.				3º TRIM.			
	1	2	3	V	1	2	3	V	1	2	3	V
1. Describe, de forma oral y escrita, el paisaje de su entorno y reconoce las actividades que realizan las personas en el mantenimiento y cuidado del mismo.												
2. Realiza observaciones de los animales y las plantas más conocidas de su entorno y las clasifica en función de los rasgos que les son comunes.												
3. Utiliza dibujos y esquemas con la terminología adecuada para ordenar y representar hechos relevantes de la vida familiar o del entorno próximo.												
4. Desarrolla hábitos de higiene y de alimentación que favorecen la salud y el bienestar personal en el entorno familiar y escolar.												
5. Se muestra sensible hacia un uso responsable de los recursos naturales que se utilizan en el entorno familiar y escolar y presenta ejemplos prácticos de usos responsables.												

REGISTRO DEL NIVEL DE LOGRO O DOMINIO DESARROLLADO EN LA COMPETENCIA BÁSICA

Alumno/a:

Curso: _____

COMPETENCIA BÁSICA: CONOCIMIENTO E INTERACCIÓN CON EL MUNDO FÍSICO

APRECIACIÓN DEL NIVEL DE LOGRO:

INDICADORES DE LOGRO: 2º CICLO	1º TRIM.				2º TRIM.				3º TRIM.			
	1	2	3	V	1	2	3	V	1	2	3	V
1. Describe con precisión los cambios que la actividad humana está produciendo en el entorno en el que vive, y propone soluciones.												
2. Busca y selecciona información en varias fuentes sobre los paisajes más representativos de la C.A. y hace propuestas para su conservación y expresa por escrito los resultados obtenidos.												
3. Relaciona las características del paisaje (relieve, suelo, clima, vegetación...) con las distintas formas de vivir de las personas y las representa con símbolos en planos, dibujos y esquemas.												
4. Indaga sobre las formas de vida sedentaria de los niños y de los adultos y argumenta y plantea cambios en los hábitos de alimentación, higiene, ejercicio físico y descanso para mejorar la calidad y expectativas de vida de las personas.												
5. Valora y demuestra la importancia de las fuentes de energía para la vida humana y propone pautas de comportamiento personales y colectivas en el uso responsable de las mismas.												

Alumno/a:

Curso: _____

APRECIACIÓN DEL NIVEL DE LOGRO:

COMPETENCIA BÁSICA: CONOCIMIENTO E INTERACCIÓN CON EL MUNDO FÍSICO — INDICADORES DE LOGRO: 3º CICLO	1º TRIM.				2º TRIM.				3º TRIM.			
	1	2	3	V	1	2	3	V	1	2	3	V
1. Identifica los agentes físicos y humanos que conforman los diferentes paisajes de nuestro territorio y elabora textos escritos estableciendo relaciones entre variables que perjudican o benefician la conservación del mismo.												
2. Estudia e investiga sobre las diferentes formas de vida y el comportamiento de los cuerpos ante diferentes fenómenos generados por la acción humana sobre un paisaje determinad, aportando analogías y ejemplificaciones.												
3. Planifica y realiza sencillas investigaciones sobre problemas del entorno, empleando estrategias básicas del método científico, y utiliza diferentes recursos (dibujos, esquemas, presentaciones, etc.) y soportes para interpretar y representar la información obtenida.												
4. Analiza y valora críticamente los efectos de la contaminación sobre las personas, animales, plantas y sus entornos, y propone iniciativas para mejorar las condiciones de vida de los seres vivos..												
5. Plantea e investiga sobre problemas o situaciones reales sobre los impactos que la actividad humana ocasiona en el medioambiente, recoge y selecciona información de diferentes fuentes (directas, libros, Internet), expresa y justifica las conclusiones obtenidas y propone compromisos en la conservación y mejora del mismo.												

NIVELES DE LOGRO: (P) Poco, (R) Regular, (A) Adecuado, (B) Bueno y (E) Excelente.

COMPETENCIA BÁSICA: TRATAMIENTO DE LA INFORMACIÓN Y COMPETENCIA DIGITAL		
ASPECTOS DISTINTIVOS	**ÁREAS**	**APRENDIZAJES IMPRESCINDIBLES**
1. Transformación de la información en conocimiento. 2. Utilización de las TIC como transmisoras y generadoras de información y conocimiento. 3. Habilidades para buscar, obtener, procesar y comunicar información y para transformarla en conocimiento. 4. Búsqueda, selección, registro y tratamiento o análisis de la información	LENGUA CASTELLANA Y LITERATURA	☐ Habilidades para buscar, obtener, procesar y comunicar información. ☐ Búsqueda, selección, registro, tratamiento y análisis de la información. ☐ Destrezas de razonamiento para analizar y sintetizar la información y para hacer inferencias y deducciones. ☐ Uso de soportes electrónicos en la composición de textos. ☐ Uso social y colaborativo de la escritura (intercambio comunicativo). ☐ Actitud crítica y reflexiva sobre la información disponible. ☐ Uso habitual de recursos tecnológicos para resolver problemas reales.
5. Comprensión de la naturaleza y modo de operar de los sistemas tecnológicos y de sus efectos en el mundo personal y socio-laboral.	ÁREA DE LENGUA EXTRANJERA	☐ Favorecer la comunicación en tiempo real con cualquier parte del mundo y acceder de forma inmediata al flujo de información. ☐ Facilitar la comunicación con la utilización de la misma. ☐ Crear contextos reales y funcionales de comunicación.
6. Formación de una persona autónoma, eficaz, responsable, crítica y reflexiva.	MATEMÁTICAS	☐ Comprensión de informaciones con cantidades o medidas. ☐ Comprensión de la naturaleza y modo de operar de los sistemas tecnológicos.
7. Uso habitual de los recursos tecnológicos disponibles para resolver problemas reales de modo eficiente.	CONOCIMIENTO DEL MEDIO NATURAL, SOCIAL Y CULTURAL	☐ Presentación y comprensión de la información en diferentes códigos, formatos y lenguajes. ☐ Adquisición de contenidos para la alfabetización digital: utilización del ordenador; manejo de un procesador de textos, búsqueda guiada en internet, etc. ☐ Habilidades para buscar, obtener, procesar y comunicar la información. ☐ Leer mapas, interpretar de gráficos, observar fenómenos y utilizar fuentes históricas (CC.AA.). ☐ Actitud crítica y reflexiva sobre la información. ☐ Uso habitual de los recursos tecnológicos para resolver problemas de la vida cotidiana.

ASPECTOS DISTINTIVOS	ÁREAS	APRENDIZAJES IMPRESCINDIBLES
	EDUCACIÓN ARTÍSTICA	❑ Acercar al alumno a la creación de producciones artísticas, al análisis de la imagen y el sonido y de los mensajes que transmiten.
		❑ Buscar información sobre manifestaciones artísticas para su conocimiento y disfrute.
		❑ Seleccionar e intercambiar informaciones de ámbitos culturales de pasado y del presente, próximos o de otros pueblos.
	EDUCACIÓN FÍSICA	❑ Valorar críticamente los mensajes y estereotipos referidos al cuerpo, procedentes de los medios de información y comunicación, que pueden dañar la propia imagen corporal.

COMPETENCIA BÁSICA: "TRATAMIENTO DE LA INFORMACIÓN Y COMPETENCIA DIGITAL"

ORGANIZADORES	ASPECTOS DISTINTIVOS	APRENDIZAJES IMPRESCINDIBLES	ÁREAS	DESCRIPTORES DE LA ETAPA
Conocimientos, saberes y experiencias aplicadas en la resolución de tareas y problemas.	❖ Transformación de la información en conocimiento. ❖ Utilización de las TIC como transmisoras y generadoras de información y conocimiento.	□ Comprensión de informaciones con cantidades o medidas. □ Comprensión de la naturaleza y modo de operar de los sistemas tecnológicos.	Matemáticas	Presenta y comprende información en diferentes códigos, formatos y lenguajes a través de las TIC.
		□ Presentación y comprensión de la información en diferentes códigos, formatos y lenguajes. □ Adquisición de contenidos para la alfabetización digital: utilización del ordenador, manejo de un procesador de textos, búsqueda guiada en internet, etc.	Conocimiento del Medio	
		□ Acercar al alumno a la creación de producciones artísticas, al análisis de la imagen y el sonido y de los mensajes que transmiten.	Artística	
Habilidades prácticas y cognitivas utilizadas en la resolución de tareas y problemas.	❖ Habilidades para buscar, obtener, procesar y comunicar información y para transformarla en conocimiento. ❖ Búsqueda, selección, registro y tratamiento o análisis de la información ❖ Comprensión de la naturaleza y modo de operar de los sistemas tecnológicos y de sus efectos en el mundo personal y socio-laboral.	□ Habilidades para buscar, obtener, procesar y comunicar información. □ Búsqueda, selección, registro, tratamiento y análisis de la información. □ Destrezas de razonamiento para analizar y sintetizar la información y para hacer inferencias y deducciones. □ Uso de soportes electrónicos en la composición de textos. □ Uso social y colaborativo de la escritura e intercambio comunicativo).	Lengua Castellana y Literatura	Accede a las TIC para buscar, obtener, procesar y comunicar información, presentándola en diferentes soportes: textual, numérico, icónico, visual, gráfico y sonoro.

ORGANIZADORES	ASPECTOS DISTINTIVOS	APRENDIZAJES IMPRESCINDIBLES	ÁREAS	DESCRIPTORES DE LA ETAPA
		❑ Favorecer la comunicación en tiempo real con cualquier parte del mundo y acceder de forma inmediata al flujo de información. ❑ Facilitar la comunicación con la utilización de la misma.	L. Extranjeras	
		❑ Destrezas asociadas al uso de los números: comparación, aproximación, relaciones. ❑ Sentirse capacitado para interpretar, sintetizar, razonar, expresar situaciones, tomar decisiones, manejo diestro de las herramientas, facilidad de trabajar en equipo. ❑ Utilizar aplicaciones multimedia en los procesos de autoevaluación: simuladores, cuestionarios de corrección automatizada, webquests, cazas del tesoro, autoevaluaciones, etc. ❑ Utilización de los lenguajes gráfico y estadístico para interpretar información de la realidad. ❑ Habilidades para buscar, obtener, procesar y comunicar información. ❑ Destrezas de razonamiento para organizar, relacionar, sintetizar la información con objeto de hacer inferencias y deducciones.	Matemáticas	

ORGANIZADORES	ASPECTOS DISTINTIVOS	APRENDIZAJES IMPRESCINDIBLES	ÁREAS	DESCRIPTORES DE LA ETAPA
		❏ Habilidades para buscar, obtener, procesar y comunicar la información. ❏ Leer mapas, interpretar de gráficos, observar fenómenos y utilizar fuentes históricas.	Conocimiento del Medio	
		❏ Buscar información sobre manifestaciones artísticas para su conocimiento y disfrute. ❏ Seleccionar e intercambiar informaciones de ámbitos culturales de pasado y del presente, próximos o de otros pueblos.	Artística	
Valores, actitudes, sentimientos y emociones que se manifiestan en la resolución de problemas y tareas.	❖ Formación de una persona autónoma, eficaz, responsable, crítica y reflexiva.	❏ Actitud crítica y reflexiva sobre la información disponible.	L. Castellana y Literatura	Muestra una actitud crítica y reflexiva sobre la información obtenida a través de las TIC.
		❏ Actitud crítica y reflexiva sobre la información.	Conocimiento del Medio	
		❏ Valorar críticamente los mensajes y estereotipos referidos al cuerpo, procedentes de los medios de información y comunicación, que pueden dañar la propia imagen corporal.	Educación Física	
Resolución de problemas o tareas en un contexto determinado.	❖ Uso habitual de los recursos tecnológicos disponibles para resolver problemas reales de modo eficiente.	❏ Uso habitual de recursos tecnológicos para resolver problemas reales.	Lengua Castellana y Literatura	Aplica habitualmente los recursos tecnológicos disponibles, a través de los lenguajes y soportes más frecuentes, para resolver situaciones o problemas relacionados con contextos reales o simulados de la vida cotidiana.
		❏ Crear contextos reales y funcionales de comunicación.	L. Extranjeras	
		❏ Uso habitual de los recursos tecnológicos para resolver problemas de la vida cotidiana.	Conocimiento del Medio	

PRIMER CICLO DE LA EDUCACIÓN PRIMARIA

COMPETENCIA BÁSICA: TRATAMIENTO DE LA INFORMACIÓN Y COMPETENCIA DIGITAL

DESCRIPTOR ETAPA:

1. Presenta y comprende información en diferentes códigos, formatos y lenguajes a través de las TIC.

INDICADOR DE LOGRO O DOMINIO 1º CICLO:

☐ Redacta textos sencillos sobre la vida cotidiana, utilizando informaciones extraídas de soportes digitales.

ÁREAS	CRITERIOS DE EVALUACIÓN
LENGUA CASTELLANA Y LITERATURA	➤ Expresarse de forma oral mediante textos que presenten de manera organizada hechos, vivencias o ideas.
	➤ Captar el sentido global de textos orales de uso habitual, identificando la información más relevante.
	➤ Comprender y utilizar la terminología gramatical y lingüística elemental, en las actividades relacionadas con la producción y comprensión de textos.
	➤ Redactar y reescribir diferentes textos relacionados con la experiencia infantil ateniéndose a modelos claros, utilizando la planificación y revisión de los textos, cuidando las normas gramaticales y ortográficas más sencillas y los aspectos formales.
L. EXTRANJERA	➤ Captar la idea global e identificar algunos elementos específicos en textos orales, con ayuda de elementos lingüísticos y no lingüísticos del contexto.
	➤ Leer e identificar palabras y frases sencillas presentadas previamente de forma oral, sobre temas familiares y de interés.
MATEMÁTICAS	➤ Realizar, en situaciones cotidianas, cálculos numéricos básicos con las operaciones de suma, resta y multiplicación, utilizando procedimientos diversos y estrategias personales.
	➤ Reconocer en el entorno inmediato objetos y espacios con formas rectangulares, triangulares, circulares, cúbicas y esféricas.
CONOCIMIENTO DEL MEDIO	➤ Identificar los medios de transporte más comunes en el entorno y conocer las normas básicas como peatones y usuarios de los medios de locomoción.
EDUCACIÓN ARTÍSTICA	➤ Describir cualidades y características de materiales, objetos e instrumentos presentes en el entorno natural y artificial.
	➤ Usar términos sencillos para comentar las obras plásticas y musicales observadas y escuchadas.
	➤ Identificar y expresar a través de diferentes lenguajes algunos de los elementos (timbre, velocidad, intensidad, carácter) de una obra musical.

COMPETENCIA BÁSICA: TRATAMIENTO DE LA INFORMACIÓN Y COMPETENCIA DIGITAL

DESCRIPTOR ETAPA:	INDICADOR DE LOGRO O DOMINIO 1º CICLO:
2. Accede a las TIC para buscar, obtener, procesar y comunicar información, presentándola en diferentes soportes: textual, numérico, icónico, visual, gráfico y sonoro.	☐ Accede al ordenador para buscar información básica, textual e icónica, sobre el medio físico próximo y la actividad humana que se desarrolla.

ÁREAS	CRITERIOS DE EVALUACIÓN
LENGUA CASTELLANA Y LITERATURA	➤ Relacionar poniendo ejemplos concretos, la información contenida en los textos escritos próximos a la experiencia infantil, con las propias vivencias e ideas y mostrar la comprensión a través de la lectura en voz alta.
L. EXTRANJERA	➤ Usar estrategias básicas para aprender a aprender, como pedir ayuda, acompañar la comunicación con gestos, utilizar diccionarios visuales e identificar algunos aspectos personales que se ayuden a aprender mejor.
MATEMÁTICAS	➤ Comparar cantidades pequeñas de objetos, hechos o situaciones familiares, interpretando y expresando los resultados de la comparación, y ser capaces de redondear hasta la decena más cercana. ➤ Realizar interpretaciones elementales de los datos presentados en gráficas de barras. ➤ Explicar oralmente el proceso seguido para resolver un problema.
CONOCIMIENTO DEL MEDIO	➤ Reconocer y clasificar con criterios elementales los animales y plantas más relevantes de su entorno, así como algunas otras especies conocidas por la información obtenida a través de diversos medios. ➤ Reconocer, identificar y poner ejemplos sencillos sobre las principales profesiones y responsabilidades que desempeñan las personas del entorno. ➤ Montar y desmontar objetos y aparatos simples y describir su funcionamiento y la forma de utilizarlos con precaución. ➤ Realizar preguntas adecuadas para obtener información de una observación, utilizar algunos instrumentos y hacer registros claros.
EDUCACIÓN ARTÍSTICA	➤ Identificar diferentes formas de representación del espacio

COMPETENCIA BÁSICA: TRATAMIENTO DE LA INFORMACIÓN Y COMPETENCIA DIGITAL	
DESCRIPTOR ETAPA:	**INDICADOR DE LOGRO O DOMINIO 1º CICLO:**
3. Muestra una actitud crítica y reflexiva sobre la información obtenida a través de las TIC.	☐ Expone el uso que hace en el entorno familiar de medios y juegos electrónicos y estima si son beneficiosos o perjudiciales para la salud y el bienestar personal.

ÁREAS	CRITERIOS DE EVALUACIÓN
LENGUA CASTELLANA Y LITERATURA	➤ Participar en las situaciones de comunicación del aula, respetando las normas del intercambio: guardar el turno de palabra, escuchar, mirar al interlocutor, mantener el tema.
L. EXTRANJERA	➤ Participar en interacciones orales muy dirigidas sobre temas conocidos en situaciones de comunicación fácilmente predecibles. ➤ Mostrar interés y curiosidad por aprender la lengua extranjera y reconocer la diversidad lingüística como elemento enriquecedor.
CONOCIMIENTO DEL MEDIO	➤ Reconocer algunas manifestaciones culturales presentes en el ámbito escolar, local y autonómico, valorando su diversidad y riqueza. ➤ Poner ejemplos asociados a la higiene, la alimentación equilibrada, el ejercicio físico y el descanso como formas de mantener la salud, el bienestar y el buen funcionamiento del cuerpo
EDUCACIÓN FÍSICA	➤ Participar y disfrutar en juegos ajustando su actuación, tanto en lo que se refiere a aspectos motores como a aspectos de relación con los compañeros y compañeras. ➤ Mostrar interés por cumplir las normas referentes al cuidado del cuerpo con relación a la higiene y a la conciencia del riesgo en la actividad física.

COMPETENCIA BÁSICA: TRATAMIENTO DE LA INFORMACIÓN Y COMPETENCIA DIGITAL

DESCRIPTOR ETAPA:	INDICADOR DE LOGRO O DOMINIO 1º CICLO:
4. Aplica habitualmente los recursos tecnológicos disponibles, a través de los lenguajes y soportes más frecuentes, para resolver situaciones o problemas relacionados con contextos reales o simulados de la vida cotidiana.	☐ Plantea problemas o cuestiones relacionadas con las necesidades básicas de los ciudadanos y propone soluciones, utilizando formas de presentación en soporte digital.

ÁREAS	CRITERIOS DE EVALUACIÓN
LENGUA CASTELLANA Y LITERATURA	➤ Localizar información concreta y realizar inferencias directas en la lectura de textos. ➤ Conocer textos literarios de la tradición oral y de la literatura infantil adecuados al ciclo, así como algunos aspectos formales simples de la narración y de la poesía con la finalidad de apoyar la lectura y la escritura de dichos textos.
MATEMÁTICAS	➤ Formular y resolver problemas sencillos problemas en los que intervenga la lectura de gráficos. ➤ Resolver problemas sencillos relacionados con objetos, hechos y situaciones de la vida cotidiana, seleccionando las operaciones de suma y resta y utilizando los algoritmos básicos correspondientes u otros procedimientos de resolución.
CONOCIMIENTO DEL MEDIO	➤ Ordenar temporalmente algunos hechos relevantes de la vida familiar o del entorno próximo.
EDUCACIÓN ARTÍSTICA	➤ Realizar composiciones plásticas que representen el mundo imaginario, afectivo y social.

SEGUNDO CICLO DE LA EDUCACIÓN PRIMARIA

COMPETENCIA BÁSICA: TRATAMIENTO DE LA INFORMACIÓN Y COMPETENCIA DIGITAL

DESCRIPTOR ETAPA:	INDICADOR DE LOGRO O DOMINIO 2° CICLO:
1. Presenta y comprende información en diferentes códigos, formatos y lenguajes a través de las TIC.	❑ Explica con varios soportes (textual, numérico, gráfico…) determinados aspectos relevantes de la vida cotidiana y la evolución que han experimentado en los últimos años.

ÁREAS	CRITERIOS DE EVALUACIÓN
LENGUA CASTELLANA Y LITERATURA	➤ Comprender y utilizar la terminología gramatical y lingüística propia del ciclo en las actividades de producción y comprensión de textos.
L. EXTRANJERA	➤ Captar el sentido global, e identificar información específica en textos orales sobre temas familiares y de interés. ➤ Leer y captar el sentido global y algunas informaciones específicas de textos sencillos sobre temas conocidos y con una finalidad concreta.
MATEMÁTICAS	➤ Reconocer y describir formas y cuerpos geométricos del espacio (polígonos, círculos, cubos, prismas, cilindros, esferas).
CONOCIMIENTO DEL MEDIO	➤ Explicar con ejemplos concretos, la evolución de algún aspecto de la vida cotidiana relacionado con hechos históricos relevantes, identificando las nociones de duración, sucesión y simultaneidad.
EDUCACIÓN ARTÍSTICA	➤ Memorizar e interpretar un repertorio básico de canciones, piezas instrumentales y danzas.

COMPETENCIA BÁSICA: TRATAMIENTO DE LA INFORMACIÓN Y COMPETENCIA DIGITAL

DESCRIPTOR ETAPA:	INDICADOR DE LOGRO O DOMINIO 2º CICLO:
2. Accede a las TIC para buscar, obtener, procesar y comunicar información, presentándola en diferentes soportes: textual, numérico, icónico, visual, gráfico y sonoro.	☐ Accede a las TIC para obtener y comunicar información sobre hechos o fenómenos naturales y sociales que están afectando o teniendo actualidad en la comunidad.

ÁREAS	CRITERIOS DE EVALUACIÓN
LENGUA CASTELLANA Y LITERATURA	➤ Localizar y recuperar información explícita y realizar inferencias directas en la lectura de textos. ➤ Redactar, reescribir y resumir diferentes textos significativos en situaciones cotidianas y escolares, de forma ordenada y adecuada, utilizando la planificación y revisión de los textos, cuidando las normas gramaticales y ortográficas y los aspectos formales, tanto en soporte papel como digital.
L. EXTRANJERA	➤ Usar formas y estructuras propias de la lengua extranjera incluyendo aspectos sonoros, de ritmo, acentuación y entonación en diferentes contextos comunicativos de forma significativa. ➤ Usar algunas estrategias para aprender a aprender, como pedir aclaraciones, acompañar la comunicación con gestos, utilizar diccionarios visuales y bilingües, recuperar, buscar y recopilar. ➤ Informar sobre temas conocidos en diferentes soportes e identificar algunos aspectos personales que le ayudan a aprender mejor.
MATEMÁTICAS	➤ Obtener información puntual y describir una representación espacial (croquis de un itinerario, plano de una pista...) tomando como referencia objetos familiares y utilizar las nociones básicas de movimientos geométricos, para describir y comprender situaciones de la vida cotidiana y para valorar expresiones artísticas. ➤ Recoger datos sobre hechos y objetos de la vida cotidiana utilizando técnicas sencillas de recuento, ordenar estos datos atendiendo a un criterio de clasificación y expresar el resultado de forma de tabla o gráfica. ➤ Realizar, en contextos reales, estimaciones y mediciones escogiendo, entre las unidades e instrumentos de medida usuales, los que mejor se ajusten al tamaño y naturaleza del objeto a medir.

ÁREAS	CRITERIOS DE EVALUACIÓN
CONOCIMIENTO DEL MEDIO	➤ Reconocer y explicar, recogiendo datos y utilizando aparatos de medida, las relaciones entre algunos factores del medio físico (relieve, suelo, clima, vegetación...) y las formas de vida y actuaciones de las personas, valorando la adopción de actitudes de respeto por el equilibrio ecológico. ➤ Identificar y clasificar animales, plantas y rocas, según criterios científicos. ➤ Obtener información relevante sobre hechos o fenómenos previamente delimitados, hacer predicciones sobre sucesos naturales y sociales, integrando datos de observación directa e indirecta a partir de la consulta de fuentes básicas y comunicar los resultados.
EDUCACIÓN ARTÍSTICA	➤ Utilizar distintos recursos gráficos durante la audición de una pieza musical. ➤ Explorar, seleccionar, combinar y organizar ideas musicales dentro de estructuras musicales sencillas. ➤ Interpretar el contenido de imágenes y representaciones del espacio presentes en el entorno. ➤ Clasificar texturas, formas y colores atendiendo a criterios de similitud o diferencia. ➤ Utilizar instrumentos, técnicas y materiales adecuados al producto artístico que se pretende.

COMPETENCIA BÁSICA: TRATAMIENTO DE LA INFORMACIÓN Y COMPETENCIA DIGITAL

DESCRIPTOR ETAPA:	INDICADOR DE LOGRO O DOMINIO 2° CICLO:
3. Muestra una actitud crítica y reflexiva sobre la información obtenida a través de las tecnologías de la información y la comunicación.	☐ Valora el uso responsable de distintos soportes y recursos digitales para el acceso a la información y el desarrollo de actividades de ocio personal.

ÁREAS	CRITERIOS DE EVALUACIÓN
LENGUA CASTELLANA Y LITERATURA	➤ Interpretar e integrar las ideas propias con la información contenida en los textos de uso escolar y social, y mostrar la comprensión a través de la lectura en voz alta.
L. EXTRANJERA	➤ Valorar la lengua extranjera como instrumento de comunicación con otras personas y mostrar curiosidad e interés hacia las personas que hablan la lengua extranjera.
CONOCIMIENTO DEL MEDIO	➤ Identificar fuentes de energía comunes y procedimientos y máquinas para obtenerla, poner ejemplos de usos prácticos de la energía y valorar la importancia de hacer un uso responsable de las fuentes de energía del planeta.
EDUCACIÓN ARTÍSTICA	➤ Describir las características de elementos presentes en el entorno y las sensaciones que las obras artísticas provocan.
EDUCACIÓN FÍSICA	➤ Participar del juego y las actividades deportivas con conocimiento de las normas y mostrando una actitud de aceptación hacia las demás personas. ➤ Utilizar los recursos expresivos del cuerpo e implicarse en el grupo para la comunicación de ideas, sentimientos y representación de personajes e historias, reales o imaginarias.

COMPETENCIA BÁSICA: TRATAMIENTO DE LA INFORMACIÓN Y COMPETENCIA DIGITAL	
DESCRIPTOR ETAPA:	**INDICADOR DE LOGRO O DOMINIO 2º CICLO:**
4. Aplica habitualmente los recursos tecnológicos disponibles, a través de los lenguajes y soportes más frecuentes, para resolver situaciones o problemas relacionados con contextos reales o simulados de la vida cotidiana.	☐ Utiliza soportes tecnológicos para plantear y resolver situaciones o problemas relacionados con el uso de los recursos naturales, los bienes y servicios y valora el papel activo y responsable que ha de tener como consumidor.

ÁREAS	CRITERIOS DE EVALUACIÓN
L. CASTELLANA Y LITERATURA	➢ Identificar algunos cambios que se producen en las palabras, los enunciados y los textos al realizar segmentaciones, cambios en el orden, supresiones e inserciones que hacen mejorar la comprensión y la expresión oral y escrita. ➢ Conocer textos literarios de la tradición oral y de la literatura infantil adecuados al ciclo, así como las características básicas de la narración y la poesía, con la finalidad de apoyar la lectura y la escritura de dichos textos.
L. EXTRANJERA	➢ Escribir frases y textos cortos significativos en situaciones cotidianas y escolares a partir de modelos con una finalidad determinada y con un formato establecido, tanto en soporte papel como digital. ➢ Identificar algunos aspectos de la vida cotidiana de los países donde se habla la lengua extranjera y compararlos con los propios.
MATEMÁTICAS	➢ Resolver problemas relacionados con el entorno que exijan cierta planificación, aplicando dos operaciones con números naturales como máximo, así como los contenidos básicos de geometría o tratamiento de la información y utilizando estrategias personales de resolución.
CONOCIMIENTO DEL MEDIO	➢ Identificar, a partir de ejemplos de la vida diaria, algunos de los principales usos que las personas hacen de los recursos naturales, señalando ventajas e inconvenientes y analizar el proceso seguido por algún bien o servicio, desde su origen hasta el consumidor. ➢ Identificar y explicar las consecuencias para la salud y el desarrollo personal de determinados hábitos de alimentación, higiene, ejercicio físico y descanso.

TERCER CICLO DE LA EDUCACIÓN PRIMARIA

COMPETENCIA BÁSICA: TRATAMIENTO DE LA INFORMACIÓN Y COMPETENCIA DIGITAL

DESCRIPTOR ETAPA:

1. Presenta y comprende información en diferentes códigos, formatos y lenguajes a través de las TIC.

INDICADOR DE LOGRO O DOMINIO 3º CICLO:

☐ Comprende y produce textos e informaciones en diferentes códigos y formatos digitales, relacionados con la actividad académica y social.

ÁREAS	CRITERIOS DE EVALUACIÓN
LENGUA CASTELLANA Y LITERATURA	➤ Comprender y utilizar la terminología gramatical y lingüística básica en las actividades de producción y comprensión de textos.
L. EXTRANJERA	➤ Identificar algunos rasgos, costumbres y tradiciones de países donde se habla la lengua extranjera.
MATEMÁTICAS	➤ Leer, escribir y ordenar, utilizando razonamientos apropiados, distintos tipos de números (naturales, enteros, fracciones y decimales hasta las centésimas). ➤ Expresar de forma ordenada y clara, oralmente y por escrito, el proceso seguido en la resolución de problemas.
EDUCACIÓN ARTÍSTICA	➤ Reconocer músicas del medio social y cultural propio y de otras épocas y culturas.
ED. CIUDADANÍA Y D. HUMANOS	➤ Conocer algunos de los derechos humanos recogidos en la Declaración Universal de los Derechos Humanos. ➤ Explicar el papel que cumplen los servicios públicos en la vida de los ciudadanos y mostrar actitudes cívicas en aspectos relativos a la seguridad vial, a la protección civil, a la defensa al servicio de la paz y a la seguridad integral de los ciudadanos.

COMPETENCIA BÁSICA: TRATAMIENTO DE LA INFORMACIÓN Y COMPETENCIA DIGITAL

DESCRIPTOR ETAPA:	INDICADOR DE LOGRO O DOMINIO 3º CICLO:
2. Accede a las TIC para buscar, obtener, procesar y comunicar información, presentándola en diferentes soportes: textual, numérico, icónico, visual, gráfico y sonoro.	☐ Busca, selecciona y organiza informaciones procedentes de diferentes medios relacionados con situaciones cotidianas y escolares, usando de forma habitual los procedimientos de planificación y revisión de los textos, empleando diferentes modelos y ejemplificaciones, y las representa en diferentes soportes: textual, icónico, visual y gráfico. .

ÁREAS	CRITERIOS DE EVALUACIÓN
LENGUA CASTELLANA Y LITERATURA	➤ Localizar y recuperar información explícita y realizar inferencias en la lectura de textos determinando los propósitos principales de éstos e interpretando el doble sentido de algunos. ➤ Interpretar e integrar las ideas propias con las contenidas en los textos, comparando y contrastando informaciones diversas, y mostrar la comprensión a través de la lectura en voz alta. ➤ Narrar, explicar, describir, resumir y exponer opiniones e informaciones en textos escritos relacionados con situaciones cotidianas y escolares, de forma ordenada y adecuada, relacionando los enunciados entre sí, usando de forma habitual los procedimientos de planificación y revisión de los textos, así como las normas gramaticales y ortográficas y cuidando los aspectos formales tanto en soporte papel como digital.
L. EXTRANJERA	➤ Usar algunas estrategias para aprender a aprender, como hacer preguntas pertinentes para obtener información, pedir aclaraciones, utilizar diccionarios bilingües y monolingües, acompañar la comunicación con gestos, buscar, recopilar y organizar información en diferentes soportes, utilizar las tecnologías.
MATEMÁTICAS	➤ Utilizar los números decimales, fraccionarios y los porcentajes sencillos para interpretar e intercambiar información en contextos de la vida cotidiana. ➤ Interpretar una representación espacial (croquis de un itinerario, plano de casas y maquetas) realizada a partir de un sistema de referencia y de objetos o situaciones familiares. ➤ Realizar, leer e interpretar representaciones gráficas de un conjunto de datos relativos al entorno inmediato.
CONOCIMIENTO DEL MEDIO	➤ Realizar, interpretar y utilizar planos y mapas teniendo en cuenta los signos convencionales y la escala gráfica. ➤ Planificar y realizar sencillas investigaciones para estudiar el comportamiento de los cuerpos ante la luz, la electricidad, el magnetismo, el calor o el sonido y saber comunicar los resultados.
EDUCACIÓN ARTÍSTICA	➤ Buscar, seleccionar y organizar informaciones sobre manifestaciones artísticas del patrimonio cultural propio y de otras culturas, de acontecimientos, creadores y profesionales relacionados con las artes plásticas y la música. ➤ Utilizar de manera adecuada distintas tecnologías de la información y la comunicación para la creación de producciones plásticas y musicales sencillas.

COMPETENCIA BÁSICA: TRATAMIENTO DE LA INFORMACIÓN Y COMPETENCIA DIGITAL

DESCRIPTOR ETAPA:	INDICADOR DE LOGRO O DOMINIO 3º CICLO:
3. Muestra una actitud crítica y reflexiva sobre la información obtenida a través de las TIC.	☐ Valora la desigualdad existente entre las personas y determinados grupos sociales en relación con el acceso y uso de las nuevas tecnologías de la información y de la comunicación, analiza consecuencias de su utilización inadecuada y ofrece propuestas de un empleo adecuado de las nuevas tecnologías.

ÁREAS	CRITERIOS DE EVALUACIÓN
LENGUA CASTELLANA Y LITERATURA	➢ Participar en las situaciones de comunicación del aula, respetando las normas del intercambio: guardar el turno de palabra, organizar el discurso, escuchar e incorporar las intervenciones de los demás. ➢ Colaborar en el cuidado y mejora de los materiales bibliográficos y otros documentos disponibles en el aula y en el centro.
L. EXTRANJERA	➢ Valorar la lengua extranjera como instrumento de comunicación con otras personas, como herramienta de aprendizaje y mostrar curiosidad e interés hacia las personas que hablan la lengua extranjera.
MATEMÁTICAS	➢ Valorar las diferentes estrategias y perseverar en la búsqueda de datos y soluciones precisas, tanto en la formulación como en la resolución de un problema.
CONOCIMIENTO DEL MEDIO	➢ Analizar algunos cambios que las comunicaciones y la introducción de nuevas actividades económicas relacionadas con la producción de bienes y servicios, han supuesto para la vida humana y para el entorno, valorando la necesidad de superar las desigualdades provocadas por las diferencias en el acceso a bienes y servicios.
EDUCACIÓN ARTÍSTICA	➢ Formular opiniones acerca de las manifestaciones artísticas a las que se accede demostrando el conocimiento que se tiene de las mismas y una inclinación personal para satisfacer el disfrute y llenar el tiempo de ocio. ➢ Representar de forma personal ideas, acciones y situaciones valiéndose de los recursos que el lenguaje plástico y visual proporciona.
ED. CIUDADANÍA Y D. HUMANOS	➢ Argumentar y defender las propias opiniones, escuchar y valorar críticamente las opiniones de los demás, mostrando una actitud de respeto a las personas.

COMPETENCIA BÁSICA: TRATAMIENTO DE LA INFORMACIÓN Y COMPETENCIA DIGITAL

DESCRIPTOR ETAPA:	INDICADOR DE LOGRO O DOMINIO 3º CICLO:
4. Aplica habitualmente los recursos tecnológicos disponibles, a través de los lenguajes y soportes más frecuentes, para resolver situaciones o problemas relacionados con contextos reales o simulados de la vida cotidiana.	☐ Elabora y presenta informes o documentos, en diferentes lenguajes y soportes electrónicos, sobre situaciones o problemas de la vida cotidiana, haciendo uso de recursos tecnológicos relacionados con la información y la comunicación. ☐ Valora críticamente el papel activo y responsable que ha de tener en el acceso y uso de las nuevas tecnologías.

ÁREAS	CRITERIOS DE EVALUACIÓN
LENGUA CASTELLANA Y LITERATURA	➤ Conocer textos literarios de la tradición oral y de la literatura infantil adecuados al ciclo, así como las característi- cas de la narración y la poesía, con la finalidad de apoyar la lectura y la escritura de dichos textos.
L. EXTRANJERA	➤ Leer y localizar información explícita y realizar inferencias directas en comprender textos diversos sobre temas de interés. ➤ Elaborar textos escritos atendiendo al destinatario, al tipo de texto y a la finalidad, tanto en soporte papel como digital.
MATEMÁTICAS	➤ En un contexto de resolución de problemas sencillos, anticipar una solución razonable y buscar los procedimientos matemáticos más adecuados para abordar el proceso de resolución.
CONOCIMIENTO DEL MEDIO	➤ Presentar un informe, utilizando soporte papel y digital, sobre problemas o situaciones sencillas, recogiendo infor- mación de diferentes fuentes (directas, libros, Internet), siguiendo un plan de trabajo y expresando conclusiones.
ED. CIUDADANÍA Y D. HUMANOS	➤ Reconocer y rechazar situaciones de discriminación, marginación e injusticia e identificar los factores sociales, económicos, de origen, de género o de cualquier otro tipo que las provocan. ➤ Poner ejemplos de servicios públicos prestados por diferentes instituciones y reconocer la obligación de los ciuda- danos de contribuir a su mantenimiento a través de los impuestos.

ESCALA DE LOGRO O DOMINIO DE LA COMPETENCIA BÁSICA "TRATAMIENTO DE LA INFORMACIÓN Y COMPETENCIA DIGITAL"			
DESCRIPTORES ETAPA	INDICADOR DE LOGRO 1º CICLO	INDICADOR DE LOGRO 2º CICLO	INDICADOR DE LOGRO 3º CICLO
1. Presenta y comprende información en diferentes códigos, formatos y lenguajes a través de las TIC.	❑ Redacta textos sencillos sobre la vida cotidiana, utilizando informaciones extraídas de soportes digitales.	❑ Explica con varios soportes (textual, numérico, gráfico…) determinados aspectos relevantes de la vida cotidiana y la evolución que han experimentado en los últimos años.	❑ Comprende y produce textos e informaciones en diferentes códigos y formatos digitales, relacionados con la actividad académica y social.
2. Accede a las TIC para buscar, obtener, procesar y comunicar información, presentándola en diferentes soportes: textual, numérico, icónico, visual, gráfico y sonoro.	❑ Accede al ordenador para buscar información básica, textual e icónica, sobre el medio físico próximo y la actividad humana que se desarrolla.	❑ Accede a las TIC para obtener y comunicar información sobre hechos o fenómenos naturales y sociales que están afectando o teniendo actualidad en la comunidad.	❑ Busca, selecciona y organiza informaciones procedentes de diferentes medios relacionados con situaciones cotidianas y escolares, usando de forma habitual los procedimientos de planificación y revisión de los textos, empleando diferentes modelos y aportando ejemplificaciones, y las representa en diferentes soportes: textual, icónico, visual y gráfico.
3. Muestra una actitud crítica y reflexiva sobre la información obtenida a través de las TIC.	❑ Expone el uso que hace en el entorno familiar de medios y juegos electrónicos y estima si son beneficiosas o perjudiciales para la salud y el bienestar personal.	❑ Valora el uso responsable de distintos soportes y recursos digitales para el acceso a la información y el desarrollo de actividades de ocio personal.	❑ Valora la desigualdad existente entre las personas y determinados grupos sociales en relación con el acceso y uso de las nuevas tecnologías de la información y de la comunicación, analiza consecuencias de su utilización inadecuada y ofrece propuestas de un empleo adecuado de las nuevas tecnologías.
4. Aplica habitualmente los recursos tecnológicos disponibles, a través de los lenguajes y soportes más frecuentes, para resolver situaciones o problemas relacionados con contextos reales o simulados de la vida cotidiana.	❑ Plantea problemas o cuestiones relacionadas con las necesidades básicas de los ciudadanos y propone soluciones utilizando formas de presentación en soporte digital.	❑ Utiliza soportes tecnológicos para plantear y resolver situaciones o problemas relacionados con el uso de los recursos naturales, los bienes y servicios y valora el papel activo y responsable que ha de tener como consumidor.	❑ Elabora y presenta informes o documentos, en diferentes lenguajes y soportes electrónicos, sobre situaciones o problemas de la vida cotidiana, haciendo uso de recursos tecnológicos relacionados con la información y la comunicación. ❑ Valora críticamente el papel activo y responsable que ha de tener en el uso de las nuevas tecnologías.

REGISTRO DEL NIVEL DE LOGRO O DOMINIO DESARROLLADO EN LA COMPETENCIA BÁSICA

Alumno/a: _____ **Curso:** _____

C. B. TRATAMIENTO DE LA INFORMACIÓN Y COMUNICACIÓN DIGITAL

APRECIACIÓN DEL NIVEL DE LOGRO: [_____]

INDICADORES DE LOGRO: 1º CICLO	1º TRIM.				2º TRIM.				3º TRIM.			
	1	2	3	V	1	2	3	V	1	2	3	V
1. Redacta textos sencillos sobre la vida cotidiana, utilizando informaciones extraídas de soportes digitales.												
2. Accede al ordenador para buscar información básica, textual e icónica, sobre el medio físico próximo y la actividad humana que se desarrolla.												
3. Expone el uso que hace en el entorno familiar de medios y juegos electrónicos y estima si son beneficiosas o perjudiciales para la salud y el bienestar personal.												
4. Plantea problemas o cuestiones relacionadas con las necesidades básicas de los ciudadanos y propone soluciones utilizando formas de presentación en soporte digital.												
5.												
6.												

Alumno/a:		Curso: _____												
C. B. TRATAMIENTO DE LA INFORMACIÓN Y COMUNICACIÓN DIGITAL		**APRECIACIÓN DEL NIVEL DE LOGRO:**												
		1º TRIM.				2º TRIM.				3º TRIM.				
INDICADORES DE LOGRO: 2 ° CICLO		1	2	3	V	1	2	3	V	1	2	3	V	
1. Explica con varios soportes (textual, numérico, gráfico…) determinados aspectos relevantes de la vida cotidiana y la evolución que han experimentado en los últimos años.														
2. Accede a las TIC para obtener y comunicar información sobre hechos o fenómenos naturales y sociales que están afectando o teniendo actualidad en la comunidad.														
3. Valora el uso responsable de distintos soportes y recursos digitales para el acceso a la información y el desarrollo de actividades de ocio personal.														
4. Utiliza soportes tecnológicos para plantear y resolver situaciones o problemas relacionados con el uso de los recursos naturales, los bienes y servicios y valora el papel activo y responsable que ha de tener como consumidor.														
5.														
6.														

Alumno/a: **Curso:** _____

C. B. TRATAMIENTO DE LA INFORMACIÓN Y COMUNICACIÓN DIGITAL

APRECIACIÓN DEL NIVEL DE LOGRO:

INDICADORES DE LOGRO: 3º CICLO	1º TRIM.				2º TRIM.				3º TRIM.			
	1	2	3	V	1	2	3	V	1	2	3	V
1. Comprende y produce textos e informaciones en diferentes códigos y formatos digitales, relacionados con la actividad académica y social.												
2. Busca, selecciona y organiza informaciones procedentes de diferentes medios relacionados con situaciones cotidianas y escolares, usando de forma habitual los procedimientos de planificación y revisión de los textos y empleando diferentes modelos y ejemplificaciones,.. y las representa en diferentes soportes: textual, icónico, visual y gráfico.												
3. Valora la desigualdad existente entre las personas y determinados grupos sociales en relación con el acceso y uso de las nuevas tecnologías de la información y de la comunicación, analiza consecuencias de su utilización inadecuada y ofrece propuestas de un empleo adecuado de las nuevas tecnologías.												
4. Elabora y presenta informes o documentos, en diferentes lenguajes y soportes electrónicos, sobre situaciones o problemas de la vida cotidiana, haco uso de recursos tecnológicos relacionados con la información y la comunicación. .												
5. Valora críticamente el papel activo y responsable que ha.de tener en el acceso y uso de las nuevas tecnologías												

NIVELES DE LOGRO: (P) Poco, (R) Regular, (A) Adecuado, (B) Bueno y (E) Excelente.

COMPETENCIA BÁSICA: SOCIAL Y CIUDADANA		
ASPECTOS DISTINTIVOS	ÁREAS	APRENDIZAJES IMPRESCINDIBLES
1. **Comprensión de la realidad social en la que se vive y ejercicio de la ciudadanía democrática en una sociedad plural.** 2. **Comprensión de la realidad histórica y social del mundo, sus logros y problemas.**	LENGUA CASTELLANA Y LITERATURA	□ Aprender a comunicarse con los otros, a comprender lo que transmiten, y a tomar contacto con distintas realidades. □ Analizar los modos con los que el lenguaje transmite y sanciona prejuicios e imágenes estereotipadas del mundo para contribuir a erradicar los usos discriminatorios del lenguaje. □ Habilidades y destrezas para la convivencia, el respeto y el entendimiento entre personas. □ Asumir la propia expresión como modalidad de apertura a los demás.
3. **Entendimiento de los rasgos de las sociedades actuales, su pluralidad y carácter evolutivo y la comprensión de la aportación de las diferentes culturas.**	ÁREA DE LENGUA EXTRANJERA	□ Conocer los rasgos y hechos culturales vinculados a las diferentes comunidades de hablantes de la misma. □ Mejorar la comprensión y valoración de la propia lengua y cultura: respeto, reconocimiento y aceptación de diferencias culturales y de comportamiento. □ Promover la tolerancia y la integración. □ Comprender y apreciar los rasgos de identidad y las diferencias.
4. **Utilización del conocimiento sobre la evolución y organización de las sociedades y los rasgos y valores del sistema democrático.** 5. **La práctica del diálogo y de la negociación.** 6. **Toma de conciencia de los valores del entorno, evaluarlos y reconstruirlos (sistema de valores propio).** 7. **Conocimiento y valoración de sí mismo para saber comunicarse en distintos contextos, expresión de las propias ideas y escucha de las ajenas.**	CONOCIMIENTO DEL MEDIO NATURAL, SOCIAL Y CULTURAL	□ Comprender los elementos relacionados con la convivencia. □ Comprender los fenómenos relacionados con la salud y el bienestar en la dimensión personal y social. □ Reconocer y usar habilidades sociales. □ Analizar la convivencia poniendo en juego una mayor diversidad de elementos, situaciones y perspectivas. □ Describir y analizar aspectos diversos del desarrollo técnico y económico. □ Valorar el respeto hacia otras culturas y hacia otras opciones personales y sociales. □ Fortalecer comportamientos de progresiva responsabilidad como ciudadanos/as, aproximándose al análisis crítico del modelo de desarrollo vigente, que favorece los comportamientos consumistas. □ Desarrollar actitudes de diálogo, de resolución de conflictos, de asertividad. □ Reflexionar sobre los conflictos y asumir responsabilidades con respecto al grupo. □ Reconoce que las causas de los problemas y las posibles soluciones hay que buscarlas en los diversos aspectos de la estructura social. □ Aproximarse a una visión más social de los problemas, mostrando sensibilidad con las desigualdades en relación con la calidad de vida.

ASPECTOS DISTINTIVOS	ÁREAS	APRENDIZAJES IMPRESCINDIBLES
8. Ejercicio de una ciudadanía activa e integradora desde el conocimiento y comprensión de los valores de los estados y sociedades democráticas.		☐ Sentirse capaz de participar en un proyecto social de futuro de manera solidaria. ☐ Aproximarse a la idea de modelo de desarrollo con cierta perspectiva crítica y con una visión que supere la mirada local.
	ED. ARTÍSTICA	☐ Fomentar el trabajo en equipo para trabajar la interpretación y la creación. ☐ Expresarse buscando el acuerdo, poniendo en marcha actitudes de respeto, aceptación y entendimiento.
9. Habilidades sociales para resolver los conflictos de convivencia y tomar decisiones con autonomía. **10. Disponer de habilidades para participar activa y plenamente en la vida cívica.**	EDUCACIÓN PARA LA CIUDADANÍA Y LOS DERECHOS HUMANOS	☐ Conocer los fundamentos y los modos de organización de las sociedades democráticas. ☐ Identificar los deberes ciudadanos y la asunción y ejercicio de hábitos cívicos adecuados a su edad y entorno social y escolar. ☐ Favorecer el interés por conocer otras culturas y por relacionarse con otras personas, hablantes o aprendices de esa lengua. ☐ Propiciar la adquisición de habilidades para vivir en sociedad y ejercer la ciudadanía democrática. ☐ Promover su desarrollo como personas dignas e íntegras, reforzando la autonomía, la autoestima y la identidad personal. ☐ Ayudar a generar un sentimiento de identidad compartida, a reconocer, aceptar y usar convenciones y normas sociales. ☐ Interiorizar los valores de cooperación, solidaridad, compromiso y participación, favoreciendo la asimilación de destrezas para convivir. ☐ Favorecer la universalización de las propias aspiraciones y derechos para todos los hombres y mujeres. ☐ Reconocer sentimientos y emociones en relación con los demás. ☐ Aceptar y elaborar normas de convivencia. ☐ Asentar las bases de una futura ciudadanía mundial, solidaria, informada, participativa y democrática. ☐ Favorecer el espíritu crítico para ayudar a la construcción de proyectos personales de vida. ☐ Impulsar vínculos personales basados en sentimientos y ayudar a afrontar situaciones de conflicto a través del diálogo. ☐ Valorar la conquista de los derechos humanos y el rechazo de los conflictos entre los grupos humanos y ante las situaciones de injusticia.
	EDUCACIÓN FÍSICA	☐ Desarrollar habilidades sociales en el entorno y en las clases. ☐ Facilitar la relación, la integración y el respeto. ☐ Desarrollar la cooperación y la solidaridad.

COMPETENCIA BÁSICA: SOCIAL Y CIUDADANA

ORGANIZADORES	ASPECTOS DISTINTIVOS	APRENDIZAJES IMPRESCINDIBLES	ÁREAS	DESCRIPTORES DE LA ETAPA
Conocimientos, saberes y experiencias aplicados a la resolución de taras y problemas.	❖ Comprensión de la realidad social en la que se vive y ejercicio de la ciudadanía democrática en una sociedad plural. ❖ Comprensión de la realidad histórica y social del mundo, sus logros y problemas. ❖ Entendimiento de los rasgos de las sociedades actuales, su pluralidad y carácter evolutivo y la comprensión de la aportación de las diferentes culturas. ❖ Utilización del conocimiento sobre la evolución y organización de las sociedades y los rasgos y valores del sistema democrático.	☐ Aprender a comunicarse con los otros, a comprender lo que transmiten, y a tomar contacto con distintas realidades.	L. Castellana y Literatura	Conoce y comprende la evolución histórica y el momento actual de la realidad social en la que vive: los modos de organización, sus logros y sus problemas, sus rasgos y valores para ejercer la ciudadanía democrática.
		☐ Conocer los rasgos y hechos culturales vinculados a las diferentes comunidades de hablantes de la misma.	L. Extranjeras	
		☐ Comprender los elementos relacionados con la convivencia. ☐ Comprender mejor los fenómenos relacionados con la salud y el bienestar en la dimensión personal y social.	C. del Medio	
		☐ Conocer los fundamentos y los modos de organización de las sociedades democráticas. ☐ Favorecer el interés por conocer otras culturas y por relacionarse con otras personas, hablantes o aprendices de esa lengua.	Ed. para la Ciudadanía y los Derechos Humanos.	
		☐ Comprender la organización y funciones de las instituciones, así como los mecanismos de participación ciudadana. ☐ Comprender la realidad social en la que vive. ☐ Conocer el funcionamiento y los rasgos que la caracterizan y la diversidad existente en ella.	Conocimiento del Medio	

ORGANIZADORES	ASPECTOS DISTINTIVOS	APRENDIZAJES IMPRESCINDIBLES	ÁREAS	DESCRIPTORES DE LA ETAPA
Habilidades prácticas y cognitivas utilizadas en la resolución de problemas y tareas.	❖ La práctica del diálogo y de la negociación. ❖ Ejercicio de una ciudadanía activa e integradora desde el conocimiento y comprensión de los valores de los estados y sociedades democráticas.	❑ Analizar los modos con los que el lenguaje transmite y sanciona prejuicios e imágenes estereotipadas del mundo para contribuir a erradicar los usos discriminatorios del lenguaje.	L. Castellana y Literatura	Emplea el diálogo y la negociación en el ejercicio responsable de sus derechos y obligaciones como ciudadano y miembro de la comunidad y de la escuela para elegir y tomar decisiones democráticamente.
		❑ Desarrollar la actitud crítica, la capacidad de interpretación, de análisis y de síntesis. ❑ Fomenta la capacidad de trabajo en equipo.	Matemáticas	
		❑ Usar habilidades y modos para el reconocimiento y uso de habilidades sociales. ❑ Analizar la convivencia poniendo en juego una mayor diversidad de elementos, situaciones y perspectivas. ❑ Describir y analizar aspectos diversos del desarrollo técnico y económico.	C. del Medio	
		❑ Propiciar la adquisición de habilidades para vivir en sociedad y ejercer la ciudadanía democrática. ❑ Identificar los deberes ciudadanos y la asunción y ejercicio de hábitos cívicos adecuados a su edad y entorno social y escolar.	Ed. para la Ciudadanía y los Derechos Humanos	
		❑ Fomentar el trabajo en equipo para trabajar la interpretación y la creación.	Artística	
		❑ Desarrollar habilidades sociales en el entorno y en las clases.	Educación Física	

ORGANIZADORES	ASPECTOS DISTINTIVOS	APRENDIZAJES IMPRESCINDIBLES	ÁREAS	DESCRIPTORES DE LA ETAPA
Valores, actitudes, sentimientos y emociones que se manifiestan en la resolución de problemas y tareas.	❖ Toma de conciencia de los valores del entorno, para evaluarlos y reconstruirlos (sistema de valores propio). ❖ Conocimiento y valoración de sí mismo para saber comunicarse en distintos contextos, expresión de las propias ideas y escucha de las ajenas.	❏ Habilidades y destrezas para la convivencia, el respeto y el entendimiento entre personas. ❏ Asumir la propia expresión como modalidad de apertura a los demás.	Lengua Castellana y Literatura	Es consciente de los valores en los que se sustenta la sociedad democrática: la cooperación, la solidaridad, el compromiso y la participación y desarrolla su propio sistema de valores, reforzando la autonomía, la autoestima y la identidad personal.
		❏ Mejorar la comprensión y valoración de la propia lengua y cultura: respeto, reconocimiento y aceptación de diferencias culturales y de comportamiento. ❏ Promover la tolerancia y la integración. ❏ Comprender y apreciar los rasgos de identidad y las diferencias.	Lenguas extranjeras	
		❏ Fomentar el trabajo en equipo para aceptar otros puntos de vista distintos al propio.	Matemáticas	
		❏ Valorar el respeto hacia otras culturas y hacia otras opciones personales y sociales. ❏ Fortalecer comportamientos de progresiva responsabilidad como ciudadanos/as, aproximándose al análisis crítico del modelo de desarrollo vigente, que favorece los comportamientos consumistas.	C. del Medio	
		❏ Expresarse buscando el acuerdo, poniendo en marcha actitudes de respeto, aceptación y entendimiento.	Artística	

ORGANIZADORES	ASPECTOS DISTINTIVOS	APRENDIZAJES IMPRESCINDIBLES	ÁREAS	DESCRIPTORES DE LA ETAPA
		☐ Promover su desarrollo como personas dignas e íntegras, reforzando la autonomía, la autoestima y la identidad personal.	Ed. para la Ciudadanía y los Derechos Humanos	
		☐ Ayudar a generar un sentimiento de identidad compartida, a reconocer, aceptar y usar convenciones y normas sociales.		
		☐ Interiorizar los valores de cooperación, solidaridad, compromiso y participación, favoreciendo la asimilación de destrezas para convivir.		
		☐ Favorecer la universalización de las propias aspiraciones y derechos para todos los hombres y mujeres.		
		☐ Reconocer sentimientos y emociones en relación con los demás.		
		☐ Aceptar y elaborar normas de convivencia.		
		☐ Asentar las bases de una futura ciudadanía mundial, solidaria, informada, participativa y democrática.		
		☐ Facilitar la relación, la integración y el respeto.	Educación Física	
		☐ Desarrollar la cooperación y la solidaridad.		

ORGANIZADORES	ASPECTOS DISTINTIVOS	APRENDIZAJES IMPRESCINDIBLES	ÁREAS	DESCRIPTORES DE LA ETAPA
Resolución de problemas o tareas en un contexto determinado.	❖ Habilidades sociales para resolver conflictos de convivencia y tomar decisiones con autonomía. ❖ Disponer de habilidades para participar activa y plenamente en la vida cívica.	☐ Utilizar estrategias personales de resolución de problemas. ☐ Favorecer el espíritu crítico para ayudar a la construcción de proyectos personales de vida. ☐ Impulsar vínculos personales basados en sentimientos y ayudar a afrontar situaciones de conflicto a través del diálogo. ☐ Valorar la conquista de los derechos humanos y el rechazo de los conflictos entre los grupos humanos y ante las situaciones de injusticia. ☐ Desarrollar actitudes de diálogo, de resolución de conflictos, de asertividad. ☐ Reflexionar sobre los conflictos y asumir responsabilidades con respecto al grupo. ☐ Reconoce que las causas de los problemas y las posibles soluciones hay que buscarlas en los diversos aspectos de la estructura social. ☐ Aproximarse a una visión más social de los problemas, mostrando sensibilidad con las desigualdades en relación con la calidad de vida. ☐ Sentirse capaz de participar en un proyecto social de futuro de manera solidaria. ☐ Aproximarse a la idea de modelo de desarrollo con cierta perspectiva crítica y con una visión que supere la mirada local.	Matemáticas Educación para la Ciudadanía y los Derechos Humanos Conocimiento del Medio	Se siente identificado con la comunidad, colaborando activamente en la resolución de los conflictos de convivencia y asumiendo progresivamente responsabilidades como ciudadano en la construcción de un proyecto social solidario.

PRIMER CICLO DE LA EDUCACIÓN PRIMARIA

COMPETENCIA BÁSICA: SOCIAL Y CIUDADANA

DESCRIPTOR ETAPA:

1. Conoce y comprende la evolución histórica y el momento actual de la realidad social en la que vive: los modos de organización, sus logros y sus problemas, sus rasgos y valores, para ejercer la ciudadanía democrática.

INDICADOR DE LOGRO O DOMINIO 1º CICLO:

☐ Conoce las instituciones y organizaciones que operan en su entorno y las actividades profesionales que se desempeñan en beneficio de la comunidad.

ÁREAS	CRITERIOS DE EVALUACIÓN
LENGUA CASTELLANA Y LITERATURA	➤ Captar el sentido global de textos orales de uso habitual, identificando la información más relevante. ➤ Expresarse de forma oral mediante textos que presenten de manera organizada hechos, vivencias o ideas...
L. EXTRANJERA	➤ Leer e identificar palabras y frases sencillas presentadas previamente de forma oral, sobre temas familiares y de interés. ➤ Mostrar interés y curiosidad por aprender la lengua extranjera y reconocer la diversidad lingüística como elemento enriquecedor.
CONOCIMIENTO DEL MEDIO	➤ Reconocer, identificar y poner ejemplos sencillos sobre las principales profesiones y responsabilidades que desempeñan las personas del entorno.
EDUCACIÓN ARTÍSTICA	➤ Describir cualidades y características de materiales, objetos e instrumentos presentes en el entorno natural y artificial. ➤ Usar términos sencillos para comentar las obras plásticas y musicales observadas y escuchadas. ➤ Identificar diferentes formas de representación del espacio.
EDUCACIÓN FÍSICA	➤ Reaccionar corporalmente ante estímulos visuales, auditivos y táctiles, dando respuestas motrices que se adapten a las características de dichos estímulos.

COMPETENCIA BÁSICA: SOCIAL Y CIUDADANA

DESCRIPTOR ETAPA:

2. Hace uso de sus habilidades sociales, actúa con asertividad y emplea el diálogo y la negociación en el ejercicio responsable de sus derechos y obligaciones como ciudadano y miembro de la comunidad y de la escuela para elegir y tomar decisiones democráticamente.

INDICADOR DE LOGRO O DOMINIO 1º CICLO:

☐ Dialoga y colabora con sus compañeros y sus compañeras de clase en la resolución de los problemas de convivencia y el planteamiento de tareas y actividades colectivas.

☐ En situaciones escolares y de su vida cotidiana hace uso de las habilidades sociales básicas (da las gracias, pide un favor, escucha y se disculpa).

ÁREAS	CRITERIOS DE EVALUACIÓN
LENGUA CASTELLANA Y LITERATURA	➤ Participar en las situaciones de comunicación del aula, respetando las normas del intercambio: guardar el turno de palabra, escuchar, mirar al interlocutor, mantener el tema.
L. EXTRANJERA	➤ Usar estrategias básicas para aprender a aprender, como pedir ayuda, acompañar la comunicación con gestos, utilizar diccionarios visuales e identificar algunos aspectos personales que le ayuden a aprender mejor.
MATEMÁTICAS	➤ Realizar, en situaciones cotidianas, cálculos numéricos básicos con las operaciones de suma, resta y multiplicación, utilizando procedimientos diversos y estrategias personales. ➤ Resolver problemas sencillos relacionados con objetos, hechos y situaciones de la vida cotidiana, seleccionando las operaciones de suma y resta y utilizando los algoritmos básicos correspondientes u otros procedimientos de resolución. ➤ Localizar información concreta y realizar inferencias directas en la lectura de textos.
CONOCIMIENTO DEL MEDIO	➤ Identificar los medios de transporte más comunes en el entorno y conocer las normas básicas como peatones y usuarios de los medios de locomoción. ➤ Realizar preguntas adecuadas para obtener información de una observación, utilizar algunos instrumentos y hacer registros claros.
EDUCACIÓN FÍSICA	➤ Mostrar interés por cumplir las normas referentes al cuidado del cuerpo con relación a la higiene y a la conciencia del riesgo en la actividad física.

COMPETENCIA BÁSICA: SOCIAL Y CIUDADANA

DESCRIPTOR ETAPA:

3. Es consciente de los valores en los que se sustenta la sociedad democrática: la cooperación, la solidaridad, el compromiso y la participación y desarrolla su propio sistema de valores, reforzando la autonomía, la autoestima y la identidad personal.

INDICADOR DE LOGRO O DOMINIO 1º CICLO:

☐ Participa en asambleas de aula para el establecimiento de normas de convivencia y de mantenimiento y conservación del material escolar y de los utensilios del aula y asume las responsabilidades que le corresponden.

ÁREAS	CRITERIOS DE EVALUACIÓN
LENGUA CASTELLANA Y LITERATURA	➤ Relacionar poniendo ejemplos concretos, la información contenida en los textos escritos próximos a la experiencia infantil, con las propias vivencias e ideas y mostrar la comprensión a través de la lectura en voz alta.
L. EXTRANJERA	➤ Participar en interacciones orales muy dirigidas sobre temas conocidos en situaciones de comunicación fácilmente predecibles.
CONOCIMIENTO DEL MEDIO	➤ Poner ejemplos asociados a la higiene, la alimentación equilibrada, el ejercicio físico y el descanso como formas de mantener la salud, el bienestar y el buen funcionamiento del cuerpo. ➤ Reconocer algunas manifestaciones culturales presentes en el ámbito escolar, local y autonómico, valorando su diversidad y riqueza.
EDUCACIÓN FÍSICA	➤ Participar y disfrutar en juegos ajustando su actuación, tanto en lo que se refiere a aspectos motores como a aspectos de relación con los compañeros y compañeras. ➤ Simbolizar personajes y situaciones mediante el cuerpo y el movimiento con desinhibición y soltura en la actividad.

COMPETENCIA BÁSICA: SOCIAL Y CIUDADANA

DESCRIPTOR ETAPA:

4. Se siente identificado con la comunidad, colaborando activamente en la resolución de los conflictos de convivencia y asumiendo progresivamente responsabilidades como ciudadano en la construcción de un proyecto social solidario.

INDICADOR DE LOGRO O DOMINIO 1° CICLO:

☐ Se siente miembro de la comunidad y es sensible a las diferencias en el acceso a determinados bienes y servicios de los ciudadanos procedentes de otras etnias y culturas.

ÁREAS	CRITERIOS DE EVALUACIÓN
LENGUA CASTELLANA Y LITERATURA	➤ Relacionar poniendo ejemplos concretos, la información contenida en los textos escritos próximos a la experiencia infantil, con las propias vivencias e ideas y mostrar la comprensión a través de la lectura en voz alta. ➤ Conocer textos literarios de la tradición oral y de la literatura infantil adecuados al ciclo, así como algunos aspectos formales simples de la narración y de la poesía con la finalidad de apoyar la lectura y la escritura de dichos textos.
MATEMÁTICAS	➤ Resolver problemas sencillos relacionados con objetos, hechos y situaciones de la vida cotidiana, seleccionando las operaciones de suma y resta y utilizando los algoritmos básicos correspondientes u otros procedimientos de resolución.
CONOCIMIENTO DEL MEDIO	➤ Poner ejemplos de elementos y recursos fundamentales del medio físico (sol, agua, aire), y su relación con la vida de las personas, tomando conciencia de la necesidad de su uso responsable. ➤ Poner ejemplos asociados a la higiene, la alimentación equilibrada, el ejercicio físico y el descanso como formas de mantener la salud, el bienestar y el buen funcionamiento del cuerpo.
EDUCACIÓN ARTÍSTICA	➤ Realizar composiciones plásticas que representen el mundo imaginario, afectivo y social.
EDUCACIÓN FÍSICA	➤ Mostrar interés por cumplir las normas referentes al cuidado del cuerpo con relación a la higiene y a la conciencia del riesgo en la actividad física.

SEGUNDO CICLO DE LA EDUCACIÓN PRIMARIA

COMPETENCIA BÁSICA: SOCIAL Y CIUDADANA

DESCRIPTOR ETAPA:

1. Conoce y comprende la evolución histórica y el momento actual de la realidad social en la que vive: los modos de organización, sus logros y sus problemas, sus rasgos y valores para ejercer la ciudadanía democrática.

INDICADOR DE LOGRO O DOMINIO 2º CICLO:

☐ Conoce las instituciones públicas del entorno, a sus responsables y las funciones y tareas que desarrollan en beneficio de la comunidad, busca ejemplos prácticos de diferentes funciones y examina sus beneficios.

ÁREAS	CRITERIOS DE EVALUACIÓN
LENGUA CASTELLANA Y LITERATURA	➤ Expresarse de forma oral mediante textos que presenten de manera sencilla y coherente conocimientos, ideas, hechos y vivencias. ➤ Comprender y utilizar la terminología gramatical y lingüística propia del ciclo en las actividades de producción y comprensión de textos.
CONOCIMIENTO DEL MEDIO	➤ Explicar con ejemplos concretos, la evolución de algún aspecto de la vida cotidiana relacionado con hechos históricos relevantes, identificando las nociones de duración, sucesión y simultaneidad.
EDUCACIÓN ARTÍSTICA	➤ Memorizar e interpretar un repertorio básico de canciones, piezas instrumentales y danzas.

COMPETENCIA BÁSICA: SOCIAL Y CIUDADANA

DESCRIPTOR ETAPA:

2. Hace uso de sus habilidades sociales, actúa con asertividad y emplea el diálogo y la negociación en el ejercicio responsable de sus derechos y obligaciones como ciudadano y miembro de la comunidad y de la escuela para elegir y tomar decisiones democráticamente.

INDICADOR DE LOGRO O DOMINIO 2º CICLO:

☐ Indaga sobre conflictos relacionados con la convivencia, a nivel escolar y comunitario, consultando diferentes fuentes de información y haciendo propuestas para su resolución y mejora.

☐ En situaciones escolares y de su vida cotidiana hace uso de las habilidades sociales (da las gracias, pide un favor, escucha, se disculpa y participa de manera constructiva en la resolución de las mismas).

ÁREAS	CRITERIOS DE EVALUACIÓN
LENGUA CASTELLANA Y LITERATURA	➤ Captar el sentido de textos orales de uso habitual, reconociendo las ideas principales y secundarias. ➤ Localizar y recuperar información explícita y realizar inferencias directas en la lectura de textos. ➤ Interpretar e integrar las ideas propias con la información contenida en los textos de uso escolar y social, y mostrar la comprensión a través de la lectura en voz alta.
L. EXTRANJERA	➤ Leer y captar el sentido global y algunas informaciones específicas de textos sencillos sobre temas conocidos y con una finalidad concreta. ➤ Informar sobre temas conocidos en diferentes soportes e identificar algunos aspectos personales que le ayudan a aprender mejor. ➤ Participar en interacciones orales dirigidas sobre temas conocidos en situaciones de comunicación predecibles, respetando las normas básicas del intercambio, como escuchar y mirar a quien habla.
MATEMÁTICAS	➤ Recoger datos sobre hechos y objetos de la vida cotidiana utilizando técnicas sencillas de recuento, ordenar estos datos atendiendo a un criterio de clasificación y expresar el resultado de forma de tabla o gráfica.
CONOCIMIENTO DEL MEDIO	➤ Obtener información relevante sobre hechos o fenómenos previamente delimitados, hacer predicciones sobre sucesos naturales y sociales, integrando datos de observación directa e indirecta a partir de la consulta de fuentes básicas y comunicar los resultados.
EDUCACIÓN ARTÍSTICA	➤ Usar adecuadamente algunos de los términos propios del lenguaje plástico y musical en contextos precisos, intercambios comunicativos, descripción de procesos y argumentaciones.

COMPETENCIA BÁSICA: SOCIAL Y CIUDADANA

DESCRIPTOR ETAPA:	INDICADOR DE LOGRO O DOMINIO 2º CICLO:
3. Es consciente de los valores en los que se sustenta la sociedad democrática: la cooperación, la solidaridad, el compromiso y la participación y desarrolla su propio sistema de valores, reforzando la autonomía, la autoestima y la identidad personal.	☐ Desarrolla hábitos de vida saludable relacionados con la alimentación, la higiene, el ejercicio y el descanso y se siente sensible hacia un uso responsable y solidario de los recursos disponibles por la comunidad, y hace propuestas de mejora de aplicación práctica en su entorno.

ÁREAS	CRITERIOS DE EVALUACIÓN
LENGUA CASTELLANA Y LITERATURA	➤ Participar en las situaciones de comunicación del aula, respetando las normas del intercambio: guardar el turno de palabra, escuchar, exponer con claridad, entonar adecuadamente.
L. EXTRANJERA	➤ Valorar la lengua extranjera como instrumento de comunicación con otras personas y mostrar curiosidad e interés hacia las personas que hablan la lengua extranjera.
CONOCIMIENTO DEL MEDIO	➤ Identificar, a partir de ejemplos de la vida diaria, algunos de los principales usos que las personas hacen de los recursos naturales, señalando ventajas e inconvenientes y analizar el proceso seguido por algún bien o servicio, desde su origen hasta el consumidor. ➤ Identificar y explicar las consecuencias para la salud y el desarrollo personal de determinados hábitos de alimentación, higiene, ejercicio físico y descanso. ➤ Identificar fuentes de energía comunes y procedimientos y máquinas para obtenerla, poner ejemplos de usos prácticos de la energía y valorar la importancia de hacer un uso responsable de las fuentes de energía del planeta.
EDUCACIÓN ARTÍSTICA	➤ Describir las características de elementos presentes en el entorno y las sensaciones que las obras artísticas provocan.
EDUCACIÓN FÍSICA	➤ Participar del juego y las actividades deportivas con conocimiento de las normas y mostrando una actitud de aceptación hacia las demás personas. ➤ Utilizar los recursos expresivos del cuerpo e implicarse en el grupo para la comunicación de ideas, sentimientos y representación de personajes e historias, reales o imaginarias.

COMPETENCIA BÁSICA: SOCIAL Y CIUDADANA

DESCRIPTOR ETAPA:	INDICADOR DE LOGRO O DOMINIO 2° CICLO:
4. Se siente identificado con la comunidad, colaborando activamente en la resolución de los conflictos de convivencia y asumiendo progresivamente responsabilidades como ciudadano en la construcción de un proyecto social solidario.	☐ Participa personalmente en la asunción de responsabilidades colectivas para la mediación en los conflictos y colabora con las organizaciones e instituciones que operan en la comunidad para ayudar a los ciudadanos y ciudadanas que viven en situación desfavorecida.

ÁREAS	CRITERIOS DE EVALUACIÓN
LENGUA CASTELLANA Y LITERATURA	➤ Conocer textos literarios de la tradición oral y de la literatura infantil adecuados al ciclo, así como las características básicas de la narración y la poesía, con la finalidad de apoyar la lectura y la escritura de dichos textos.
L. EXTRANJERA	➤ Identificar algunos aspectos de la vida cotidiana de los países donde se habla la lengua extranjera y compararlos con los propios.
MATEMÁTICAS	➤ Resolver problemas relacionados con el entorno que exijan cierta planificación, aplicando dos operaciones con números naturales como máximo, así como los contenidos básicos de geometría o tratamiento de la información y utilizando estrategias personales de resolución.
CONOCIMIENTO DEL MEDIO	➤ Señalar algunas funciones de las administraciones y de organizaciones diversas y su contribución al funcionamiento de la sociedad, valorando la importancia de la participación personal en las responsabilidades colectivas.
EDUCACIÓN FÍSICA	➤ Actuar de forma coordinada y cooperativa para resolver retos o para oponerse a uno o varios adversarios en un juego colectivo. ➤ Mantener conductas activas acordes con el valor del ejercicio físico para la salud, mostrando interés en el cuidado del cuerpo.

TERCER CICLO DE LA EDUCACIÓN PRIMARIA

COMPETENCIA BÁSICA: SOCIAL Y CIUDADANA

DESCRIPTOR ETAPA:

1. Conoce y comprende la evolución histórica y el momento actual de la realidad social en la que vive: los modos de organización, sus logros y sus problemas, sus rasgos y valores para ejercer la ciudadanía democrática.

INDICADOR DE LOGRO O DOMINIO 3º CICLO:

☐ Conoce y explica el funcionamiento de los principales órganos de gobierno, en los diferentes espacios territoriales, y el papel de los servicios públicos que gestionan, y expone ejemplos prácticos de funciones y de los beneficios que reportan a la comunidad.

ÁREAS	CRITERIOS DE EVALUACIÓN
LENGUA CASTELLANA Y LITERATURA	➤ Captar el sentido global de textos orales de uso habitual, identificando la información más relevante. ➤ Captar el sentido de textos orales, reconociendo las ideas principales y secundarias e identificando ideas, opiniones y valores no explícitos. ➤ Relacionar, poniendo ejemplos concretos, la información contenida en los textos escritos próximos a la experiencia infantil, con las propias vivencias e ideas y mostrar la comprensión a través de la lectura en voz alta.
L. EXTRANJERA	➤ Identificar algunos rasgos, costumbres y tradiciones de países donde se habla la lengua extranjera.
MATEMÁTICAS	➤ Expresar de forma ordenada y clara, oralmente y por escrito, el proceso seguido en la resolución de problemas.
CONOCIMIENTO DEL MEDIO	➤ Caracterizar los principales paisajes españoles y analizar algunos agentes físicos y humanos que los conforman, y poner ejemplos del impacto de las actividades humanas en el territorio y de la importancia de su conservación. ➤ Conocer los principales órganos de gobierno y las funciones del municipio, de las comunidades autónomas, del Estado español y de la Unión Europea, valorando el interés de los servicios públicos para la ciudadanía y la importancia de la participación democrática.
EDUCACIÓN ARTÍSTICA	➤ Reconocer músicas del medio social y cultural propio y de otras épocas y culturas.
ED. CIUD. Y D. HUMANOS	➤ Conocer algunos de los derechos humanos recogidos en la Declaración Universal de los Derechos Humanos. ➤ Explicar el papel que cumplen los servicios públicos en la vida de los ciudadanos y mostrar actitudes cívicas en aspectos relativos a la seguridad vial, a la protección civil, a la defensa al servicio de la paz y a la seguridad integral de los ciudadanos.
EDUCACIÓN FÍSICA	➤ Identificar algunas de las relaciones que se establecen entre la práctica correcta y habitual del ejercicio físico y la mejora de la salud y actuar de acuerdo con ellas.

COMPETENCIA BÁSICA: SOCIAL Y CIUDADANA

DESCRIPTOR ETAPA:	INDICADOR DE LOGRO O DOMINIO 3º CICLO:
4. Hace uso de sus habilidades sociales, actúa con asertividad y emplea el diálogo y la negociación en el ejercicio responsable de sus derechos y obligaciones como ciudadano y miembro de la comunidad y de la escuela para elegir y tomar decisiones democráticamente.	☐ Argumenta y defiende las propias opiniones y valora críticamente la de los demás en la toma de decisiones colectivas y emplea el diálogo y la negociación en la resolución de conflictos y en la asunción de responsabilidades. ☐ Ante las diversas situaciones escolares y de su vida cotidiana actúa con asertividad y maneja todas las habilidades sociales trabajadas (da las gracias, pide un favor, escucha, se disculpa, sabe elogiar, negocia, se pone en el lugar del otro y participa de manera constructiva en la resolución de las mismas).

ÁREAS	CRITERIOS DE EVALUACIÓN
LENGUA CASTELLANA Y LITERATURA	➤ Expresarse de forma oral mediante textos que presenten de manera coherente conocimientos, hechos y opiniones. ➤ Localizar y recuperar información explícita y realizar inferencias en la lectura de textos determinando los propósitos principales de éstos e interpretando el doble sentido de algunos. ➤ Interpretar e integrar las ideas propias con las contenidas en los textos, comparando y contrastando informaciones diversas, y mostrar la comprensión a través de la lectura en voz alta. ➤ Participar en las situaciones de comunicación del aula, respetando las normas del intercambio: guardar el turno de palabra, organizar el discurso, escuchar e incorporar las intervenciones de los demás.
L. EXTRANJERA	➤ Captar el sentido global e identificar informaciones específicas en textos orales variados emitidos en diferentes situaciones de comunicación.
MATEMÁTICAS	➤ Utilizar los números decimales, fraccionarios y los porcentajes sencillos para interpretar e intercambiar información en contextos de la vida cotidiana.
EDUCACIÓN ARTÍSTICA	➤ Buscar, seleccionar y organizar informaciones sobre manifestaciones artísticas del patrimonio cultural propio y de otras culturas, de acontecimientos, creadores y profesionales relacionados con las artes plásticas y la música. ➤ Ajustar la propia acción a la de los otros miembros del grupo en la interpretación de piezas musicales a dos o más partes y de danzas. ➤ Representar de forma personal ideas, acciones y situaciones valiéndose de los recursos que el lenguaje plástico y visual proporciona.
EDUCACIÓN FÍSICA	➤ Construir composiciones grupales en interacción con los compañeros y compañeras utilizando los recursos expresivos del cuerpo y partiendo de estímulos musicales, plásticos o verbales.
ED. C. Y D. HUMANOS	➤ Argumentar y defender las propias opiniones, escuchar y valorar críticamente las opiniones de los demás, mostrando una actitud de respeto a las personas. ➤ Aceptar y practicar las normas de convivencia. Participar en la toma de decisiones del grupo, utilizando el diálogo para favorecer los acuerdos y asumiendo sus obligaciones.

COMPETENCIA BÁSICA: SOCIAL Y CIUDADANA

DESCRIPTOR ETAPA:

3. Es consciente de los valores en los que se sustenta la sociedad democrática: la cooperación, la solidaridad, el compromiso y la participación y desarrolla su propio sistema de valores, reforzando la autonomía, la autoestima y la identidad personal.

INDICADOR DE LOGRO O DOMINIO 3.º CICLO:

☐ Demuestra que es sensible a las desigualdades provocadas por las diferencias en el acceso a bienes y servicios, y su comportamiento muestra respeto por las diferencias personales y por las convenciones y normas asumidas socialmente.

ÁREAS	CRITERIOS DE EVALUACIÓN
LENGUA CASTELLANA Y LITERATURA	➤ Colaborar en el cuidado y mejora de los materiales bibliográficos y otros documentos disponibles en el aula y en el centro.
L. EXTRANJERA	➤ Mantener conversaciones cotidianas y familiares sobre temas conocidos en situaciones de comunicación predecibles, respetando las normas básicas del intercambio: escuchar y mirar a quien habla. ➤ Valorar la lengua extranjera como instrumento de comunicación con otras personas, como herramienta de aprendizaje y mostrar curiosidad e interés hacia las personas que hablan la lengua extranjera.
MATEMÁTICAS	➤ Valorar las diferentes estrategias y perseverar en la búsqueda de datos y soluciones precisas, tanto en la formulación como en la resolución de un problema.
CONOCIMIENTO DEL MEDIO	➤ Analizar algunos cambios que las comunicaciones y la introducción de nuevas actividades económicas relacionadas con la producción de bienes y servicios, han supuesto para la vida humana y para el entorno, valorando la necesidad de superar las desigualdades provocadas por las diferencias en el acceso a bienes y servicios.
EDUCACIÓN ARTÍSTICA	➤ Formular opiniones acerca de las manifestaciones artísticas a las que se accede demostrando el conocimiento que se tiene de las mismas y una inclinación personal para satisfacer el disfrute y llenar el tiempo de ocio.
ED. CIUDADANÍA Y D. HUMANOS	➤ Mostrar respeto por las diferencias y características personales propias y de sus compañeros y compañeras, valorar las consecuencias de las propias acciones y responsabilizarse de las mismas.
EDUCACIÓN FÍSICA	➤ Identificar, como valores fundamentales de los juegos y la práctica de actividades deportivas, el esfuerzo personal y las relaciones que se establecen con el grupo y actuar de acuerdo con ellos.

COMPETENCIA BÁSICA: SOCIAL Y CIUDADANA

DESCRIPTOR ETAPA:	INDICADOR DE LOGRO O DOMINIO 3º CICLO:
4. Se siente identificado con la comunidad, colaborando activamente en la resolución de los conflictos de convivencia y asumiendo progresivamente responsabilidades como ciudadano en la construcción de un proyecto social solidario.	☐ Analiza, reflexiona y se posiciona en contra de las situaciones de discriminación, marginación e injusticia que sufren determinados colectivos de su entorno social y cultural; y realiza propuestas solidarias para mejorar su calidad de vida, demostrando sus beneficios.

ÁREAS	CRITERIOS DE EVALUACIÓN
LENGUA CASTELLANA Y LITERATURA	➢ Conocer textos literarios de la tradición oral y de la literatura infantil adecuados al ciclo, así como las características de la narración y la poesía, con la finalidad de apoyar la lectura y la escritura de dichos textos. ➢ Elaborar textos escritos atendiendo al destinatario, al tipo de texto y a la finalidad, tanto en soporte papel como digital.
L. EXTRANJERA	
MATEMÁTICAS	➢ En un contexto de resolución de problemas sencillos, anticipar una solución razonable y buscar los procedimientos matemáticos más adecuados para abordar el proceso de resolución.
CONOCIMIENTO DEL MEDIO	➢ Presentar un informe, utilizando soporte papel y digital, sobre problemas o situaciones sencillas, recogiendo información de diferentes fuentes (directas, libros, Internet), siguiendo un plan de trabajo y expresando conclusiones.
ED. CIUDADANÍA Y D. HUMANOS	➢ Reconocer y rechazar situaciones de discriminación, marginación e injusticia e identificar los factores sociales, económicos, de origen, de género o de cualquier otro tipo que las provocan. ➢ Poner ejemplos de servicios públicos prestados por diferentes instituciones y reconocer la obligación de los ciudadanos de contribuir a su mantenimiento a través de los impuestos.
EDUCACIÓN FÍSICA	➢ Identificar algunas de las relaciones que se establecen entre la práctica correcta y habitual del ejercicio físico y la mejora de la salud y actuar de acuerdo con ellas. ➢ Actuar de forma coordinada y cooperativa para resolver retos o para oponerse a uno o varios adversarios en un juego colectivo, ya sea como atacante o como defensor.

ESCALA DE LOGRO O DOMINIO DE LA COMPETENCIA BÁSICA "SOCIAL Y CIUDADANA"

DESCRIPTORES ETAPA	INDICADOR DE LOGRO 1º CICLO	INDICADOR DE LOGRO 2º CICLO	INDICADOR DE LOGRO 3º CICLO
1. Conoce y comprende la evolución histórica y el momento actual de la realidad social en la que vive: los modos de organización, sus logros y sus problemas, sus rasgos y valores para ejercer la ciudadanía democrática.	☐ Conoce las instituciones y organizaciones que operan en su entorno y las actividades profesionales que se desempeñan en beneficio de la comunidad.	☐ Conoce las instituciones públicas del entorno, a sus responsables y las funciones y tareas que desarrollan en beneficio de la comunidad, busca ejemplos prácticos de diferentes funciones y examina sus beneficios.	☐ Conoce y explica el funcionamiento de los principales órganos de gobierno, en los diferentes espacios territoriales y el papel de los servicios públicos que gestionan, y expone ejemplos prácticos de la importancia de sus funciones y de los beneficios que reportan a la comunidad.
2. Hace uso de sus habilidades sociales, actúa con asertividad y emplea el diálogo y la negociación en el ejercicio responsable de sus derechos y obligaciones como ciudadano y miembro de la comunidad y de la escuela.	☐ Dialoga y colabora con sus compañeros y sus compañeras de clase en la resolución de los problemas de convivencia y el planteamiento de tareas y actividades colectivas. ☐ En situaciones escolares y de su vida cotidiana hace uso de las habilidades sociales básicas (da las gracias, pide un favor, escucha y se disculpa).	☐ Indaga sobre conflictos relacionados con la convivencia, a nivel escolar y comunitario, consultando diferentes fuentes de información y haciendo propuestas para su resolución y mejora. ☐ En situaciones escolares y de su vida cotidiana hace uso de las habilidades sociales (da las gracias, pide un favor, escucha, se disculpa y participa de manera constructiva en la resolución de las mismas).	☐ Argumenta y defiende las propias opiniones y valora críticamente la de los demás en la toma de decisiones colectivas y emplea el diálogo y la negociación en la resolución de conflictos y en la asunción de responsabilidades. ☐ Ante las diversas situaciones escolares y de su vida cotidiana actúa con asertividad y maneja todas las habilidades sociales trabajadas (da las gracias, pide un favor, escucha, se disculpa, sabe elogiar, negocia, se pone en el lugar del otro y participa de manera constructiva en la resolución de las mismas).

DESCRIPTORES ETAPA	INDICADOR DE LOGRO 1º CICLO	INDICADOR DE LOGRO 2º CICLO	INDICADOR DE LOGRO 3º CICLO
3. Es consciente de los valores en los que se sustenta la sociedad democrática: la cooperación, la solidaridad, el compromiso y la participación y desarrolla su propio sistema de valores, reforzando la autonomía, la autoestima y la identidad personal.	☐ Participa en asambleas de aula para el establecimiento de normas de convivencia y de mantenimiento y conservación del material escolar y de los utensilios del aula y asume las responsabilidades que le corresponden.	☐ Desarrolla hábitos de vida saludable relacionados con la alimentación, la higiene, el ejercicio y el descanso y se siente sensible hacia un uso responsable y solidario de los recursos disponibles por la comunidad, y hace propuestas de mejora de aplicación práctica en su entorno.	☐ Demuestra que es sensible a las desigualdades provocadas por las diferencias en el acceso a bienes y servicios, y su comportamiento muestra respeto por las diferencias personales y por las convenciones y normas asumidas socialmente.
4. Se siente identificado con la comunidad, colaborando activamente en la resolución de los conflictos de convivencia y asumiendo progresivamente responsabilidades como ciudadano en la construcción de un proyecto social solidario.	☐ Participa y se siente miembro de la comunidad y es sensible a las diferencias en el acceso a determinados bienes y servicios de los ciudadanos procedentes de otras etnias y culturas.	☐ Participa personalmente en la asunción de responsabilidades colectivas para la mediación en los conflictos y colabora con las organizaciones e instituciones que operan en la comunidad para ayudar a los ciudadanos y ciudadanas que viven en situación desfavorecida.	☐ Analiza, reflexiona y se posiciona en contra de las situaciones de discriminación, marginación e injusticia que sufren determinados colectivos de su entorno social y cultural; y realiza propuestas solidarias para mejorar su calidad de vida, demostrando sus beneficios.

REGISTRO DEL NIVEL DE LOGRO DESARROLLADO EN LA COMPETENCIA BÁSICA

Alumno/a: **Curso:** _____

C. B. SOCIAL Y CIUDADANA

APRECIACIÓN DEL NIVEL DE LOGRO:

INDICADORES DE LOGRO : 1° CICLO	1° TRIM.				2° TRIM.				3° TRIM.			
	1	2	3	V	1	2	3	V	1	2	3	V
1. Conoce las instituciones y organizaciones que operan en su entorno y las actividades profesionales que se desempeñan en beneficio de la comunidad.												
2. Dialoga y colabora con sus compañeros y sus compañeras de clase en la resolución de los problemas de convivencia y el planteamiento de tareas y actividades colectivas.												
3. En situaciones escolares y de la vida cotidiana hace uso de las habilidades sociales básicas (da las gracias, pide un favor, escucha y se disculpa).												
4. Participa en asambleas de aula para el establecimiento de normas de convivencia y de mantenimiento y conservación del material escolar y de los utensilios del aula y asume las responsabilidades que le corresponden.												
5. Participa y se siente miembro de la comunidad y es sensible a las diferencias en el acceso a determinados bienes y servicios de los ciudadanos procedentes de otras etnias y culturas.												
6.												

Alumno/a: **Curso:** _____

C. B. SOCIAL Y CIUDADANA

APRECIACIÓN DEL NIVEL DE LOGRO:

INDICADORES DE LOGRO: 2° CICLO	1° TRIM.				2° TRIM.				3° TRIM.			
	1	2	3	V	1	2	3	V	1	2	3	V
1. Conoce las instituciones públicas del entorno, a sus responsables y las funciones y tareas que desarrollan en beneficio de la comunidad, busca ejemplos prácticos de diferentes funciones y examina sus beneficios.												
2. Indaga sobre conflictos relacionados con la convivencia, a nivel escolar y comunitario, consultando diferentes fuentes de información y haciendo propuestas para su resolución y mejora.												
3. En situaciones escolares y de la vida cotidiana hace uso de las habilidades sociales (da las gracias, pide un favor, escucha, se disculpa y participa de manera constructiva en la resolución de las mismas).												
4. Desarrolla hábitos de vida saludable relacionados con la alimentación, la higiene, el ejercicio y el descanso y se siente sensible hacia un uso responsable y solidario de los recursos disponibles por la comunidad, y hace propuestas de mejora de aplicación práctica en su entorno												
5. Participa personalmente en la asunción de responsabilidades colectivas para la mediación en los conflictos y colabora con las organizaciones e instituciones que operan en la comunidad para ayudar a los ciudadanos y ciudadanas que viven en situación desfavorecida.												
6.												

Alumno/a: **Curso:** _____

C. B. SOCIAL Y CIUDADANA

APRECIACIÓN DEL NIVEL DE LOGRO: [____]

INDICADORES DE LOGRO: 3º CICLO	1º TRIM.				2º TRIM.				3º TRIM.			
	1	2	3	V	1	2	3	V	1	2	3	V
1. Conoce y explica el funcionamiento de los principales órganos de gobierno, en los diferentes espacios territoriales ,y el papel de los servicios públicos que gestionan, y expone ejemplos prácticos de sus funciones y de los beneficios que reportan a la comunidad.												
2. Argumenta y defiende las propias opiniones y valora críticamente la de los demás en la toma de decisiones colectivas y emplea el diálogo y la negociación en la resolución de conflictos y en la asunción de responsabilidades.												
3. Ante las diversas situaciones escolares y de su vida cotidiana actúa con asertividad y maneja todas las habilidades sociales trabajadas (da las gracias, pide un favor, escucha, se disculpa, sabe elogiar, negocia, se pone en el lugar de otro y participa de manera constructiva en la resolución de las mismas).												
4. Demuestra que es sensible a las desigualdades provocadas por las diferencias en el acceso a bienes y servicios, y su comportamiento muestra respeto por las diferencias personales y por las convenciones y normas asumidas socialmente.												
5. Analiza, reflexiona y se posiciona en contra de las situaciones de discriminación, marginación e injusticia que sufren determinados colectivos de su entorno social y cultural; y realiza propuestas solidarias para mejorar su calidad de vida, demostrando sus beneficios.												
6.												

NIVELES DE LOGRO: (P) Poco, (R) Regular, (A) Adecuado, (B) Bueno y (E) Excelente.

COMPETENCIA BÁSICA: CULTURAL Y ARTÍSTICA

ASPECTOS DISTINTIVOS	ÁREAS	APRENDIZAJES IMPRESCINDIBLES
1. Conocimiento, comprensión, aprecio y valoración crítica de diferentes manifestaciones culturales y artísticas.	LENGUA CASTELLANA Y LITERATURA	☐ Leer, comprender y valorar las obras literarias. ☐ Utilizar producciones lingüísticas con componente cultural.
2. Conocimiento básico de las principales técnicas, recursos y convenciones de los diferentes lenguajes artísticos, de las obras de arte y manifestaciones más destacadas del patrimonio cultural.	LENGUA EXTRANJERA	☐ Desarrollar modelos lingüísticos con producciones con componentes culturales.
3. Toma de conciencia de la evolución del pensamiento, de las corrientes estéticas, las modas y los gustos.	MATEMÁTICAS	☐ Reconocer las relaciones y formas geométricas para el análisis de determinadas producciones artísticas. ☐ Valorar el conocimiento matemático como contribución al desarrollo cultural de la humanidad.
4. Aprecio del hecho cultural y artístico: habilidades y actitudes para acceder a sus manifestaciones, de pensamiento, perceptivas y comunicativas.	CONOCIMIENTO DEL MEDIO NATURAL, SOCIAL Y CULTURAL	☐ Conocer las manifestaciones culturales y valorar su diversidad. ☐ Reconocer las manifestaciones culturales que forman parte del patrimonio cultural. ☐ Percibir e identificar los elementos relevantes del patrimonio nacional. ☐ Describir el patrimonio y analizar su origen y situación actual. ☐ Desarrollar actitudes de sensibilidad, valoración y compromiso en relación con el patrimonio.
5. Habilidades de pensamiento divergente y convergente: reelaborar ideas y sentimientos propios y ajenos.		
6. Puesta en funcionamiento la iniciativa, la imaginación y la creatividad para expresarse mediante códigos artísticos.	EDUCACIÓN ARTÍSTICA	☐ Conocer diferentes códigos artísticos y utilizar las técnicas que les son propios. ☐ Iniciarse en la percepción y la comprensión del mundo que le rodea, ampliando las posibilidades de expresión y comunicación. ☐ Representar una idea de forma personal, utilizando los recursos que los lenguajes artísticos proporcionan. ☐ Dotarles de instrumentos para valorar y formar opiniones sobre las manifestaciones culturales y artísticas, configurándoles criterios válidos en relación con los productos culturales. ☐ Respetar otras formas de pensamiento y expresión. ☐ Promover la iniciativa, la imaginación y la creatividad.
7. Aprecio de la creatividad implícita en la expresión de ideas, experiencias o sentimientos a través de diferentes medios artísticos.		
8. Actitud abierta, respetuosa y crítica hacia la diversidad de expresiones artísticas y culturales.		
9. Toma de conciencia de la evolución del pensamiento, de las corrientes estéticas, las modas y los gustos.		

ASPECTOS DISTINTIVOS	ÁREAS	APRENDIZAJES IMPRESCINDIBLES
	EDUCACIÓN FÍSICA	☐ Conocer la riqueza cultural, mediante la práctica de diferentes juegos y danzas. ☐ Expresar ideas o sentimientos de forma creativa para la exploración y utilización de las posibilidades y recursos del cuerpo y del movimiento. ☐ Apreciar y comprender el hecho cultural, y valorar su diversidad, mediante el reconocimiento y la apreciación de las manifestaciones culturales específicas de la motricidad humana. ☐ Favorecer un acercamiento al fenómeno deportivo como espectáculo mediante el análisis y la reflexión crítica ante la violencia en el deporte u otras situaciones contrarias a la dignidad humana que en él se producen.

COMPETENCIA BÁSICA: CULTURAL Y ARTÍSTICA			
ORGANIZADORES	ASPECTOS DISTINTIVOS	APRENDIZAJES IMPRESCINDIBLES	ÁREAS	DESCRIPTORES DE LA ETAPA
Conocimientos, saberes y experiencias aplicadas en la resolución de tareas y problemas.	❖ Conocimiento, comprensión, aprecio y valoración crítica de diferentes manifestaciones culturales y artísticas. ❖ Conocimiento básico de las principales técnicas, recursos y convenciones de los diferentes lenguajes artísticos, de las obras de arte y manifestaciones más destacadas del patrimonio cultural. ❖ Toma de conciencia de la evolución del pensamiento, de las corrientes estéticas, las modas y los gustos.	❑ Leer, comprender y valorar las obras literarias.	Lengua Castellana y Literatura	Conoce, comprende y valora las manifestaciones artísticas y culturas de nuestro patrimonio y las principales técnicas y recursos que emplean.
		❑ Conocer las manifestaciones culturales y valorar su diversidad. ❑ Reconocer las manifestaciones culturales que forman parte del patrimonio cultural. ❑ Percibir e identificar los elementos relevantes del patrimonio nacional.	Conocimiento del Medio	
		❑ Reconocer las relaciones y formas geométricas para el análisis de determinadas producciones artísticas.	Matemáticas	
		❑ Conocer diferentes códigos artísticos y utilizar las técnicas que les son propios. ❑ Iniciarse en la percepción y la comprensión del mundo que le rodea, ampliando las posibilidades de expresión y comunicación.	Artística	
		❑ Conocer la riqueza cultural, mediante la práctica de diferentes juegos y danzas.	Educación Física	

ORGANIZADORES	ASPECTOS DISTINTIVOS	APRENDIZAJES IMPRESCINDIBLES	ÁREAS	DESCRIPTORES DE LA ETAPA
Habilidades prácticas y cognitivas utilizadas en la resolución de tareas y problemas.	❖ Aprecio del hecho cultural y artístico: habilidades y actitudes para acceder a sus manifestaciones, de pensamiento, perceptivas y comunicativas.	☐ Utilizar producciones lingüísticas con componente cultural.	L. Castellana y Literatura	Describe y aprecia el hecho cultural y artístico y desarrolla iniciativas para expresarse de forma imaginativa y creativa mediante los códigos artísticos.
		☐ Describir el patrimonio y analizar su origen y situación actual.	C. del Medio	
	❖ Habilidades de pensamiento divergente y convergente: reelaborar ideas y sentimientos propios y ajenos.	☐ Desarrollar modelos lingüísticos con producciones con componentes culturales.	L. extranjeras	
		☐ Representar una idea de forma personal, utilizando los recursos que los lenguajes artísticos proporcionan.	Artística	
	❖ Puesta en funcionamiento la iniciativa, la imaginación y la creatividad para expresarse mediante códigos artísticos.	☐ Expresar ideas o sentimientos de forma creativa para la exploración y utilización de las posibilidades y recursos del cuerpo y del movimiento.	Educación Física	
Valores, actitudes, sentimientos y emociones que se manifiestan en la resolución de problemas y tareas.	❖ Aprecio de la creatividad implícita en la expresión de ideas, experiencias o sentimientos a través de diferentes medios artísticos.	☐ Valorar el conocimiento matemático como contribución al desarrollo cultural de la humanidad.	Matemáticas	Expresa abiertamente de forma respetuosa y crítica opiniones sobre las manifestaciones culturales y artísticas y respeta otras formas de pensamiento y opinión.
		☐ Desarrollar actitudes de sensibilidad, valoración y compromiso en relación con el patrimonio.	C. del Medio	
	❖ Actitud abierta, respetuosa y crítica hacia la diversidad de expresiones artísticas y culturales.	☐ Dotarles de instrumentos para valorar y formar opiniones sobre las manifestaciones culturales y artísticas, configurándoles los criterios válidos en relación con los productos culturales.	Artística	
		☐ Respetar otras formas de pensamiento y expresión.		

ORGANIZADORES	ASPECTOS DISTINTIVOS	APRENDIZAJES IMPRESCINDIBLES	ÁREAS	DESCRIPTORES DE LA ETAPA
		❑ Apreciar y comprender el hecho cultural, y valorar su diversidad, mediante el reconocimiento y la apreciación de las manifestaciones culturales específicas de la motricidad humana.	Educación Física	
Resolución de problemas o tareas en un contexto determinado que se manifiestan en la resolución de problemas y tareas.	❖ Toma de conciencia de la evolución del pensamiento, de las corrientes estéticas, las modas y los gustos.	❑ Desarrollar actitudes de sensibilidad, valoración y compromiso en relación con el patrimonio.	C. del Medio	Desarrolla actitudes de sensibilidad, compromiso y disfrute del patrimonio cultural y artístico y participa en iniciativas para la mejora y conservación del patrimonio.
		❑ Promover la iniciativa, la imaginación y la creatividad.	Artística	
		❑ Favorecer un acercamiento al fenómeno deportivo como espectáculo mediante el análisis y la reflexión crítica ante la violencia en el deporte u otras situaciones contrarias a la dignidad humana que en él se producen.	Educación Física	

PRIMER CICLO DE LA EDUCACIÓN PRIMARIA

COMPETENCIA BÁSICA: CULTURAL Y ARTÍSTICA

DESCRIPTOR ETAPA:

1. Conoce, comprende y valora las manifestaciones artísticas y culturas de nuestro patrimonio y las principales técnicas y recursos que emplean.

INDICADOR DE LOGRO O DOMINIO 1º CICLO:

☐ Reconoce las obras de arte más relevantes del entorno próximo y describe con términos sencillos las manifestaciones culturales más significativas de su entorno próximo.

ÁREAS	CRITERIOS DE EVALUACIÓN
LENGUA CASTELLANA Y LITERATURA	➤ Expresarse de forma oral mediante textos que presenten de manera organizada hechos, vivencias o ideas. ➤ Comprender y utilizar la terminología gramatical y lingüística elemental, en las actividades relacionadas con la producción y comprensión de textos.
MATEMÁTICAS	➤ Describir la situación de un objeto del espacio próximo, y de un desplazamiento en relación a sí mismo, utilizando los conceptos de izquierda-derecha, delante-detrás, arriba-abajo, cerca-lejos y próximo-lejano.
CONOCIMIENTO DEL MEDIO	➤ Reconocer, identificar y poner ejemplos sencillos sobre las principales profesiones y responsabilidades que desempeñan las personas del entorno. ➤ Reconocer algunas manifestaciones culturales presentes en el ámbito escolar, local y autonómico.
EDUCACIÓN ARTÍSTICA	➤ Identificar diferentes formas de representación del espacio.

COMPETENCIA BÁSICA: CULTURAL Y ARTÍSTICA

DESCRIPTOR ETAPA:	INDICADOR DE LOGRO O DOMINIO 1° CICLO:
2. Describe y aprecia el hecho cultural y artístico y desarrolla iniciativas para expresarse de forma imaginativa y creativa mediante los códigos artísticos.	☐ Realiza producciones plásticas vinculadas a su mundo afectivo y social, experimentando con las formas, texturas y colores de los materiales utilizados.

ÁREAS	CRITERIOS DE EVALUACIÓN
L. CASTELLANA Y LITERATURA	➤ Relacionar poniendo ejemplos concretos, la información contenida en los textos escritos próximos a la experiencia infantil, con las propias vivencias e ideas y mostrar la comprensión a través de la lectura en voz alta.
	➤ Redactar y reescribir diferentes textos relacionados con la experiencia infantil ateniéndose a modelos claros, utilizando la planificación y revisión de los textos, cuidando las normas gramaticales y ortográficas más sencillas y los aspectos formales.
L. EXTRANJERA	➤ Usar estrategias básicas para aprender a aprender, como pedir ayuda, acompañar la comunicación con gestos, utilizar diccionarios visuales e identificar algunos aspectos personales que le ayuden a aprender mejor.
MATEMÁTICAS	➤ Realizar interpretaciones elementales de los datos presentados en gráficas de barras.
	➤ Resolver problemas sencillos relacionados con objetos, hechos y situaciones de la vida cotidiana, seleccionando las operaciones de suma y resta y utilizando los algoritmos básicos correspondientes u otros procedimientos de resolución.
CONOCIMIENTO DEL MEDIO	➤ Ordenar temporalmente algunos hechos relevantes de la vida familiar o del entorno próximo.
	➤ Montar y desmontar objetos y aparatos simples y describir su funcionamiento y la forma de utilizarlos con precaución.
	➤ Realizar preguntas adecuadas para obtener información de una observación, utilizar algunos instrumentos y hacer registros claros.
EDUCACIÓN ARTÍSTICA	➤ Identificar y expresar a través de diferentes lenguajes algunos de los elementos (timbre, velocidad, intensidad, carácter) de una obra musical.
	➤ Reproducir esquemas rítmicos y melódicos con la voz, el cuerpo y los instrumentos y patrones de movimiento.
	➤ Seleccionar y combinar sonidos producidos por la voz, el cuerpo, los objetos y los instrumentos para sonorizar relatos o imágenes.
	➤ Probar en producciones propias, las posibilidades que adoptan las formas, texturas y colores.
EDUCACIÓN FÍSICA	➤ Reproducir corporalmente o con instrumentos una estructura rítmica.

COMPETENCIA BÁSICA: CULTURAL Y ARTÍSTICA

DESCRIPTOR ETAPA:	INDICADOR DE LOGRO O DOMINIO 1º CICLO:
3. Expresa abiertamente de forma respetuosa y crítica opiniones sobre las manifestaciones culturales y artísticas y respeta otras formas de pensamiento y opinión.	☐ Comenta las obras plásticas y musicales observadas y escuchadas y expresa oralmente las sensaciones que le producen.

ÁREAS	CRITERIOS DE EVALUACIÓN
LENGUA CASTELLANA Y LITERATURA	➤ Participar en las situaciones de comunicación del aula, respetando las normas del intercambio: guardar el turno de palabra, escuchar, mirar al interlocutor, mantener el tema.
L. EXTRANJERA	➤ Participar en interacciones orales muy dirigidas sobre temas conocidos en situaciones de comunicación fácilmente predecibles. ➤ Mostrar interés y curiosidad por aprender la lengua extranjera y reconocer la diversidad lingüística como elemento enriquecedor.
CONOCIMIENTO DEL MEDIO	➤ Valora la diversidad y riqueza de las manifestaciones culturales presentes en el ámbito escolar, local y autonómico.
EDUCACIÓN ARTÍSTICA	➤ Usar términos sencillos para comentar las obras plásticas y musicales observadas y escuchadas.
EDUCACIÓN FÍSICA	➤ Participar y disfrutar en juegos ajustando su actuación, tanto en lo que se refiere a aspectos motores como a aspectos de relación con los compañeros y compañeras. ➤ Simbolizar personajes y situaciones mediante el cuerpo y el movimiento con desinhibición y soltura en la actividad.

COMPETENCIA BÁSICA: CULTURAL Y ARTÍSTICA

DESCRIPTOR ETAPA:

4. Desarrolla actitudes de sensibilidad, compromiso y disfrute del patrimonio cultural y artístico y participa en iniciativas para la mejora y conservación del patrimonio.

INDICADOR DE LOGRO O DOMINIO 1º CICLO:

☐ Participa y disfruta de las manifestaciones culturales y artísticas del entorno más inmediato.

ÁREAS	CRITERIOS DE EVALUACIÓN
LENGUA CASTELLANA Y LITERATURA	➤ Conocer textos literarios de la tradición oral y de la literatura infantil adecuados al ciclo, así como algunos aspectos formales simples de la narración y de la poesía con la finalidad de apoyar la lectura y la escritura de dichos textos.
L. EXTRANJERA	➤ Mostrar interés y curiosidad por aprender la lengua extranjera y reconocer la diversidad lingüística como elemento enriquecedor.
EDUCACIÓN ARTÍSTICA	➤ Valora la diversidad y riqueza de las manifestaciones culturales presentes en el ámbito escolar, local y autonómico. ➤ Realizar composiciones plásticas que representen el mundo imaginario, afectivo y social.
EDUCACIÓN FÍSICA	➤ Simbolizar personajes y situaciones mediante el cuerpo y el movimiento con desinhibición y soltura en la actividad.

SEGUNDO CICLO DE LA EDUCACIÓN PRIMARIA

COMPETENCIA BÁSICA: CULTURAL Y ARTÍSTICA

DESCRIPTOR ETAPA:

1. Conoce, comprende y valora las manifestaciones artísticas y culturas de nuestro patrimonio y las principales técnicas y recursos que emplean.

INDICADOR DE LOGRO O DOMINIO 2º CICLO:

☐ Explica con precisión terminológica y lingüística las manifestaciones artísticas y culturales, a nivel local y autonómico, así como las técnicas que se han utilizado en su creación.

ÁREAS	CRITERIOS DE EVALUACIÓN
LENGUA CASTELLANA Y LITERATURA	➤ Comprender y utilizar la terminología gramatical y lingüística propia del ciclo en las actividades de producción y comprensión de textos.
MATEMÁTICAS	➤ Reconocer y describir formas y cuerpos geométricos del espacio (polígonos, círculos, cubos, prismas, cilindros, esferas).
CONOCIMIENTO DEL MEDIO	➤ Explicar con ejemplos concretos, la evolución de algún aspecto de la vida cotidiana relacionado con hechos históricos relevantes, identificando las nociones de duración, sucesión y simultaneidad.
EDUCACIÓN ARTÍSTICA	➤ Memorizar e interpretar un repertorio básico de canciones, piezas instrumentales y danzas.

COMPETENCIA BÁSICA: CULTURAL Y ARTÍSTICA

DESCRIPTOR ETAPA:

2. Describe y aprecia el hecho cultural y artístico y desarrolla iniciativas para expresarse de forma imaginativa y creativa mediante los códigos artísticos.

INDICADOR DE LOGRO O DOMINIO 2º CICLO:

☐ Representa ideas o imágenes del entorno, utilizando los instrumentos, técnicas y materiales más adecuados y expresa de forma oral el proceso seguido ante sus compañeros y compañeras de clase.

ÁREAS	CRITERIOS DE EVALUACIÓN
LENGUA CASTELLANA Y LITERATURA	➤ Redactar, reescribir y resumir diferentes textos significativos en situaciones cotidianas y escolares, de forma ordenada y adecuada, utilizando la planificación y revisión de los textos, cuidando las normas gramaticales y ortográficas y los aspectos formales, tanto en soporte papel como digital.
L. EXTRANJERA	➤ Informar sobre temas conocidos en diferentes soportes e identificar algunos aspectos personales que le ayudan a aprender mejor.
MATEMÁTICAS	➤ Obtener información puntual y describir una representación espacial (croquis de un itinerario, plano de una pista...) tomando como referencia objetos familiares y utilizar las nociones básicas de movimientos geométricos, para describir y comprender situaciones de la vida cotidiana y para valorar expresiones artísticas. ➤ Recoger datos sobre hechos y objetos de la vida cotidiana utilizando técnicas sencillas de recuento, ordenar estos datos atendiendo a un criterio de clasificación y expresar el resultado de forma de tabla o gráfica.
CONOCIMIENTO DEL MEDIO	➤ Obtener información relevante sobre hechos o fenómenos previamente delimitados, hacer predicciones sobre sucesos naturales y sociales, integrando datos de observación directa e indirecta a partir de la consulta de fuentes básicas y comunicar los resultados.
EDUCACIÓN ARTÍSTICA	➤ Usar adecuadamente algunos de los términos propios del lenguaje plástico y musical en contextos precisos, intercambios comunicativos, descripción de procesos y argumentaciones. ➤ Utilizar distintos recursos gráficos durante la audición de una pieza musical. ➤ Explorar, seleccionar, combinar y organizar ideas musicales dentro de estructuras musicales sencillas. ➤ Interpretar el contenido de imágenes y representaciones del espacio presentes en el entorno. ➤ Utilizar instrumentos, técnicas y materiales adecuados al producto artístico que se pretende.

COMPETENCIA BÁSICA: CULTURAL Y ARTÍSTICA

DESCRIPTOR ETAPA:

3. Expresa abiertamente de forma respetuosa y crítica opiniones sobre las manifestaciones culturales y artísticas y respeta otras formas de pensamiento y opinión.

INDICADOR DE LOGRO O DOMINIO 2º CICLO:

☐ Expresa, de forma oral y escrita, las sensaciones y emociones que le producen las obras artísticas y las manifestaciones culturales de su entorno, manifestando de forma argumentada sus preferencias y gustos.

ÁREAS	CRITERIOS DE EVALUACIÓN
LENGUA CASTELLANA Y LITERATURA	➤ Expresarse de forma oral mediante textos que presenten de manera sencilla y coherente conocimientos, ideas, hechos y vivencias. ➤ Interpretar e integrar las ideas propias con la información contenida en los textos de uso escolar y social, y mostrar la comprensión a través de la lectura en voz alta.
L. EXTRANJERA	➤ Participar en interacciones orales dirigidas sobre temas conocidos en situaciones de comunicación predecibles, respetando las normas básicas del intercambio, como escuchar y mirar a quien habla. ➤ Valorar la lengua extranjera como instrumento de comunicación con otras personas y mostrar curiosidad e interés hacia las personas que hablan la lengua extranjera.
CONOCIMIENTO DEL MEDIO	➤ Señalar algunas funciones de las administraciones y de organizaciones diversas y su contribución al funcionamiento de la sociedad, valorando la importancia de la participación personal en las responsabilidades colectivas.
EDUCACIÓN ARTÍSTICA	➤ Describir las características de elementos presentes en el entorno y las sensaciones que las obras artísticas provocan.
EDUCACIÓN FÍSICA	➤ Participar del juego y las actividades deportivas con conocimiento de las normas y mostrando una actitud de aceptación hacia las demás personas. ➤ Utilizar los recursos expresivos del cuerpo e implicarse en el grupo para la comunicación de ideas, sentimientos y representación de personajes e historias, reales o imaginarias.

COMPETENCIA BÁSICA: CULTURAL Y ARTÍSTICA

DESCRIPTOR ETAPA:

4. Desarrolla actitudes de sensibilidad, compromiso y disfrute del patrimonio cultural y artístico y participa en iniciativas para la mejora y conservación del patrimonio.

INDICADOR DE LOGRO O DOMINIO 2° CICLO:

☐ Se muestra sensible en la necesidad de proteger y conservar las obras artísticas y participa activamente en las manifestaciones culturales del entorno.

ÁREAS	CRITERIOS DE EVALUACIÓN
LENGUA CASTELLANA Y LITERATURA	➤ Conocer textos literarios de la tradición oral y de la literatura infantil adecuados al ciclo, así como las características básicas de la narración y la poesía, con la finalidad de apoyar la lectura y la escritura de dichos textos.
L. EXTRANJERA	➤ Identificar algunos aspectos de la vida cotidiana de los países donde se habla la lengua extranjera y compararlos con los propios.
MATEMÁTICAS	➤ Resolver problemas relacionados con el entorno que exijan cierta planificación, aplicando dos operaciones con números naturales como máximo, así como los contenidos básicos de geometría o tratamiento de la información y utilizando estrategias personales de resolución.
CONOCIMIENTO DEL MEDIO	➤ Identificar y explicar las consecuencias para la salud y el desarrollo personal de determinados hábitos de alimentación, higiene, ejercicio físico y descanso.
EDUCACIÓN FÍSICA	➤ Mantener conductas activas acordes con el valor del ejercicio físico para la salud, mostrando interés en el cuidado del cuerpo.

TERCER CICLO DE LA EDUCACIÓN PRIMARIA

COMPETENCIA BÁSICA: CULTURAL Y ARTÍSTICA

DESCRIPTOR ETAPA:

1. Conoce, comprende y valora las manifestaciones artísticas y culturas de nuestro patrimonio y las principales técnicas y recursos que emplean.

INDICADOR DE LOGRO O DOMINIO 3° CICLO:

☐ Conoce y describe con precisión terminológica las manifestaciones artísticas y culturales de nuestro patrimonio y explica con precisión las técnicas emplea-das en su creación.

ÁREAS	CRITERIOS DE EVALUACIÓN
LENGUA CASTELLANA Y LITERATURA	➤ Expresarse de forma oral mediante textos que presenten de manera coherente conocimientos, hechos y opiniones. ➤ Comprender y utilizar la terminología gramatical y lingüística básica en las actividades de producción y comprensión de textos.
L. EXTRANJERA	➤ Identificar algunos rasgos, costumbres y tradiciones de países donde se habla la lengua extranjera.
MATEMÁTICAS	➤ Leer, escribir y ordenar, utilizando razonamientos apropiados, distintos tipos de números (naturales, enteros, fracciones y decimales hasta las centésimas). ➤ Expresar de forma ordenada y clara, oralmente y por escrito, el proceso seguido en la resolución de problemas.
CONOCIMIENTO DEL MEDIO	➤ Conocer los principales órganos de gobierno y las funciones del municipio, de las comunidades autónomas, del Estado español y de la Unión Europea, valorando el interés de la gestión de los servicios públicos para la ciudadanía y la importancia de la participación democrática.
EDUCACIÓN ARTÍSTICA	➤ Reconocer músicas del medio social y cultural propio y de otras épocas y culturas.
ED. CIUDADANÍA Y D. HUMANOS	➤ Conocer algunos de los derechos humanos recogidos en la Declaración Universal de los Derechos Humanos.

COMPETENCIA BÁSICA: CULTURAL Y ARTÍSTICA

DESCRIPTOR ETAPA:	INDICADOR DE LOGRO O DOMINIO 3º CICLO:
2. Describe y aprecia el hecho cultural y artístico y desarrolla iniciativas para expresarse de forma imaginativa y creativa mediante los códigos artísticos.	☐ Busca, selecciona y organiza informaciones sobre manifestaciones artísticas actuales y realiza representaciones plásticas y visuales de forma individual y cooperativa.

ÁREAS	CRITERIOS DE EVALUACIÓN
L. CASTELLANA Y LITERATURA	➤ Interpretar e integrar las ideas propias con las contenidas en los textos, comparando y contrastando informaciones diversas, y mostrar la comprensión a través de la lectura en voz alta.
L. EXTRANJERA	➤ Usar algunas estrategias para aprender a aprender, como hacer preguntas pertinentes para obtener información, pedir aclaraciones, utilizar diccionarios bilingües y monolingües, acompañar la comunicación con gestos, buscar, recopilar y organizar información en diferentes soportes, utilizar las tecnologías
MATEMÁTICAS	➤ Interpretar una representación espacial (croquis de un itinerario, plano de casas y maquetas) realizada a partir de un sistema de referencia y de objetos o situaciones familiares. ➤ Realizar, leer e interpretar representaciones gráficas de un conjunto de datos relativos al entorno inmediato.
C. DEL MEDIO	➤ Planificar la construcción de objetos y aparatos con una finalidad previa, utilizando fuentes energéticas, operadores y materiales apropiados, y realizarla, con la habilidad manual necesaria, combinando el trabajo individual y en equipo.
EDUCACIÓN ARTÍSTICA	➤ Buscar, seleccionar y organizar informaciones sobre manifestaciones artísticas del patrimonio cultural propio y de otras culturas, de acontecimientos, creadores y profesionales relacionados con las artes plásticas y la música. ➤ Ajustar la propia acción a la de los otros miembros del grupo en la interpretación de piezas musicales a dos o más partes y de danzas. ➤ Realizar representaciones plásticas de forma cooperativa que impliquen organización espacial, uso de materiales diversos y aplicación de diferentes técnicas. ➤ Comprobar las posibilidades de materiales, texturas, formas y colores aplicados sobre diferentes soportes. ➤ Utilizar de manera adecuada distintas tecnologías de la información y la comunicación para la creación de producciones plásticas y musicales sencillas. ➤ Representar de forma personal ideas, acciones y situaciones valiéndose de los recursos que el lenguaje plástico y visual proporciona.
ED. FÍSICA	➤ Construir composiciones grupales en interacción con los compañeros y compañeras utilizando los recursos expresivos del cuerpo y partiendo de estímulos musicales, plásticos o verbales.

COMPETENCIA BÁSICA: CULTURAL Y ARTÍSTICA

DESCRIPTOR ETAPA:

3. Expresa abiertamente de forma respetuosa y crítica opiniones sobre las manifestaciones culturales y artísticas y respeta otras formas de pensamiento y opinión.

INDICADOR DE LOGRO O DOMINIO 3º CICLO:

☐ Expone opiniones personales fundamentadas sobre las manifestaciones artísticas, respetando otras formas de pensamiento y expresión.

ÁREAS	CRITERIOS DE EVALUACIÓN
LENGUA CASTELLANA Y LITERATURA	➤ Participar en las situaciones de comunicación del aula, respetando las normas del intercambio: guardar el turno de palabra, organizar el discurso, escuchar e incorporar las intervenciones de los demás. ➤ Colaborar en el cuidado y mejora de los materiales bibliográficos y otros documentos disponibles en el aula y en el centro.
L. EXTRANJERA	➤ Mantener conversaciones cotidianas y familiares sobre temas conocidos en situaciones de comunicación predecibles, respetando las normas básicas del intercambio: escuchar y mirar a quien habla.
MATEMÁTICAS	➤ Valorar las diferentes estrategias y perseverar en la búsqueda de datos y soluciones precisas, tanto en la formulación como en la resolución de un problema.
CONOCIMIENTO DEL MEDIO	➤ Analizar algunos cambios que las comunicaciones y la introducción de nuevas actividades económicas relacionadas con la producción de bienes y servicios, han supuesto para la vida humana y para el entorno, valorando la necesidad de superar las desigualdades provocadas por las diferencias en el acceso a bienes y servicios.
EDUCACIÓN ARTÍSTICA	➤ Formular opiniones acerca de las manifestaciones artísticas a las que se accede demostrando el conocimiento que se tiene de las mismas.
ED. CIUDADANÍA Y D. HUMANOS	➤ Mostrar respeto por las diferencias y características personales propias y de sus compañeros y compañeras, valorar las consecuencias de las propias acciones y responsabilizarse de las mismas. ➤ Argumentar y defender las propias opiniones, escuchar y valorar críticamente las opiniones de los demás, mostrando una actitud de respeto a las personas.
EDUCACIÓN FÍSICA	➤ Identificar, como valores fundamentales de los juegos y la práctica de actividades deportivas, el esfuerzo personal y las relaciones que se establecen con el grupo y actuar de acuerdo con ellos.

COMPETENCIA BÁSICA: CULTURAL Y ARTÍSTICA

DESCRIPTOR ETAPA:	INDICADOR DE LOGRO O DOMINIO 3° CICLO:
4. Desarrolla actitudes de sensibilidad, compromiso y disfrute del patrimonio cultural y artístico y participa en iniciativas para la mejora y conservación del patrimonio.	☐ Realiza individual y grupalmente informes sobre el estado de conservación de las obras culturales y artísticas de su comunidad y se siente satisfecho por el interés y disfrute que le producen. Aporta soluciones vinculadas a la acción humana para la mejora y conservación del patrimonio.

ÁREAS	CRITERIOS DE EVALUACIÓN
LENGUA CASTELLANA Y LITERATURA	➤ Conocer textos literarios de la tradición oral y de la literatura infantil adecuados al ciclo, así como las características de la narración y la poesía, con la finalidad de apoyar la lectura y la escritura de dichos textos.
L. EXTRANJERA	➤ Elaborar textos escritos atendiendo al destinatario, al tipo de texto y a la finalidad, tanto en soporte papel como digital
MATEMÁTICAS	➤ Utilizar las nociones geométricas de paralelismo, perpendicularidad, simetría, perímetro y superficie para describir y comprender situaciones de la vida cotidiana.
	➤ En un contexto de resolución de problemas sencillos, anticipar una solución razonable y buscar los procedimientos matemáticos más adecuados para abordar el proceso de resolución.
CONOCIMIENTO DEL MEDIO	➤ Presentar un informe, utilizando soporte papel y digital, sobre problemas o situaciones sencillas, recogiendo información de diferentes fuentes (directas, libros, Internet), siguiendo un plan de trabajo y expresando conclusiones.
ED. CIUD. Y D. HUMANOS	➤ Reconocer y rechazar situaciones de discriminación, marginación e injusticia e identificar los factores sociales, económicos, de origen, de género o de cualquier otro tipo que las provocan.
EDUCACIÓN FÍSICA	➤ Identificar algunas de las relaciones que se establecen entre la práctica correcta y habitual del ejercicio físico y la mejora de la salud y actuar de acuerdo con ellas.
EDUCACIÓN ARTÍSTICA	➤ Mostrar inclinación personal para satisfacer el disfrute por las manifestaciones culturales y artísticas y llenar el tiempo de ocio.

ESCALA DE LOGRO O DOMINIO DE LA COMPETENCIA BÁSICA "CULTURAL Y ARTÍSTICA"			
DESCRIPTORES ETAPA	INDICADOR DE LOGRO 1º CICLO	INDICADOR DE LOGRO 2º CICLO	INDICADOR DE LOGRO 3º CICLO
1. Conoce, comprende y valora las manifestaciones artísticas y culturas de nuestro patrimonio y las principales técnicas y recursos que emplean.	☐ Reconoce las obras de arte más relevantes del entorno próximo, y describe con términos sencillos las manifestaciones culturales más significativas de su entorno próximo.	☐ Explica con precisión terminológica y lingüística las manifestaciones artísticas y culturales, a nivel local y autonómico, así como las técnicas que se han utilizado en su creación.	☐ Conoce y describe con precisión terminológica las manifestaciones artísticas y culturales de nuestro patrimonio y explica con precisión las técnicas empleadas en su creación.
2. Describe y aprecia el hecho cultural y artístico y desarrolla iniciativas para expresarse de forma imaginativa y creativa mediante los códigos artísticos.	☐ Realiza producciones plásticas vinculadas a su mundo afectivo y social, experimentando con las formas, texturas y colores de los materiales utilizados.	☐ Representa ideas o imágenes del entorno, utilizando los instrumentos, técnicas y materiales más adecuados y expresa de forma oral el proceso seguido ante sus compañeros y compañeras de clase.	☐ Busca, selecciona y organiza informaciones sobre manifestaciones artísticas actuales y realiza representaciones plásticas y visuales de forma individual y cooperativa.
3. Expresa abiertamente de forma respetuosa y crítica opiniones sobre las manifestaciones culturales y artísticas y respeta otras formas de pensamiento y opinión.	☐ Comenta las obras plásticas y musicales observadas y escuchadas y expresa oralmente las sensaciones que le producen.	☐ Expresa, de forma oral y escrita, las sensaciones y emociones que le producen las obras artísticas y las manifestaciones culturales de su entorno, manifestando de forma argumentada sus preferencias.	☐ Expone opiniones personales fundamentadas sobre las manifestaciones artísticas, respetando otras formas de pensamiento y expresión.
4. Desarrolla actitudes de sensibilidad, compromiso y disfrute del patrimonio cultural y artístico y participa en iniciativas para la mejora y conservación del patrimonio.	☐ Participa y disfruta de las manifestaciones culturales y artísticas del entorno más inmediato.	☐ Participa activamente en las manifestaciones culturales del entorno y se muestra sensible en la necesidad de proteger y conservar las obras artísticas y culturales.	☐ Realiza individual y grupalmente informes sobre el estado de conservación de las obras culturales y artísticas de su comunidad y se siente satisfecho por el interés y disfrute que le producen. ☐ Aporta soluciones vinculadas a la acción humana para la mejora y conservación del patrimonio.

REGISTRO DEL NIVEL DE LOGRO DESARROLLADO EN LA COMPETENCIA BÁSICA

Alumno/a: | **Curso:** _____

COMPETENCIA BÁSICA: CULTURAL Y ARTÍSTICA

APRECIACIÓN DEL NIVEL DE LOGRO: [ ]

INDICADORES DE LOGRO: 1° CICLO	1° TRIM.				2° TRIM.				3° TRIM.			
	1	2	3	V	1	2	3	V	1	2	3	V
1. Reconoce las obras de arte más relevantes del entorno próximo y describe con términos sencillos las manifestaciones culturales más significativas de su entorno próximo.												
2. Realiza producciones plásticas vinculadas a su mundo afectivo y social, experimentando con las formas, texturas y colores de los materiales utilizados.												
3. Comenta las obras plásticas y musicales observadas y escuchadas y expresa oralmente las sensaciones que le producen.												
4. Participa y disfruta de las manifestaciones culturales y artísticas del entorno más inmediato.												
5.												
6.												

Alumno/a: **Curso:** _____

COMPETENCIA BÁSICA: CULTURAL Y ARTÍSTICA

APRECIACIÓN DEL NIVEL DE LOGRO:

INDICADORES DE LOGRO: 2 ° CICLO	1º TRIM.				2º TRIM.				3º TRIM.			
	1	2	3	V	1	2	3	V	1	2	3	V
1. Explica con precisión terminológica y lingüística las manifestaciones artísticas y culturales, a nivel local y autonómico, así como las técnicas que se han utilizado en su creación.												
2. Representa ideas o imágenes del entorno, utilizando los instrumentos, técnicas y materiales más adecuados y expresa de forma oral el proceso seguido ante sus compañeros y compañeras de clase.												
3. Expresa, de forma oral y escrita, las sensaciones y emociones que le producen las obras artísticas y las manifestaciones culturales de su entorno, manifestando de forma argumentada sus preferencias y gustos.												
4. Participa activamente en las manifestaciones culturales del entorno y se muestra sensible en la necesidad de proteger y conservar las obras artísticas y culturales.												
5.												
6.												

Alumno/a:

Curso: _____

APRECIACIÓN DEL NIVEL DE LOGRO:

COMPETENCIA BÁSICA: CULTURAL Y ARTÍSTICA

INDICADORES DE LOGRO: 3º CICLO

	1º TRIM.				2º TRIM.				3º TRIM.			
	1	2	3	V	1	2	3	V	1	2	3	V
1. Conoce y describe con precisión terminológica las manifestaciones artísticas y culturales de nuestro patrimonio y explica con precisión las técnicas empleadas en su creación.												
2. Busca, selecciona y organiza informaciones sobre manifestaciones artísticas actuales y realiza representaciones plásticas y visuales de forma individual y cooperativa.												
3. Expone opiniones personales fundamentadas sobre las manifestaciones artísticas, respetando otras formas de pensamiento y expresión.												
4. Realiza individual y grupalmente informes sobre el estado de conservación de las obras culturales y artísticas de su comunidad y se siente satisfecho por el interés y disfrute que le producen..												
5. Aporta soluciones vinculadas a la acción humana para la mejora y conservación del patrimonio.												
6.												

NIVELES DE LOGRO: (P) Poco, (R) Regular, (A) Adecuado, (B) Bueno y (E) Excelente.

COMPETENCIA BÁSICA: APRENDER A APRENDER

ASPECTOS DISTINTIVOS	ÁREAS	APRENDIZAJES IMPRESCINDIBLES
• **Habilidades para iniciarse en el aprendizaje y ser capaz de continuar aprendiendo.** • **Adquisición de la conciencia de las propias capacidades, del proceso y las estrategias necesarias para desarrollarlas.**	LENGUA CASTELLANA Y LITERATURA	❑ Acceder al saber y a la **construcción** de conocimientos mediante el lenguaje. ❑ Utilizar el lenguaje como instrumento de representación del mundo y de base del pensamiento y del conocimiento. ❑ Favorecer la comunicación con uno mismo, analizar problemas, elaborar planes y emprender procesos de decisión.
• **Toma de conciencia de lo que se sabe y de lo que es necesario aprender, de cómo se aprende y de cómo se gestionan y controlan los procesos de aprendizaje.**	ÁREA DE LENGUA EXTRANJERA	❑ Interpretar y representar otras realidades. ❑ Reflexionar sobre el propio aprendizaje.
• **Toma de conciencia de las capacidades que entran en juego en el aprendizaje: atención, concentración, memoria, comprensión, expresión lingüística, motivación para obtener un rendimiento máximo.**	MATEMÁTICAS	❑ Utilizar herramientas matemáticas básicas para comprender informaciones con soportes matemáticos. ❑ Desarrollar contenidos relacionados con la autonomía, la perseverancia y el esfuerzo para abordar situaciones de creciente complejidad. ❑ Fomentar la habilidad para comunicar con eficacia los resultados del propio trabajo. ❑ Verbalizar el proceso seguido en el aprendizaje para reflexionar sobre lo aprendido.
• **Curiosidad de plantearse preguntas, identificar y manejar la diversidad de respuestas posibles ante una misma situación o problema.**	CONOCIMIENTO DEL MEDIO NATURAL, SOCIAL Y CULTURAL	❑ Desarrollar técnicas para aprender, organizar, memorizar y recuperar la información: resúmenes, esquemas o mapas mentales. ❑ Reflexionar sobre lo aprendido, cómo se ha aprendido y esforzarse en contarlo oralmente y por escrito.
• **Planteamiento de metas alcanzables a corto, medio y largo plazo para cumplirlas.**	EDUCACIÓN ARTÍSTICA	❑ Promover la exploración sensorial de sonidos, texturas, formas o espacios para adquirir de conocimientos utilizables en situaciones diferentes. ❑ Ejercer la observación para adquirir información relevante y suficiente. ❑ Utilizar protocolos de indagación y planificación de procesos susceptibles de ser utilizados en otros aprendizajes.

ASPECTOS DISTINTIVOS	ÁREAS	APRENDIZAJES IMPRESCINDIBLES
	EDUCACIÓN PARA LA CIUDADANÍA Y LOS DERECHOS HUMANOS	☐ Impulsar el trabajo en equipo, la participación y el uso sistemático de la argumentación. ☐ Promover la síntesis de las ideas propias y ajenas, la presentación razonada del propio criterio y la confrontación ordenada y crítica de conocimiento, información y opinión.
	EDUCACIÓN FÍSICA	☐ Conocerse así mismo y las propias posibilidades y carencias. ☐ Establecer metas alcanzables cuya consecución genera autoconfianza. ☐ Cooperar en proyectos comunes en actividades físicas colectivas

COMPETENCIA BÁSICA: APRENDER A APRENDER

ORGANIZADORES	ASPECTOS DISTINTIVOS	APRENDIZAJES IMPRESCINDIBLES	ÁREAS	DESCRIPTORES DE LA ETAPA
Conocimientos, saberes y experiencias aplicadas en la resolución de tareas y problemas.	❖ Conocimiento de lo que se sabe y de lo que es necesario aprender, de cómo se aprende y de cómo se gestionan y controlan los procesos de aprendizaje.	☐ Acceder al saber y a la construcción de conocimientos mediante el lenguaje.	Lengua Castellana y Literatura	Es consciente de lo que sabe y de cómo se aprende, por sí mismo o con ayuda de los demás, y se muestra motivado y con deseo de aprender.
		☐ Promover la exploración sensorial de sonidos, texturas, formas o espacios para adquirir de conocimientos utilizables en situaciones diferentes.	Artística	
		☐ Conocerse así mismo y las propias posibilidades y carencias.	Educación Física	
Habilidades prácticas y cognitivas utilizadas en la resolución de tareas y problemas.	❖ Habilidades para iniciarse en el aprendizaje y ser capaz de continuar aprendiendo. ❖ Toma de conciencia de las propias capacidades, del proceso y de las estrategias necesarias para desarrollarlas.	☐ Utilizar el lenguaje como instrumento de representación del mundo y de base del pensamiento y del conocimiento. ☐ Utilizar la escritura como medio para aprender y organizar sus propios conocimientos.	Lengua Castellana y Literatura	Promueve iniciativas, personales o grupales, por aprender y seguir aprendiendo de forma autónoma, utilizando las estrategias y herramientas más adecuadas para adquirir, organizar y comunicar sus propios conocimientos.
		☐ Interpretar y representar otras realidades.	Lenguas extranjeras	
		☐ Utilizar herramientas matemáticas básicas para comprender informaciones con soportes matemáticos. ☐ Fomentar la habilidad para comunicar con eficacia los resultados del propio trabajo.	Matemáticas	

ORGANIZADORES	ASPECTOS DISTINTIVOS	APRENDIZAJES IMPRESCINDIBLES	ÁREAS	DESCRIPTORES DE LA ETAPA
	❖ Toma de conciencia de las capacidades que entran en juego en el aprendizaje: atención,	❑ Desarrollar técnicas para aprender, organizar, memorizar y recuperar la información: resúmenes, esquemas o mapas mentales.	C. del Medio	
		❑ Impulsar el trabajo en equipo, la participación y el uso sistemático de la argumentación.	Ed. para la Ciudadanía y los D. Humanos.	
		❑ Favorecer la reflexión sobre los procesos en la manipulación de objetos y la experimentación con técnicas y materiales. ❑ Ejercer la observación para adquirir información relevante y suficiente.	Artística	
Valores, actitudes, sentimientos y emociones, que se manifiestan en la resolución de problemas y tareas.	❖ Curiosidad por plantearse preguntas y por identificar y manejar la diversidad de respuestas posibles ante una misma situación o problema.	❑ Reflexionar sobre el propio aprendizaje.	Lenguas extranjeras	Reflexiona sobre lo aprendido y sobre cómo lo ha aprendido, analizando las dificultades encontradas, y ente problemas y nuevas situaciones de creciente complejidad, se plantea interrogantes para la búsqueda de soluciones diversas, valorando el esfuerzo realizado y los resultados obtenidos.
		❑ Desarrollar contenidos relacionados con la autonomía, la perseverancia y el esfuerzo para abordar situaciones de creciente complejidad. ❑ Verbalizar el proceso seguido en el aprendizaje para reflexionar sobre lo aprendido.	Matemáticas	
		❑ Promover la síntesis de las ideas propias y ajenas, la presentación razonada del propio criterio y la confrontación ordenada y crítica de conocimiento, información y opinión.	Ed. Para la Ciudadanía y los Derechos Humanos.	
		❑ Reflexionar sobre lo aprendido, cómo se ha aprendido y esforzarse en contarlo oralmente y por escrito.	C. del Medio	

ORGANIZADORES	ASPECTOS DISTINTIVOS	APRENDIZAJES IMPRESCINDIBLES	ÁREAS	DESCRIPTORES DE LA ETAPA
		❏ Utilizar protocolos de indagación y planificación de procesos susceptibles de ser utilizados en otros aprendizajes.	Artística	
		❏ Establecer metas alcanzables cuya consecución genera autoconfianza.	Educación Física	
Resolución de problemas o tareas en un contexto determinado.	❖ Planteamiento de metas alcanzables a corto, medio y largo plazo con objeto de cumplirlas.	❏ Favorecer la comunicación con uno mismo, analizar problemas, elaborar planes y emprender procesos de decisión.	Lengua Castellana y Literatura	Elabora planes de mejora alcanzables, basados en el trabajo y la superación personal, y toma las decisiones más adecuadas para llevarlos a cabo.
		❏ Cooperar en proyectos comunes en actividades físicas colectivas.	Educación Física	

PRIMER CICLO DE LA EDUCACIÓN PRIMARIA

COMPETENCIA BÁSICA: APRENDER A APRENDER

DESCRIPTOR ETAPA:

1. Es consciente de lo que sabe y de cómo se aprende, por sí mismo o con ayuda de los demás, y se muestra motivado y con deseo de aprender.

INDICADOR DE LOGRO O DOMINIO 1° CICLO:

☐ Muestra deseo por aprender por sí mismo o con ayuda del profesor y se muestra satisfecho con lo aprendido.

ÁREAS	CRITERIOS DE EVALUACIÓN
LENGUA CASTELLANA Y LITERATURA	➤ Expresarse de forma oral mediante textos que presenten de manera organizada hechos, vivencias o ideas. ➤ Captar el sentido global de textos orales de uso habitual, identificando la información más relevante. ➤ Comprender y utilizar la terminología gramatical y lingüística elemental, en las actividades relacionadas con la producción y comprensión de textos.
L. EXTRANJERA	➤ Captar la idea global e identificar algunos elementos específicos en textos orales, con ayuda de elementos lingüísticos y no lingüísticos del contexto. ➤ Escribir palabras, expresiones conocidas y frases a partir de modelos y con una finalidad específica.
MATEMÁTICAS	➤ Reconocer en el entorno inmediato objetos y espacios con formas rectangulares, triangulares, circulares, cúbicas y esféricas.
CONOCIMIENTO DEL MEDIO	➤ Poner ejemplos de elementos y recursos fundamentales del medio físico (sol, agua, aire), y su relación con la vida de las personas, tomando conciencia de la necesidad de su uso responsable. ➤ Poner ejemplos asociados a la higiene, la alimentación equilibrada, el ejercicio físico y el descanso como formas de mantener la salud, el bienestar y el buen funcionamiento del cuerpo. ➤ Identificar los medios de transporte más comunes en el entorno y conocer las normas básicas como peatones y usuarios de los medios de locomoción.
EDUCACIÓN ARTÍSTICA	➤ Describir cualidades y características de materiales, objetos e instrumentos presentes en el entorno natural y artificial. ➤ Usar términos sencillos para comentar las obras plásticas y musicales observadas y escuchadas.
EDUCACIÓN FÍSICA	➤ Reaccionar corporalmente ante estímulos visuales, auditivos y táctiles, dando respuestas motrices que se adapten a las características de dichos estímulos.

COMPETENCIA BÁSICA: APRENDER A APRENDER

DESCRIPTOR ETAPA:

2. Promueve iniciativas, personales o grupales, por aprender y seguir aprendiendo de forma autónoma, utilizando las estrategias y herramientas más adecuadas para adquirir, organizar y comunicar sus propios conocimientos.

INDICADOR DE LOGRO O DOMINIO 1º CICLO:

☐ Usa estrategias básicas para aprender a aprender: pedir ayuda al maestro/a, hablar entre compañeros del trabajo planteado, expresar lo aprendido, consultar materiales, etc.., y reconoce algunos aspectos personales que le ayudan a aprender mejor.

ÁREAS	CRITERIOS DE EVALUACIÓN
LENGUA CASTELLANA Y LITERATURA	➤ Localizar información concreta y realizar inferencias directas en la lectura de textos. ➤ Relacionar poniendo ejemplos concretos, la información contenida en los textos escritos próximos a la experiencia infantil, con las propias vivencias e ideas y mostrar la comprensión a través de la lectura en voz alta.
L. EXTRANJERA	➤ Usar estrategias básicas para aprender a aprender, como pedir ayuda, acompañar la comunicación con gestos, utilizar diccionarios visuales e identificar algunos aspectos personales que le ayuden a aprender mejor.
MATEMÁTICAS	➤ Comparar cantidades pequeñas de objetos, hechos o situaciones familiares, interpretando y expresando los resultados de la comparación, y ser capaces de redondear hasta la decena más cercana. ➤ Medir objetos, espacios y tiempos familiares con unidades de medida no convencionales y convencionales, utilizando los instrumentos a su alcance más adecuados en cada caso. ➤ Realizar interpretaciones elementales de los datos presentados en gráficas de barras.
CONOCIMIENTO DEL MEDIO	➤ Reconocer y clasificar con criterios elementales los animales y plantas más relevantes de su entorno, así como algunas otras especies conocidas por la información obtenida a través de diversos medios. ➤ Conocer, identificar y poner ejemplos sencillos sobre las principales profesiones y responsabilidades que desempeñan las personas del entorno. ➤ Reconocer algunas manifestaciones culturales presentes en el ámbito escolar, local y autonómico, valorando su diversidad y riqueza. ➤ Montar y desmontar objetos y aparatos simples y describir su funcionamiento y la forma de utilizarlos con precaución. ➤ Realizar preguntas adecuadas para obtener información de una observación, utilizar algunos instrumentos y hacer registros claros.
EDUCACIÓN ARTÍSTICA	➤ Identificar diferentes formas de representación del espacio.

COMPETENCIA BÁSICA: APRENDER A APRENDER

DESCRIPTOR ETAPA:	INDICADOR DE LOGRO O DOMINIO 1° CICLO:
3. Reflexiona sobre lo aprendido y sobre cómo lo ha aprendido, analizando las dificultades encontradas, y ante problemas y nuevas situaciones de creciente complejidad, se plantea interrogantes para la búsqueda de soluciones diversas, valorando el esfuerzo realizado y los resultados obtenidos.	☐ Explicita oralmente y por escrito cómo realiza por sí mismo las tareas y actividades que le plantea el maestro/a, así como el proceso que sigue en la realización de las mismas.

ÁREAS	CRITERIOS DE EVALUACIÓN
LENGUA CASTELLANA Y LITERATURA	➤ Participar en las situaciones de comunicación del aula, respetando las normas del intercambio: guardar el turno de palabra, escuchar, mirar al interlocutor, mantener el tema.
L. EXTRANJERA	➤ Participar en interacciones orales muy dirigidas sobre temas conocidos en situaciones de comunicación fácilmente predecibles. ➤ Mostrar interés y curiosidad por aprender la lengua extranjera y reconocer la diversidad lingüística como elemento enriquecedor.
MATEMÁTICAS	➤ Explicar oralmente el proceso seguido para resolver un problema.
EDUCACIÓN ARTÍSTICA	➤ Realizar composiciones plásticas que representen el mundo imaginario, afectivo y social.
EDUCACIÓN FÍSICA	➤ Participar y disfrutar en juegos ajustando su actuación, tanto en lo que se refiere a aspectos motores como a aspectos de relación con los compañeros y compañeras. ➤ Simbolizar personajes y situaciones mediante el cuerpo y el movimiento con desinhibición y soltura en la actividad.

COMPETENCIA BÁSICA: APRENDER A APRENDER

DESCRIPTOR ETAPA:

4. Elabora planes de mejora alcanzables, basados en el trabajo y la superación personal y toma las decisiones más adecuadas para llevarlos a cabo.

INDICADOR DE LOGRO O DOMINIO 1° CICLO:

☐ Se plantea interrogantes y curiosidades por aprender por sí mismos sobre cuestiones de interés personal relacionadas con el entorno en el que vive.

ÁREAS	CRITERIOS DE EVALUACIÓN
LENGUA CASTELLANA Y LITERATURA	➤ Redactar y reescribir diferentes textos relacionados con la experiencia infantil ateniéndose a modelos claros, utilizando la planificación y revisión de los textos, cuidando las normas gramaticales y ortográficas más sencillas y los aspectos formales. ➤ Conocer textos literarios de la tradición oral y de la literatura infantil adecuados al ciclo, así como algunos aspectos formales simples de la narración y de la poesía con la finalidad de apoyar la lectura y la escritura de dichos textos.
MATEMÁTICAS	➤ Formular y resolver sencillos problemas en los que intervenga la lectura de gráficos. ➤ Resolver problemas sencillos relacionados con objetos, hechos y situaciones de la vida cotidiana, seleccionando las operaciones de suma y resta y utilizando los algoritmos básicos correspondientes u otros procedimientos de resolución.
EDUCACIÓN ARTÍSTICA	➤ Realizar composiciones plásticas que representen el mundo imaginario, afectivo y social.
EDUCACIÓN FÍSICA	➤ Mostrar interés por cumplir las normas referentes al cuidado del cuerpo con relación a la higiene y a la conciencia del riesgo en la actividad física.

SEGUNDO CICLO DE LA EDUCACIÓN PRIMARIA

COMPETENCIA BÁSICA: APRENDER A APRENDER

DESCRIPTOR ETAPA:

1. Es consciente de lo que sabe y de cómo se aprende, por sí mismo o con ayuda de los demás, y se muestra motivado y con deseo de aprender.

INDICADOR DE LOGRO O DOMINIO 2º CICLO:

☐ Se muestra motivado y con deseo de aprender por sí mismo, manifestando oral-mente o por escrito lo que está aprendiendo.

ÁREAS	CRITERIOS DE EVALUACIÓN
LENGUA CASTELLANA Y LITERATURA	➤ Expresarse de forma oral mediante textos que presenten de manera organizada hechos, vivencias o ideas. ➤ Captar el sentido global de textos orales de uso habitual, identificando la información más relevante.
MATEMÁTICAS	➤ Reconocer y describir formas y cuerpos geométricos del espacio (polígonos, círculos, cubos, prismas, cilindros, esferas).
CONOCIMIENTO DEL MEDIO	➤ Explicar con ejemplos concretos, la evolución de algún aspecto de la vida cotidiana relacionado con hechos históricos relevantes, identificando las nociones de duración, sucesión y simultaneidad.
EDUCACIÓN ARTÍSTICA	➤ Memorizar e interpretar un repertorio básico de canciones, piezas instrumentales y danzas.

COMPETENCIA BÁSICA: APRENDER A APRENDER

DESCRIPTOR ETAPA:	INDICADOR DE LOGRO O DOMINIO 2º CICLO:
2. Promueve iniciativas, personales o grupales, por aprender y seguir aprendiendo de forma autónoma, utilizando las estrategias y herramientas más adecuadas para adquirir, organizar y comunicar sus propios conocimientos.	☐ Utiliza estrategias y herramientas adecuadas para obtener, seleccionar e interpretar información y construir su propio conocimiento, comunicando y justificando los resultados obtenidos a los demás compañeros/as.

ÁREAS	CRITERIOS DE EVALUACIÓN
LENGUA CASTELLANA Y LITERATURA	⟩ Captar el sentido de textos orales de uso habitual, reconociendo las ideas principales y secundarias. ⟩ Redactar, reescribir y resumir diferentes textos significativos en situaciones cotidianas y escolares, de forma ordenada y adecuada, utilizando la planificación y revisión de los textos, cuidando las normas gramaticales y ortográficas y los aspectos formales, tanto en soporte papel como digital.
L. EXTRANJERA	⟩ Usar algunas estrategias para aprender a aprender, como pedir aclaraciones, acompañar la comunicación con gestos, utilizar diccionarios visuales y bilingües, recuperar, buscar y recopilar. ⟩ Informar sobre temas conocidos en diferentes soportes e identificar algunos aspectos personales que le ayudan a aprender mejor.
MATEMÁTICAS	⟩ Utilizar estrategias personales de cálculo mental en cálculos relativos a la suma, resta, multiplicación y división simples. ⟩ Recoger datos sobre hechos y objetos de la vida cotidiana utilizando técnicas sencillas de recuento, ordenar estos datos atendiendo a un criterio de clasificación y expresar el resultado de forma de tabla o gráfica.
CONOCIMIENTO DEL MEDIO	⟩ Reconocer y explicar, recogiendo datos y utilizando aparatos de medida, las relaciones entre algunos factores del medio físico (relieve, suelo, clima, vegetación...) y las formas de vida y actuaciones de las personas, valorando la adopción de actitudes de respeto por el equilibrio ecológico. ⟩ Obtener información relevante sobre hechos o fenómenos previamente delimitados, hacer predicciones sobre sucesos naturales y sociales, integrando datos de observación directa e indirecta a partir de la consulta de fuentes básicas y comunicar los resultados.
EDUCACIÓN ARTÍSTICA	⟩ Explorar, seleccionar, combinar y organizar ideas musicales dentro de estructuras musicales sencillas. ⟩ Interpretar el contenido de imágenes y representaciones del espacio presentes en el entorno.

COMPETENCIA BÁSICA: APRENDER A APRENDER

DESCRIPTOR ETAPA:	INDICADOR DE LOGRO O DOMINIO 2° CICLO:
3. Reflexiona sobre lo aprendido y sobre cómo lo ha aprendido, analizando las dificultades encontradas, y ante problemas y nuevas situaciones de creciente complejidad , se plantea interrogantes para la búsqueda de soluciones diversas, valorando el esfuerzo realizado y los resultados obtenidos..	☐ Explicita de forma sintética el proceso seguido en la adquisición de aprendizajes, analiza las interrogantes planteadas y las dificultades encontradas, establece sencillas relaciones de correspondencia y causalidad y valora los logros alcanzados y el esfuerzo realizado.

ÁREAS	CRITERIOS DE EVALUACIÓN
LENGUA CASTELLANA Y LITERATURA	➤ Participar en las situaciones de comunicación del aula, respetando las normas del intercambio: guardar el turno de palabra, escuchar, exponer con claridad, entonar adecuadamente.
MATEMÁTICAS	➤ Utilizar en contextos cotidianos, la lectura y la escritura de números naturales de hasta seis cifras, interpretando el valor posicional de cada una de ellas y comparando y ordenando números por el valor posicional y en la recta numérica.
CONOCIMIENTO DEL MEDIO	➤ Identificar, a partir de ejemplos de la vida diaria, algunos de los principales usos que las personas hacen de los recursos naturales, señalando ventajas e inconvenientes y analizar el proceso seguido por algún bien o servicio, desde su origen hasta el consumidor.
EDUCACIÓN ARTÍSTICA	➤ Describir las características de elementos presentes en el entorno y las sensaciones que las obras artísticas provocan.
EDUCACIÓN FÍSICA	➤ Participar del juego y las actividades deportivas con conocimiento de las normas y mostrando una actitud de aceptación hacia las demás personas.

COMPETENCIA BÁSICA: APRENDER A APRENDER

DESCRIPTOR ETAPA:

4. Elabora planes de mejora alcanzables, basados en el trabajo y la superación personal y toma las decisiones más adecuadas para llevarlos a cabo.

INDICADOR DE LOGRO O DOMINIO 3º CICLO:

☐ Se plantea nuevos aprendizajes que conlleven cubrir sus expectativas por aprender, adoptando diferentes vías y tomando las decisiones más adecuadas sobre el trabajo que ha de realizar.

ÁREAS	CRITERIOS DE EVALUACIÓN
LENGUA CASTELLANA Y LITERATURA	➤ Conocer textos literarios de la tradición oral y de la literatura infantil adecuados al ciclo, así como las características básicas de la narración y la poesía, con la finalidad de apoyar la lectura y la escritura de dichos textos.
L. EXTRANJERA	➤ Valorar la lengua extranjera como instrumento de comunicación con otras personas y mostrar curiosidad e interés hacia las personas que hablan la lengua extranjera. ➤ Identificar algunos aspectos de la vida cotidiana de los países donde se habla la lengua extranjera y compararlos con los propios.
MATEMÁTICAS	➤ Resolver problemas relacionados con el entorno que exijan cierta planificación, aplicando dos operaciones con números naturales como máximo, así como los contenidos básicos de geometría o tratamiento de la información y utilizando estrategias personales de resolución.
CONOCIMIENTO DEL MEDIO	➤ Identificar y explicar las consecuencias para la salud y el desarrollo personal de determinados hábitos de alimentación, higiene, ejercicio físico y descanso. ➤ Señalar algunas funciones de las administraciones y de organizaciones diversas y su contribución al funcionamiento de la sociedad, valorando la importancia de la participación personal en las responsabilidades colectivas.
EDUCACIÓN FÍSICA	➤ Actuar de forma coordinada y cooperativa para resolver retos o para oponerse a uno o varios adversarios en un juego colectivo. ➤ Mantener conductas activas acordes con el valor del ejercicio físico para la salud, mostrando interés en el cuidado del cuerpo.

TERCER CICLO DE LA EDUCACIÓN PRIMARIA

COMPETENCIA BÁSICA: APRENDER A APRENDER

DESCRIPTOR ETAPA:

1. Es consciente de lo que sabe y de cómo se aprende, por sí mismo o con ayuda de los demás, y se muestra motivado y con deseo de aprender.

INDICADOR DE LOGRO O DOMINIO 3° CICLO:

❑ Valora y hace uso de lo que sabe y de cómo aprende; y se muestra seguro de sí mismo y con deseo por seguir aprendiendo en las diversas situaciones o contextos.

ÁREAS	CRITERIOS DE EVALUACIÓN
LENGUA CASTELLANA Y LITERATURA	➤ Captar el sentido global de textos orales de uso habitual, identificando la información más relevante.
	➤ Comprender y utilizar la terminología gramatical y lingüística elemental, en las actividades relacionadas con la producción y comprensión de textos.
L. EXTRANJERA	➤ Identificar algunos rasgos, costumbres y tradiciones de países donde se habla la lengua extranjera.
MATEMÁTICAS	➤ Expresar de forma ordenada y clara, oralmente y por escrito, el proceso seguido en la resolución de problemas.
CONOCIMIENTO DEL MEDIO	➤ Conocer los principales órganos de gobierno y las funciones del municipio, de las comunidades autónomas, del Estado español y de la Unión Europea, valorando el interés de la gestión de los servicios públicos para la ciudadanía y la importancia de la participación democrática.
EDUCACIÓN ARTÍSTICA	➤ Reconocer músicas del medio social y cultural propio y de otras épocas y culturas.
ED. CIUD.A Y D. HUMANOS	➤ Conocer algunos de los derechos humanos recogidos en la Declaración Universal de los Derechos Humanos.

COMPETENCIA BÁSICA: APRENDER A APRENDER	
DESCRIPTOR ETAPA:	**INDICADOR DE LOGRO O DOMINIO 3º CICLO:**
2. Promueve iniciativas, personales o grupales, por aprender y seguir aprendiendo de forma autónoma, utilizando las estrategias y herramientas más adecuadas para adquirir, organizar y comunicar sus propios conocimientos.	☐ Planifica y realiza sencillas investigaciones, construcciones, creaciones, etc., individuales o grupales, aplicando las estrategias necesarias para obtener, interpretar, elaborar y comunicar información, y las aplica, de forma autónoma o en grupo, en la adquisición y comunicación de nuevos conocimientos. F ☐ Formula y argumenta su opinión, y demuestra respeto por las opiniones de los demás, en las diferentes situaciones o contextos educativos y sociales.

ÁREAS	CRITERIOS DE EVALUACIÓN
LENGUA CASTELLANA Y LITERATURA	➤ Localizar y recuperar información explícita y realizar inferencias en la lectura de textos determinando los propósitos principales de éstos e interpretando el doble sentido de algunos. ➤ Interpretar e integrar las ideas propias con las contenidas en los textos, comparando y contrastando informaciones diversas, y mostrar la comprensión a través de la lectura en voz alta. ➤ Narrar, explicar, describir, resumir y exponer opiniones e informaciones en textos escritos relacionados con situaciones cotidianas y escolares, de forma ordenada y adecuada, relacionando los enunciados entre sí, usando de forma habitual los procedimientos de planificación y revisión de los textos, así como las normas gramaticales y ortográficas y cuidando los aspectos formales, tanto en soporte papel como digital.
L. EXTRANJERA	➤ Usar algunas estrategias para aprender a aprender, como hacer preguntas pertinentes para obtener información, pedir aclaraciones, utilizar diccionarios bilingües y monolingües, acompañar la comunicación con gestos, buscar, recopilar y organizar información en diferentes soportes, utilizar las tecnologías.
MATEMÁTICAS	➤ Seleccionar, en contextos reales, los más adecuados entre los instrumentos y unidades de medida usuales, haciendo previamente estimaciones y expresar con precisión medidas de longitud, superficie, peso/masa, capacidad y tiempo. ➤ Hacer estimaciones basadas en la experiencia sobre el resultado (posible, imposible, seguro, más o menos probable) de situaciones sencillas en las que intervenga el azar y comprobar dicho resultado.
CONOCIMIENTO DEL MEDIO	➤ Planificar y realizar sencillas investigaciones para estudiar el comportamiento de los cuerpos ante la luz, la electricidad, el magnetismo, el calor o el sonido y saber comunicar los resultados. ➤ Planificar la construcción de objetos y aparatos con una finalidad previa, utilizando fuentes energéticas, operadores y materiales apropiados, y realizarla, con la habilidad manual necesaria, combinando el trabajo individual y en equipo.
EDUCACIÓN ARTÍSTICA	➤ Buscar, seleccionar y organizar informaciones sobre manifestaciones artísticas del patrimonio cultural propio y de otras culturas, de acontecimientos, creadores y profesionales relacionados con las artes plásticas y la música. ➤ Utilizar de manera adecuada distintas tecnologías de la información y la comunicación para la creación de producciones plásticas y musicales sencillas.
ED. CIUD. Y D. H.	➤ Argumentar y defender las propias opiniones, escuchar y valorar críticamente las opiniones de los demás, mostrando una actitud de respeto.
EDUCACIÓN FÍSICA	➤ Construir composiciones grupales en interacción con los compañeros y compañeras utilizando los recursos expresivos del cuerpo y partiendo de estímulos musicales, plásticos o verbales.

COMPETENCIA BÁSICA: APRENDER A APRENDER

DESCRIPTOR ETAPA:	INDICADOR DE LOGRO O DOMINIO 3º CICLO:
3. Reflexiona sobre lo aprendido y sobre cómo lo ha aprendido, analizando las dificultades encontradas, y ante problemas y nuevas situaciones de creciente complejidad, se plantea interrogantes para la búsqueda de soluciones diversas, valorando el esfuerzo realizad y los resultados obtenidos.	☐ Expresa con rigor y precisión el proceso que sigue en la adquisición de aprendizajes, establece y valora relaciones de correspondencia y causalidad, y valora críticamente el esfuerzo realizado y los logros alcanzados ante los nuevos retos y situaciones de complejidad.

ÁREAS	CRITERIOS DE EVALUACIÓN
L. CASTELLANA Y LITERATURA	➤ Participar en las situaciones de comunicación del aula, respetando las normas del intercambio: guardar el turno de palabra, organizar el discurso, escuchar e incorporar las intervenciones de los demás.
L. EXTRANJERA	➤ Mantener conversaciones cotidianas y familiares sobre temas conocidos en situaciones de comunicación predecibles, respetando las normas básicas del intercambio: escuchar y mirar a quien habla. ➤ Valorar la lengua extranjera como instrumento de comunicación con otras personas, como herramienta de aprendizaje y mostrar curiosidad e interés hacia las personas que hablan la lengua extranjera.
MATEMÁTICAS	➤ Valorar las diferentes estrategias y perseverar en la búsqueda de datos y soluciones precisas, tanto en la formulación como en la resolución de un problema.
CONOCIMIENTO DEL MEDIO	➤ Analizar algunos cambios que las comunicaciones y la introducción de nuevas actividades económicas relacionadas con la producción de bienes y servicios, han supuesto para la vida humana y para el entorno, valorando la necesidad de superar las desigualdades provocadas por las diferencias en el acceso a bienes y servicios.
EDUCACIÓN ARTÍSTICA	➤ Formular opiniones acerca de las manifestaciones artísticas a las que se accede demostrando el conocimiento que se tiene de las mismas y una inclinación personal para satisfacer el disfrute y llenar el tiempo de ocio. ➤ Representar de forma personal ideas, acciones y situaciones valiéndose de los recursos que le ofrece el lenguaje plástico y visual proporciona.
ED. CIUDADANÍA Y D. HUMANOS	➤ Mostrar respeto por las diferencias y características personales propias y de sus compañeros y compañeras, valorar las consecuencias de las propias acciones y responsabilizarse de las mismas. ➤ Aceptar y practicar las normas de convivencia. Participar en la toma de decisiones del grupo, utilizando el diálogo para favorecer los acuerdos y asumiendo sus obligaciones.
EDUCACIÓN FÍSICA	➤ Identificar, como valores fundamentales de los juegos y la práctica de actividades deportivas, el esfuerzo personal y las relaciones que se establecen con el grupo y actuar de acuerdo con ellos. ➤ Opinar coherente y críticamente con relación a las situaciones conflictivas surgidas en la práctica de la actividad física y el deporte.

COMPETENCIA BÁSICA: APRENDER A APRENDER

DESCRIPTOR ETAPA:	INDICADOR DE LOGRO O DOMINIO 3º CICLO:
4. Elabora planes de mejora alcanzables, basados en el trabajo y la superación personal y toma las decisiones más adecuadas para llevarlos a cabo.	☐ Se plantea nuevos retos y proyectos para la adquisición de conocimientos que respondan a sus intereses y expectativas personales y académicas; adoptando diferentes vías, tomando decisiones pertinentes y llegando a conclusiones que demuestran responsabilidad y superación personal para conseguir los objetivos propuestos.

ÁREAS	CRITERIOS DE EVALUACIÓN
L. CASTELLANA Y LITERATURA	➤ Conocer textos literarios de la tradición oral y de la literatura infantil adecuados al ciclo, así como las características de la narración y la poesía, con la finalidad de apoyar la lectura y la escritura de dichos textos.
L. EXTRANJERA	➤ Leer y localizar información explícita y realizar inferencias directas en comprender textos diversos sobre temas de interés. ➤ Elaborar textos escritos atendiendo al destinatario, al tipo de texto y a la finalidad, tanto en soporte papel como digital.
MATEMÁTICAS	➤ En un contexto de resolución de problemas sencillos, anticipar una solución razonable y buscar los procedimientos matemáticos más adecuados para abordar el proceso de resolución.
CONOC. DEL MEDIO	➤ Presentar un informe, utilizando soporte papel y digital, sobre problemas o situaciones sencillas, recogiendo información de diferentes fuentes (directas, libros, Internet), siguiendo un plan de trabajo y expresando conclusiones.
ED. CIUDADANÍA Y D. HUMANOS	➤ Reconocer y rechazar situaciones de discriminación, marginación e injusticia e identificar los factores sociales, económicos, de origen, de género o de cualquier otro tipo que las provocan. ➤ Poner ejemplos de servicios públicos prestados por diferentes instituciones y reconocer la obligación de los ciudadanos de contribuir a su mantenimiento a través de los impuestos.
EDUCACIÓN FÍSICA	➤ Identificar algunas de las relaciones que se establecen entre la práctica correcta y habitual del ejercicio físico y la mejora de la salud y actuar de acuerdo con ellas.

	ESCALA DE LOGRO O DOMINIO DE LA COMPETENCIA BÁSICA "APRENDER A APRENDER"		
DESCRIPTORES ETAPA	INDICADOR DE LOGRO 1º CICLO	INDICADOR DE LOGRO 2º CICLO	INDICADOR DE LOGRO 3º CICLO
1. Es consciente de lo que sabe y de cómo se aprende, por sí mismo o con ayuda de los demás, y se muestra motivado y con deseo de aprender.	☐ Muestra deseo por aprender por sí mismo o con ayuda del profesor y se manifiesta satisfecho con lo aprendido.	☐ Se muestra motivado y con deseo de aprender por sí mismo, manifestando oralmente o por escrito lo que está aprendiendo.	☐ Valora y hace uso de lo que sabe y de cómo aprende; y se muestra seguro de sí mismo y con deseo por seguir aprendiendo en las diversas situaciones o contextos.
2. Promueve iniciativas, personales o grupales, por aprender y seguir aprendiendo de forma autónoma, utilizando las estrategias y herramientas más adecuadas para adquirir, organizar y comunicar sus propios conocimientos.	☐ Usa estrategias básicas para aprender a aprender: pedir ayuda al maestro/a, hablar entre compañeros del trabajo planteado, expresar lo aprendido, consultar materiales, etc., y reconoce algunos aspectos personales que le ayudan a aprender mejor.	☐ Utiliza estrategias y herramientas adecuadas para obtener, seleccionar e interpretar información y construir su propio conocimiento, comunicando y justificando los resultados obtenidos a los demás compañeros/as.	☐ Planifica y realiza sencillas investigaciones, construcciones, creaciones, etc., individuales o grupales, aplicando las estrategias necesarias para obtener, interpretar, elaborar y comunicar información y las aplica, de forma autónoma o en grupo, en la adquisición y comunicación de nuevos conocimientos. ☐ Formula y argumenta su opinión, y demuestra respeto por las opiniones de los demás, en las diferentes situaciones o contextos educativos y sociales.
3. Reflexiona sobre lo aprendido y sobre cómo lo ha aprendido, analizando las dificultades encontradas, y ante problemas y nuevas situaciones de creciente complejidad, se plantea interrogantes para la búsqueda de soluciones diversas, valorando el esfuerzo realizado y los resultados obtenidos.	☐ Explicita oralmente y por escrito cómo realiza por sí mismo las tareas y actividades que le plantea el maestro/a, así como el proceso que sigue en la realización de las mismas.	☐ Explicita de forma sintética el proceso seguido en la adquisición de aprendizajes, analiza las dificultades encontradas, establece sencillas relaciones de correspondencia y causalidad y valora los logros alcanzados y el esfuerzo realizado.	☐ Expresa con rigor y precisión el proceso que sigue en la adquisición de aprendizajes, establece relaciones de correspondencia y causalidad, y valora críticamente el esfuerzo realizado y los logros alcanzados ante los nuevos retos y situaciones de complejidad.

DESCRIPTORES ETAPA	INDICADOR DE LOGRO 1º CICLO	INDICADOR DE LOGRO 2º CICLO	INDICADOR DE LOGRO 3º CICLO
4. Elabora planes de mejora alcanzables, basados en el trabajo y la superación personal, y toma las decisiones más adecuadas para llevarlos a cabo.	☐ Se plantea interrogantes y curiosidades por aprender por sí mismo sobre cuestiones de interés personal relacionadas con el entorno en el que vive.	☐ Se plantea nuevos aprendizajes que conlleven cubrir sus expectativas por aprender, adoptando diferentes vías y tomando las decisiones más adecuadas sobre el trabajo que ha de realizar.	☐ Se plantea nuevos retos y proyectos para la adquisición de conocimientos que respondan a sus intereses y expectativas personales y académicas; adoptando diferentes vías, tomando decisiones pertinentes y llegando a conclusiones que demuestran responsabilidad y superación personal para conseguir los objetivos propuestos.

REGISTRO DEL NIVEL DE LOGRO DESARROLLADO EN LA COMPETENCIA BÁSICA

Alumno/a: _____ Curso: _____

C.B.: "APRENDER A APRENDER"

APRECIACIÓN DEL NIVEL DE LOGRO: _____

INDICADORES DE LOGRO 1º CICLO	1º TRIM.				2º TRIM.				3º TRIM.			
	1	2	3	V	1	2	3	V	1	2	3	V
1. Muestra deseo por aprender por sí mismo o con ayuda del profesor y se manifiesta satisfecho con lo aprendido.												
2. Usa estrategias básicas para aprender a aprender: pedir ayuda al maestro/a, hablar entre compañeros del trabajo planteado, expresar lo aprendido, consultar materiales, etc., y reconoce algunos aspectos personales que le ayudan a aprender mejor.												
3. Explicita oralmente y por escrito cómo realiza por sí mismo las tareas y actividades que le plantea el maestro/a, así como el proceso que sigue en la realización de las mismas.												
4. Se plantea interrogantes y curiosidades por aprender por sí mismo sobre cuestiones de interés personal relacionadas con el entorno en el que vive.												
5.												
6.												

Alumno/a: **Curso:** _____

C.B.: "APRENDER A APRENDER"

APRECIACIÓN DEL NIVEL DE LOGRO:

INDICADORES DE LOGRO 2.º CICLO	1º TRIM.				2º TRIM.				3º TRIM.			
	1	2	3	V	1	2	3	V	1	2	3	V
1. Se muestra motivado y con deseo por aprender por sí mismo, manifestando oralmente o por escrito lo que está aprendiendo.												
2. Utiliza estrategias y herramientas adecuadas para obtener, seleccionar e interpretar información y construir su propio conocimiento, comunicando y justificando los resultados obtenidos a los demás compañeros/as.												
3. Explicita de forma sintética el proceso seguido en la adquisición de aprendizajes, analiza los interrogantes planteados y las dificultades encontradas, establece sencillas relaciones de correspondencia y causalidad y valora los logros alcanzados y el esfuerzo realizado.												
4. Se plantea nuevos aprendizajes que conlleven cubrir sus expectativas por aprender, adoptando diferentes vías y tomando las decisiones más adecuadas sobre el trabajo que ha de realizar.												
5.												
6.												

Alumno/a: **Curso:** _____

C.B.: "APRENDER A APRENDER"

APRECIACIÓN DEL NIVEL DE LOGRO:

INDICADORES DE LOGRO: 3º CICLO	1º TRIM.				2º TRIM.				3º TRIM.			
	1	2	3	V	1	2	3	V	1	2	3	V
1. Valora y hace uso de lo que sabe y de cómo aprende; y se muestra seguro de sí mismo y con deseo por seguir aprendiendo en las diversas situaciones o contextos.												
2. Planifica y realiza sencillas investigaciones, construcciones, creaciones, etc., individuales o grupales, aplicando las estrategias necesarias para obtener, interpretar, elaborar y comunicar información, y las aplica, de forma autónoma o en grupo, en la adquisición y comunicación de nuevos conocimientos.												
3. Formula y argumenta su opinión, y demuestra respeto por las opiniones de los demás, en las diferentes situaciones o contextos educativos y sociales.												
4. Expresa con rigor y precisión el proceso que sigue en la adquisición de aprendizajes, estableciendo relaciones de correspondencia y causalidad, y valora críticamente el esfuerzo realizado y los logros alcanzados ante los nuevos retos y situaciones de complejidad.												
5. Se plantea nuevos retos y proyectos para la adquisición de conocimientos que respondan a sus intereses y expectativas personales y académicas; adoptando diferentes vías, tomando decisiones pertinentes y llegando a conclusiones que demuestran responsabilidad y superación personal para conseguir los objetivos propuestos.												
6.												

NIVELES DE LOGRO: (P) Poco, (R) Regular, (A) Adecuado, (B) Bueno y (E) Excelente.

COMPETENCIA BÁSICA: AUTONOMÍA E INICIATIVA PERSONAL		
ASPECTOS DISTINTIVOS	**ÁREAS**	**APRENDIZAJES IMPRESCINDIBLES**
1. Toma de decisiones con criterio propio e imaginación de proyectos que conlleven las acciones necesarias para desarrollar las opciones y planes personales. 2. Transformación de las ideas en acciones. 3. Visión estratégica de los retos y oportunidades que ayuden a identificar y cumplir objetivos y a mantener la motivación para lograr el éxito en las tareas. 4. Toma de conciencia y aplicación conjunta de valores y actitudes personales interrelacionados: responsabilidad, perseverancia, conocimiento de sí mismo, autoestima, creatividad, autocrítica...	LENGUA CASTELLANA Y LITERATURA	☐ Acceder al saber y a la construcción de conocimientos mediante el lenguaje. ☐ Regular y orientar nuestra propia actividad con progresiva autonomía. ☐ Utilizar el lenguaje como instrumento de representación del mundo y de base del pensamiento y del conocimiento. ☐ Favorecer la comunicación con uno mismo, analizar problemas, elaborar planes y emprender procesos de decisión. ☐ Utilizar la escritura como medio para aprender y organizar sus propios conocimientos (CC.AA.). ☐ Organizar el pensamiento, comunica afectos y sentimientos y regula las emociones. ☐ Organizar el pensamiento, comunica afectos y sentimientos y regula las emociones.
	ÁREA DE LENGUA EXTRANJERA	☐ Reflexionar sobre el propio aprendizaje.
5. Habilidades sociales para relacionarse, cooperar y trabajar en equipo, ponerse en el sitio del otro, valorar las ideas de los demás, dialogar y negociar.	MATEMÁTICAS	☐ Favorecer la autonomía y el esfuerzo para abordar situaciones de creciente complejidad. ☐ Desarrollar actitudes basadas en la confianza en la propia capacidad para enfrentarse con éxito a situaciones inciertas. ☐ Promover la resolución de problemas: planificación, gestión de los recursos y valoración de los resultados.
6. Habilidades y actitudes relacionadas con el liderazgo de proyectos: confianza en uno mismo, empatía, espíritu de superación, diálogo, cooperación. 7. Actitud positiva hacia el cambio y la innovación.	CONOCIMIENTO DEL MEDIO NATURAL, SOCIAL Y CULTURAL	☐ Conocerse mejor como personas y como perteneciente a un grupo (CC.AA.). ☐ Tomar decisiones desde el conocimiento de uno mismo, de forma autónoma y creativa.

ASPECTOS DISTINTIVOS	ÁREAS	APRENDIZAJES IMPRESCINDIBLES
	EDUCACIÓN ARTÍSTICA	☐ Emplear la exploración y la indagación para definir posibilidades, buscar soluciones y adquirir conocimientos. ☐ Aprender a planificar y fomentar el esfuerzo para alcanzar resultados originales, no estereotipados. ☐ Elegir recursos según la intencionalidad expresiva del producto y revisar constantemente lo que se hace. ☐ Actuar con autonomía, poniendo en marcha iniciativas y barajando posibilidades y soluciones diversas.
	EDUCACIÓN PARA LA CIUDADANÍA Y LOS DERECHOS HUMANOS	☐ Desarrollar iniciativas de planificación, toma de decisiones, participación, organización y asunción de responsabilidades. ☐ Entrenar en el diálogo y el debate, en la participación, en la aproximación respetuosa a las diferencias sociales, culturales y económicas. ☐ Fortalecer la autonomía para analizar, valorar y decidir.
	EDUCACIÓN FÍSICA	☐ Tomar decisiones con progresiva autonomía en situaciones en las que debe manifestar autosuperación, perseverancia y actitud positiva. ☐ Adquirir protagonismo en aspectos de organización individual y colectiva de las actividades físicas, deportivas y expresivas. ☐ Elaborar y aceptar reglas para el funcionamiento colectivo, desde el respeto a la autonomía personal, la participación y la valoración de la diversidad. ☐ Asumir las diferencias así como las posibilidades y limitaciones propias y ajenas. ☐ Aceptar códigos de conducta para la convivencia. ☐ Fomentar la negociación, basada en el diálogo, como medio para la resolución de conflictos en las actividades físicas.

COMPETENCIA BÁSICA: AUTONOMÍA E INICIATIVA PERSONAL				
ORGANIZADORES	ASPECTOS DISTINTIVOS	APRENDIZAJES IMPRESCINDIBLES	ÁREAS	DESCRIPTORES DE LA ETAPA
Conocimientos, saberes y experiencias aplicadas en la resolución de tareas y problemas.	❖ Toma de decisiones con criterio propio e imaginación de proyectos que conlleven las acciones necesarias para desarrollar las opciones y planes personales.	❑ Acceder al saber y a la construcción de conocimientos mediante el lenguaje. ❑ Regular y orientar nuestra propia actividad con progresiva autonomía. ❑ Utilizar la escritura como medio para aprender y organizar sus propios conocimientos.	Lengua Castellana y Literatura	Se plantea iniciativas y toma decisiones con criterio propio para desarrollar propuestas y planes de trabajo personales, que repercuten en la transformación y mejora de los contextos en los que se desenvuelve como persona.
		❑ Conocerse mejor como personas y como perteneciente a un grupo.	C. del Medio	
		❑ Asumir las diferencias así como las posibilidades y limitaciones propias y ajenas.	Educación Física	
Habilidades prácticas y cognitivas utilizadas en la resolución de tareas y problemas.	❖ Transformación de las ideas en acciones. ❖ Visión estratégica de los retos y oportunidades que ayuden a identificar y cumplir objetivos y a mantener la motivación para lograr el éxito en las tareas.	❑ Utilizar el lenguaje como instrumento de representación del mundo y de base del pensamiento y del conocimiento. ❑ Favorecer la comunicación con uno mismo, analizar problemas, elaborar planes y emprender procesos de decisión.	Lengua Castellana y Literatura	Desarrolla iniciativas de planificación de tareas, formulando los objetivos y las acciones necesarias, y asumiendo las responsabilidades que le corresponden.
		❑ Promover la resolución de problemas: planificación, gestión de los recursos y valoración de los resultados.	Matemáticas	

ORGANIZADORES	ASPECTOS DISTINTIVOS	APRENDIZAJES IMPRESCINDIBLES	ÁREAS	DESCRIPTORES DE LA ETAPA
Valores, actitudes, sentimientos y emociones, que se manifiestan en la resolución de problemas y tareas.	❖ Toma de conciencia y aplicación conjunta de valores y actitudes personales y actitudes personales interrelacionados: responsabilidad, perseverancia, conocimiento de sí mismo, autoestima, creatividad, autocrítica… ❖ Habilidades sociales para relacionarse, cooperar y trabajar en equipo, ponerse en el sitio del otro, valorar las ideas de los demás, dialogar y negociar.	❑ Desarrollar iniciativas de planificación, toma de decisiones, participación, organización y asunción de responsabilidades. ❑ Entrenar en el diálogo y el debate, en la participación, en la aproximación respetuosa a las diferencias sociales, culturales y económicas. ❑ Fortalecer la autonomía para analizar, valorar y decidir.	Ed. Para la Ciudadanía y los Derechos Humanos.	
		❑ Emplear la exploración y la indagación para definir posibilidades, buscar soluciones y adquirir conocimientos.	Artística	
		❑ Elaborar y aceptar reglas para el funcionamiento colectivo, desde el respeto a la autonomía personal, la participación y la valoración de la diversidad. ❑ Aceptar códigos de conducta para la convivencia.	Educación Física	
		❑ Organizar el pensamiento, comunica afectos y sentimientos y regula las emociones.	Lengua Castellana y Literatura	
		❑ Reflexionar sobre el propio aprendizaje.	L. Extranjeras	
		❑ Favorecer la autonomía y el esfuerzo para abordar situaciones de creciente complejidad. ❑ Desarrollar actitudes basadas en la confianza en la propia capacidad para enfrentarse con éxito a situaciones inciertas.	Matemáticas	Participa responsablemente en la vida del aula, cooperando en el trabajo de equipo y dialogando y negociando sobre las ideas propias y la de los demás en la toma de decisiones sobre las tareas o proyectos de trabajo a realizar.

ORGANIZADORES	ASPECTOS DISTINTIVOS	APRENDIZAJES IMPRESCINDIBLES	ÁREAS	DESCRIPTORES DE LA ETAPA
	❖ Habilidades y actitudes relacionadas con el liderazgo de proyectos: confianza en uno mismo, empatía, espíritu de superación, diálogo, cooperación.	☐ Aprender a planificar y fomentar el esfuerzo para alcanzar resultados originales, no estereotipados. ☐ Elegir recursos según la intencionalidad expresiva del producto y revisar constantemente lo que se hace.	Artística	
		☐ Tomar decisiones con progresiva autonomía en situaciones en las que debe manifestar autosuperación, perseverancia y actitud positiva.	Educación Física	
Resolución de problemas o tareas en un contexto determinado.	❖ Actitud positiva hacia el cambio y la innovación.	☐ Promover la resolución de problemas: planificación, gestión de los recursos y valoración de los resultados.	Matemáticas	Se muestra confiado en su propia capacidad y espíritu de superación, y promueve iniciativas en la resolución de problemas relacionados con la vida cotidiana, barajando posibilidades y soluciones diversas y valorando los resultados obtenidos.
		☐ Toma de decisiones desde el conocimiento de uno mismo, de forma autónoma y creativa.	Conocimiento del Medio	
		☐ Actuar con autonomía, poniendo en marcha iniciativas y barajando posibilidades y soluciones diversas.	Artística	
		☐ Adquirir protagonismo en aspectos de organización individual y colectiva de las actividades físicas, deportivas y expresivas. ☐ Fomentar la negociación, basada en el diálogo, como medio para la resolución de conflictos en las actividades físicas.	Educación Física	Toma decisiones y afronta los problemas que le afectan en su desarrollo y madurez personal, tomando en consideración valores y actitudes propios de la sociedad en la que vive.

PRIMER CICLO DE LA EDUCACIÓN PRIMARIA

COMPETENCIA BÁSICA: AUTONOMÍA E INICIATIVA PERSONAL

DESCRIPTOR ETAPA:	INDICADOR DE LOGRO O DOMINIO 1° CICLO:
1. Se plantea iniciativas y toma decisiones con criterio propio para desarrollar propuestas y planes de trabajo personales, que repercuten en la transformación y mejora de los contextos en los que se desenvuelve como persona.	☐ Atiende a las indicaciones del maestro/a y desarrolla sin ayuda el desarrollo del trabajo que le propone realizar.

ÁREAS	CRITERIOS DE EVALUACIÓN
LENGUA CASTELLANA Y LITERATURA	➤ Expresarse de forma oral mediante textos que presenten de manera organizada hechos, vivencias o ideas. ➤ Captar el sentido global de textos orales de uso habitual, identificando la información más relevante.
MATEMÁTICAS	➤ Describir la situación de un objeto del espacio próximo, y de un desplazamiento en relación a sí mismo, utilizando los conceptos de izquierda-derecha, delante-detrás, arriba-abajo, cerca-lejos y próximo-lejano. ➤ Reconocer en el entorno inmediato objetos y espacios con formas rectangulares, triangulares, circulares, cúbicas y esféricas.
CONOCIMIENTO DEL MEDIO	➤ Poner ejemplos de elementos y recursos fundamentales del medio físico (sol, agua, aire), y su relación con la vida de las personas, tomando conciencia de la necesidad de su uso responsable. ➤ Reconocer, identificar y poner ejemplos sencillos sobre las principales profesiones y responsabilidades que desempeñan las personas del entorno.
EDUCACIÓN ARTÍSTICA	➤ Describir cualidades y características de materiales, objetos e instrumentos presentes en el entorno natural y artificial. ➤ Usar términos sencillos para comentar las obras plásticas y musicales observadas y escuchadas.

COMPETENCIA BÁSICA: AUTONOMÍA E INICIATIVA PERSONAL

DESCRIPTOR ETAPA:	INDICADOR DE LOGRO O DOMINIO 1º CICLO:
2. Desarrolla iniciativas de planificación de tareas, formulando los objetivos y las acciones necesarias, y asumiendo las responsabilidades que le corresponden.	☐ Formula preguntas adecuadas para obtener información y redacta textos claros y precisos, aplicando las instrucciones dadas por el maestro/a para la realización y revisión de la actividad o tarea planteada.

ÁREAS	CRITERIOS DE EVALUACIÓN
LENGUA CASTELLANA Y LITERATURA	➤ Localizar información concreta y realizar inferencias directas en la lectura de textos. ➤ Relacionar poniendo ejemplos concretos, la información contenida en los textos escritos próximos a la experiencia infantil, con las propias vivencias e ideas y mostrar la comprensión a través de la lectura en voz alta. ➤ Redactar y reescribir diferentes textos relacionados con la experiencia infantil ateniéndose a modelos claros, utilizando la planificación y revisión de los textos, cuidando las normas gramaticales y ortográficas más sencillas y los aspectos formales.
L. EXTRANJERA	➤ Usar estrategias básicas para aprender a aprender, como pedir ayuda, acompañar la comunicación con gestos, utilizar diccionarios visuales e identificar algunos aspectos personales que le ayuden a aprender mejor.
MATEMÁTICAS	➤ Comparar cantidades pequeñas de objetos, hechos o situaciones familiares, interpretando y expresando los resultados de la comparación, y ser capaces de redondear hasta la decena más cercana. ➤ Realizar, en situaciones cotidianas, cálculos numéricos básicos con las operaciones de suma, resta y multiplicación, utilizando procedimientos diversos y estrategias personales. ➤ Medir objetos, espacios y tiempos familiares con unidades de medida no convencionales (palmos, pasos, baldosas…) y convencionales (kilogramo; metro, centímetro; litro; día y hora), utilizando los instrumentos a su alcance más adecuados en cada caso. ➤ Explicar oralmente el proceso seguido para resolver un problema.
CONOCIMIENTO DEL MEDIO	➤ Identificar diferencias en las propiedades elementales de los materiales, relacionando algunas de ellas con sus usos, y reconocer efectos visibles de las fuerzas sobre los objetos. ➤ Montar y desmontar objetos y aparatos simples y describir su funcionamiento y la forma de utilizarlos con precaución. ➤ Realizar preguntas adecuadas para obtener información de una observación, utilizar algunos instrumentos y hacer registros claros.
ED. ARTÍSTICA	➤ Identificar y expresar a través de diferentes lenguajes algunos de los elementos (timbre, velocidad, intensidad, carácter) de una obra musical. ➤ Identificar diferentes formas de representación del espacio.
EDUCACIÓN FÍSICA	➤ Desplazarse y saltar de forma diversa, variando puntos de apoyo, amplitudes y frecuencias, con coordinación y buena orientación en el espacio. ➤ Realizar lanzamientos y recepciones y otras habilidades que impliquen manejo de objetos, con coordinación de los segmentos corporales. ➤ Reaccionar corporalmente ante estímulos visuales, auditivos y táctiles, dando respuestas motrices que se adapten a las características de dichos estímulos.

COMPETENCIA BÁSICA: AUTONOMÍA E INICIATIVA PERSONAL

DESCRIPTOR ETAPA:	INDICADOR DE LOGRO O DOMINIO 1° CICLO:
3. Participa responsablemente en la vida del aula, cooperando en el trabajo de equipo y dialogando y negociando sobre las ideas propias y la de los demás en la toma de decisiones sobre las tareas o proyectos de trabajo a realizar.	☐ Participa de forma responsable en la vida del aula, coopera con los compañeros y compañeras de grupo en la realización de actividades colectivas y expresa sus opiniones y vivencias personales en los temas que se tratan de la vida cotidiana.

ÁREAS	CRITERIOS DE EVALUACIÓN
LENGUA CASTELLANA Y LITERATURA	➤ Participar en las situaciones de comunicación del aula, respetando las normas del intercambio: guardar el turno de palabra, escuchar, mirar al interlocutor, mantener el tema.
L. EXTRANJERA	➤ Participar en interacciones orales muy dirigidas sobre temas conocidos en situaciones de comunicación fácilmente predecibles.
CONOCIMIENTO DEL MEDIO	➤ Poner ejemplos asociados a la higiene, la alimentación equilibrada, el ejercicio físico y el descanso como formas de mantener la salud, el bienestar y el buen funcionamiento del cuerpo.
EDUCACIÓN ARTÍSTICA	➤ Usar términos sencillos para comentar las obras plásticas y musicales observadas y escuchadas.
EDUCACIÓN FÍSICA	➤ Participar y disfrutar en juegos ajustando su actuación, tanto en lo que se refiere a aspectos motores como a aspectos de relación con los compañeros y compañeras. ➤ Mostrar interés por cumplir las normas referentes al cuidado del cuerpo con relación a la higiene y a la conciencia del riesgo en la actividad física.

COMPETENCIA BÁSICA: AUTONOMÍA E INICIATIVA PERSONAL

DESCRIPTOR ETAPA:

4. Se muestra confiado en su propia capacidad y espíritu de superación, y promueve iniciativas en la resolución de problemas relacionados con la vida cotidiana, barajando posibilidades y soluciones diversas y valorando los resultados obtenidos.

5. Toma decisiones y afronta los problemas que le afectan en su desarrollo y madurez personal, teniendo en consideración valores y actitudes propios de la sociedad en la que vive.

INDICADOR DE LOGRO O DOMINIO 1º CICLO:

❑ Plantea cuestiones o problemas relacionados con la vida cotidiana y escolar y realiza propuestas de mejora sobre las formas de trabajar y de relacionarse entre iguales.

❑ Comparte con los iguales los problemas de la vida escolar y familiar que le preocupan y se muestra dispuesto a colaborar en su resolución.

ÁREAS	CRITERIOS DE EVALUACIÓN
LENGUA CASTELLANA Y LITERATURA	➤ Comprender y utilizar la terminología gramatical y lingüística elemental, en las actividades relacionadas con la producción y comprensión de textos. ➤ Conocer textos literarios de la tradición oral y de la literatura infantil adecuados al ciclo, así como algunos aspectos formales simples de la narración y de la poesía con la finalidad de apoyar la lectura y la escritura de dichos textos.
L. EXTRANJERA	➤ Mostrar interés y curiosidad por aprender la lengua extranjera y reconocer la diversidad lingüística como elemento enriquecedor.
MATEMÁTICAS	➤ Formular y resolver sencillos problemas en los que intervenga la lectura de gráficos. ➤ Resolver problemas sencillos relacionados con objetos, hechos y situaciones de la vida cotidiana, seleccionando las operaciones de suma y resta y utilizando los algoritmos básicos correspondientes u otros procedimientos de resolución.
CONOCIMIENTO DEL MEDIO	➤ Ordenar temporalmente algunos hechos relevantes de la vida familiar o del entorno próximo.

SEGUNDO CICLO DE LA EDUCACIÓN PRIMARIA

COMPETENCIA BÁSICA: AUTONOMÍA E INICIATIVA PERSONAL

DESCRIPTOR ETAPA:

1. Se plantea iniciativas y toma decisiones con criterio propio para desarrollar propuestas y planes de trabajo personales, que repercuten en la transformación y mejora de los contextos en los que se desenvuelve como persona.

INDICADOR DE LOGRO O DOMINIO 2º CICLO:

☐ Organiza y desarrolla su propio trabajo, atendiendo a las instrucciones del maestro/a.

ÁREAS	CRITERIOS DE EVALUACIÓN
LENGUA CASTELLANA Y LITERATURA	➤ Captar el sentido de textos orales de uso habitual, reconociendo las ideas principales y secundarias. ➤ Comprender y utilizar la terminología gramatical y lingüística propia del ciclo en las actividades de producción y comprensión de textos.
L. EXTRANJERA	➤ Leer y captar el sentido global y algunas informaciones específicas de textos sencillos sobre temas conocidos y con una finalidad concreta.
MATEMÁTICAS	➤ Reconocer y describir formas y cuerpos geométricos del espacio (polígonos, círculos, cubos, prismas, cilindros, esferas).
CONOCIMIENTO DEL MEDIO	➤ Explicar con ejemplos concretos, la evolución de algún aspecto de la vida cotidiana relacionado con hechos históricos relevantes, identificando las nociones de duración, sucesión y simultaneidad.
EDUCACIÓN ARTÍSTICA	➤ Memorizar e interpretar un repertorio básico de canciones, piezas instrumentales y danzas.

COMPETENCIA BÁSICA: AUTONOMÍA E INICIATIVA PERSONAL

DESCRIPTOR ETAPA:	INDICADOR DE LOGRO O DOMINIO 2º CICLO:
2. Desarrolla iniciativas de planificación de tareas, formulando los objetivos y las acciones necesarias, y asumiendo las responsabilidades que le corresponden.	☐ Elabora y desarrolla propuestas de trabajo, por sí mismo, para recoger datos e informaciones, utilizando diversas técnicas para ordenar y clasificar la información y expresar los resultados obtenidos. ☐ Planifica y desarrolla sencillos proyectos con sus compañeros y compañeras siguiendo indicaciones del maestro o maestra...

ÁREAS	CRITERIOS DE EVALUACIÓN
LENGUA CASTELLANA Y LITERATURA	➤ Localizar y recuperar información explícita y realizar inferencias directas en la lectura de textos. ➤ Interpretar e integrar las ideas propias con la información contenida en los textos de uso escolar y social, y mostrar la comprensión a través de la lectura en voz alta.
L. EXTRANJERA	➤ Captar el sentido global, e identificar información específica en textos orales sobre temas familiares y de interés. ➤ Usar algunas estrategias para aprender a aprender, como pedir aclaraciones, acompañar la comunicación con gestos, utilizar diccionarios visuales y bilingües, recuperar, buscar y recopilar.
MATEMÁTICAS	➤ Utilizar estrategias personales de cálculo mental en cálculos relativos a la suma, resta, multiplicación y división simples. ➤ Obtener información puntual y describir una representación espacial (croquis de un itinerario, plano de una pista...) tomando como referencia objetos familiares y utilizar las nociones básicas de movimientos geométricos, para describir y comprender situaciones de la vida cotidiana y para valorar expresiones artísticas. ➤ Recoger datos sobre hechos y objetos de la vida cotidiana utilizando técnicas sencillas de recuento, ordenar estos datos atendiendo a un criterio de clasificación y expresar el resultado de forma de tabla o gráfica.
CONOCIMIENTO DEL MEDIO	➤ Reconocer y explicar, recogiendo datos y utilizando aparatos de medida, las relaciones entre algunos factores del medio físico (relieve, suelo, clima, vegetación...) y las formas de vida y actuaciones de las personas, valorando la adopción de actitudes de respeto por el equilibrio ecológico. ➤ Identificar y clasificar animales, plantas y rocas, según criterios científicos. ➤ Obtener información relevante sobre hechos o fenómenos previamente delimitados, hacer predicciones sobre sucesos naturales y sociales, integrando datos de observación directa e indirecta a partir de la consulta de fuentes básicas y comunicar los resultados.

ÁREAS	CRITERIOS DE EVALUACIÓN
EDUCACIÓN ARTÍSTICA	➤ Usar adecuadamente algunos de los términos propios del lenguaje plástico y musical en contextos precisos, intercambios comunicativos, descripción de procesos y argumentaciones.
	➤ Explorar, seleccionar, combinar y organizar ideas musicales dentro de estructuras musicales sencillas.
	➤ Interpretar el contenido de imágenes y representaciones del espacio presentes en el entorno.
EDUCACIÓN FÍSICA	➤ Desplazarse y saltar, combinado ambas habilidades de forma coordinada y equilibrada, ajustando los movimientos corporales a diferentes cambios de las condiciones de la actividad.

COMPETENCIA BÁSICA: AUTONOMÍA E INICIATIVA PERSONAL

DESCRIPTOR ETAPA:	INDICADOR DE LOGRO O DOMINIO 2º CICLO:
3. Participa responsablemente en la vida del aula, cooperando en el trabajo de equipo y dialogando y negociando sobre las ideas propias y la de los demás en la toma de decisiones sobre las tareas o proyectos de trabajo a realizar.	☐ Participa de forma autónoma y con iniciativa en la vida del aula, cooperando en los grupos de trabajo y aportando ideas propias en la toma de decisiones sobre temas o proyectos cooperativos.

ÁREAS	CRITERIOS DE EVALUACIÓN
LENGUA CASTELLANA Y LITERATURA	➢ Participar en las situaciones de comunicación del aula, respetando las normas del intercambio: guardar el turno de palabra, escuchar, exponer con claridad, entonar adecuadamente.
L. EXTRANJERA	➢ Participar en interacciones orales dirigidas sobre temas conocidos en situaciones de comunicación predecibles, respetando las normas básicas del intercambio, como escuchar y mirar a quien habla. ➢ Valorar la lengua extranjera como instrumento de comunicación con otras personas y mostrar curiosidad e interés hacia las personas que hablan la lengua extranjera.
CONOCIMIENTO DEL MEDIO	➢ Señalar algunas funciones de las administraciones y de organizaciones diversas y su contribución al funcionamiento de la sociedad, valorando la importancia de la participación personal en las responsabilidades colectivas.
EDUCACIÓN FÍSICA	➢ Participar del juego y las actividades deportivas con conocimiento de las normas y mostrando una actitud de aceptación hacia las demás personas. ➢ Utilizar los recursos expresivos del cuerpo e implicarse en el grupo para la comunicación de ideas, sentimientos y representación de personajes e historias, reales o imaginarias.

COMPETENCIA BÁSICA: AUTONOMÍA E INICIATIVA PERSONAL

DESCRIPTOR ETAPA:	INDICADOR DE LOGRO O DOMINIO 2º CICLO:
4. Se muestra confiado en su propia capacidad y espíritu de superación, y promueve iniciativas en la resolución de problemas relacionados con la vida cotidiana, barajando posibilidades y soluciones diversas y valorando los resultados obtenidos. 5. Toma decisiones y afronta los problemas que le afectan en su desarrollo y madurez personal, tomando en consideración valores y actitudes propios de la sociedad en la que vive.	☐ Muestra confianza ante las tareas propuestas y plantea cuestiones problemáticas relacionadas con la vida del aula y del entorno social y actúa de forma creativa y confiada en la búsqueda de soluciones y en la asunción de responsabilidades en torno a los resultados obtenidos.. ☐ Emprende pequeños proyectos y actúa de forma creativa y confiada en la búsqueda de soluciones y en la asunción de responsabilidades en torno a los resultados obtenidos.

ÁREAS	CRITERIOS DE EVALUACIÓN
L. CASTELLANA Y LITERATURA.	➤ Redactar, reescribir y resumir diferentes textos significativos en situaciones cotidianas y escolares, de forma ordenada y adecuada, utilizando la planificación y revisión de los textos, cuidando las normas gramaticales y ortográficas y los aspectos formales, tanto en soporte papel como digital. ➤ Conocer textos literarios de la tradición oral y de la literatura infantil adecuados al ciclo, así como algunos aspectos formales simples de la narración y de la poesía con la finalidad de apoyar la lectura y la escritura de dichos textos.
L. EXTRANJERA	➤ Identificar algunos aspectos de la vida cotidiana de los países donde se habla la lengua extranjera y compararlos con los propios.
MATEMÁTICAS	➤ Realizar, en contextos reales, estimaciones y mediciones escogiendo, entre las unidades e instrumentos de medida usuales, los que mejor se ajusten al tamaño y naturaleza del objeto a medir. ➤ Resolver problemas relacionados con el entorno que exijan cierta planificación, aplicando dos operaciones con números naturales como máximo, así como los contenidos básicos de geometría o tratamiento de la información y utilizando estrategias personales de resolución.
CONOCIMIENTO DEL MEDIO	➤ Identificar, a partir de ejemplos de la vida diaria, algunos de los principales usos que las personas hacen de los recursos naturales, señalando ventajas e inconvenientes y analizar el proceso seguido por algún bien o servicio, desde su origen hasta el consumidor. ➤ Identificar y explicar las consecuencias para la salud y el desarrollo personal de determinados hábitos de alimentación, higiene, ejercicio físico y descanso.
EDUCACIÓN FÍSICA	➤ Actuar de forma coordinada y cooperativa para resolver retos o para oponerse a uno o varios adversarios en un juego colectivo. ➤ Mantener conductas activas acordes con el valor del ejercicio físico para la salud, mostrando interés en el cuidado del cuerpo.

TERCER CICLO DE LA EDUCACIÓN PRIMARIA

COMPETENCIA BÁSICA: AUTONOMÍA E INICIATIVA PERSONAL

DESCRIPTOR ETAPA:	INDICADOR DE LOGRO O DOMINIO 3º CICLO:
1. Se plantea iniciativas y toma decisiones con criterio propio para desarrollar propuestas y planes de trabajo personales, que repercuten en la transformación y mejora de los contextos en los que se desenvuelve como persona.	❑ Organiza y desarrolla con autonomía el trabajo del aula y el estudio personal conforme a las instrucciones del profesorado y muestra iniciativas para elaborar conocimientos propios.

ÁREAS	CRITERIOS DE EVALUACIÓN
LENGUA CASTELLANA Y LITERATURA	✓ Captar el sentido global de textos orales de uso habitual, identificando la información más relevante. ➤ Comprender y utilizar la terminología gramatical y lingüística elemental, en las actividades relacionadas con la producción y comprensión de textos.
L. EXTRANJERA	➤ Identificar algunos rasgos, costumbres y tradiciones de países donde se habla la lengua extranjera.
MATEMÁTICAS	➤ Leer, escribir y ordenar, utilizando razonamientos apropiados, distintos tipos de números (naturales, enteros, fracciones y decimales hasta las centésimas). ➤ Expresar de forma ordenada y clara, oralmente y por escrito, el proceso seguido en la resolución de problemas.
EDUCACIÓN ARTÍSTICA	➤ Reconocer músicas del medio social y cultural propio y de otras épocas y culturas.
ED. CIUDADANÍA Y D. HUMANOS	➤ Conocer algunos de los derechos humanos recogidos en la Declaración Universal de los Derechos Humanos.
ED. FÍSICA	➤ Identificar algunas de las relaciones que se establecen entre la práctica correcta y habitual del ejercicio físico y la mejora de la salud y actuar de acuerdo con ellas.

COMPETENCIA BÁSICA: AUTONOMÍA E INICIATIVA PERSONAL

DESCRIPTOR ETAPA:	INDICADOR DE LOGRO O DOMINIO 3º CICLO:
2. Desarrolla iniciativas de planificación de tareas, formulando los objetivos y las acciones necesarias, y asumiendo las responsabilidades que le corresponden.	☐ Elabora planes y emprende procesos de decisión en torno a la planificación de tareas, asumiendo las responsabilidades que le corresponden y empleando inventiva e imaginación.
	☐ Conoce y sigue las fases de desarrollo de un proyecto: planifica, toma decisiones, interviene y extrae conclusiones, valorando las posibilidades de mejora.

ÁREAS	CRITERIOS DE EVALUACIÓN
LENGUA CASTELLANA Y LITERATURA	➤ Narrar, explicar, describir, resumir y exponer opiniones e informaciones en textos escritos relacionados con situaciones cotidianas y escolares, de forma ordenada y adecuada, relacionando los enunciados entre sí, usando de forma habitual los procedimientos de planificación y revisión de los textos así como las normas gramaticales y ortográficas y cuidando los aspectos formales tanto en soporte papel como digital.
L. EXTRANJERA	➤ Captar el sentido global e identificar informaciones específicas en textos orales variados emitidos en diferentes situaciones de comunicación. ➤ Usar algunas estrategias para aprender a aprender, como hacer preguntas pertinentes para obtener información, pedir aclaraciones, utilizar diccionarios bilingües y monolingües, acompañar la comunicación con gestos, buscar, recopilar y organizar información en diferentes soportes, utilizar las tecnologías.
MATEMÁTICAS	➤ Realizar, leer e interpretar representaciones gráficas de un conjunto de datos relativos al entorno inmediato. ➤ Hacer estimaciones basadas en la experiencia sobre el resultado (posible, imposible, seguro, más o menos probable) de situaciones sencillas en las que intervenga el azar y comprobar dicho resultado.
CONOCIMIENTO DEL MEDIO	➤ Planificar la construcción de objetos y aparatos con una finalidad previa, utilizando fuentes energéticas, operadores y materiales apropiados, y realizarla, con la habilidad manual necesaria, combinando el trabajo individual y en equipo.
EDUCACIÓN ARTÍSTICA	➤ Buscar, seleccionar y organizar informaciones sobre manifestaciones artísticas del patrimonio cultural propio y de otras culturas, de acontecimientos, creadores y profesionales relacionados con las artes plásticas y la música. ➤ Utilizar de manera adecuada distintas tecnologías de la información y la comunicación para la creación de producciones plásticas y musicales sencillas.

COMPETENCIA BÁSICA: AUTONOMÍA E INICIATIVA PERSONAL

DESCRIPTOR ETAPA:

3. Participa responsablemente en la vida del aula, cooperando en el trabajo de equipo y dialogando y negociando sobre las ideas propias y la de los demás en la toma de decisiones sobre las tareas o proyectos de trabajo a realizar.

INDICADOR DE LOGRO O DOMINIO 3º CICLO:

☐ Participa en situaciones de comunicación en el aula respetando las normas de intercambio y mostrando actitudes de respeto hacia los demás.

☐ Coopera activamente en el trabajo en equipo expresando las ideas propias y valora críticamente las aportaciones de sus compañeros y compañeras.

ÁREAS	CRITERIOS DE EVALUACIÓN
L. CASTELLANA Y LITERATURA	➤ Participar en las situaciones de comunicación del aula, respetando las normas del intercambio: guardar el turno de palabra, organizar el discurso, escuchar e incorporar las intervenciones de los demás. ➤ Colaborar en el cuidado y mejora de los materiales bibliográficos y otros documentos disponibles en el aula y en el centro.
L. EXTRANJERA	➤ Valorar la lengua extranjera como instrumento de comunicación con otras personas, como herramienta de aprendizaje y mostrar curiosidad e interés hacia las personas que hablan la lengua extranjera.
MATEMÁTICAS	➤ Valorar las diferentes estrategias y perseverar en la búsqueda de datos y soluciones precisas, tanto en la formulación como en la resolución de un problema.
CONOCIMIENTO DEL MEDIO	➤ Analizar algunos cambios que las comunicaciones y la introducción de nuevas actividades económicas relacionadas con la producción de bienes y servicios han supuesto para la vida humana y para el entorno, valorando la necesidad de superar las desigualdades provocadas por las diferencias en el acceso a bienes y servicios.
EDUCACIÓN ARTÍSTICA	➤ Formular opiniones acerca de las manifestaciones artísticas a las que se accede demostrando el conocimiento que se tiene de las mismas y una inclinación personal para satisfacer el disfrute y llenar el tiempo de ocio. ➤ Representar de forma personal ideas, acciones y situaciones valiéndose de los recursos que el lenguaje plástico y visual proporciona.
ED. CIUDADANÍA Y D. HUMANOS	➤ Mostrar respeto por las diferencias y características personales propias y de sus compañeros y compañeras, valorar las consecuencias de las propias acciones y responsabilizarse de las mismas. ➤ Aceptar y practicar las normas de convivencia. ➤ Participar en la toma de decisiones del grupo, utilizando el diálogo para favorecer los acuerdos y asumiendo sus obligaciones. ➤ Argumentar y defender las propias opiniones, escuchar y valorar críticamente las opiniones de los demás, mostrando una actitud de respeto a las personas.
EDUCACIÓN FÍSICA	➤ Actuar de forma coordinada y cooperativa para resolver retos o para oponerse a uno o varios adversarios en un juego colectivo, ya sea como atacante o como defensor.

COMPETENCIA BÁSICA: AUTONOMÍA E INICIATIVA PERSONAL

DESCRIPTOR ETAPA:	INDICADOR DE LOGRO O DOMINIO 3º CICLO:
4. Se muestra confiado en su propia capacidad y espíritu de superación, y promueve iniciativas en la resolución de problemas relacionados con la vida cotidiana, barajando posibilidades y soluciones diversas y valorando los resultados obtenidos.	☐ Muestra un espíritu de superación ante las tareas planteadas y actúa de forma autónoma en la resolución de problemas relacionados con la vida cotidiana.
5. Toma decisiones y afronta los problemas que la afectan en su desarrollo y madurez personal, tomando en consideración valores y actitudes propios de la sociedad en la que vive.	☐ Reconoce y asume sus errores y hace una valoración realista entre el esfuerzo realizado y los resultados obtenidos.
	☐ Afronta, con responsabilidad, la resolución de problemas de los contextos escolar, familiar y social, asumiendo el desarrollo de acciones que inciden en su mejora..

ÁREAS	CRITERIOS DE EVALUACIÓN
LENGUA CASTELLANA Y LITERATURA	➤ Conocer textos literarios de la tradición oral y de la literatura infantil adecuados al ciclo, así como las características de la narración y la poesía, con la finalidad de apoyar la lectura y la escritura de dichos textos.
L. EXTRANJERA	➤ Elaborar textos escritos atendiendo al destinatario, al tipo de texto y a la finalidad, tanto en soporte papel como digital.
MATEMÁTICAS	➤ Anticipar una solución razonable y buscar los procedimientos matemáticos más adecuados para abordar el proceso en un contexto de resolución de problemas sencillos.
CONOCIMIENTO DEL MEDIO	➤ Presentar un informe, utilizando soporte papel y digital, sobre problemas o situaciones sencillas, recogiendo información de diferentes fuentes (directas, libros, Internet), siguiendo un plan de trabajo y expresando conclusiones.
ED. CIUDADANÍA Y D. HUMANOS	➤ Reconocer y rechazar situaciones de discriminación, marginación e injusticia e identificar los factores sociales, económicos, de origen, de género o de cualquier otro tipo que las provocan.
EDUCACIÓN FÍSICA	➤ Identificar algunas de las relaciones que se establecen entre la práctica correcta y habitual del ejercicio físico y la mejora de la salud y actuar de acuerdo con ellas.

ESCALA DE LOGRO O DOMINIO DE LA COMPETENCIA BÁSICA "AUTONOMÍA E INICIATIVA PERSONAL"

DESCRIPTORES ETAPA	INDICADOR DE LOGRO 1º CICLO	INDICADOR DE LOGRO 2º CICLO	INDICADOR DE LOGRO 3º CICLO
1. Se plantea iniciativas y toma decisiones con criterio propio para desarrollar propuestas y planes de trabajo personales, que repercuten en la transformación y mejora de los contextos en los que se desenvuelve como persona.	☐ Atiende a las indicaciones del maestro/a y desarrolla sin ayuda el trabajo que le propone realizar.	☐ Organiza y desarrolla su propio trabajo, atendiendo a las instrucciones del maestro/a.	☐ Organiza y desarrolla con autonomía el trabajo del aula y el estudio personal conforme a las instrucciones del profesorado y muestra iniciativas en la superación de dificultades.
2. Desarrolla iniciativas de planificación de tareas, formulando los objetivos y las acciones necesarias, y asumiendo las responsabilidades que le corresponden.	☐ Formula preguntas adecuadas para obtener información y redacta textos claros y precisos, aplicando las instrucciones dadas por el maestro/a para la realización y revisión de la actividad o tarea planteada	☐ Elabora y desarrolla propuestas de trabajo, por sí mismo, para recoger datos e informaciones, utilizando diversas técnicas para ordenar y clasificar la información y expresar los resultados obtenidos. ☐ Planifica y desarrolla sencillos proyectos con sus compañeros y compañeras siguiendo indicaciones del maestro o maestra.	☐ Elabora planes y emprende procesos de decisión en torno a la planificación de tareas, asumiendo las responsabilidades que le corresponden y empleando inventiva e imaginación. ☐ Conoce y sigue las fases de desarrollo de un proyecto de trabajo: planifica, toma decisiones, interviene y extrae conclusiones, y valores las posibilidades de mejora.
3. Participa responsablemente en la vida del aula, cooperando en el trabajo de equipo y dialogando y negociando sobre las ideas propias y la de los demás en la toma de decisiones sobre las tareas o proyectos de trabajo cooperativo a realizar.	☐ Participa de forma responsable en la vida del aula, coopera con los compañeros y compañeras de grupo en la realización de actividades colectivas y expresa sus opiniones y vivencias personales en los temas que se tratan de la vida cotidiana y escolar.	☐ Participa de forma autónoma y con iniciativa en la vida del aula, cooperando en los grupos de trabajo y aportando ideas propias en la toma de decisiones sobre temas o proyectos cooperativos.	☐ Participa en situaciones de comunicación y negociación en el aula respetando las normas de intercambio, y mostrando actitudes de respeto hacia los demás. ☐ Coopera activamente en el trabajo en equipo expresando las ideas propias, y valora críticamente las aportaciones de sus compañeros y compañeras.

DESCRIPTORES ETAPA	INDICADOR DE LOGRO 1º CICLO	INDICADOR DE LOGRO 2º CICLO	INDICADOR DE LOGRO 3º CICLO
4. Se muestra confiando en su propia capacidad y espíritu de superación, y promueve iniciativas en la resolución de problemas relacionados con la vida cotidiana, barajando posibilidades y soluciones diversas y valorando los resultados obtenidos.	☐ Plantea cuestiones o problemas relacionados con la vida cotidiana y escolar y realiza propuestas de mejora sobre las formas de trabajar y de relacionarse entre iguales.	☐ Muestra confianza ante las tareas propuestas y plantea cuestiones problemáticas relacionadas con la vida del aula y del entorno social y actúa de forma creativa y confiada en la búsqueda de soluciones y en la asunción de responsabilidades en torno a los resultados obtenidos	☐ Muestra un espíritu de superación ante las tareas planteadas y actúa de forma autónoma en la resolución de problemas relacionados con la vida cotidiana.
5. Toma decisiones y afronta los problemas que le afectan en su desarrollo y madurez personal, teniendo en consideración valores y actitudes propios de la sociedad en la que vive.	☐ Comparte con los iguales los problemas de la vida escolar y familiar que le preocupan y se muestra dispuesto a colaborar en su resolución.	☐ Aborda pequeños proyectos y actúa de forma creativa y confiada en la búsqueda de soluciones y en la asunción de responsabilidades en torno a los resultados obtenidos.	☐ Reconoce y asume sus errores y hace una valoración realista entre el esfuerzo realizado y los resultados obtenidos. ☐ Afronta con responsabilidad la resolución de problemas de los contextos escolar, familiar y social, asumiendo el desarrollo de acciones que inciden que en su mejora.

REGISTRO DEL NIVEL DE LOGRO DESARROLLADO EN LA COMPETENCIA BÁSICA

Alumno/a:

Curso: _____

C.B.: AUTONOMÍA E INICIATIVA PERSONAL

APRECIACIÓN DEL NIVEL DE LOGRO:

INDICADORES DE LOGRO: 1º CICLO	1º TRIM.				2º TRIM.				3º TRIM.			
	1	2	3	V	1	2	3	V	1	2	3	V
1. Atiende a las indicaciones del maestro/a y desarrolla sin ayuda el trabajo que le propone realizar.												
2. Formula preguntas adecuadas para obtener información y redacta textos claros y precisos, aplicando las instrucciones dadas por el maestro/a para la realización y revisión de la actividad o tarea planteada												
3. Participa de forma responsable en la vida del aula, coopera con los compañeros y compañeras de grupo en la realización de actividades colectivas y expresa sus opiniones y vivencias personales en los temas que se tratan de la vida cotidiana y escolar.												
4. Plantea cuestiones o problemas relacionados con la vida cotidiana y escolar y realiza propuestas de mejora sobre las formas de trabajar y de relacionarse entre iguales.												
5. Comparte con los iguales los problemas de la vida escolar y familiar que le preocupan y se muestra dispuesto a colaborar en su resolución.												
6.												

Alumno/a: **Curso:** _____

C. B. AUTONOMÍA E INICIATIVA PERSONAL

APRECIACIÓN DEL NIVEL DE LOGRO:

INDICADORES DE LOGRO: 2° CICLO	1º TRIM.				2º TRIM.				3º TRIM.			
	1	2	3	V	1	2	3	V	1	2	3	V
1. Organiza y desarrolla su propio trabajo, atendiendo a las instrucciones del maestro/a.												
2. Elabora y desarrolla propuestas de trabajo, por sí mismo, para recoger datos e informaciones, utilizando diversas técnicas para ordenar y clasificar la información y expresar los resultados obtenidos.												
3. Planifica y desarrolla sencillos proyectos con sus compañeros y compañeras siguiendo indicaciones del maestro o maestra.												
4. Participa de forma autónoma y con iniciativa en la vida del aula, cooperando en los grupos de trabajo y aportando ideas propias en la toma de decisiones sobre temas o proyectos cooperativos.												
5. Muestra confianza ante las tareas propuestas y plantea cuestiones problemáticas relacionadas con la vida del aula y del entorno social y actúa de forma creativa y confiada en la búsqueda de soluciones y en la asunción de responsabilidades en torno a los resultados obtenidos.												
6. Emprende pequeños proyectos y actúa de forma creativa y confiada en la búsqueda de soluciones y en la asunción de responsabilidades en torno a los resultados obtenidos.												

Alumno/a:

Curso: _____

C.B.: AUTONOMÍA E INICIATIVA PERSONAL	APRECIACIÓN DEL NIVEL DE LOGRO:												
	1º TRIM.				2º TRIM.				3º TRIM.			
INDICADORES DE LOGRO: 3º CICLO	1	2	3	V	1	2	3	V	1	2	3	V
1. Organiza y desarrolla con autonomía el trabajo del aula y el estudio personal conforme a las instrucciones del profesorado y muestra iniciativas en la superación de dificultades.												
2. Elabora planes y emprende procesos de decisión en torno a la planificación de tareas, asumiendo las responsabilidades que le corresponden y empleando inventiva e imaginación.												
3. Conoce y sigue las fases de desarrollo de un proyecto de trabajo: planifica, toma decisiones, interviene y extrae conclusiones, y valores las posibilidades de mejora.												
4. Participa en situaciones de comunicación y negociación en el aula respetando las normas de intercambio, y mostrando actitudes de respeto hacia los demás.												
5. Coopera activamente en el trabajo en equipo expresando las ideas propias, y valora críticamente las aportaciones de sus compañeros y compañeras.												
6. Muestra un espíritu de superación ante las tareas planteadas y actúa de forma autónoma en la resolución de problemas relacionados con la vida cotidiana.												
7. Reconoce y asume sus errores y hace una valoración realista entre el esfuerzo realizado y los resultados obtenidos.												
8. Afronta con responsabilidad la resolución de problemas de los contextos escolar, familiar y social, asumiendo el desarrollo de acciones que inciden en su mejora.												

NIVELES DE LOGRO: (P) Poco, (R) Regular, (A) Adecuado, (B) Bueno y (E) Excelente.

Carpeta de documentos Nº 2

INSTRUMENTOS DE TRABAJO Y EJEMPLIFICACIONES PARA EL DISEÑO Y DESARROLLO DE LA PRÁCTICA DOCENTE

2.1. Propuesta de actuaciones para el desarrollo de las competencias básicas vinculadas con los niveles de concreción curricular

1º NIVEL: MARCO NORMATIVO
Disposiciones legales vigentes: Ley Orgánica, Reales Decretos; Normas Autonómicas: Decretos, Órdenes…

ACTUACIONES:

➤ Concreción de líneas normativas básicas de referencia y guías/modelos estratégicos de implementación en centros de la visión integrada de las ocho cc.bb. en el currículo de la educación básica obligatoria. Esto supone:

➤ Ir progresando, desde la incorporación en el Plan de Centro de propuestas de mejoras aisladas y puntuales de dimensiones y/o elementos competenciales de algunas de las cc. bb. incluidas en las PED, hasta el abordaje integrado y con carácter transversal de todas las cc.bb. desde todas las áreas/materias.

➤ **Catálogo de Cuestiones Básicas para dar respuesta a diferentes aspectos en relación a cc.bb.**

2º NIVEL: PLAN DE CENTRO Y/O DE LA PROGRAMACIÓN GENERAL DEL CENTRO

Proyecto educativo, normativa de organización y funcionamiento, Proyecto de Gestión.

ACTUACIONES:

➢ *El centro establece las **líneas prioritarias de actuación** en función del **contexto**, las cuales serán tenidas en cuenta en los diferentes aspectos del proyecto educativo, dado que todos ellos pueden contribuir y facilitar la adquisición de las cc.bb. (líneas generales de actuación pedagógica, criterios generales para la elaboración de programaciones didácticas, planes y programas, etc.).*

- Establecimiento de indicadores en relación a los aspectos del proyecto educativo que están relacionados directamente con la adquisición de las cc.bb.:

  - Las líneas generales de actuación pedagógica en el centro.
  - Los objetivos de centro para la mejora del rendimiento escolar.
  - La coordinación y concreción de los contenidos curriculares, así como el tratamiento transversal en las áreas, materias o módulos de la educación en valores.
  - Los criterios para organizar y distribuir el tiempo escolar, así como la intervención en tiempo extraescolar.
  - Los criterios generales para elaborar las programaciones didácticas.

- Concreción de indicadores en relación a los planes del PE que pueden contribuir de forma determinante en la adquisición de cc.bb.:

  - Plan de atención a la diversidad.
  - Plan de orientación y acción tutorial (POAT).
  - Plan de convivencia.

- Concreción de indicadores comunes en relación con otros planes o proyectos del PE que favorecen el desarrollo de las cc.bb.:

  - Plan de formación del profesorado.
  - Plan de autoprotección: prevención de riesgos y salud.
  - Los programas educativos que se desarrollen en el centro, estratégicos y no estratégicos (TIC, bilingüismo, plan de deporte en la escuela, etc.).

3º NIVEL: PLANIFICACIÓN DE LA PRÁCTICA DOCENTE

Programaciones didácticas: La apuesta por un currículo escolar basado en el desarrollo de las competencias básicas requiere de un diálogo abierto entre el contexto del centro, la realidad del alumnado y el marco normativo –estatal y autonómico–, que regula los objetivos y principios pedagógicos y organizativos que configuran las etapas educativas.

ACTUACIONES:

➤ Facilitar orientaciones, planes estratégicos, instrumentos e incluso ejemplificaciones de buenas prácticas que sean de utilidad a los centros para la elaboración de las programaciones didácticas desde la perspectiva de las cc.bb. (integrándolas de forma general y transversal). Tales como:

- Instrumentos y estrategias de análisis de resultados de PED.
- Instrumentos de evaluación inicial del alumnado.
- Planes estratégicos para dar respuesta a las dificultades del alumnado (PED y Evaluación Inicial) a través de las Programaciones Didácticas.
- Instrumentos, planes estratégicos, etc.,mpara facilitar a los centros la integración de las cc.bb. con el resto de elementos prescriptivos del currículo (objetivos, contenidos, criterios de evaluación).

➤ Instrumentos y estrategias para que los centros puedan establecer a través de las PD, tanto los procedimientos como los criterios comunes para la evaluación de las cc.bb.

4º NIVEL: PLANIFICACIÓN DE LA PRÁCTICA DOCENTE

Programación de Aula

ACTUACIONES:

➤ Facilitar orientaciones comunes, planes estratégicos, instrumentos e incluso ejemplificaciones de buenas prácticas que sean de utilidad a los centros para la mejora de la práctica docente y la elaboración de las programaciones de aula desde la perspectiva de las cc.bb. (integrándolas de forma general y transversal, de igual modo que las PD). Tales como:

- Establecimiento de un marco conceptual común que facilite la práctica docente.

- Instrumentos y estrategias para el desarrollo integrado de los objetivos y de las cc.bb. en las Unidades Didácticas (tareas y actividades).

- Instrumentos y estrategias para la evaluación integrada de las cc.bb. en las Unidades Didácticas (establecimiento de niveles de logro, diseño de rúbricas, diseño de Unidades de Evaluación, etc.). Autoevaluación.

- Instrumentos y estrategias que propicie en los centros la utilización compartida de metodología de aprendizaje diversa, recursos didácticos variados, múltiples instrumentos de evaluación, etc.

- Facilitar orientaciones, instrumentos y estrategias para la confección en cada centro de "catálogos de tareas integradas", que respondan a las demandas básicas que su alumnado tendrá que abordar en los diversos contextos de la vida cotidiana.

- Facilitar orientaciones, instrumentos y estrategias para la atención a la diversidad desde una práctica docente inclusiva y centrada en el desarrollo de cc.bb.

- Facilitar orientaciones, instrumentos y estrategias de mejora de la práctica docente a través de tareas de colaboración con la familia.

- Etc.

5º NIVEL: ADAPTACIONES DEL CURRÍCULO
Programación de Aula

ACTUACIONES:

1) Propuesta curricular por áreas en función de la valoración del nivel de competencia curricular.

a) **Adaptaciones de acceso al currículum:** se consideran las dificultades de acceso, con una valoración explícita de las implicaciones de sus necesidades sobre la planificación del centro y del aula.

b) **Adaptaciones de los elementos curriculares:** adaptaciones precisas en el cómo enseñar, tanto generales como específicas de área; en el qué enseñar, realizando una propuesta curricular individualizada en la que se manifiesten las decisiones relativas a los objetivos, contenidos (actividades tipo desarrolladas en el aula ordinaria), criterios de evaluación, aspectos metodológicos y temporalización:

- Orientadas a su inclusión social y escolar.
- Orientadas al logro de las competencias básicas.

2) Adaptación de los criterios de promoción y titulación:

- Adaptación de los criterios de promoción y titulación, de acuerdo con los objetivos de la propuesta curricular. Tomamos como referencia los "niveles de logro o dominio" de las competencias básicas establecidos en su propuesta curricular.

3) Seguimiento y valoración de los progresos realizados por el alumnado, en el desarrollo tanto de capacidades como de competencias básicas, con información al mismo y a la familia.

2.2. Catálogo de tareas de centro

TAREA	ETAPA	CICLO/S	ÁREA/S - ASPECTOS TRANSVERSALES
¿Aprendemos a reciclar los residuos domésticos?	Primaria	3er. Ciclo	☐ Primaria: Conocimiento del Medio
Elaborar un decálogo de normas que contribuya a mejorar la convivencia en nuestro entorno.	Primaria	1º,2º,3º Ciclos	☐ Primaria: Conocimiento del Medio Natural, Lengua Castellana, Ed. Artística, Matemáticas, Ed. Física.
¿Son las palomas las que nos traen la paz?	Primaria	1º,2º,3º Ciclos	☐ Primaria: Conocimiento del Medio Natural y Lengua Castellana, Ed. Artística.
El libro de mi vida	Primaria	1er. Ciclo	☐ Primaria: Conocimiento del Medio Natural y Lengua Castellana, Ed. Artística, Matemáticas.
Adoptamos "un amigo"	Primaria	3er. Ciclo	☐ Primaria: Conocimiento del Medio Natural, Lengua Castellana, Ed. Artística, Matemáticas, Educación para la Ciudadanía y los Derechos Humanos, Lengua Extranjera.

TAREAS	TAREAS	TAREAS
➤ Mi carpeta de alimentación sana: elaboramos dietas equilibradas.	➤ Escribir al Ayuntamiento solicitando papeleras, árboles, bancos, canastas en el recreo.	➤ Construimos nuestro planetario. ➤ Nos vamos de excursión al zoo, planetario.
➤ Cuaderno de tareas de cooperación y ayuda en casa que me ayudan a aprender. Cuadro de registro y autovaloración.	➤ Marcar en el recreo zonas para jugar a la comba/a los pitos y al cuadrante (señalizar con paneles informativos)	➤ Planificar el entrenamiento físico de un deportista, un equipo...
➤ Díptico de normas básicas para el consumo responsable de tv.	➤ Preparar y emitir un programa de radio.	➤ Preparar y representar una obra de teatro.
➤ ¿Cómo se determina la posición de los tenistas a nivel mundial?	➤ Enviamos un paquete por correo. ¿Lo certificamos o no?	➤ Confeccionar una tarjeta navideña o la invitación para un acto: cumpleaños, fiesta de Navidad...
➤ Llenamos el "cajón" con todo lo que podemos leer, entender y explicar.	➤ Preparar la acampada o el viaje a...	➤ Nuestro libro de refranes o adivinanzas.
➤ Cuaderno de situaciones de emergencia: ¿cuáles? Y recomendaciones sobre ¿cómo debo actuar?	➤ Elaborar el menú semanal equilibrado para el comedor.	➤ Preparemos el carnaval- disfraces, máscaras,...
➤ Periódico escolar (artículos sobre: noticias de actualidad, mercado laboral, actividades deportivas y de ocio, de nuestra localidad, etc.).	➤ Hacer un trabajo de cada pueblo de la comarca para hacer un libro colectivo y presentarlo a la comunidad.	➤ Arbitrar un partido de fútbol en el recreo.
➤ Elaboramos catálogo de: ¿qué descubriré en esta lectura? (ejemplo: brik de leche, prospecto de un fármaco, folleto de horarios de autobús, cine, etc.).	➤ Confeccionar un mural sobre el problema de la contaminación. ➤ Hacer encuestas sobre distintos temas de interés (alusivos al tema).	➤ Elaborar un mapa del tiempo de los próximos días en la comarca.
➤ Este es "el callejero" de mi barrio / pueblo	➤ Escribir el diario personal.	➤ Hacer el logotipo de la clase, del pueblo, del cole, del equipo.

TAREAS	TAREAS	TAREAS
➤ Preparar un cartel para pedir a los demás que conserven limpia la escuela.	➤ Preparar un anuncio para la televisión local para pedir a los demás que conserven limpio nuestro entorno.	➤ Cuaderno de campo de los seres vivos,...
➤ Organizamos la liga de fútbol del colegio: • Organización de equipos, • Diseño del calendario, • Gestión de la publicidad, • Tabla clasificatoria, • Reparto de roles, • Etc.	➤ Registro de datos en torno a las características y los hábitos de los alumnos de ..... ciclo/ curso. Resolución de los problemas planteados y argumentación de sus conclusiones. En torno a: • Media se SMS enviados y recibidos por tramos temporales. Porcentajes y franjas horarias.	➤ Registro de datos en torno a las características y los hábitos de los alumnos de ..... ciclo/curso. Resolución de los problemas planteados y argumentación de sus conclusiones. En torno a: • Gestión de su "paga". Gastos frecuentes y elaboración de presupuestos para la mejora de la economía personal.
➤ Preparamos una visita guiada a: • Posibles rutas. • Búsqueda y elección de presupuestos. • Diseño del programa y documento informativo a familias. • Catálogo de normas de comportamiento y consecuencias derivadas de su incumplimiento.	➤ Organizar la excursión fin de curso, el viaje de estudios, el intercambio con alumnos de otros países: • Posibles rutas. • Búsqueda y elección de presupuestos. • Diseño del programa y documento informativo a familias. • Catálogo de normas de comportamiento y consecuencias derivadas de su incumplimiento.	➤ Efecto de la música en nuestras emociones y estado de ánimo. ¿Relaciones demostradas? • Tipos de música • Distribución de los gustos musicales en función de diferentes características poblacionales y/o sociales (edad, sexo, nivel económico, profesión, etc.).

TAREAS QUE PODEMOS EXTRAER DEL MARCO NORMATIVO

TAREAS	TAREAS	TAREAS
PRIMER CICLO	**SEGUNDO CICLO**	**TERCER CICLO**
➤ ELABORAMOS LAS "NORMAS DE USO ADECUADO" DEL AGUA EN CASA Y EN EL COLE • Investigamos sobre los usos del agua en casa y el cole. • Investigamos de dónde viene el agua que consumimos. • Medimos el agua que utilizamos en casa. ¿Se nos ocurre cómo? • Etc.	➤ ELABORAMOS UN DECÁLOGO DE MEDIDAS DE AHORRO DE AGUA • Investigamos sobre: ¿Se puede agotar el agua que llega a nuestra localidad?. • Indagamos sobre los modos de ahorro de agua. Establecemos relaciones de dependencia o no con las acciones humanas. • Consumos medios por familia. ¿Dónde y cómo obtener esta información? • Representación grafica de los resultados anteriores. • Etc.	CONSTRUIMOS NUESTRA U.D. "LA AVENTURA DEL AGUA: VISITA GUIADA A UNA EXPOSICIÓN" ➤ Ver ejemplo desarrollado en UDM.

2.3. Banco de recursos de lectura

MATERIAL	TAREA	CICLO	ÁREAS / ASPECTOS TRANSVERSALES	COMPETENCIAS BÁSICAS
Cajas de cereales	Estudio del aporte de "Hierro": Elabora una tabla que recoja las C.D.R. y los gramos de cereales que necesitas añadir a la dieta en función de las franjas de edades indicadas por el profesor/a.	CICLO 2º - 3º		C. Lingüística C. Matemática
Horarios de autobuses / trenes en diferentes formatos (tabla...)	Para recoger los itinerarios/rutas indicados para un viaje en el grupo, establece la/s opción/es que mejor respondan a los criterios fijados: precio, economía de tiempo, comodidad, viajar preferentemente de noche, etc. Defiende tus propuestas en un debate en clase.	CICLO 3º		C. Lingüística C. Matemática Conoc. e Interacción M. Social y Ciudadana Autonomía e Inic. Pers.
Caja o Tetra-Brik de leche, etiquetado de quesos, etiquetado de yogures, etc.	La importancia de una alimentación saludable: Estudio comparativo sobre las cantidades de calcio que aporta la leche y otros alimentos. Presentación de los resultados y tus argumentaciones en formato digital para su exposición en grupo.	CICLO 3º		C. Lingüística C. Matemática T. Información y C. Dig. Conoc. e Interacción M.
Prospectos de fármacos	Elaboramos una tabla para recoger todas las posibles posologías, atendiendo a las variables determinadas por el profesorado: edad, peso, sexo, nivel de gravedad de la patología, etc. Se buscarán y argumentarán la relación entre pares de variables.			

OTROS MATERIALES	
Periódicos / Revistas	Guías de teléfonos
Catálogos comerciales: alimentación, hogar, electrodomésticos, etc.	Planos
Catálogos comerciales: complementos, ropa, zapatos, etc.	Planos de viviendas
Instrucciones de funcionamiento: electrodomésticos, etc.	Cartelera Cinematográfica
Etiquetado de alimentos habituales	Revistas especializadas
Instrucciones de cuidados de la ropa: condiciones de lavado, "etiquetado", etc.	Declaración de la Renta Anual
Recibo del Banco	Guías turísticas
Recibo de consumo eléctrico, de agua, de basura, etc.	Reglamentos deportivos
Denuncias de tráfico	Pasatiempos
Obras literarias	Instrucciones de funcionamiento de juguetes

En el artículo 6, punto 4, del Real Decreto 1513 se establece que "La lectura constituye un factor fundamental para el desarrollo de las competencias básicas. Los centros, al organizar su práctica docente, deberán garantizar la incorporación de un tiempo diario de lectura, no inferior a treinta minutos, a lo largo de todos los cursos de la etapa".

El Proyecto Azahara propone que, utilizando diferentes formatos de lecturas, podemos diseñar tareas integradas para el desarrollo de competencias básicas. Con la ayuda de nuestros alumnos/as, la primera fase consistirá en recopilar "todo aquello que se pueda leer" en los diferentes contextos (ver tablas anteriores de Materiales de lectura). La segunda fase consiste en, a partir de una determinada lectura, diseñar una tarea que guíe el aprendizaje y la evaluación de competencias básicas. Cada tarea irá acompañada de la tabla de indicadores de logro para la evaluación de las competencias desarrolladas por nuestro alumnado.

A los centros educativos, esta propuesta del Proyecto Azahara les permitirá la creación de un banco de recursos de lecturas y tareas que garanticen al alumnado "una lectura, una escritura y una expresión oral" aplicada a la resolución de problemas de su vida cotidiana, y por tanto al desarrollo de competencias básicas. Dichas propuestas de trabajo pueden responder a un carácter disciplinar o interdisciplinar.

2.4. Ejemplificación 1ª. Actividades y tareas

ACTIVIDADES SIMPLES	ACTIVIDADES ELABORADAS	TAREAS
(Estas propuestas de trabajo conducen al desarrollo de aprendizajes simples que facilitan la resolución de actividades elaboradas)	(Estas propuestas de trabajo facilita la adquisición de aprendizajes elaborados. Es decir, nos ayudan a adquirir conocimientos que contribuyen al desarrollo de capacidades)	(Estas propuestas de trabajo ponen en uso los aprendizajes anteriores y conducen al desarrollo de competencias)
PRÁCTICA : MANEJO DEL RATÓN Y EL TE-CLADO	PRÁCTICA: BUSCAR Y SELECCIONAR INFORMACIÓN EN INTERNET	PRÁCTICA: SÍNTESIS Y EXPOSICIÓN para la participación en UN DEBATE
Sigue los siguientes pasos para aprender a manejar el ratón y el teclado del ordenador.	Buscar en Internet información relevante y elabora un informe (redacción) con la información más importante sobre:	-----Realiza una síntesis o esquema de las temáticas que has elegido.
El ratón es un periférico que, generalmente, va conectado al teclado del ordenador para controlar el movimiento del puntero en la pantalla. La mayoría del trabajo que se realiza está basado en cuatro técnicas: señalar, hacer clic, pulsar y arrastrar.	-----La capa de ozono	-----Aporta ejemplos que conozcas en relación a estos temas.
• Moviendo el ratón sobre la alfombrilla, se desplaza el puntero. Con esto se puede señalar cualquier cosa de la pantalla. Para que un objeto esté señalado, el extremo...	-----La contaminación ambiental	-----Aporta tus opiniones.
	-----Los oficios más demandados en la actualidad	-----Argumenta tus opiniones
	Elige el tema de más interés.	-----Exponerlo al grupo-clase.
PRÁCTICA: Dictado de palabras y corrección de la grafía y ortografía de las mismas, por parejas. El listado de palabras es facilitado por el profesor/a y nos sirven de introducción a la temática sobre coeducación.	PRÁCTICA: Escribe frases que contengan las palabras: igualdad, respeto, tolerancia. Se aconseja usar el diccionario	PRÁCTICA : LOS OFICIOS MÁS DEMANDA-DOS EN LA LOCALIDAD
	PRÁCTICA: Busca en Internet información sobre la coeducación.	-----Representación gráfica de los resultados del estudio.
PRÁCTICA: Pronunciar adecuadamente un fragmento concreto de un texto periodístico que nos sirve de introducción a la temática sobre coeducación.	PRÁCTICA: Subraya las frases que consideres fomentan la igualdad entre sexos en textos periodísticos de la prensa local y nacional.	----- Descripción por escrito de las tres profesiones más demandadas.
		----- Conclusiones del estudio (presentación haciendo uso de las nuevas tecnologías).
		PRÁCTICA: Crea un eslogan y formula propuestas y aportaciones propias, en u n formato "mural" para fomentar el respeto a los compañeros/as con independencia de su sexo.

2.5. Ejemplificación 2ª. Diferenciación de los tipos de aprendizaje vinculados a las diferentes propuestas de trabajo

APRENDIZAJES INTERMEDIOS	CAPACIDADES	COMPETENCIAS
(**Actividades:** Estas propuestas de trabajo conducen al desarrollo de aprendizajes simples y elaborados que contribuyen al desarrollo de capacidades)	(Los objetivos de etapa, tanto generales como de área están referidos al desarrollo de capacidades en el alumnado).	(**Tareas:** Supone seleccionar y usar los aprendizajes que nos han aportado las diferentes áreas, y que contribuyen al desarrollo de diferentes capacidades, para buscar la respuesta adecuada a situaciones o problemas reales o auténticos).
• Buscar distintos tipos de información sobre "el cambio climático". • Localizar distintas páginas virtuales a partir de una/s palabra/s dada/s (Ejemplo: factores que inciden en el cambio climático, etc.). • Lecturas silenciosas y en voz alta sobre el tema seleccionado. • Indica qué es una "Audioguía" y explica en qué se diferencia de un "Podcast" y de un "Powerpoint". • Busca artículos de prensa, con la ayuda del ordenador, alusivos al cambio climático; y selecciona los tres que consideres más interesantes. Argumenta tu elección en cada uno de ellos. • Subraya en dichos artículos: de "azul" las frases simples Y de "rojo" las frases subordinadas. • En base a lo trabajado hoy en clase, explica cómo puedes crear una "carpeta" en tu ordenador. • Crea una carpeta en el escritorio de tu ordenador en la que puedas archivar toda la documentación que consideres importante sobre este tema. • Elabora un resumen, utilizando Word, sobre las informaciones más relevantes recogidas en los tres artículos de prensa sobre "el cambio climático".	h) Conocer y valorar su entorno natural, social y cultural, así como las posibilidades de acción y cuidado del mismo. i) Iniciarse en la utilización, para el aprendizaje, de las tecnologías de la información y la comunicación desarrollando un espíritu crítico ante los mensajes que reciben y elaboran. e) Conocer y utilizar de manera apropiada la lengua castellana y desarrollar hábitos de lectura.	• Una aplicación "competente" de las capacidades anteriores sería, por ejemplo: manejar el ordenador y sus posibilidades para la búsqueda de información, datos, opiniones, modelos, ... para solucionar una tarea práctica, del tipo: Realiza UN TRABAJO SOBRE EL CAMBIO CLIMÁTICO: presentando los factores que inciden en el cambio climático y las recomendaciones preventivas desde nuestro entorno: la casa, el barrio, la localidad... Debes elegir el formato de tu trabajo y argumentar tu elección entre una AUDIO-GUÍA, un PODCAST o un POWER POINT. • Propuesta de trabajo: Interpreta un gráfico que aparece en la prensa local, relativo a la ubicación de los servicios médico-sanitarios de nuestra localidad. Lo utiliza para localizar el centro de salud más cercano a tu domicilio. • Presentación pública, por parte del alumnado, de alguna producción elaborada personalmente o en grupo para ser retransmitida por algún medio audiovisual. • Propuesta de trabajo: elabora un anuncio radiofónico, un noticiario televisivo, un documento propagandístico sobre...

2.6. Ejemplificación 3ª. Unidad Didáctica Integrada de Área

ÁREA: CONOCIMIENTO DEL MEDIO NATURAL, SOCIAL Y CULTURAL	CICLO: 3er. Ciclo (2º Nivel)

Objeto de Estudio:

¿PODEMOS VIVIR SIN AGUA?: "Elaboramos un código medioambiental para el fomento del uso responsable del agua".

DESCRIPCIÓN DE LA TAREA:

Con las actividades que se plantean en esta Unidad Didáctica Integrada de Área o Tarea Integrada , los alumnos/as reflexionarán sobre el uso y abuso del agua y sobre la consideración de que la cantidad de ésta es invariable en nuestro planeta.

Se analizarán aspectos fundamentales en relación al carácter imprescindible del agua; y se debatirá sobre la incidencia de la acción humana en el adecuado e inadecuado uso del agua en nuestros contextos de vida habituales: casa, escuela, localidad.

El alumnado tendrá que pensar, reflexionar y elaborar conclusiones sobre diferentes aspectos relacionados con el agua y sobre los recursos hídricos; concienciándose de la importancia de la buena utilización de los recursos naturales y del agua en particular.

El producto resultante de dicho trabajo o TAREA FINAL, de enorme utilidad para la vida en sus diversas situaciones y contextos, es la elaboración de un "código medioambiental que fomente el uso responsable del agua"; la presentación del mismo en formato digital a otros grupos de compañeros y la distribución del código en formato papel en el centro y en la familia.

CONTEXTOS DE APLICACIÓN:

Mi propio centro escolar (Contexto Escolar-Laboral).

Mi familia (Contexto Personal-Familiar).

Mi localidad (Contexto Socio-Comunitario).

ASPECTOS TRANSVERSALES: Educación ambiental, Educación en valores, Educación para la Salud.

Objetivos: 1 – 2 – 3 – 5 – 7 – 8 – 10	Contenidos: Bloques 1 – 3 – 6 - 7	Criterios de Evaluación: 1 - 2 - 3 - 8 - 10

APRENDIZAJES IMPRESCINDIBLES

❑ Apropiarse de los conceptos que le permitan interpretar el mundo físico.

❑ Comprender los problemas que afectan a la actividad humana en relación con el medio.

❑ Realizar análisis que aborden las causas y las consecuencias del uso de recursos naturales.

❑ Contribuir a preservar un entorno físico agradable y saludable.

❑ Acercarse a determinados rasgos del método con el que se construye el conocimiento científico: definir problemas, estimar soluciones posibles, elaborar estrategias, diseñar investigaciones, analizar resultados y comunicarlos (c.b. 3) (c.b. 7) (c.b. 8).

❑ Desarrollar técnicas para aprender, organizar, memorizar y recuperar la información: resúmenes, esquemas o mapas mentales. (c.b. 8).

❑ Reflexionar sobre lo aprendido, cómo se ha aprendido y esforzarse en contarlo oralmente y por escrito (c.b. 1)(c.b. 8).

❑ Presentación y comprensión de la información en diferentes códigos, formatos y lenguajes (c.b. 1) (c.b. 2) (c.b. 4).

❑ Uso habitual de los recursos tecnológicos para resolver problemas de la vida cotidiana (c.b. 4).

Competencias Básicas	Indicadores de logro	Secuencia de enseñanza – aprendizaje ACTIVIDADES Y TAREAS INTERMEDIAS O PREPARATORIAS
C. Comunicación lingüística	❑ Capta el sentido global e identifica informaciones de textos orales y escritos, emitidos en diferentes situaciones de comunicación, reconociendo las ideas principales y secundarias, las ideas de las opiniones y valores no explícitos, e interpreta e integra las ideas propias con las contenidas en los textos, comparando y contrastando informaciones diversas. ❑ Comprende y utiliza la terminología gramatical y lingüística básica para la realización de actividades de producción y comprensión de textos orales y escritos e introduce cambios en las palabras, los enunciados y los textos para mejorar la comprensión y la expresión oral y escrita. ❑ Participa en las situaciones de comunicación del aula, respetando las normas de intercambio -turno de palabra, mirar y escuchar a quien habla, organizar el discurso e incorporar las intervenciones de los demás- empleando un lenguaje no discriminatorio y no sexista para resolver conflictos y controlar la propia conducta y manteniendo una actitud crítica ante situaciones de desigualdad entre niños y niñas.	**ACTIVIDADES y TAREAS DE INICIO** en relación a "la importancia y el carácter imprescindible del agua en nuestras vidas": ¿Podemos vivir sin agua?: Búsqueda de artículos de prensa, anuncios, Lecturas Colectivas, debates, análisis de situaciones cotidianas de uso y consumo de agua, etc. ❑ Breve presentación de la tarea final que pretendemos diseñar. ❑ Reflexión y lluvia de ideas sobre la relevancia del agua en nuestras vidas. ❑ Etc. **ACTIVIDADES y TAREAS DE DESARROLLO** **TAREA INTERMEDIA O PREPARATORIA 1:** "Elabora una encuesta con tus compañeros para valorar el uso del agua en casa". Representa gráficamente los datos obtenidos, y una presentación para el grupo-clase. ❑ Grupo 1: "Elaboración de una encuesta o entrevista para seleccionar las opiniones y aportaciones del alumnado de nuestro centro" ❑ Grupo 2: "Elaboración de una encuesta o entrevista para seleccionar las opiniones y aportaciones de los vecinos de nuestra localidad" ❑ Grupo 3: "Elaboración de una encuesta o entrevista para seleccionar las opiniones y aportaciones de nuestras familias" ❑ Grupo 4: "Elaboración de una encuesta o entrevista para seleccionar las opiniones y aportaciones del profesorado de nuestro centro" **TAREA PREPARATORIA 2:** Elabora un informe: Valora y redacta de forma clara los resultados más significativos obtenidos con las encuestas".
C. Matemática	❑ Valora críticamente las estrategias seguidas en la búsqueda de datos y de soluciones en la resolución de problemas de la vida cotidiana.	**TAREA PREPARATORIA 3:** Prepara una presentación mural que contenga: "un lema", los cinco perjuicios más importantes en tu opinión y cinco recomendaciones o propuestas de mejora para un uso más adecuado del agua.

C. Conocimiento e interacción con el mundo físico	❑ Analiza y valora críticamente los efectos de la contaminación (del agua y otros elementos) sobre las personas, animales, plantas y sus entornos, y propone iniciativas para mejorar la calidad de vida. ❑ Planifica y realiza sencillas investigaciones sobre problemas del entorno, empleando estrategias básicas del método científico, y utiliza diferentes recursos (dibujos, esquemas, etc.) y soportes para representar e interpretar la información obtenida. ❑ Plantea problemas o situaciones reales sobre los impactos que la actividad humana ocasiona en el medioambiente, recoge información de diferentes fuentes (directas, libros, Internet) , expresa las conclusiones obtenidas y propone compromisos en la conservación y mejora del mismo.	❑ Realización de trabajos de búsqueda, de síntesis o de indagación, utilizando la información de fuentes variadas y presentación correcta de los mismos, combinando diferentes formas de expresión, incluidas las posibilidades que proporcionan las TIC; en relación a los perjuicios que conlleva la falta de agua o sequía. ❑ Selección y reparto por grupos de artículos de prensa e Internet, para: lectura, síntesis de ideas principales y comunicación al grupo-clase. ❑ A partir de noticias o imágenes de diarios, presentadas en diferentes formatos, selecciona y enumera los perjuicios que conlleva la falta de agua. ❑ Utilizar protocolos de indagación y planificación de procesos susceptibles de ser utilizados en otros aprendizajes **ACTIVIDADES y TAREAS DE CIERRE** **TAREA PREPARATORIA 4:** "La televisión a debate: Diseño de un relato de entretenimiento y/o de un relato divulgativo o informativo, en formato papel y formato digital y/o de vídeo sobre los variados usos del agua en la vida cotidiana" Podemos tomar como referencia alguno de los temas seleccionados en la tarea anterior.
C. Tratamiento de la información y competencia digital	❑ Busca, selecciona y organiza informaciones procedentes de diferentes medios relacionados con situaciones cotidianas y escolares, usando de forma habitual los procedimientos de planificación y revisión de los textos, y la representa en diferentes soportes: textual, icónico, visual y gráfico. Emplea diferentes modelos y aporta ejemplificaciones.	**TAREA PREPARATORIA 5:** Escribe algunas frases que sirvan de lemas para animar a participar en la propuestas o proyecto de un consumo responsable del agua. **TAREA PREPARATORIA 6:** Representa gráficamente la secuencia de acciones necesarias para llevar a cabo el proyecto para un consumo responsable del agua.
C. Social y ciudadana.	❑ Argumenta y defiende las propias opiniones y valora críticamente la de los demás en la toma de decisiones colectivas y emplea el diálogo y la negociación en la resolución de conflictos y en la asunción de responsabilidades.	**TAREA PREPARATORIA 7:** Redacta con claridad y precisión los criterios que convendría tener en cuenta para decidir obre los aspectos fundamentales del agua (contenido, extensión, formato, etc.). **TAREA FINAL:** En formato digital y formato papel, diseñamos un código medioambiental para el fomento del uso responsable del agua". Planificamos y ponemos en práctica un calendario de presentación del mismo en formato digital a otros grupos de compañeros y la distribución del Código en formato papel en el centro y en la familia.

		EVALUACIÓN
C. Cultural y artística.	☐ Busca, selecciona y organiza informaciones sobre manifestaciones artísticas actuales y realiza representaciones plásticas y visuales de forma individual y cooperativa.	
C. aprender a aprender	☐ Expresa con rigor y precisión el proceso que sigue en la adquisición de aprendizajes, establece y valora relaciones de correspondencia y causalidad, y valora críticamente el esfuerzo realizado y los logros alcanzados ante los nuevos retos y situaciones de complejidad.	
C. Autonomía e iniciativa personal.	☐ Elabora planes y emprende procesos de decisión en torno a la planificación y ejecución de tareas, asumiendo las responsabilidades que le corresponden y empleando inventiva e imaginación.	
ATENCIÓN A LA DIVERSIDAD	**PROPUESTAS METODOLÓGICAS**	

2.7. *Ejemplificación 4ª. Unidad Didáctica Integrada Multidisciplinar: "Las aventuras del agua: Visita guiada a una exposición"*

ETAPA: Primaria - Tercer Ciclo	CONTEXTOS DE APLICACIÓN:
	• Personal-Familiar.
	• Escolar-Laboral.
	• Social- Comunitario.

DESCRIPCIÓN DE LA TAREA FINAL: En una sala del centro educativo (o bien en alguna sala de exposiciones de la Administración local) se dividirán "espacio o rincones" que estarán dedicados a exponer los trabajos realizados por los alumnos/as en torno a los usos y disfrutes que "el agua" nos permite. La exposición será presentada por alumnado-guía a los diferentes sectores que estarán invitados (familias, profesorado, alumnado, apoyos educativos externos, representantes políticos locales, empresas con algún vínculo con la temática, etc.). Los grupos de alumnado-guía irán rotando para completar la participación de todos.

TAREAS INTERMEDIAS:

- Murales: el agua como elemento de vida y salud: valor y usos.
- Construcción de aparatos-maquetas: inventiva y creación de la ciencia y la tecnología en torno a su uso y conservación.
- Informe escrito y documentado con imágenes sobre la incidencia del agua en el equilibrio ecológico: factores naturales y factores humanos.
- Exposición de pinturas, esculturas… "El agua: elemento de cultura y arte".
- Diseño, representación y grabación de un anuncio publicitario sobre nuestro Museo del Agua (televisión local).
- Formación de alumnos-guías: ideas principales de cada tema, elaboración de guión escrito y ensayos de exposición en grupo de iguales.
- Diseño de un programa/ruta de visitas de alumnado y personal del centro (guía escrita y alumnos-guía).
- Diseño de un programa de visitas y de invitaciones, en diferentes formatos, dirigidas a diferentes sectores sociales y empresariales de la localidad.
- Diseño de un programa de visitas y de invitaciones dirigidas a las familias.
- Debate posterior: ¿qué y cómo hemos aprendido? Dificultades. Propuestas de mejora.
- Informe individual con opiniones argumentadas sobre el guión de cuestiones facilitado por el equipo docente.
- Diseño de carpeta del alumno-Portafolio (Redacción de acuerdos derivados del planteamiento inicial (lluvia de ideas y debates en las diferentes clases); recoger en un esquema las fases del proyecto/tarea integrada; recopilación de tareas intermedias: productos intermedios; evaluación y autoevaluación de tareas intermedias (tabla de indicadores de logro para cada tarea intermedia).
- Presentación pública de exposición guiada. Evaluación de la tarea final (tabla de indicadores de logro).

Los pasillos que conducen a la "Exposición de un elemento de vida: el agua" expondrán diversos murales con mensajes, slogans y lemas que fomenten el uso responsable y señalen actitudes y valores que favorezcan su conservación en los diferentes contextos.

Área: Lengua Castellana y Literatura

Objetivo/s de etapa (RRDD): e) Conocer y utilizar de manera apropiada la lengua castellana

Objetivos	Contenidos	Criterios de evaluación
1. Comprender y expresarse oralmente y por escrito de forma adecuada en los diferentes contextos de la actividad social y cultural. 2. Hacer uso de los conocimientos sobre la lengua y las normas del uso lingüístico para escribir y hablar de forma adecuada, coherente y correcta, y para comprender textos orales y escritos.	Bloque 1. Escuchar, hablar y conversar Bloque 2: Leer Y escribir	2. Expresarse de forma oral mediante textos que presenten de manera coherente conocimientos hechos y opiniones. Comprender y utilizar la terminología gramatical y lingüística básica en las actividades de producción y comprensión de textos. 10. Comprender y utilizar la terminología gramatical y lingüística básica en las actividades de producción y comprensión de textos.

C. Lingüística/Social y Ciudadana/Autonomía e Iniciativa P./Aprender a Aprender/Cultural y Artística

Área: Conocimiento del Medio

Objetivo/s de etapa (RRDD): Conocer y valorar su entorno natural, social y cultural, así como las posibilidades de acción y cuidado del mismo

Objetivos	Contenidos	Criterios de evaluación
5. Analizar algunas manifestaciones de la intervención humana en el medio, valorándola críticamente y adoptando un comportamiento en la vida cotidiana de defensa y recuperación del equilibrio ecológico y de conservación del patrimonio cultural. 8. Identificar, plantearse y resolver interrogantes y problemas relacionados con elementos significativos del entorno,…	Bloque 1: El entorno y su conservación	1. Concretar ejemplos en los que el comportamiento humano influya de manera positiva o negativa sobre el medioambiente; describir algunos efectos de contaminación sobre las personas, animales, plantas y sus entornos, señalando alternativas para prevenirla o reducirla; así como ejemplos de derroche de recursos como el agua con exposición de actitudes conservacionistas. 6. Realizar, interpretar y utilizar planos y mapas teniendo en cuenta los signos convencionales y la escala gráfica 10. Presentar un informe, utilizando soporte papel y digital, sobre problemas o situaciones sencillas, recogiendo información de diferentes fuentes (directas, libros, Internet), siguiendo un plan de trabajo y expresando conclusiones.

C. Lingüística/ Conocimiento e Interacción con el mundo físico/Social y Ciudadana/Autonomía e Iniciativa P./C. Matemática/Aprender a Aprender/Social y Ciudadana

Área: Educación Artística

Objetivo/s de etapa (RRDD): Utilizar representaciones y expresiones artísticas e iniciarse en la construcción de propuestas visuales

Objetivos	Contenidos	Criterios de evaluación
3. Aplicar los conocimientos artísticos en la observación y el análisis de situaciones y objetos de la realidad cotidiana y de diferentes manifestaciones del mundo del arte y la cultura para comprenderlos mejor y formar un gusto propio.	Bloque 1: Observación plástica	1. Buscar, seleccionar y organizar informaciones sobre manifestaciones artísticas del patrimonio cultural propio y de otras culturas, de acontecimientos, creadores y profesionales relacionados con las artes plásticas y la música. 2. Formular opiniones acerca de las manifestaciones artísticas a las que se accede demostrando el conocimiento que se tiene de las mismas y una inclinación personal para satisfacer el disfrute y llenar el tiempo de ocio. 9. Utilizar de manera adecuada distintas tecnologías de la información y la comunicación para la creación de producciones plásticas y musicales sencillas.

C. Lingüística/Conocimiento e Interacción con el mundo físico/Cultural y Artística/Autonomía e Iniciativa P./Aprender a Aprender/Social y Ciudadana

Área: Lengua Castellana y L.	Área: Conocimiento del Medio	Área: Ed. Artística
SECUENCIA DE ACTIVIDADES INTER-MEDIAS PARA LA RESOLUCIÓN DE LA TAREA FINAL **Tareas intermedias (por ejemplo):** • Presentación de Imágenes al grupo, alusivas a las temáticas seleccionada, con interés por expresarse oralmente con pronunciación y entonación adecuadas. • Elaboración de trabajos/productos que recojan conclusiones de trabajos en grupo. • Uso de un lenguaje no discriminatorio y respetuoso con las diferencias. Elaboración de informes, guías informativas, letreros identificativos, etc., para aportar información sobre los diversos contenidos expuestos en "el museo del agua". **ACTIVIDADES TIPO:** • DE INICIO: Conocimientos previos. • DE DESARROLLO: Contenidos nuevos (Reproducción de aprendizajes) Lenguaje no sexista. Entonación y pausa. • DE CIERRE: (Interpretación-conexión) • EN EL AULA-EXPOSICIÓN: Presentación de trabajos/productos en Impress o Power Point, murales, carteles y fotos (**"productos" obtenidos de la resolución de tareas intermedias"**).	**SECUENCIA DE ACTIVIDADES INTER-MEDIAS PARA LA RESOLUCIÓN DE LA TAREA FINAL** **Tareas intermedias (por ejemplo):** • Presentación de "Carteles con Imágenes, slogans, lemas, mensajes, etc. sobre uso responsable o no responsable de los elementos naturales. • Recreos. Diseño y colocación estratégica de "carteles" sobre el uso responsable del agua, grifos, luz... • Informes con ejemplos de derroche de recursos como el agua con exposición de actitudes conservacionistas. **ACTIVIDADES TIPO:** DE INICIO: Conocimientos previos. DE DESARROLLO: Contenidos nuevos (Reproducción de Apr.) • Percepción y descripción de algunos elementos y fenómenos naturales. • Observación de algunos fenómenos atmosféricos y primeras formas de representación. • Elementos básicos del medio físico: el aire y el agua. Uso responsable del agua en la vida cotidiana. DE CIERRE: (Interpretación-conexión) • EN EL AULA- EXPOSICIÓN: Presentación en Impress o Power Point, murales, vídeos, carteles y fotos. (**"productos" obtenidos de la resolución de tareas intermedias"**).	**SECUENCIA DE ACTIVIDADES INTER-MEDIAS PARA LA RESOLUCIÓN DE LA TAREA FINAL** **Tareas intermedias(por ejemplo):** • Presentación de Imágenes "comentadas" sobre OBRAS ARTÍSTICA que centran su temática en el agua. • Aplicar los conocimientos artísticos para dar formato adecuado a algunas de las tareas/productos intermedios trabajados en otras áreas para su presentación en la "Exposición y Visita guiada por el agua". **ACTIVIDADES TIPO:** DE INICIO: Conocimientos previos. DE DESARROLLO: Contenidos nuevos (reproducción) • Observación y exploración sensorial de los elementos presentes en el entorno natural, artificial y artístico. • Descripción verbal de sensaciones y observaciones. • Manifestaciones artísticas actuales que utilizan "el agua" como elemento de inspiración y creación. • Creaciones propias, individuales y de grupo. DE CIERRE: (Interpretación-conexión) • EN EL AULA- EXPOSICIÓN: Presentación en Impress o Power Point, Murales, creaciones artísticas propias, carteles y fotos (**"productos" obtenidos de la resolución de tareas intermedias"**).

DESARROLLO DE ASPECTOS TRANSVERSALES (Educación para la salud/Educación ambiental/Educación para el consumo) Y PROPUESTA DE ACTIVIDADES EN TORNO A:

– 22 de marzo: Día Mundial del Agua.

– 7 de abril: Día Mundial de la Salud.

SECUENCIA DE APRENDIZAJE. PROPUESTAS PARA TUTORÍA:

1) Elaborad un dossier de prensa con artículos que hablen del tema del agua.

• Leemos, comentamos las noticias y las debatimos en el grupo clase.

• Realizamos un mural con todas las noticias recogidas.

• Entre toda la clase hacemos (grupos de entre 4 y 7 alumnos) una clasificación de las noticias por temas o problemas planteados que tengan relación con el agua, según estos criterios: sequía y sus consecuencias, inundaciones y sus consecuencias, reparto de las aguas y los conflictos que muchas veces se originan llegando incluso a provocar guerras, la contaminación de los ríos, calidad de las aguas.

ATENCIÓN A LA DIVERSIDAD

AMPLIACIÓN Y/O ENRIQUECIMIENTO DE APRENDIZAJES

1) Estudio del recibo del agua. Estudio del consumo por alumno/a:

Cada alumno deberá traer, de su casa, un recibo del agua y realizar las siguientes actividades:

- Localiza en tu recibo la cantidad total de metros cúbicos que se han consumido.
- Analiza el desglose de esa cantidad de acuerdo con el tope que concede la compañía o consorcio gestor del agua y el consumo total que marca el recibo.
- ¿Os habéis pasado de los metros cúbicos concedidos? Si la respuesta es positiva ¿en cuántos metros cúbicos habéis pasado?
- Calcula el número de metros cúbicos que corresponden en gasto a cada miembro de tu familia.
- Cada alumno y alumna extrae conclusiones del estudio realizado para comunicarlas y comentarlas con su familia.

2) Estudio del consumo total de agua del grupo clase:

Una vez que cada alumno ha computado su gasto de agua de u familia, se propone la elaboración de tablas de datos globales, para lo cual se deberán sumar todos los metros cúbicos consumidos por la totalidad de alumnos, así como la totalidad de las cantidades a pagar.

Cada alumno construirá su tabla de acuerdo a las siguientes propuestas:

- Construye la tabla correspondiente al total de metros cúbicos consumidos y calcula la media de consumo.
- Haz lo mismo con las cantidades a pagar.
- Haz la media correspondiente a los metros cúbicos consumidos atendiendo al número de miembros de cada familia.
- Una vez computados todos los datos, se puede establecer un debate sobre el uso del agua en las casas y las posibilidades de ahorro de la misma. También se puede hacer un estudio por grupos sobre los lugares del centro educativo en los que se producen pérdidas de agua.

3) Busca Información en Internet sobre el consumo de agua por persona y día en otros países. ¿Encuentras relación entre consumo y país?. Realiza una gráfica de barras donde se observen las diferencias del consumo en distintos países"

ADAPTACIONES CURRICULARES SIGNIFICATIVAS:

Para atender las Necesidades Educativas Especiales de dos alumnos/as del grupo, que siguen Adaptaciones Curriculares Significativas en las que se programan aprendizajes que les sitúan en el Primer Ciclo (segundo nivel) de educación primaria, se proponen las mismas TAREAS INTERMEDIAS diseñadas para el grupo pero incorporando modificaciones que respondan a los aprendizajes imprescindibles que el alumnado tiene adquiridos en relación a las Áreas que intervienen en esta Unidad Didáctica. Por ejemplo:

TAREA INTERMEDIA: Escribe algunas frases que sirvan de lemas para animar a participar en el proyecto de un consumo responsable del agua (con la ayuda de tus compañeros).

Propuestas de trabajo "intermedias" y de "diferente nivel de dificultad" (atención a la diversidad):

➤ Buscar ayuda para informarte sobre "qué es un lema" (Puedes utilizar diferentes fuentes: Internet, Enciclopedia, Profesor, Compañero, etc.)

➤ Actividad de grupo: A modo de ejemplo, busca algunos lemas relacionados con otras temáticas: en anuncios publicitarios, noticias de prensa, etc.

➤ Selecciona un lema actual de algún anuncio publicitario.

➤ Con la ayuda de algún compañero: Busca imágenes que puedas asociar con esos lemas.

➤ Escribe o dibuja el lema que más te guste. Explica a tus compañeros de grupo que significado tiene y por qué lo has elegido.

➤ Mural ilustrado con mensajes sobre conservación y uso adecuados

➤ Etc.

TAREA INTERMEDIA: Mural con mensajes de consumo adecuado ilustrados con fotos de manifestaciones artísticas actuales que utilizan "el agua" como elemento de inspiración y creación o de creaciones propias.

➤ En las lecturas de artículos de prensa subrayamos en rojo las propuestas de mejora para reducir el consumo de agua, y subrayamos en azul los usos inadecuados más frecuentes.

➤ Con ayuda de los compañeros de grupo, buscar en diferentes medios manifestaciones artísticas actuales que utilizan "el agua" como elemento de inspiración y creación.

➤ Elaborar un listado de las manifestaciones artísticas seleccionadas por el grupo.

➤ Etc.

A continuación seleccionamos los Indicadores de Logro relativos al Primer Ciclo, que tendremos como referentes para valorar el nivel de logro alcanzado en cada una de las competencias básicas trabajadas por este alumnado en las tareas propuestas. Entre ellos, por ejemplo valoraremos los siguientes Indicadores:

☐ Capta el sentido global de textos orales y escritos, identificando la información más relevante, y describe experiencias, vivencias e ideas .... **Comunicación lingüística**

☐ Utiliza la terminología gramatical y lingüística para comparar hechos o situaciones del entorno próximo.............. **Comunicación lingüística**

☐ Utiliza dibujos y esquemas con la terminología adecuada para ordenar y representar hechos relevantes de la vida familiar o del entorno próximo.......................... **Conocimiento e interacción con el m.**

☐ Se muestra sensible hacia un uso responsable de los recursos naturales que se utilizan en el entorno familiar y escolar.......................... **Conocimiento e interacción con el m.**

☐ Dialoga y colabora con sus compañeros y sus compañeras de clase en la resolución de los problemas de convivencia y el planteamiento de tareas y actividades colectivas.......................... **Social y ciudad.**

☐ Atiende a las indicaciones del maestro/a y desarrolla sin ayuda el desarrollo del trabajo que le propone realizar.... **Autonomía e iniciativa personal**

☐ Realiza preguntas adecuadas para obtener información y redacta textos claros y precisos de forma personal, aplicando las instrucciones dadas por el maestro/a para la realización y revisión de la actividad o tarea planteada.......................... **Autonomía e iniciativa personal**

☐ Participa de forma responsable en la vida del aula, coopera con los compañeros y compañeras de grupo en la realización de actividades colectivas y expresa sus opiniones y vivencias personales en los temas que se tratan de la vida cotidiana.......................... **Autonomía e iniciativa personal**

❑ Realiza cálculos numéricos básicos en situaciones de la vida cotidiana, empleando varios procedimientos y expresa con claridad los resultados........... **C. Matemática**

❑ Muestra deseo por aprender por sí mismo o con ayuda del profesor y se muestra satisfecho con lo aprendido........... **Aprender a aprender**

❑ Usa estrategias básicas para aprender a aprender: pedir ayuda al maestro/a, hablar entre compañeros del trabajo planteado, expresar lo aprendido, consultar materiales, etc., y reconoce algunos aspectos personales que le ayudan a aprender mejor........... **Aprender a aprender**

❑ Etc.

Cada uno de estos indicadores de logro se valorarán atendiendo a los Criterios de Evaluación y las decisiones relativas a la evaluación recogidas en su Adaptación Curricular y a

los **NIVELES establecidos: 1. Poco, 2. Regular, 3. Adecuado, 4. Bueno y 5. Excelente.**

PROPUESTAS METODOLÓGICAS

PROPUESTAS METODOLÓGICAS (Agrupamientos/Espacios / Tiempos/Recursos/ Métodos…). Ver temas correspondientes y otras ejemplificaciones.

MATERIALES: Fungible: lápices, lápices de colores, bolígrafos, papel, cartulinas, fotografías, tijeras, recibo del agua, papel milimetrado. No fungible: ordenadores conectados a Internet, fotocopiadora, prensa diaria y revistas, vídeos sobre temas del agua, calculadora, CD-Roms, enciclopedias, libros de consulta y ampliación, cámara de fotos y carretes.

Las propuestas metodológicas empleadas pueden contribuir en gran medida al desarrollo de competencias básicas de marcado carácter transversal: Competencia digital, social y ciudadana, autonomía e iniciativa personal y competencia para seguir aprendiendo de manera autónoma.

"**LA ACCIÓN , LA COOPERACIÓN Y LA AUTENTICIDAD** como pilares básicos de nuestra propuesta metodológica:

• La enseñanza y el aprendizaje se construyen a través de la resolución de una tarea integrada que hemos elegido nosotros como ejemplificación: "Construimos el Museo del agua", pero que puede ser elegida a partir de otras propuestas del grupo.

• Empleamos el efecto motivador que tiene el uso de estrategias de poder hacer, de acción (la propia decisión a la hora de organizar la tarea), de relación social y de saber (terminar el trabajo, ser elogiado, sentirse satisfecho, respetar y ser respetado por compañeros que poseen posturas y opiniones diferentes, etc.). Con carácter habitual, el grupo se organizará de forma flexible para el trabajo cooperativo:

⇒ A través del uso de "asambleas y debates," para establecer los objetivos, dar y recibir la información verbal de carácter relevante, analizar y tomar decisiones en grupo. Es el agrupamiento habitual que emplearemos en la fase inicial y para las actividades de recopilación y de puesta en común de las distintas etapas o tareas intermedias propuestas. Igualmente, trabajaremos cooperativamente en la fase de síntesis y diseño de la tarea final, y después de la evaluación.

⇒ La fase de desarrollo a través de "las tareas intermedias", que conducen al alumno/a y le "preparan" para poder dar respuesta o solución a la tarea final propuesta, se lleva a cabo tanto en "equipo", por medio del aprendizaje cooperativo, como de manera individual, dependiendo del tipo de trabajo que se pretenda desarrollar. En esta fase, los alumnos buscan, anotan, argumentan, comparan, resumen, organizan, relacionan, y presentan.

- o Los actividades y ejercicios que se programan con el objeto de que el alumno/a adquiera "los contenidos imprescindibles" para el desarrollo de las competencias básicas; a través de los conocimientos, saberes y experiencias que le preparen para la resolución de problemas diversos.

- o Habilidades prácticas y cognitivas para la adecuada resolución de problemas cotidianos.

- o Valores, actitudes, sentimientos y emociones para la resolución efectiva de problemas reales.

- o Resolución de situaciones, tareas en un contexto determinado.

⇒ LECTURAS: se suelen definir de manera individual" a través de los aprendizajes realizados por todos y cada uno de los alumnos y las alumnas, adaptando la dificultad a los diferentes o diversos niveles con los que habitualmente trabajamos en el grupo-clase.

Se favorecerá el uso habitual de las nuevas tecnologías aplicadas a la resolución de actividades y tareas que pongan en uso los aprendizajes aportados por todas las áreas/ámbitos.

⇒ El aprendizaje adquirido se traduce en la evaluación y/o autoevaluación de:

- o Las capacidades, a través de los desempeños individuales de los contenidos trabajados.

- o Las CCBB, a través de los indicadores de logro puestos en uso en las tareas trabajadas.

- El tiempo inicialmente previsto y el nº de horas/sesiones: A veces, la excesiva concreción inicial limita de forma significativa las posibilidades de la tarea integrada o proyecto de trabajo. El reparto que se realice de las horas también es una variable relevante a la hora de organizar la secuencia. En esto, como en el resto de variables, no cerramos el modelo puesto que ello sería poner freno al desarrollo y enriquecimiento de la Unidad Didáctica propuesta en base a la demanda, interés y aprovechamiento que se genere en el grupo.

- El espacio, al igual que el tiempo, es una parte importante del proceso y debe estar al servicio de él. La organización del espacio siempre ha de ser flexible para poderse acomodar a cada propuesta de trabajo. Así:

- o Las asambleas y debates exigen una distribución del espacio en la que todos puedan mirar a todos (círculo o U).

- o La fase de búsqueda requiere de un lugar en el que se pueda acceder a los recursos de información (rincones de aula, biblioteca de centro, textos escolares y aula de informática, etc.).

- o La confección del trabajo en grupo, cooperativo, transforma la clase en taller (distribución de mesas adecuada y acceso al ordenador).

- o Y las actividades de desarrollo individual precisan de un espacio independiente.

- o Todos los espacios del centro estarán al servicio y acomodo a cada una de las tareas propuestas.

- Los recursos materiales en un modelo ecológico, en un "modelo de trabajo auténtico" en cuanto que responde a los formatos de problemas reales, no se limitan al uso de los libros de texto escolares, pues el alumnado va a consultar otras fuentes ya sean convencionales o informáticas: Internet, catálogos, cuadernos de instrucciones, enciclopedias, prensa, etc. El resultado del trabajo debe quedar recogido en un cuaderno de trabajo o en un archivador en el que el alumnado recopila todo el trabajo realizado. Podemos usarlo como

- o "Portafolio" o "Carpeta de desempeños" del alumno/a, a modo de instrumento-indicador del progreso que va alcanzando dicho alumno/a a lo largo de un determinado periodo de tiempo (mes, trimestre, curso, ciclo, etapa).

- o Los recursos personales.

INSTRUMENTOS Y PAUTAS DE EVALUACIÓN Y/O AUTOEVALUACIÓN

PROPUESTA Nº 1:

Diario de clase para la evaluación continua.

Portafolio o carpeta de tareas integradas del alumno/a.

Elaboración de "rúbricas" de evaluación de los productos obtenidos en la resolución de las tareas propuestas en las UDI: Final e Intermedias.

PROPUESTA Nº 2:

Añadir, además de la propuesta anterior, el diseño de otras pautas e instrumentos variados de evaluación y autoevaluación en función del tipo y contenido de la UDI. Tales como:

☐ La presentación de dibujos, fotografías, carteles, propagandas, etc., con la intención de que el alumno/a, individualmente o en grupo reducido, describa, narre, explique, razone y justifique, valore a propósito de la información que estos materiales ofrecen.

☐ La presentación pública, por parte del alumnado, de alguna producción elaborada personalmente o en grupo para ser retransmitida por algún medio audiovisual (un anuncio radiofónico, un noticiario televisivo, un documento propagandístico).

☐ Los debates en grupo entorno a algún tema relacionado con el agua, en que los alumnos asuman papeles o roles diferenciados (defensor de una postura, defensor de la postura contraria, sintetizador, moderador, participante).

☐ A partir de la lectura de un texto determinado, seleccionar cual de entre diversas respuestas posibles es la que se recoge en el texto.

☐ Incorporar en un texto las palabras o ideas que faltan, identificar las que expresan falsedad, avanzar lo que en él se dirá, a medida que se va leyendo.

☐ A partir de la lectura de un texto determinado, indicar qué cuadro, qué representación, qué gráfico, qué título de entre diversos posibles "es más representativo" del conjunto del texto o con alguna parte del mismo.

☐ Dada una situación real o simulada, observación de si el alumno/a la visualiza y hace una representación (esquema, dibujo, verbalización); observación de si reconoce cuál es la información relevante y cómo, a partir de esta información, puede deducir informaciones nuevas. Si la situación no ofrece datos suficientes para responder a las preguntas que se hacen, ver si es capaz de buscar aquellos datos nuevos que precisa, etc.

☐ Observación de si es capaz de plantear un proceso de solución y ejecutarlo, así como si es capaz de valorar la solución o soluciones obtenidas (por ejemplo: simulación de la organización de una campaña para concienciar sobre el consumo responsable del agua; planificación de actividades con grupos de alumnos de cursos inferiores en relación a los hábitos saludables y el agua.

☐ Planteamiento de algún problema y búsqueda de estrategias de solución. Observación la perseverancia en la obtención de la respuesta individual y/o su participación en grupo.

☐ Etc.

EVALUACIÓN DE COMPETENCIAS BÁSICAS:
REGISTRO DEL NIVEL DE LOGRO DESARROLLADO POR EL ALUMNADO EN LOS PROCESOS DE ENSEÑANZA / APRENDIZAJE

COMPETENCIAS BÁSICAS	INDICADORES DE LOGRO	NIVELES DE LOGRO				
		1	2	3	4	5
Comunicación lingüística	☐ Capta el sentido global e identifica informaciones de textos orales y escritos, emitidos en diferentes situaciones de comunicación, reconociendo las ideas principales y secundarias, las ideas de las opiniones y valores no explícitos, comparando y contrastando informaciones diversas e interpretando e integrando las ideas propias con las contenidas en los textos, .					
	☐ Comprende y utiliza la terminología gramatical y lingüística básica para la realización de actividades de producción y comprensión de textos orales y escritos, e introduce cambios en las palabras, los enunciados y los textos para mejorar la comprensión y la expresión oral y escrita.					
C. Matemática	☐ Utiliza las nociones geométricas adquiridas para reconocer, describir, clasificar, comprender y contrastar diversas situaciones de la vida cotidiana.					
	☐ Utiliza las distintas clases de números para intercambiar, intercambiar, relacionar y comparar información; y realizar con ellos operaciones y cálculos numéricos sencillos, mediante diferentes procedimientos, para solucionar cuestiones propias de los contextos de la vida cotidiana.					
	☐ Expresa de forma ordenada y lógica el proceso seguido y las decisiones adoptadas en la elección de los procedimientos más adecuados para abordar la resolución de problemas de la vida cotidiana.					
	☐ Formula y propone soluciones a problemas de carácter social, y produce información en función de la consulta e interpretación de datos expresados en diferentes códigos de representación.					

COMPETENCIAS BÁSICAS	INDICADORES DE LOGRO	NIVELES DE LOGRO				
		1	2	3	4	5
Conocimiento e interacción con el mundo físico	☐ Analiza y valora críticamente los efectos de la contaminación sobre las personas, animales, plantas y sus entornos, y propone iniciativas para mejorar la calidad de vida.					
	☐ Plantea e investiga sobre problemas o situaciones reales sobre los impactos que la actividad humana ocasiona en el medioambiente, recoge información de diferentes fuentes (directas, libros, Internet), expresa y justifica las conclusiones obtenidas y propone compromisos en la conservación y mejora del mismo.					
	☐ Planifica y realiza sencillas investigaciones sobre problemas del entorno, empleando estrategias básicas del método científico, y utiliza diferentes recursos (dibujos, esquemas, etc.) y soportes para representar e interpretar la información obtenida.					
Tratamiento de la información y competencia digital	☐ Busca, selecciona y organiza informaciones procedentes de diferentes medios de comunicación relacionados con situaciones cotidianas y escolares, usando de forma habitual los procedimientos de planificación y revisión de los textos y la representación en diferentes soportes: textual, icónico, visual y gráfico. Emplea diferentes modelos y aporta ejemplificaciones.					
	☐ Elabora y presenta informes o documentos, en diferentes lenguajes y soportes electrónicos...					
Social y ciudadana	☐ Argumenta y defiende las propias opiniones y valora críticamente la de los demás en la toma de decisiones colectivas y emplea el diálogo y la negociación en la resolución de conflictos y en la asunción de responsabilidades.					
	☐ Demuestra que es sensible a las desigualdades provocadas por las diferencias en el acceso a bienes y servicios, y su comportamiento muestra respeto por las diferencias personales y por las convenciones y normas asumidas socialmente.					

COMPETENCIAS BÁSICAS	INDICADORES DE LOGRO	NIVELES DE LOGRO				
		1	2	3	4	5
Cultural y artística	☐ Busca, selecciona y organiza informaciones sobre manifestaciones artísticas actuales y realiza representaciones plásticas y visuales de forma individual y cooperativa.					
	☐ Expone opiniones personales fundamentadas sobre las manifestaciones artísticas, respetando otras formas de pensamiento y expresión.					
	☐ Realiza individual y grupalmente informes sobre el estado de conservación de las obras culturales y artísticas de su comunidad y se siente satisfecho por el interés y disfrute que le producen las obras artísticas y culturales. Aporta soluciones vinculadas a la acción humana para la mejora de su conservación.					
Autonomía e iniciativa personal	☐ Organiza y desarrolla con autonomía el trabajo del aula y y el estudio personal conforme a las instrucciones del profesorado y muestra iniciativas en la superación de dificultades.					
	☐ Elabora planes y emprende procesos de decisión en torno a la ejecución de tareas, asumiendo las responsabilidades que le corresponden y empleando inventiva e imaginación.					
	☐ Participa en situaciones de comunicación en el aula respetando las normas de intercambio y mostrando actitudes de respeto hacia los demás.					
	☐ Coopera activamente en el trabajo en equipo, experesando las ideas propias valorando críticamente las aportaciones de los compañeros y compañeras.					
	☐ Muestra un espíritu de superación ante las tareas planteadas y actúa de forma autónoma en la resolución de problemas relacionados con la vida cotidiana.					
	☐ Reconoce y asume sus errores y hace una valoración realista entre el esfuerzo realizado y los resultados obtenidos.					
	☐ Afronta con autonomía y responsabilidad la resolución de problemas de los contextos escolar, familiar y social, asumiendo el desarrollo de acciones que inciden en su mejora.					

COMPETENCIAS BÁSICAS	INDICADORES DE LOGRO	NIVELES DE LOGRO				
		1	2	3	4	5
Aprender a aprender	☐ Valora y hace uso de lo que sabe y de cómo aprende y se muestra seguro de sí mismo y con deseo de seguir aprendiendo en las diversas situaciones o contextos.					
	☐ Planifica y realiza sencillas investigaciones, construcciones, creaciones, etc., individuales o grupales, aplicando las estrategias necesarias para obtener, interpretar, elaborar y comunicar información y las aplica, de forma autónoma o en grupo, en la adquisición y comunicación de nuevos conocimientos.					
	☐ Expresa con rigor y precisión el proceso seguido en la adquisición de aprendizajes, estableciendo relaciones de correspondencia y causalidad y valorando críticamente el esfuerzo realizado y los logros alcanzados ante los nuevos retos y situaciones de complejidad.					
	☐ Se plantea nuevos retos y proyectos para la adquisición de conocimientos que respondan a sus intereses y expectativas personales y académicas, adoptando diferentes vías, tomando decisiones pertinentes y llegando a conclusiones que demuestren responsabilidad y superación personal para conseguir los objetivos propuestos.					

1. Poco, 2. Regular, 3. Adecuado, 4. Bueno y 5. Excelente.

DISEÑO DE RÚBRICAS DE EVALUACIÓN (OPCIONALES):

Tabla de evaluación de competencias. En la anterior tabla de evaluación se recogen los "Indicadores de logro" de cada una de las competencias básicas trabajadas, dado que, como ya sabemos, la puesta en uso de los mismos en la resolución de tareas será el referente para la evaluación de competencias.

La evaluación tiene dos características fundamentales: es compartida por todo el equipo docente de un alumno/a y ha de tener un tratamiento absolutamente formal y objetivo. Cuando la valoración del/de los indicadores de logro pueda estar sujeta a interpretaciones diferentes para los distintos docentes, se pueden emplear rúbricas de evaluación de ese/esos indicadores de logro, que serán diseñadas para mantener el carácter formal y objetivo de la evaluación.

Una rúbrica es "un descriptor cualitativo que establece la naturaleza de un desempeño" (Simón, 2001, citado por Zazueta y Herrera, 2008).

El establecimiento de **rúbricas** de evaluación nos permite valorar si el alumno ha superado el nivel que hemos determinado como "Adecuado" así como su situación concreta entre 1 y 5 en cuanto a niveles de consecución establecidos en torno a las competencias básicas que están vinculadas a la/s tarea/a propuesta/s, y en concreto de los indicadores de logro evaluados de cada una de dichas competencias.

Cada uno de los indicadores de logro o dominio puede convertirse en referente concreto de los aprendizajes a evaluar y rubricar en relación al desarrollo de las competencias básicas; o bien un indicador de logro puede subdividirse en varios "indicadores para la evaluación" de dicho indicador de logro, con objeto de hacer más visibles los aprendizajes competenciales a evaluar en la/s tarea/s de evaluación planteadas al alumno/a.

Procedimiento para la elaboración de las rúbricas:

• Columna izquierda: aprendizajes a evaluar establecidos en los "Indicadores de logro" de las competencias básicas.

• Columna superior que recoge los niveles de logro o dominio: 1 Poco - 2 Regular - 3 Adecuado - 4 Bueno - 5 Excelente

• En cada una de las celdas se recogen los referentes de evaluación.

Veamos una ejemplificación de esta fase en la que abordamos la toma de decisiones respecto al nivel de consecución de competencias básicas para el alumnado de un ciclo/curso determinado a través de la resolución de las tareas propuestas y el empleo de las rúbricas de evaluación diseñadas para tal fin.

RÚBRICA PARA LA EVALUACIÓN DE COMPETENCIAS BÁSICAS					
INDICADORES (CC.BB.: Aprendizajes a evaluar en las tareas propuestas)	NIVELES DE LOGRO				
	1 Poco	2 Regular	3 Adecuado	4 Bueno	5 Excelente
Hace uso adecuado de los distintos tipos de números (naturales, enteros, fracciones, decimales hasta la centena y porcentajes sencillos) y operaciones en la resolución de problemas de la vida diaria.	No usa de modo adecuado los distintos tipos de números y operaciones en la resolución de problemas.	Usa los distintos tipos de números y operaciones en la resolución de problemas, pero comete frecuentes errores.	Usa de modo adecuado los distintos tipos de números y operaciones en la resolución de problemas de formatos habituales en el contexto escolar.	Usa de modo adecuado los distintos tipos de números y operaciones en la resolución de problemas de distintos formatos y contextos, pero lo hace ocasionalmente.	Usa de modo adecuado los distintos tipos de números y operaciones en la resolución de problemas de distintos formatos y contextos.
Expresa el proceso seguido y las decisiones adoptadas en la elección de las estrategias y los procedimientos más adecuados.	No selecciona las estrategias adecuadas para resolver el problema.	Selecciona las estrategias adecuadas para resolver el problema, pero no las aplica correctamente.	Selecciona y aplica la estrategia adecuada pero no lo hace con rigor científico y matemático.	Selecciona y aplica las estrategias adecuadas con precisión y rigor, pero sólo lo hace cuando se la solicita.	Selecciona y aplica las estrategias adecuadas, y siempre lo hace con precisión y rigor.
Valora lo que sabe y cómo aprende, y se muestra seguro de sí mismo y con deseo de seguir aprendiendo. Muestra autonomía, responsabilidad e iniciativa en la superación de dificultades.	No cree en sus propias capacidades para aprender o no las utiliza .	Se esfuerza en aprender aunque no tiene confianza en sus propias capacidades.	Disfruta y manifiesta interés en algunos aspectos de su aprendizaje, pero no muestra iniciativa ni se esfuerza ante las dificultades.	Disfruta y manifiesta interés por aprender y se esfuerza ante las dificultades.	Disfruta en sus aprendizajes y manifiesta interés y curiosidad para ampliar sus conocimientos; tiene iniciativa y se esfuerza ante las dificultades.